D1628736

MIT
**ARBEITS
HILFEN**
ONLINE

# Exklusiv und kostenlos für Buchkäufer!

## Ihre Arbeitshilfen online:

- Textbausteine für Zielvereinbarungen
- Beurteilungsbogen
- Gesprächsleitfaden
- Checklisten

## Und so geht's:

- Einfach unter www.haufe.de/arbeitshilfen den Buchcode eingeben
- Oder direkt über Ihr Smartphone bzw. Tablet auf die Website gehen

**Buchcode:** 8DV-E7YM

# www.haufe.de/arbeitshilfen

# Mitarbeiterbeurteilung und Zielvereinbarung

# Mitarbeiterbeurteilung und Zielvereinbarung

Über 300 Musterziele für verschiedene Berufsgruppen

Christian Stöwe
Anja Beenen

4. Auflage

Haufe Gruppe
Freiburg · München

**Bibliographische Information der Deutschen Nationalbibliothek**
Die Deutsche Nationalbibliothek verzeichnet diese Publikation in der Deutschen
Nationalbibliographie; detaillierte bibliographische Daten sind im Internet über
http://www.dnb.de abrufbar.

| | |
|---|---|
| Print: ISBN: 978-3-648-03156-8 | Bestell-Nr. 04203-0004 |
| EPUB: ISBN: 978-3-648-03166-7 | Bestell-Nr. 04203-0100 |
| EPDF: ISBN: 978-3-648-03167-4 | Bestell-Nr. 04203-0150 |

Stöwe/Beenen
**Mitarbeiterbeurteilung und Zielvereinbarung**
4. Auflage 2013
© 2013, Haufe-Lexware GmbH & Co. KG, Munzinger Straße 9, 79111 Freiburg

Redaktionsanschrift: Fraunhoferstraße 5, 82152 Planegg/München
Telefon: (089) 895 170
Telefax: (089) 895 17290
www.haufe.de
online@haufe.de
Produktmanagement: Ulrich Leinz
Redaktion: Lektoratsbüro Peter Böke, 10825 Berlin
Satz: Reemers Publishing Services GmbH, 47799 Krefeld
Umschlag: RED GmbH, 82152 Krailing
Druck: Bosch Druck, 84030 Ergolding

# Inhaltsverzeichnis

# Vorwort

Knapp drei Jahre sind vergangen, seit die 3. Auflage unseres Buches Mitarbeiterbeurteilung und Zielvereinbarung erschienen ist. Es hat uns natürlich gefreut, dass das große Interesse an diesem Buch die Nachfrage nach einer Neuauflage gefördert hat. Die wesentlichen Aspekte haben in den letzten Jahren in keiner Weise an Aktualität eingebüßt, doch haben sich in einzelnen Themen Weiterentwicklungen und neue Schwerpunkte ergeben.

**Talent- und Performancemanagement**
In den immer häufigeren und schneller werdenden Veränderungsprozessen unserer Arbeitswelt müssen Mitarbeiter und Führungskräfte sowohl mitgenommen werden, als auch selbst den Wandel gestalten. Umso schwieriger ist es, Orientierung zu geben und Identifikation zu schaffen. Für die Instrumente Mitarbeiterbeurteilung und Zielvereinbarung bedeutet dies vor allem, eine Unterstützung zu bieten, um Mitarbeiter durch gute Ziele zu steuern oder im Rahmen eines Beurteilungsgesprächs zu entwickeln, zu motivieren und zu binden. Der schon lange vorhergesagte „War for Talents" wird aktuell als Fach- und Führungskräftemangel tatsächlich spürbar. Wie Sie praktisch Potenziale und Potenzialträger bei Ihren Mitarbeitern identifizieren, erfahren Sie in Kapitel 1.6.

Führungskräfte und Potenzialträger erwarten heute keine Garantien mehr für ihre Karriere, sie wollen interessante Aufgaben und ihre Arbeitsmarktfähigkeit erhalten und ausbauen. Vor diesem Hintergrund ist lebenslanges Lernen kein Schlagwort mehr, sondern ökonomisch für den Einzelnen überlebenskritisch. In einer globalisierten Arbeitswelt haben immer mehr Führungskräfte dabei Verantwortung für interkulturell gemischte Teams. Praktische Tipps für das Beurteilungsgespräch mit Vertretern verschiedener Kulturen finden Sie in Kapitel 1.5.

Um ein professionelles Talent- und Performancemanagement sicherzustellen, führen immer mehr Unternehmen ganzheitliche HR-Systeme und Prozesse ein. Dabei werden zunehmend mehr Instrumente im Rahmen eines Employee Self Services direkt in einer entsprechenden Software umgesetzt. In Kapitel 2 erfahren Sie, wie sich Mitarbeiterbeurteilung in den größeren Rahmen des

Talentmanagements integriert und was dabei praktisch zu beachten ist. Wie Sie das Performancemanagement in schnellen Veränderungsprozessen durch Zielvereinbarungen unterstützen können, erfahren Sie in Kapitel 3.6.

Möchte man alle Details, Vernetzungen und mögliche Fragestellungen rund um das Thema Mitarbeiterbeurteilung und Zielvereinbarung in den eigenen Instrumenten und Prozessen berücksichtigen, darf man dabei nicht vergessen, dass Mitarbeiter und Führungskräfte unter zunehmendem Arbeitsdruck schnelle und pragmatische Unterstützung erwarten. Wir möchten Sie daher ausdrücklich ermutigen, lieber ein praktikables „80-prozentiges" System zu entwickeln, das von Mitarbeitern und Führungskräften gerne und eigenverantwortlich genutzt wird, als ein scheinbar „perfektes" System aufzubauen, das am Ende wenig Akzeptanz bei den Anwendern findet. Verlieren Sie bei allen Anforderungen, die man im Personalbereich oder als Führungskraft hat, nicht die Sichtweise Ihrer Zielgruppe aus den Augen. Eigenverantwortliche, qualifizierte Führungskräfte und Mitarbeiter erwarten Teilhabe, Einbeziehung und die Berücksichtigung ihrer Bedürfnisse in einem professionellen, zeitgemäßen Talent- und Performancemanagement.

Wir hoffen, dass dieses Buch dazu beitragen kann, allen, die im Unternehmen Verantwortung für Personal übernommen haben, ihre Arbeit zu erleichtern und diese weiter zu professionalisieren. Danken möchten wir allen Kollegen, Kunden und Lesern, die uns ihre Erfahrungen, Anregungen und Feedbacks mitgeteilt haben, wodurch wir viele Empfehlungen und Hilfsmittel im Detail weiter optimieren konnten. Selbstverständlich freuen wir uns auch weiterhin, wenn Sie uns Ihre Meinungen, Erfahrungen und Anregungen zu diesem Buch mitteilen. Schreiben Sie an: Mitarbeiterfuehrung@Profil-M.de

Christian Stöwe und Anja Beenen

# Einleitung: Nutzen und Ziele der beiden Führungsinstrumente

Die Instrumente Mitarbeiterbeurteilung und Zielvereinbarung werden in diesem Buch gemeinsam behandelt, weil es sehr viele Berührungspunkte zwischen diesen beiden Tools gibt. Sie dienen beide dazu, die Leistung von Mitarbeitern systematisch zu beurteilen. Sie ermöglichen, fair und anhand vergleichbarer Maßstäbe Rückmeldung zu geben, inwieweit Zufriedenheit oder eben Unzufriedenheit mit ihren Leistungen besteht. Aus diesen Gründen werden Mitarbeiterbeurteilung und Zielvereinbarung sehr häufig in einem gemeinsamen Mitarbeitergespräch thematisiert. Dies in immer mehr Unternehmen auch unter den Oberbegriffen „Talentmanagement" und „Performancemanagement".

Trotz dieser Gemeinsamkeiten, die sich auf den ersten Blick ergeben, und trotz der Zusammenfassung von Mitarbeiterbeurteilungen und Zielvereinbarungen in einem Gespräch, handelt es sich um zwei grundsätzlich unterschiedliche Führungsinstrumente, die sich vor allem in ihren Zielsetzungen sehr deutlich unterscheiden.

## Was wird in der Mitarbeiterbeurteilung bewertet?

Bei der Mitarbeiterbeurteilung bewerten Sie als Führungskraft die Gesamtheit der Arbeitsergebnisse und das Arbeitsverhalten Ihres Mitarbeiters in einem bestimmten Beurteilungszeitraum. Sie sind aufgefordert, z. B. die Arbeitsqualität des Mitarbeiters einzuschätzen oder dessen Engagement, dessen Kundenorientierung oder dessen Teamorientierung.

Dazu dient Ihnen zumeist ein Kriterienkatalog, der häufig verbunden ist mit einer Bewertungsskala, um die Zufriedenheit oder auch Unzufriedenheit bei jedem Kriterium auszudrücken. Auf diese Art können Sie mitteilen, bei welchen Kriterien Sie Stärken beziehungsweise Verbesserungsmöglichkeiten sehen (siehe Beurteilungsbogen S. 42).

Unabhängig von den Kriterien ist es das Ziel, dem Mitarbeiter ein möglichst umfassendes Feedback zu seinen Arbeitsergebnissen und zu seinem Arbeitsverhalten zu geben. Somit erhält Ihr Mitarbeiter ein recht vollständiges Bild der Stärken und Verbesserungsfelder, die Sie als seine Führungskraft sehen.

Neben der Beurteilung von Arbeitsergebnissen und Arbeitsverhalten ist die Führungskraft häufig auch aufgefordert, Potenziale des Mitarbeiters einzuschätzen, d. h. auch eine Aussage bezüglich der künftigen möglichen Weiterentwicklung des Mitarbeiters vorzunehmen.

Aufbauend auf der Beurteilung der jetzigen Leistungen sowie der Einschätzung der Potenziale für zukünftige Tätigkeiten erfolgt schließlich in den meisten Mitarbeiterbeurteilungsgesprächen eine gemeinsame Planung von Personalentwicklungsmaßnahmen, die dem Mitarbeiter dabei helfen sollen, seine Stärken auszubauen und seine Schwächen zu beheben, als Bestandteil des Talentmanagements.

## Leistung
- allgemeine Leistung (Qualität und Quantität)
- Zielerreichung

## Verhalten und Kompetenzen
- gezeigte Fachkompetenz
- gezeigte überfachliche Kompetenz
  (soziale Kompetenz, analytische Kompetenz)
- gezeigte Einstellungen
  (z. B. Serviceorientierung)

**Abb. 1: Was in der Mitarbeiterbeurteilung bewertet wird**

# Was leistet das Instrument Mitarbeiterbeurteilung?

### Ziel 1: Regelmäßige Rückmeldung an den Mitarbeiter geben

Zunächst geht es darum, den Mitarbeitern in regelmäßigen Abständen eine Einschätzung ihrer Stärken und Entwicklungsfelder mitzuteilen.

Häufig wird behauptet, dass eine Einschätzung der Stärken und Entwicklungsfelder in einer guten Beziehung zwischen Führungskraft und Mitarbeiter eigentlich nicht notwendig sei, denn man rede ja ohnehin jeden Tag miteinander. Verzichten Sie dennoch nicht auf die Mitarbeiterbeurteilung! Ihre Mitarbeiter benötigen über die tägliche Rückmeldung hinaus in regelmäßigen Abständen eine zusammenfassende Einschätzung aus Ihrer Sicht.

In Gesprächen mit Mitarbeitern zeigt sich immer wieder, dass der Bedarf nach einer umfassenden Rückmeldung zu Stärken und Entwicklungsfeldern sehr groß ist, denn letztlich sind die zeitnahen Rückmeldungen im Arbeitsalltag jeweils nur kurze Blitzlichter und reduzieren sich oft auf ein kritisches Feedback, denn gerade bei Mitarbeitern, die bereits länger im Team arbeiten, erscheint die Betonung von besonders positiven Arbeitsergebnissen oft nicht mehr so wichtig.

Im Gegensatz zu diesen anlassbezogenen Rückmeldungen, sollen Führungskräfte das Mitarbeiterbeurteilungsgespräch ergänzend nutzen, um regelmäßig Resümee zu ziehen und Ihre Gesamteinschätzung prägnant aufzuzeigen.

### Ziel 2: Faire Beurteilung

Dabei verfolgt die Mitarbeiterbeurteilung ein weiteres Ziel, das darin besteht, die Beurteilung mehrerer Mitarbeiter in vergleichbarer Art und anhand der gleichen Beurteilungskriterien durchzuführen. Dadurch erreichen Sie eine faire Mitarbeiterbeurteilung und Transparenz hinsichtlich der Erwartungen an den Mitarbeiter.

### Ziel 3: Bedarfsorientierte Mitarbeiterqualifizierung

Eine weitere Zielsetzung der Mitarbeiterbeurteilung ist die bedarfsorientierte Qualifizierung und Förderung von Mitarbeitern. Die umfassende Beurteilung von Stärken und Entwicklungsfeldern Ihres Mitarbeiters stellt eine ideale Grundlage dafür dar, gemeinsam Qualifizierungs- und Fördermaßnahmen zu planen, die genau auf dessen Kompetenzspektrum und Entwicklungsbedarf ausgerichtet sind. Stellen Sie daher ausgehend von den Beurteilungen gemeinsam mit dem Mitarbeiter einen möglichst konkreten Qualifizierungs- und Förderplan auf.

Aufgrund der mittlerweile zumeist IT-gestützten Dokumentation der Beurteilungen und geplanten Qualifizierungsmaßnahmen und der damit verbundenen leichten Datenauswertung nutzen viele Unternehmen diese Ergebnisse auch, um das interne Qualifizierungsangebot, den „Seminarkatalog", flexibel anzupassen.

### Ziel 4: Einschätzung des Potenzials

In Zeiten des Fachkräftemangels wird die Transparenz über Potenziale im Unternehmen immer wichtiger. Dies gilt nicht nur für Identifikation von Potenzialträgern für eine Führungslaufbahn, sondern immer stärker auch für andere verantwortungsvolle Positionen im Unternehmen. Somit muss auch Qualifizierung als Ergebnis der Mitarbeiterbeurteilung nicht zwangsläufig bedeuten, Maßnahmen zur Erweiterung der Kompetenzen für den jetzigen Aufgabenbereich zu planen. Es kann auch das Ziel sein, Personalentwicklungsaktivitäten anzustoßen, die einen Mitarbeiter auf die Übernahme neuer Aufgaben vorbereitet, sofern bei ihm zuvor dazu Potenzial erkannt wurde.

### Ziel 5: Erhebung des Humankapitals im Unternehmen

Eine neue Bedeutung hat auch die Beurteilung auch im Zusammenhang mit modernen Formen der Unternehmensbewertung erhalten. Im Zuge der Reform der internationalen Rechnungslegungs- und Bilanzierungsstandards treten immaterielle Vermögenswerte bei der Bewertung von Unternehmen immer stärker in den Vordergrund.

Unternehmen werden z. B. durch das Regelwerk „Basel II" aufgefordert, ihr Humankapital zu bewerten und Wissensbilanzen zu erstellen. Der Mitarbeiter und sein Wissen sowie seine Kompetenzen werden somit nicht länger lediglich als Kostenfaktor gesehen, sondern als immaterieller Unternehmenswert. Um diesen Wert angeben zu können, wird z. B. die Professionalität des Personalmanagements anhand von Standards eingeschätzt. Hier geht es auch darum, Informationen über die Kompetenzen der Mitarbeiter zu erheben. Die Mitarbeiterbeurteilung stellt einen Weg hierzu dar.

## Was ist das Ziel der Zielvereinbarung?

Wird in der Mitarbeiterbeurteilung versucht, möglichst die Gesamtheit der Arbeitsleistung und des Arbeitsverhaltens des Mitarbeiters zu bewerten, so betrachtet das Instrument der Zielvereinbarung lediglich einen Ausschnitt der Leistung des Mitarbeiters (vgl. Abb. 1). Inhalte von Zielvereinbarungen bzw. Zielreviewgesprächen sind zum einen die Einschätzung der Erreichung von zuvor definierten Zielen, zum anderen die Vereinbarung oder Setzung von neuen Zielen für einen bevorstehenden Zeitabschnitt. Mit Zielen sind dabei stets Vereinbarungen zu klar definierten erwünschten Arbeitsergebnissen gemeint. Beispiele hierfür können die erfolgreiche Leitung eines Projektes mit einem definierten Projektziel oder auch klassische Vertriebsziele, wie z. B. das Erreichen eines bestimmten Umsatzes oder Deckungsbeitrages in einer bestimmten Produktgruppe sein.

Anhand dieser Beispiele wird deutlich, dass Sie Ihrem Mitarbeiter mit der reinen Beurteilung der Zielerreichung nicht wie in der Mitarbeiterbeurteilung ein ganzheitliches Feedback geben können, sondern lediglich einen Ausschnitt aus der Gesamtleistung Ihres Mitarbeiters betrachten. Während die Mitarbeiterbeurteilung viele verschiedene Aspekte beinhaltet, die auch beschreiben wie der Mitarbeiter seine Leistung erbracht hat, ist in der Zielvereinbarung das Leistungsergebnis selbst von Interesse.

Dieses erwartete Leistungsergebnis können Sie von Jahr zu Jahr sehr unterschiedlich wählen. Charakteristisch für Ziele ist, dass sie nicht nur einen definierten Endzustand, d. h. ein klares Ergebnis beinhalten, sondern dass dieser Endzustand auch zeitlich fixiert ist. Dementsprechend werden von Jahr zu Jahr oder auch in kürzeren Zyklen immer wieder neue Ziele definiert.

Im Rahmen der Zielvereinbarung bzw. der Beurteilung der Zielerreichung bewerten Sie lediglich, inwieweit diese zuvor definierten Ergebnisse tatsächlich erzielt worden sind, nicht welche Leistungen der Mitarbeiter noch ergänzend in diesem Zeitraum erbracht hat.

Die zeitliche Fixierung unterscheidet Zielvereinbarungen auch von den allgemeinen Zielen und Aufgaben, die üblicherweise in einer Stellenbeschreibung festgehalten sind. In der Stellenbeschreibung wird definiert, welche Ziele und Aufgaben der Stelleninhaber permanent verfolgen soll.

▶ **PROJEKTLEITER**

So könnte z. B. in der Stellenbeschreibung eines Projektleiters aufgeführt sein, dass sein primäres Ziel darin besteht, Projekte unter den jeweils gegebenen Rahmenbedingungen (Zeit, Ressourcen) zum Erfolg zu führen. In seiner aktuellen Zielvereinbarung würden hingegen einzelne Projekte für den betreffenden Zeitraum und die entsprechenden Rahmenbedingungen sowie das zu erzielende Projektresultat genau definiert. Darüber hinaus könnten auch Ziele vereinbart werden, die in seiner Stellenbeschreibung nicht erwähnt sind, wie z. B. die Erarbeitung eines neuen Steuerungssystems für interne Projekte.

Mitarbeiterbeurteilung und Zielvereinbarung unterscheiden sich somit hinsichtlich ihrer inhaltlichen Schwerpunkte. Besonders deutlich wird die Verschiedenartigkeit der beiden Instrumente jedoch bei der Betrachtung ihrer jeweiligen Zielsetzung.

Betrachtet man die Zielsetzung der beiden Führungsinstrumente, so besteht der wesentliche Unterschied darin, dass die Mitarbeiterbeurteilung primär ein Personalentwicklungsinstrument ist, während es sich bei der Zielvereinbarung um ein Steuerungsinstrument handelt.

# Was leistet das Instrument Zielvereinbarung?

### Ziel 1: Koordination und Steuerung von Zielsetzungen

Im Gegensatz zu dem Schwerpunkt der Mitarbeiterbeurteilung auf der Personalentwicklung ist der Fokus im Zielvereinbarungsgespräch ein völlig anderer. Als Steuerungsinstrument soll die Zielvereinbarung vor allem sicherstellen, dass die Energien und Aktivitäten im Unternehmen gebündelt und auf gemeinsame Zielsetzungen hin ausgerichtet werden.

Im Blickpunkt steht daher im Vergleich zur Mitarbeiterbeurteilung zunächst weniger der Mitarbeiter als Individuum, sondern vielmehr das Unternehmen und dessen Ziele. Die Zielvereinbarung als Führungsinstrument soll dabei behilflich sein, dass jeder einzelne Mitarbeiter im Unternehmen nicht nur gemäß eigener Vorstellungen zielgerichtet arbeitet, sondern dass die Aktivitäten der einzelnen Mitarbeiter insgesamt dazu beitragen, dass die Gesamtunternehmensziele erreicht werden. Die Zielvereinbarung stellt somit letztlich sicher, dass die vorhandenen Ressourcen möglichst effektiv eingesetzt werden können.

Daher werden in den meisten Zielvereinbarungssystemen die Unternehmensziele systematisch in einer Kaskade Ebene für Ebene top down herunter gebrochen, d. h. es wird definiert, was der Mitarbeiter auf seiner Verantwortungsebene zu den jeweils übergeordneten Zielen beitragen kann.

### ▶ MIT ZIELEN IM UNTERNEHMEN STEUERN

Eines der diesjährigen Unternehmensziele besteht darin, einen neuen Standort in einem der baltischen Staaten aufzubauen. Nun wird definiert, was die verschiedenen Unternehmensbereiche zu diesem Standortaufbau beitragen sollen. Der Bereich Logistik hat hiernach unter anderem das Ziel, bis Ende Oktober sicherzustellen, dass ein reibungsloser Transport von Gütern ins Baltikum sichergestellt ist. Der Bereichsleiter Logistik definiert hiernach die individuellen Ziele mit seinen Mitarbeitern. Eines der individuellen Mitarbeiterziele lautet schließlich, bis Ende April eine Analyse über die logistischen Voraussetzungen dreier definierter möglicher Standorte in Litauen vorzunehmen. Ein anderer Mitarbeiter aus dem Personalbereich verfolgt in diesem Jahr das Ziel, geeignete Führungskräfte für den Aufbau des Standortes in Litauen zu rekrutieren.

### Ziel 2: Sensibilisierung der Mitarbeiter für übergeordnete Ziele

Neben diesem Steuerungseffekt aus Sicht des Unternehmens verfolgt die Zielvereinbarung jedoch auch Ziele im Hinblick auf die Mitarbeiterführung. Hierzu gehört die Auseinandersetzung mit übergeordneten Zielen. Sie können durch das Herunterbrechen der übergeordneten Ziele erreichen, dass sich jeder einzelne Mitarbeiter verstärkt mit den Unternehmenszielen sowie den Zielen Ihrer Abteilung auseinandersetzt. Nutzen Sie daher die Zielvereinbarung, um den Blick über den Tellerrand sowie das unternehmerische Denken zu fördern.

### Ziel 3: Förderung der Eigenverantwortung

Auch die Eigenverantwortung soll mithilfe von Zielvereinbarungen gestärkt werden. Im Gegensatz zum Führungsprinzip der Anweisung, nach dem Mitarbeitern einzelne Aufgaben inklusive des Bearbeitungswegs zugewiesen werden, ist eines der Grundprinzipien der Zielvereinbarung, dass prinzipiell nur das Endergebnis als Ziel definiert wird. Die Art der Zielerreichung, d. h. der Weg zum Ziel, ist grundsätzlich freigestellt. Eventuelle Vereinbarungen zu einzelnen Maßnahmen zur Zielerreichung werden nur bei Bedarf als unterstützende Elemente gemeinsam mit dem Mitarbeiter erarbeitet und definiert.

### Ziel 4: Steuerung von Teamprozessen

Ein weiteres Ziel, das mit der Anwendung von Zielvereinbarungssystemen häufig verfolgt wird, besteht in der bewussten Steuerung von Teamprozessen. Sie können Ziele auf verschiedenen Ebenen vereinbaren, d. h. individuelle Ziele für einzelne Mitarbeiter oder auch Ziele für gesamte Teams. Jeder Ihrer Mitarbeiter ist im letzteren Fall aufgefordert, zur Erreichung des Teamzieles beizutragen. Seine individuelle Leistung wird in diesem Falle nicht erhoben oder bewertet.

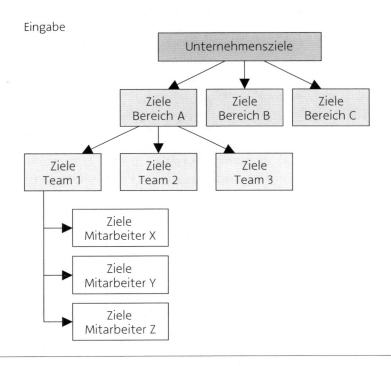

**Abb. 2: Die Zielkaskade**

Durch die bewusste Entscheidung für Team- oder Individualziele können Sie die Zusammenarbeit im Team bewusst steuern — sowohl in Richtung eines positiven Wettbewerbsdenkens als auch in Richtung einer gegenseitigen Unterstützung. Dies vor allem dann, wenn die Zielerreichung auch durch variable Vergütung honoriert wird.

Werden mit Mitarbeitern im Vertrieb z. B. ausschließlich individuelle Ziele, vor allem Umsatzziele, vereinbart, so wird zunächst einmal jeder Mitarbeiter darauf achten, seinen persönlichen Umsatz zu maximieren. Wird jedoch der Umsatz pro Team erhoben, so kann dies sowohl dazu führen, dass das Wettbewerbsdenken verringert und die gegenseitige Unterstützung verbessert wird, als auch dass der kollegiale Druck auf Mitarbeiter, die wenig Umsatz erbringen, erhöht wird.

**Ziel 5: Objektivierte Beurteilung und Vergütung**

Die Verknüpfung von Beurteilungssystemen mit variabler Vergütung wird ebenfalls sehr häufig als eines der Ziele beider Instrumente, sowohl der Mitarbeiterbeurteilung als auch der Zielvereinbarung, angeführt. Jedoch eignen sich beide Instrumente unterschiedlich gut als Grundlage zur Bestimmung variabler Vergütungsbestandteile.

Da es sich bei der Mitarbeiterbeurteilung um eine Einschätzung der Stärken und Verbesserungsfelder durch die Führungskraft handelt, wird diese stets ein hohes Maß an Subjektivität beinhalten. Genau wie bereits in der Schule einzelne Lehrer strenger waren, als andere, so sind auch verschiedene Führungskräfte unterschiedlich anspruchsvoll.

Im Gegensatz hierzu stellt die Zielerreichung anhand eines klar definierten zu erreichenden Ergebnisses zumeist eine gute objektive Grundlage für die Beurteilung dieser Leistung des Mitarbeiters dar. Sie können Zielvereinbarung daher gut dafür heranziehen, um variable Vergütungsbestandteile zu bestimmen. Dies ist vor allem immer dann der Fall, wenn Ziele anhand von klaren Zahlen, wie z. B. Geschäftsergebnisse, leicht zu objektivieren sind.

Dennoch wird die Beurteilung häufig zur Bestimmung von Vergütungsbestandteilen herangezogen, vor allem dann, wenn es sich um Funktionen im Unternehmen handelt, für die individuelle Zielvereinbarungen nicht sinnvoll erscheinen. Dies ist z. B. dann der Fall, wenn die Tätigkeiten sehr repetitiv sind, d. h. wenig Gestaltungsmöglichkeiten bestehen und die Tätigkeit durch aktuelle Unternehmensziele kaum beeinflusst wird.

In der folgenden Übersicht sind die wesentlichen Zielsetzungen beider Führungsinstrumente aufgeführt. Wenn Sie vor allem die Ziele, die in der rechten Spalte aufgeführt sind, verfolgen, so ist Führen mit Zielen das richtige Instrument, sind für Sie die Zielsetzungen in der linken Spalte relevant, so erfüllen Mitarbeiterbeurteilungen den richtigen Zweck.

## Zielsetzungen der beiden Führungsinstrumente

| Mitarbeiterbeurteilung | Führen mit Zielen |
| --- | --- |
| Die Mitarbeiter sollen die Möglichkeit erhalten, umfassendes Feedback zu ihrer Leistung zu erhalten. | Die Mitarbeiter sollen ein Verständnis für übergeordnete Ziele des Unternehmens entwickeln. |
| Mitarbeiterqualifizierung soll bedarfsgerecht geplant und realisiert werden. | Das eigenverantwortliche Arbeiten der Mitarbeiter soll gefördert werden. |
| Potenzialträger sollen bestimmt werden. | Die Ressourcen im Team sollen möglichst effektiv zur Erreichung der Teamziele eingesetzt werden. |
| Der Austausch zwischen Führungskraft und Mitarbeiter hinsichtlich der gegenseitigen Zufriedenheit soll gefördert werden. | Variable Vergütung soll anhand möglichst objektiver Leistungskriterien bestimmt werden. |
| Mitarbeiter sollen möglichst fair, d. h. anhand der gleichen Maßstäbe beurteilt werden. | Die Zusammenarbeit im Team soll in eine bestimmte Richtung gelenkt werden. |
| Der Qualifizierungsbedarf im Unternehmen soll erhoben werden. | |
| Das Humankapital im Unternehmen soll im Hinblick auf die Kompetenzen der Mitarbeiter erhoben werden. | |

# Wann sollten Sie die beiden Instrumente nicht kombinieren?

Trotz der sehr unterschiedlichen Zielsetzung und Inhalte der beiden Führungsinstrumente werden diese häufig kombiniert und auch in einem Mitarbeitergespräch zusammen besprochen.

## 1. Kriterium: Vergütung

Eine Entscheidung für oder gegen die Kombination der beiden Instrumente sollte sich vor allem daran orientieren, ob eines oder beide Teile des Gespräches zur Bestimmung der Vergütung des Mitarbeiters genutzt werden soll. Ist vorgesehen, dass die variable Vergütung des Mitarbeiters allein an die Zielerreichung gekoppelt ist, so sollten Sie die beiden Gespräche möglichst nicht kombinieren.

Sobald Geld Thema des Gespräches ist, führt dies sehr leicht dazu, dass Ihr Mitarbeiter negatives Feedback schwerer akzeptiert, selbst wenn die allgemeine Beurteilung nicht direkt Einfluss auf seine Vergütung hat, sondern lediglich der zweite Teil des Gespräches, die Zielerreichung. Eine offene Atmosphäre, in der Feedback diskutiert und aufgenommen wird, ist jedoch eine wichtige Voraussetzung für die Wirksamkeit aufbauender Fördermaßnahmen.

Ist keine Koppelung des Gespräches mit variablen Vergütungsbestandteilen vorgesehen, d. h. weder mit der Mitarbeiterbeurteilung noch mit der Zielvereinbarung, so können Sie die beiden Gespräche gut kombinieren und Synergien nutzen.

Sind beide Instrumente Grundlage der Bestimmung der variablen Vergütung, d. h. sowohl die allgemeine Beurteilung als auch die Beurteilung der Zielerreichung, so muss Ihr Gespräch beide Bestandteile beinhalten. Schließlich sollten Sie die beiden Instrumente auch kombinieren, wenn Ihr Zielvereinbarungssystem vorsieht, dass neben Leistungszielen auch Entwicklungs- und Qualifizierungsziele vereinbart werden.

## 2. Kriterium: Anzahl der Gespräche

Eine weitere Entscheidungshilfe, ob die beiden Instrumente kombiniert werden sollten, bildet die Frage nach der Praktikabilität. So kann es passieren, dass bei einer sehr breiten Führungsspanne, die nach diversen Verschlankungsprozessen in vielen Unternehmen anzutreffen ist, eine Führungskraft sehr viele Beurteilungs- bzw. Zielvereinbarungsgespräche führen muss.

Führt eine Führungskraft z. B. 20 Mitarbeiter, so muss sie zweimal 20 Gespräche führen, einmal zur Mitarbeiterbeurteilung und ein zweites Mal zur Zielvereinbarung. Aus Gründen der Praktikabilität kann es daher sinnvoll sein, die beiden Instrumente in einem Gespräch zusammenzufassen, um den Zeitaufwand zu minimieren. Wichtig ist, dass Sie und Ihr Mitarbeiter das Gespräch nicht als lästige Pflicht empfinden, sondern als Hilfsmittel die Ihnen die tägliche Zusammenarbeit erleichtert.

# 1 Mitarbeiterbeurteilung: vorbereiten und durchführen

## 1.1 Schnell zum praktischen Beurteilungsbogen

In vielen Unternehmen ist vorgegeben, wie der Beurteilungsprozess aussehen und wie das Gespräch mit dem Mitarbeiter im Einzelnen ablaufen soll. Hierzu wird meist ein entsprechender Gesprächsleitfaden mit Beurteilungsbogen zur Verfügung gestellt. Einen Blanko-Beurteilungsbogen finden Sie auf www. haufe.de/arbeitshilfen.

Verfügen Sie nicht über einen solchen Beurteilungsbogen, so geben wir Ihnen in diesem Abschnitt Hinweise, wie Sie einen Beurteilungsbogen für Ihr Unternehmen bzw. Ihr Team schnell erstellen, und zeigen Ihnen, worauf es dabei ankommt. Dabei beziehen wir uns sowohl auf den Fall, dass Sie den Bogen nur für sich und Ihre direkt zugeordneten Mitarbeiter verwenden wollen, als auch auf den Fall, dass Sie den Bogen für das gesamte Unternehmen oder einen Unternehmensbereich verwenden möchten.

Sie können ebenso den von uns vorbereiteten Beurteilungsbogen übernehmen, den Sie am Ende dieses Kapitels finden (und auf www.haufe.de/arbeitshilfen als Blankovorlage, siehe Seite 1).

Vertiefende Informationen zu verschiedenen Möglichkeiten der Erstellung von Beurteilungsbögen finden Sie in Kapitel 2, der sich mit der Implementierung von Beurteilungssystemen beschäftigt.

**Nicht zu komplex, nicht zu allgemein**
Die größte Herausforderung besteht darin, das Beurteilungsinstrument weder zu kompliziert noch zu allgemein zu halten. Ist der Beurteilungsbogen bis ins letzte Detail ausgearbeitet, so erreicht er schnell einen Grad der Komplexität, der es allen Beteiligten zur Mühe werden lässt damit zu arbeiten. Ist der Bogen zu allgemein gehalten, gibt er Ihnen und Ihren Mitarbeitern zu wenig

Orientierung dahingehend, was genau eigentlich Bestandteil der Beurteilung sein soll, und das Feedback wird leicht diffus.

## 1.1.1 Schritt 1: Beschreiben Sie die Aufgaben

Im ersten Abschnitt des Beurteilungsbogens sollten Sie erst einmal noch nicht beurteilen, sondern zunächst beschreiben, was Grundlage der Beurteilung ist. Führen Sie daher zunächst auf, welche Aufgaben der Mitarbeiter derzeit wahrnimmt. Die darauf folgenden Beurteilungen beziehen sich schließlich auf die Arbeitsergebnisse, Verhaltensweisen und Kompetenzen, die Ihr Mitarbeiter bei der Bewältigung dieser Aufgaben zeigt.

Meistens bedeutet dies keinen großen Aufwand, denn für viele Mitarbeiter bleiben die Aufgaben von Jahr zu Jahr recht vergleichbar. In diesem Falle ist es völlig ausreichend, wenn Sie die Aufgabenschwerpunkte noch einmal kurz stichpunktartig darstellen oder schlicht auf den Beurteilungsbogen des Vorjahres zu verweisen.

Bei anderen Mitarbeitern haben sich die Aufgabenschwerpunkte im Laufe des Jahres etwas verlagert. Das Beurteilungsgespräch stellt eine gute Gelegenheit dar, um auch bezüglich der Aufgabenschwerpunkte Resümee zu ziehen und den aktuellen Aufgaben- und Verantwortungsbereich des Mitarbeiters noch einmal schriftlich festzuhalten. Insofern stellt dieser Abschnitt eine sinnvolle Ergänzung der Stellenbeschreibung dar.

## 1.1.2 Schritt 2: Kriterien für die Beurteilung entwickeln

Die Beurteilung ist das Kernstück des Bogens. Sie sollten sie daher mit viel Bedacht gestalten, denn es gibt ganz unterschiedliche Möglichkeiten, die Beurteilung vorzunehmen.

Es stellt sich zunächst einmal die Frage danach, was eigentlich beurteilt werden soll. Die meisten Beurteilungsbögen beinhalten eine Anzahl von Bewertungskriterien, anhand derer die Stärken und Verbesserungsfelder des Mitarbeiters eingeschätzt und beschrieben werden sollen. Dabei gibt es drei verschiedene Möglichkeiten der Gestaltung des Beurteilungsinstrumentes.

### Möglichkeit 1: Verzicht auf Kriterien

Die erste Möglichkeit besteht darin, auf Kriterien völlig zu verzichten. Dies bedeutet, dass Sie sich im zweiten Abschnitt Beurteilung lediglich folgende Frage stellen: „Worin sehen Sie die Stärken des Mitarbeiters und wo sehen Sie noch Verbesserungsbedarf?"

### Vorteile dieser Vorgehensweise

- Pragmatische Vorgehensweise ohne Notwendigkeit, Beurteilungskriterien zu definieren.
- Je nach Mitarbeiter können Sie ganz unterschiedliche Gesprächs- und Feedbackschwerpunkte wählen.

### Nachteile dieser Vorgehensweise

- Mangelnde Vergleichbarkeit der Beurteilungsmaßstäbe für verschiedene Mitarbeiter. Mit Mitarbeiter A sprechen Sie vor allem über Arbeitsqualität, mit dem anderen über seine interkulturelle Sensibilität.
- Mangelnde Vergleichbarkeit in der Beurteilung zwischen Ihnen und anderen Führungskräften.
- Ihr Mitarbeiter kann sich nicht systematisch auf das Gespräch vorbereiten, da die von Ihnen gewählten inhaltlichen Schwerpunkte im Vorhinein nicht klar sind.

### Möglichkeit 2: Definition von Anforderungen

Entscheiden Sie sich für die Definition von Beurteilungskriterien, so ergeben sich wiederum verschiedene Möglichkeiten. Die am häufigsten gewählte Form der Beurteilungskriterien besteht darin, allgemein gültige Anforderungen zu definieren, die für verschiedene Funktionsgruppen Gültigkeit haben. Dementsprechend sind diese Kriterien sehr allgemein gehalten. In derartigen Beurteilungsbögen finden sich Begriffe, wie z. B. Arbeitseffizienz, strategische Kompetenz, Innovationskraft usw.

### Vorteile dieser Vorgehensweise

- Geringer Aufwand, da Sie einen Beurteilungsbogen für alle Mitarbeiter nutzen können.

- Wenn der Bogen im ganzen Unternehmen genutzt wird, entsteht ein gemeinsames Commitment bzgl. der zentralen Anforderungen an Mitarbeiter.

**Nachteile dieser Vorgehensweise**

- Es kann vorkommen, dass eine besondere Stärke oder Schwäche des Mitarbeiters nicht im Kriterienkatalog enthalten ist.
- Sie müssen die allgemeinen Anforderungen konkretisieren und im Hinblick auf die jeweilige Funktion des Mitarbeiters „übersetzen".

Ein allgemeingültiges Anforderungskriterium muss pro Funktion genauer definiert werden, damit Sie und Ihre Mitarbeiter ein einheitliches Verständnis darüber haben, was darunter eigentlich zu verstehen ist.

---

**ALLGEMEINGÜLTIGE DEFINITION EINER ANFORDERUNG**

Im Beurteilungsbogen ist vorgesehen, dass die Innovationskraft der Mitarbeiter beurteilt wird. Innovationskraft wird dabei definiert als:

- Der Mitarbeiter informiert sich aktiv über Trends und Entwicklungen.
- Der Mitarbeiter bringt neue Ideen in seine Arbeit ein.
- Der Mitarbeiter setzt sich für seine Innovationsvorschläge ein und gewinnt andere Kollegen für seine Ideen.

---

Die Anforderung „Innovationskraft" ist durch diese Definition griffiger geworden. Dennoch reicht diese Konkretisierung noch nicht aus. Wollen Sie Missverständnisse vermeiden, so müssen in einem zweiten Schritt die Anforderung für die verschiedenen Funktionen Ihres Teams „übersetzen".

**▶ POSITIONSSPEZIFISCHE DEFINITION DER ANFORDERUNG**

Mit dem Beurteilungsbogen werden sowohl die Vorstandssekretärin als auch die Spezialisten der Forschung und Entwicklung beurteilt. „Der Mitarbeiter informiert sich aktiv über Trends und Entwicklungen" hat für die beiden Funktionsgruppen unterschiedliche Bedeutungen:
Vorstandssekretärin

- Informiert sich regelmäßig und eigenständig (z. B. über Fachzeitschriften) über neue Methoden der Sekretariatsorganisation

Spezialist Forschung und Entwicklung
- Engagiert sich in wissenschaftlichen Arbeitsgruppen innerhalb und außerhalb des Unternehmens
- Liest regelmäßig Fachliteratur zu neuesten wissenschaftlichen Erkenntnissen
- Analysiert kontinuierlich die Marktentwicklungen (z. B. über Gespräche mit Kunden, Internet-Recherchen, Branchenliteratur)

Diese Form der genauen Beschreibung einzelner Anforderungskriterien für verschiedene Positionen erscheint sehr aufwendig. Allerdings müssen Sie dies nicht unbedingt in schriftlicher Form und mit bürokratischem Aufwand realisieren. Eine intensive Besprechung der Anforderungen im Rahmen Ihres Team-Meetings kann völlig ausreichend sein.

Entscheiden Sie sich für diese 2. Möglichkeit (Anforderungskriterien als Beurteilungsgrundlage), so sollten Sie nicht nur auf die „altbewährten" Kriterien, wie Arbeitsqualität, Teamfähigkeit und Leistungsmotivation zurückgreifen. Nutzen Sie bei der Auswahl der Kriterien die Möglichkeit, Anforderungen in den Vordergrund zu stellen, die für Ihr Team bzw. Ihr Unternehmen von besonderer Bedeutung sind, da sie z. B. den aktuellen Entwicklungen entsprechen. Auf diese Art und Weise haben Kriterien, wie z. B. interkulturelle Kompetenz, Veränderungsmanagement oder Diversity Management, Einzug in manchen modernen Beurteilungsbogen gefunden. In den meisten Fällen beziehen sich die Beurteilungskriterien auf bereits im Unternehmen vorhandene aktuelle Kompetenzmodelle. Sollte in Ihrem Unternehmen ein solches allgemeines Kompetenzmodell existieren, so verwenden Sie dieses als Grundlage der Beurteilung, denn es wird Ihnen und Ihren Mitarbeitern an verschiedenen Stellen begegnen, wenn es um Beurteilung und Qualifizierung im Unternehmen geht.

**Möglichkeit 3: Aufgaben als Beurteilungsgrundlage**
Es gibt noch eine weitere Möglichkeit, Beurteilungskriterien für die Beurteilung von Mitarbeitern aufzustellen. Dabei wählen Sie nicht Anforderungen als Basis der Beurteilung, sondern die Aufgabenpakete der Mitarbeiter. Für Mitarbeiter, die ähnliche Aufgaben wahrnehmen, nehmen Sie die gleichen Aufgabenpakete in den Beurteilungsbogen auf. Die anschließende Beurteilung Ihres Mitarbeiters sagt nichts darüber aus, hinsichtlich welcher Anforderun-

gen oder Kompetenzen er besondere Stärken oder Schwächen hat, sondern vielmehr, wie gut er bereits bestimmte Aufgaben erfüllt.

### Aufgabenorientierte Kriterien

Ein Team besteht vor allem aus Projektleitern. Beurteilt werden Stärken und Verbesserungsfelder in Bezug auf folgende Aufgaben:

1. Projektplanung
2. Projektcontrolling
3. Führung von Projektmitarbeitern
4. Repräsentation und Reporting
5. Ressourcenmanagement

### Vorteile dieser Vorgehensweise

- Praxisnahe Beurteilungsgrundlage ohne abstrakte Eigenschaftsbegriffe erleichtert Ihnen und Ihren Mitarbeitern den Umgang mit den Kriterien.
- Sie erzielen hierdurch erfahrungsgemäß eine gute Akzeptanz des Beurteilungssystems.

### Nachteile dieser Vorgehensweise

- Hoher Aufwand bei vielen verschiedenen Funktionsgruppen, da für jede andere Aufgabenschwerpunkte gelten, z. T. sogar Unterschiede innerhalb einer Funktionsgruppe bestehen.
- Mangelnde Vergleichbarkeit der Beurteilung zwischen Mitarbeitern verschiedener Funktionsgruppen.
- Ein übergreifendes Kompetenzmanagement im Unternehmen ist so nicht möglich.
- Auch hier müssen Sie noch Übersetzungsleistung erbringen, um zu verdeutlichen, was „gute Projektplanung" ausmacht.

Aufgrund der Vielzahl der Nachteile werden aufgabenorientierte Kriterien nur in absoluten Ausnahmefällen gewählt. Sie sind lediglich dann sinnvoll, wenn Sie alle Mitarbeiter zu wenigen Gruppen mit jeweils ähnlichen Aufgabenschwerpunkten zusammenfassen können.

Beachten Sie bei der Konzeption Ihres Beurteilungsbogens, dass Sie die Kriterien zur Gleichbehandlung gemäß AGG berücksichtigen. (Lesen Sie dazu die Informationen, Beispiele und Tipps am Ende des Buches in Kapitel 6.)

## 1.1.3 Schritt 3: Eine passende Beurteilungsskala auswählen

Zur Beurteilung des Mitarbeiters dienen nicht nur verschiedene Beurteilungskriterien. Die Ausprägung der Kompetenzen und Leistungen des Mitarbeiters werden zumeist auch mithilfe einer Skala eingeschätzt. Auch im Hinblick auf die Skala ergeben sich viele Gestaltungsmöglichkeiten, die es abzuwägen gilt.

### Möglichkeit 1: Verzicht auf eine Beurteilungsskala

Zunächst einmal besteht wiederum die Möglichkeit, ganz ohne Skala zu beurteilen. Das heißt, Sie beschränken sich lediglich auf eine qualitative Beschreibung der Stärken und Entwicklungsfelder Ihres Mitarbeiters. Mit dem Begriff der Mitarbeiterbeurteilung ist für viele automatisch eine zahlenmäßige Beurteilung verbunden, sodass eine rein qualitative Beschreibung der Stärken und Entwicklungsbedarfe zunächst irritierend wirken mag. Allerdings ist dies durchaus ein gangbarer Weg.

### Qualitative Bewertung

Der Vorgesetzte kommt bei dem Kriterium Innovationskraft zu folgender rein qualitativer Beurteilung: „Herr X macht immer wieder neue Vorschläge, um die Prozesse in der Abteilung zu optimieren. Er sollte jedoch den Austausch mit anderen Experten verstärken, um neue Impulse und Ideen von ihnen zu erhalten."

### Vorteile dieses Vorgehens

- Geringes Konfliktpotenzial bei negativer Einschätzung, da auf „harte" Zahlen verzichtet wird.
- Sie fokussieren auf die für die Ableitung von Entwicklungsmaßnahmen wichtigen qualitativen Beschreibungen.

## Nachteile dieses Vorgehens

- Gefahr, dass Ihre Einschätzung an Prägnanz verliert und die zentrale Botschaft hinsichtlich des Grades Ihrer Zufriedenheit oder Unzufriedenheit nicht beim Mitarbeiter ankommt.
- Schwierigkeiten bei der Kopplung mit Vergütungsbestandteilen.
- Mangelnde Klarheit z. B. bei arbeitsrechtlichen Auseinandersetzungen bzgl. der Einschätzung der Leistung des Mitarbeiters.
- Keine Möglichkeit zum überblicksartigen direkten Vergleich zwischen Mitarbeitern.

## Möglichkeit 2: Nutzung einer abgestuften Beurteilungsskala

Eine Beurteilungsskala besteht zumeist aus Zahlen, Buchstaben, zuweilen auch Symbolen. Verwenden Sie im deutschsprachigen Raum Buchstaben (also eine Skala von z. B. A bis D) anstelle von Zahlen (z. B. 1 bis 5), da sonst sehr schnell Verwechslungen mit Schulnoten entstehen können.

Buchstaben verleiten nicht zu „Zahlenspielen", wie z. B. der Berechnung von Durchschnittswerten mit zwei Nachkommastellen. Solche Berechnungen wären inhaltlich nicht vertretbar, denn zum einen suggerieren sie eine Messgenauigkeit, die eine Verhaltensbeurteilung nicht herstellen kann. Zum anderen ist eben eine 4 auf der Skala nicht zwangsläufig genau „doppelt so gut" wie eine 2.

## Skala nicht zu weit ausdifferenzieren

Die Skala sollte nicht zu genaue Differenzierungsmöglichkeiten bieten. Wenn Sie die Skala zu breit anlegen, dann dürfte es Ihnen schwer fallen, diese Bewertung zu begründen: Warum bewerten Sie zum Beispiel bei einer 10-stufigen Beurteilungsskala Ihren Mitarbeiter nun ausgerechnet mit einer 7? Und was genau müsste er noch tun, um eine 8, 9 oder 10 zu erreichen?

Im Normalfall reichen 4 Bewertungsstufen vollkommen aus, um die zentralen Botschaften an den Mitarbeiter zu kommunizieren, die hinsichtlich der Beurteilung von Relevanz sind:

| Stufe | Der Mitarbeiter ... |
|-------|---------------------|
| Stufe D | erfüllt die Anforderungen in weiten Teilen nicht. |
| Stufe C | erfüllt die Anforderungen zum größten Teil. |
| Stufe B | erfüllt die Anforderungen voll. |
| Stufe A | übertrifft die Anforderungen. |

Mit dieser Skala können Sie die Rückmeldung zu geben, dass der Mitarbeiter genau der Anforderung in einem bestimmten Kriterium entspricht. Dies ist eine wichtige Botschaft, die Sie mit einer Beurteilungsskala vermittelt können müssen, denn sie drückt aus, dass Sie als Führungskraft mit der Aufgabenerfüllung Ihres Mitarbeiters voll zufrieden sind.

Darüber hinaus haben Sie mit dieser Skala die Möglichkeit, durch die Beurteilung „C" auszudrücken, dass der Mitarbeiter in diesem Bereich noch an sich arbeiten sollte. Die Beurteilung „C" sollte im weiteren Verlauf des Gespräches dazu führen, dass Sie unterstützende Maßnahmen planen mit dem Ziel, dass der Mitarbeiter schließlich in absehbarer Zeit auch in diesem Bereich eine Bewertung „B" erzielen kann.

Mit der Bewertung „D" können Sie auch signalisieren, dass in einem Anforderungsbereich die klare Notwendigkeit besteht, die Leistung zu optimieren. Sollten sich mehrere Bewertungen mit „D" häufen, so ist dies das deutliche Signal an den Mitarbeiter, dass eine Unzufriedenheit mit seinem Arbeitsverhalten und seiner Arbeitsleistung besteht. Allerdings kann die Bewertung „D" auch durchaus dann vergeben werden, wenn ein Mitarbeiter neu in einer Funktion ist und daher in einigen Arbeitsbereichen noch weit von den Anforderungen entfernt ist. In diesem Falle ist ein „D" nicht als „Warnsignal" zu interpretieren.

Schließlich ermöglicht es Ihnen die Skala auch, Ihrem Mitarbeiter zu verdeutlichen, dass er in einem oder sogar mehreren Anforderungsbereichen bereits deutlich bessere Leistungen erzielt, als dies tatsächlich von ihm erwartet wird. Erzielt ein Mitarbeiter „A"-Bewertungen in verschiedenen Anforderungskriterien oder Aufgabenbereichen, so ist dies ein Zeichen dafür, dass der Mitarbeiter in seinem jetzigen Aufgabengebiet unterfordert ist und sich für die Übernahme einer weiterführenden Aufgabe empfiehlt.

**5 Stufen sind eine Stufe zu viel!**

In vielen Beurteilungssystemen wird eine Stufe mehr gewählt, d. h. eine 5-stufige Skala, bei der ähnlich wie im negativen Bereich auch im positiven Bereich zwei Stufen zur Beschreibung der Übererfüllung von Anforderungen möglich sind. Von dieser Lösung ist aus zwei Gründen abzuraten.

1. Die Bewertungsstufe „erfüllt die Anforderungen voll" liegt in diesem Falle in der Mitte der Skala und wird daher leicht als „durchschnittlich" und nicht als gute Leistung interpretiert.
2. In der Realität besteht faktisch keine Notwendigkeit, eine weitere Stufe des Übertreffens von Anforderungen zu ergänzen. Vielmehr ist die Leistung auf der Bewertungsstufe „B" (erfüllt die Anforderungen voll) bereits gut, sodass es häufig schon schwer fällt, überhaupt zu beschreiben, welche Leistungen erbracht werden müssen, um diese Anforderungen noch zu übertreffen, geschweige denn hierfür zwei Abstufungen zu differenzieren.

**Nachteile einer anforderungsbezogenen Skala**

Die anforderungsbezogene Skala („erfüllt die Anforderungen zum Teil/voll/ ") ist die am häufigsten verwendete. Allerdings werden auch andere abgestufte Skalen genutzt, da die anforderungsbezogene Variante einen entscheidenden Nachteil hat. Die Einschätzung, inwieweit ein Mitarbeiter die Anforderungen in einem bestimmten Kriterium, z. B. bzgl. seiner Führungskompetenz erfüllt, erscheint vielen Unternehmen als zu subjektiv gefärbt. Auch bei klarer Definition des Kriteriums liegt es immer noch im Ermessensspielraum der Führungskraft, wann nun tatsächlich die Anforderungen erfüllt, oder gar übererfüllt sind. Die Einschätzung ist dann abhängig vom Anspruch der jeweiligen Führungskraft.

Aufgrund dieser Kritik an der anforderungsbezogenen Skala sind zwei weitere Skalenvarianten entstanden:

**Variante 1: Qualitative Beschreibungen für jede Ausprägung der Skala**

Bei dieser Variante wird nicht nur das Kriterium allgemein definiert, sondern auch konkrete qualitative Beschreibungen des Verhaltens des Mitarbeiters zu jeder Stufe der Skala.

| ▶ | **KRITERIUM TEAMORIENTIERUNG: QUALITATIVE BESCHREIBUNG** |

**Stufe D**
- Leitet auf Nachfrage Informationen an Kollegen weiter
- Ist sich der Tatsache bewusst, dass die Kollegen zuweilen Unterstützung benötigen
- Zeigt Interesse an der Lösung von Konflikten

**Stufe C**
- Unterstützt Kollegen bei entsprechender Anfrage
- Leitet Informationen aktiv an Kollegen weiter
- Wird aktiv, um Konflikte zu lösen

**Stufe B**
- Unterstützt Kollegen, wenn er den Bedarf sieht
- Leitet Informationen umfassend und zeitnah weiter
- Verhält sich sensibel und geschickt in Konflikten

**Stufe A**
- Geht proaktiv unterstützend auf Kollegen zu
- Fördert in Eigeninitiative die gute Zusammenarbeit im Team
- Wirkt ausgleichend in Konflikten unter Kollegen

Diese Variante der abgestuften Skala birgt jedoch auch eine Problematik in sich. Es ist kaum möglich, die einzelnen Ausprägungen so umfassend zu beschreiben, dass alle denkbaren Verhaltensweisen zu dem Kriterium erfasst werden können. Darüber hinaus kann es durchaus sein, dass ein Mitarbeiter einzelne Verhaltensweisen der vierten Stufe und gleichzeitig auch Verhaltensweisen der zweiten Stufe zeigt. Hier fällt die Bewertung schwer. Daneben ist die Formulierung der unterschiedlichen Ausprägungen sehr aufwendig.

**Variante 2: Allgemeine Kompetenzabstufungen**
Bei dieser Variante der Skala wird die Ausprägung der Kompetenz beschrieben. Diese Abstufungen können im Gegensatz zu Variante 1 für alle Kriterien ohne Anpassung oder Ausformulierung verwendet werden.

| Stufe | Allgemeine Kompetenzabstufungen |
|---|---|
| Stufe D | Kennt Grundbegriffe |
| Stufe C | Wendet die Grundlagen mit Hilfestellung an |
| Stufe B | Beherrscht das Gebiet eigenständig und flexibel |
| Stufe A | Entwickelt das Thema weiter |

Diese Variante stellt eine gute Alternative zur anforderungsbezogenen Skala dar. Wenn Sie sich für diese Variante entscheiden, sollten Sie darauf achten, dass Ihre Anforderungskriterien mit der Skala kompatibel sind, d. h. sich vor allem auf Kompetenzen beziehen. Bei einem Kriterium, wie z. B. Leistungsmotivation, würde eine kompetenzorientierte Abstufung wenig Sinn machen.

## 1.1.4 Schritt 4: Kriterien für die Potenzialeinschätzung

Im folgenden Abschnitt wenden Sie den Blick weg von der Bewertung der aktuellen Leistung und hin zur zukünftigen Leistungsfähigkeit. Hier geht es darum, das Potenzial des Mitarbeiters einzuschätzen.

**Potenzial ist zukünftige Leistungsfähigkeit**
Sehr häufig werden die Begriffe Leistung und Potenzial verwechselt. Während bei der Einschätzung der Leistung eines Mitarbeiters die aktuell erbrachte Leistung gemeint ist, handelt es sich bei der Potenzialeinschätzung um eine Einschätzung der zukünftigen Leistungsfähigkeit des Mitarbeiters.

Bei der Potenzialeinschätzung treffen Sie eine Vorhersage dahingehend, welche Leistung der Mitarbeiter wahrscheinlich in Zukunft erbringen kann. Dies kann z. B. bedeuten, dass der Mitarbeiter in Zukunft andere Aufgaben oder auch erweiterte Verantwortung übernehmen kann. Eine solche Einschätzung, die sich auf die Zukunft bezieht, vorzunehmen, stellt für Führungskräfte stets eine besondere Herausforderung dar. In Kapitel 1.7 erhalten Sie nähere Hinweise zur Analyse des Potenzials Ihrer Mitarbeiter.

Bei der Potenzialeinschätzung ergeben sich drei mögliche Entwicklungsrichtungen:

1. Stellenbezogene Entwicklung
   Der Mitarbeiter soll seine Leistungen und Kompetenzen in der aktuellen Position weiter ausbauen.
2. Horizontale Entwicklung
   Der Mitarbeiter kann und will andere Aufgaben und andere Verantwortungsbereiche auf der gleichen Hierarchieebene übernehmen. Gerade in größeren Unternehmen besteht häufig eine geringe Transparenz über motivierte und geeignete Mitarbeiter, die Positionen besetzen könnten, für die auf dem engen externen Fachkräftemarkt niemand Geeignetes gefunden wird. Schaffen Sie daher in Ihrem Beurteilungsbogen die Basis dafür, dass die Wünsche und Möglichkeiten Ihrer Mitarbeiter für einen internen Stellenwechsel erfasst werden.
3. Vertikale Entwicklung
   Der Mitarbeiter kann erweiterte Verantwortung übernehmen, die zumeist das Aufsteigen innerhalb der Unternehmenshierarchie bedeutet. Dies muss jedoch nicht zwangsläufig die Übernahme von mehr Führungsverantwortung im Sinne der klassischen Führungslaufbahn bedeuten. In vielen Unternehmen existieren bereits alternative Laubahnkonzepte, wie die Projektleiterlaufbahn, Expertenlaufbahn oder Spezialistenlaufbahn. Hervorragende Fachkräfte, Projektleiter sowie Führungskräfte zu rekrutieren wird zunehmend schwerer. Gleichzeitig hat der Bedarf an Mitarbeitern zugenommen, die außerhalb der klassischen Führungslaufbahn mehr Verantwortung übernehmen wollen. Sorgen Sie daher durch die Ergänzung einer Potenzialeinschätzung in Ihrer Mitarbeiterbeurteilung dafür, dass Talente frühzeitig erkannt, an das Unternehmen gebunden und auf nächste Schritte vorbereitet werden.

### Beachten Sie die Entwicklungswünsche des Mitarbeiters

An dieser Stelle des Beurteilungsbogens sollte daher durch ein entsprechendes Feld vorgesehen sein, dass neben dem Potenzial auch die Entwicklungswünsche Ihres Mitarbeiters sowie Ihre Stellungnahme hierzu dokumentiert werden.

## 1.1.5 Schritt 5: Qualifizierungsziele und -maßnahmen beschreiben

Im letzten Abschnitt Ihres Beurteilungsbogens werden konkrete Maßnahmen zur Weiterentwicklung des Mitarbeiters aufbauend auf die Beurteilung der aktuellen Stärken und Verbesserungsfelder Ihres Mitarbeiters sowie die vereinbarten Qualifizierungsziele festgehalten.

**Konkretisieren Sie die Qualifizierungsziele und -maßnahmen**
Je konkreter Sie die Qualifizierungsziele und -maßnahmen beschreiben, umso größer ist die Umsetzungswahrscheinlichkeit. Was genau ist dabei unter einem Qualifizierungsziel zu verstehen? Ein Ziel ist dadurch charakterisiert, dass das erwünschte Endergebnis beschrieben wird. Beschreiben Sie daher nicht, was der Mitarbeiter im Moment noch falsch macht oder worin das Problem besteht, sondern formulieren Sie, was genau der Mitarbeiter durch die Maßnahmen erreichen soll, welche Qualifikation er erwerben oder über welche Befähigung er nach der Entwicklungsmaßnahme verfügen soll.

▶ **PRÄZISE BESCHREIBUNG DES QUALIFIZIERUNGSZIELS**

Einer der bereits erwähnten Mitarbeiter aus dem Team der Projektleiter zeigt noch Verbesserungsmöglichkeiten in dem Aufgabenbereich „Repräsentation und Reporting". Das derzeitige Problem besteht für ihn darin, dass er in den Präsentationen, die er vor dem Lenkungskreis halten soll, noch sehr unsicher und wenig souverän wirkt. Sowohl er selbst als auch seine Führungskraft kommen zu der Einschätzung, dass er sich stellenbezogen weiterentwickeln soll und planen eine Qualifizierungsmaßnahme zur Behebung dieser Probleme.

Das entsprechende Qualifizierungsziel lautet: „Souveränes und sicheres Auftreten vor dem Lenkungskreis bis Mitte des Jahres." So ist klar definiert, welches Ergebnis erreicht werden soll, sodass im nächsten Beurteilungsgespräch festgestellt werden kann, inwieweit der Mitarbeiter dieses Qualifizierungsziel erreicht hat bzw. ob weitere Maßnahmen ergriffen werden müssen.

Des Weiteren ist es wichtig, dass Sie auch die Entwicklungsmaßnahmen konkret beschreiben, damit diese auch tatsächlich realisiert werden und erfolgreich sind.

▶ **QUALIFIZIERUNGSMASSNAHMEN**

Um sein Qualifizierungsziel zu erreichen, definieren die Führungskraft und der Projektleiter folgende Maßnahmen:
1. Teilnahme an einem Präsentationstraining mit dem Schwerpunkt „Persönliches Auftreten".
2. Wahrnehmung aller Präsentationen im Projekt vor dem Lenkungsausschuss.
3. Im Anschluss an alle Präsentationen erhält der Mitarbeiter jeweils differenziertes Feedback von der Führungskraft.

Zur weiteren Konkretisierung sollten Sie auch den Zeitraum der geplanten Maßnahmen genau beschreiben. So können Sie vermeiden, dass Qualifizierungsmaßnahmen, wie so oft, im Laufe des Jahres immer weiter nach hinten geschoben werden.

**Das Ziel soll im Vordergrund stehen, nicht die Maßnahme**
Wichtig ist, dass das Entwicklungsziel, nicht die Maßnahme im Vordergrund steht. Die Entwicklungsmaßnahme ist nur Mittel zum Zweck. Sollte sich z. B. eine Trainingsmaßnahme aus Zeitgründen oder wegen Einsparungsmaßnahmen nicht realisieren lassen, so ist Ihr Mitarbeiter verpflichtet, sich Gedanken über alternative Maßnahmen zu machen, um dennoch zum Ziel zu gelangen. Ist ihm dies nicht alleine möglich, so besteht seine Verpflichtung darin, Sie, die Führungskraft, darüber in Kenntnis zu setzen. Sie suchen dann gemeinsam nach Möglichkeiten, um das Entwicklungsziel dennoch zu erreichen.

## 1.1.6 FAQ: Lassen Sie sich durch den Mitarbeiter beurteilen?

Häufig wird der Beurteilungsbogen durch einen Abschnitt ergänzt, der eine Beurteilung der Führungskraft beinhaltet. Diese Beurteilung ist selten genauso differenziert, wie die des Mitarbeiters, was einen guten Grund hat: Der Fokus im Beurteilungsgespräch liegt auf der Beurteilung des Mitarbeiters. Daher wird diese sehr viel differenzierter vorgenommen, als eine Beurteilung des Führungsverhaltens des Vorgesetzten. Es handelt sich daher in den meisten Fällen nur um einen kurzen letzten Abschnitt, in dem der Mitarbeiter gebeten wird, der Führungskraft Feedback zur Zusammenarbeit zu geben.

**Offene Fragen für das Bottom-Up-Feedback**
Wollen Sie einen solchen Abschnitt ergänzen, so leiten Sie ihn mit folgender Frage ein: „Was funktioniert in der Zusammenarbeit mit mir als Führungskraft gut?" und „Welche Änderung würden Sie sich in unserer Zusammenarbeit wünschen?" Wie Sie eine differenzierte Bewertung Ihres Führungsverhaltens und ein umfassendes Feedback erhalten, erfahren Sie in Kapitel 1.7.

Auf den nächsten Seiten finden Sie einen als Beispiel ausgefüllten Beurteilungsbogen. Er enthält allgemeine Beurteilungskriterien, die grundsätzlich in jedem Unternehmen und für jede Funktion anwendbar sind. In diesem Bogen sind die geschilderten Empfehlungen umgesetzt. Einen Blanko-Beurteilungsbogen finden Sie im Internet auf www.haufe.de/arbeitshilfen.

## 1.1.7  Beispiel: ausgefüllter Beurteilungsbogen

| | |
|---|---|
| Datum: XX.XX.20XX | Beurteilungszeitraum: 01.01.—31.12.20XY |
| Angaben zur Person des Mitarbeiters: | |
| Name: Matthias Müller | |
| Funktion: Leiter IT | In dieser Funktion seit: 01.07.20XZ |

### I. Aufgaben des Mitarbeiters

- Planung und Leitung großer IT-Projekte (Projektkategorie 4)
- Führung von 9 IT-Spezialisten und einer Teamassistentin
- Strategische Ausrichtung der IT-Systemlandschaft
- Einführung zukunftsweisender IT-Systeme

## II. Beurteilung des Leistungsverhaltens

Bewertungsstufen:
D: erfüllt die Anforderungen in weiten Teilen nicht
C: erfüllt die Anforderungen zum größten Teil
B: erfüllt die Anforderungen voll
A: übertrifft die Anforderungen

| Engagement | D | C | B | A |
|---|---|---|---|---|
| Eigeninitiative | | | | X |
| Ergebnis-/Zielorientierung | | | X | |
| Sonstige: | | | | |

Kommentar:
- Absolut eigenständige und proaktive Planung und Umsetzung von strategischen Projekten
- Durchhaltevermögen bei der Verfolgung der Abteilungsziele
- Professionelle Projektsteuerung und -controlling

| Unternehmerisches Handeln | D | C | B | A |
|---|---|---|---|---|
| Strategische Perspektive | | | X | |
| Kosten-/Nutzenorientierung | | | X | |
| Gesamtunternehmerisches Denken | | | X | |
| Sonstige: | | | | |

Kommentar:
- Wertvolle Beiträge zur Strategiediskussion 2020
- Guter Gesamtblick über Herausforderungen in BUs und hieraus Ableitung von IT-Strategie
- Systematisches Kostencontrolling sowie Sensibilisierung von Projektmitarbeitern für kostenorientiertes Handeln

| Veränderungsmanagement | D | C | B | A |
|---|---|---|---|---|
| Suche nach Verbesserungsmöglichkeiten | | | | X |
| Flexibilität im Umgang mit Veränderungen | | | X | |
| Sonstige: | | | | |

| Veränderungsmanagement | D | C | B | A |
|---|---|---|---|---|

Kommentar:
- Informiert sich umfassend über innovative Lösungen, sehr gute Vernetzung in der Branche
- Zahlreiche Impulse für Neuerungen, die konsequent umgesetzt werden
- Sollte sensibel darauf achten, die Organisation nicht mit Innovationen zu überfordern

| Zwischenmenschliche Kompetenzen | D | C | B | A |
|---|---|---|---|---|
| Überzeugungskraft | | X | | |
| Sensibilität für Menschen und Situationen | | X | | |
| Diversity Management/Interkulturelle Kompetenz | | | X | |
| Sonstige: | | | | |

Kommentar:
- Wirkt in Präsentationen vor der GF unsicher und argumentiert oft zu fachlich-theoretisch
- Sollte stärker aus Adressatensicht argumentieren
- Erkennt oft Zwischentöne (GF, Kollegen, Mitarbeiter) nicht, sollte besser zuhören und auf „die Botschaft zwischen den Zeilen" achten
- Konstruktive Zusammenarbeit mit Kollegen aus UK

| Konstruktive Zusammenarbeit | D | C | B | A |
|---|---|---|---|---|
| Kooperation | | X | | |
| Networking | | X | | |
| Förderung des Informationsflusses | | | | X |
| Sonstige: | | | | |

Kommentar:
- Begegnet Kollegen offen, direkt und unkompliziert
- Zeigt Kompromissbereitschaft in Konflikten
- Verfügt über gutes Netzwerk in allen BUs und außerhalb des Unternehmens
- Hervorragende, transparente Informationen in den Projekten, zudem keine Informationsüberfrachtung, vorbildliche Information interner Kunden bei Problemen

| Entscheidungsverhalten | D | C | B | A |
|---|---|---|---|---|
| Fachkompetenz | | | | X |
| Unternehmerische Risikobereitschaft | | | X | |
| Verantwortungsvolles Handeln | | | | X |
| Sonstige: | | | | |

Kommentar:
- Herausragende Expertise im eigenen Fachgebiet sowie darüber hinaus (z. B. Auseinandersetzung mit neuen Prozessen für User Help Desk)
- Steht 100 % zu Fehlern/hinter dem Projektergebnis und kümmert sich aktiv um Troubleshooting (Bsp. Projekt RV4.0)
- Perfekte Entscheidungsvorlagen mit gesamtunternehmerischen Chancen und Risiken

| Mitarbeiterführung (nur für Mitarbeiter mit Führungsverantwortung) | D | C | B | A |
|---|---|---|---|---|
| Delegation und Steuerung | | X | | |
| Mitarbeiter-/Talententwicklung | | X | | |
| Motivation/Inspirationskraft | | X | | |
| Teambuilding und Konfliktlösung | X | | | |
| Sonstige: | | | | |

Kommentar:
- Fokussiert sich zu stark auf Fachaufgaben, sollte deutlich mehr delegieren und sich Freiräume für Führung schaffen
- Leitet anspruchsvolle Projekte selbst, sollte Mitarbeiter systematisch an größere Projekte heranführen
- Konflikte sowie Qualifikationsdefizite im Team wurden im letzten Jahr nicht gelöst bzw. behoben

## III. Potenzialeinschätzung

Entwicklungswunsch des Mitarbeiters
- Verbleib im IT-Umfeld, eventuell Erweiterung um die Verantwortung für das Help-Desk

## III. Potenzialeinschätzung

Stellungnahme der Führungskraft

- Aufgrund der hervorragenden fachlichen Kompetenz ist der Verbleib im IT-Umfeld auf jeden Fall wünschenswert.
- Erweiterung der Verantwortung ist aufgrund von Entwicklungsbereichen in der Führungsarbeit derzeit noch nicht sinnvoll. Hierzu sollte Herr Müller noch stärker von den fachlichen Aufgaben lösen und sich der Mitarbeiterführung widmen. Im Vordergrund steht dabei, dass Herr Müller sich den zwischenmenschlichen Problemen der Mitarbeiter und der Motivation des Teams widmet und sich aktiv um die Lösung der Probleme kümmert bzw. diese rechtzeitig angeht, um eine Eskalation zu vermeiden.

Geplante Entwicklungsrichtung

| Entwicklungsrichtung | Angestrebter Aufgabenbereich |
|---|---|
| ☑ Positionsbezogen | |
| ☑ Horizontal | |
| ☑ Vertikal | |

## IV. Personalentwicklungsaktivitäten

1. Entwicklungsbereich:

| Qualifizierungsziel | Maßnahmen | Zeit-raum | Review-termin |
|---|---|---|---|
| • Herr Müller geht Konflikte im Team aktiv an und löst sie konstruktiv | • Teamworkshop Anschl. Coaching durch den Work-shop-Moderator | 03/ 20XX 04-06/ 200XX | 31.03/ 20XX 02.07/ 20XX |

2. Entwicklungsbereich:

| Qualifizierungsziel | Maßnahmen | Zeit-raum | Review-termin |
|---|---|---|---|

## IV. Personalentwicklungsaktivitäten

| | | | |
|---|---|---|---|
| • Herr Müller tritt in seinen Präsentationen lebendig und begeisternd auf | • Präsentationstraining zum persönlichen Auftreten | 06/ 20XX | 02.07/ 20XX |
| | • Anschließend kontinuierliches Feedback nach Präsentationen durch Führungskraft | 06-09/ 20XX | 28.09/ 20XX |

3. Entwicklungsbereich:

| Qualifizierungsziel | Maßnahmen | Zeit-raum | Review-termin |
|---|---|---|---|
| • Herr Müller delegiert verantwortungsvolle Projektaufgaben sowie die Leitung von Projekten | • Definition zu delegierender Aufgaben gemeinsam mit Führungskraft | 02/ 20XX | --- |
| | • Buch: Delegieren — aber richtig | 03/ 20XX | 31.03/ 20XX |

## V. Feedback an die Führungskraft

Was funktioniert in der Zusammenarbeit mit der Führungskraft gut?
- Offener Austausch und Feedback
- Unterstützung bei Problemfällen im Team
- Positiver unkomplizierter Umgang miteinander
- Freiräume in der Gestaltung der Arbeit der Abteilung

Welche Änderung würde sich der Mitarbeiter in der Zusammenarbeit mit der Führungskraft wünschen?
- Mehr Zeit zur Diskussion von weit greifenden Änderungen der IT-Systemlandschaft
- Rechtzeitige Information über IT- bzw. Projektrelevante Entscheidungen der Geschäftsführung

Unterschriften

Renate Schmidt            Matthias Müller
(Führungskraft)           (Mitarbeiter)

## 1.2 Bereiten Sie sich und Ihre Mitarbeiter auf das Gespräch vor

Wenn Sie zum ersten Mal Beurteilungen im eigenen Team einführen, so ist eine umfassende und frühzeitige Information der Mitarbeiter ein ausschlaggebendes Erfolgskriterium. Mitarbeiter begegnen einem Beurteilungssystem verständlicherweise nicht nur mit Vorfreude auf ein offenes Feedback, sondern verbinden hiermit häufig Befürchtungen, denn Feedback bedeutet in vielen Fällen auch negative Kritik. Befürchtungen entstehen vor allem auch hinsichtlich der Konsequenzen der Beurteilung, d. h. der Auswirkungen der Beurteilung auf die berufliche Zukunft des Mitarbeiters im Unternehmen. Ziel einer Mitarbeiterinformation sollte es daher sein, alle möglichen Befürchtungen offen anzusprechen und möglichst klar und offen zu kommunizieren, welche Ziele mit der Beurteilung verfolgt werden, wie die Beurteilung vonstatten geht und welche Konsequenzen diese letztlich für die Mitarbeiter haben kann.

**Sie müssen den Betriebsrat einbeziehen**
Wollen Sie das Instrument Mitarbeiterbeurteilung unabhängig von den anderen Bereichen in Ihrem Team einführen, so erkundigen Sie sich zuvor bei der Personalabteilung, in welcher Form Sie den Betriebsrat in Ihre Planungen mit einbeziehen müssen, denn Mitarbeiterbeurteilung ist mitbestimmungspflichtig.

### 1.2.1 Schritt 1: Überzeugen und Informieren Sie Ihre Mitarbeiter

Eine gute Vorbereitung Ihres Teams auf die Beurteilungsgespräche ist eine ausgesprochen wichtige Voraussetzung dafür, dass diese Gespräche konstruktiv und somit auch nutzbringend für alle Seiten ablaufen. Nicht selten entstehen Konflikte und Schwierigkeiten in den Gesprächen vor allem dadurch, dass aufgrund unzureichender Information Ängste bestehen bzw. Missverständnisse den Umgang mit dem Beurteilungsinstrument erschweren.

Als eine sehr ökonomische und hilfreiche Vorgehensweise hat sich die umfassende Vorstellung des Beurteilungssystems im Rahmen eines Team-Meetings erwiesen. Im Rahmen eines solchen Team-Meetings sollten Sie folgende Punkte ansprechen bzw. Informationen an Ihre Mitarbeiter geben:

## 1. Stellen Sie die Beurteilung in den Gesamtzusammenhang

Für ein umfassendes Verständnis ist es wichtig, dass Ihre Mitarbeiter die Beurteilung in einen Gesamtzusammenhang stellen können. Das heißt, Sie sollten zunächst einmal darstellen, welche Ziele Sie und das Unternehmen mit der Anwendung eines solchen Beurteilungsinstrumentes verfolgen. Hierzu können z. B. die regelmäßige Rückmeldung von Stärken und Verbesserungsfeldern, die Identifikation von Potenzialträgern, die Planung von individuellen Personalentwicklungsmaßnahmen oder auch die Feststellung von Vergütungsbestandteilen gehören. Diese Zielsetzungen variieren von Unternehmen zu Unternehmen. Informieren Sie sich daher zunächst selbst z. B. bei der Personalabteilung umfassend darüber, welche Zielsetzungen tatsächlich mit Ihrem Beurteilungssystem verfolgt werden. Falls Sie es selbst eingeführt haben, werden Sie sich selbst darüber klar, was Sie Ihren Mitarbeitern bezüglich der Zielsetzungen der Beurteilung vermitteln wollen.

## 2. Zeigen Sie den Nutzen der Beurteilung für Ihre Mitarbeiter auf

Deutlich wichtiger als die allgemeinen Ziele, die zumeist Ziele des Unternehmens oder auch der Führungskräfte darstellen, ist für die Mitarbeiter sicherlich die Frage: Was habe ich persönlich von diesem Beurteilungsgespräch? Nutzen Sie daher die Gelegenheit, die Vorteile einer Beurteilung für Ihre Mitarbeitern zu verdeutlichen. Gerade im Rahmen der Neueinführung eines Beurteilungssystems stehen mögliche negative Aspekte, die ein solches Instrument haben könnte, für Mitarbeiter häufig zunächst im Vordergrund. Folgende Nutzenargumente können Sie je nach Ausgestaltung des Beurteilungssystems aus Sicht Ihrer Mitarbeiter anführen:

- Ich erhalte Gewissheit darüber, wie mein Vorgesetzter meine Stärken und Entwicklungsfelder einschätzt.
- Bei der Rückmeldung werde ich beurteilt anhand standardisierter Kriterien, die ebenso für meine Kollegen gelten.
- Ich habe die Möglichkeit, in regelmäßigen Abständen ein intensives Gespräch mit meinem Vorgesetzten über meine Kompetenzen sowie auch über meine persönliche Weiterentwicklung zu sprechen.

- Ich erhalte eine speziell auf mich abgestimmte Unterstützung in Form von Qualifizierungs- und Fördermaßnahmen.
- Ich erhalte Transparenz darüber, welche Karriereperspektiven für mich gesehen werden.
- Ich erhalte die Möglichkeit, meiner Führungskraft ebenso Rückmeldung zur Zusammenarbeit zu geben und Verbesserungsvorschläge vorzubringen.

### 3. Ängste ernst nehmen — Ablauf transparent machen

Die größten Befürchtungen, die Mitarbeiter in Bezug auf ihre Beurteilung haben, beziehen sich auf die möglichen Konsequenzen dieser Beurteilung. Umso wichtiger ist es, dass Sie so klar und offen wie möglich darstellen, wozu die Beurteilungen genutzt werden bzw. welche Konsequenzen positive, aber auch negative Einschätzungen haben können. Versetzen Sie sich hierzu in die Lage Ihrer Mitarbeiter und überlegen Sie sich, welche Befürchtungen und Fragen diese vermutlich in Bezug auf die Verwendung der Beurteilungsergebnisse haben werden:

- Wer hat Einblick in die Beurteilungen?
- Wie lange werden diese Beurteilungen aufgehoben?
- Kommen meine Ergebnisse in die Personalakte?
- Kann ein möglicher nächster Vorgesetzter Einsicht in diese Ergebnisse nehmen?
- Haben diese Beurteilungen einen Einfluss auf mögliche Beförderungen oder Stellenwechsel?
- Was passiert, wenn ich über einen längeren Zeitraum hinweg Beurteilungen erhalte, aus denen deutlich wird, dass die Anforderungen nicht voll erfüllt werden?

Sehr häufig können Führungskräfte nicht alle diese Fragen beantworten. Umso wichtiger ist es, dass Sie sich im Vorhinein bei den Verantwortlichen in Ihrem Unternehmen, d. h. zumeist der Personalabteilung, bezüglich dieser Fragen informieren, um so umfassend und offen Informationen an Ihre Mitarbeiter weiterleiten zu können.

**4. Schaffen Sie Vertrauen durch genaue Kenntnis**

Nachdem nun Ziele, Nutzen und Konsequenzen geklärt sind, können Sie Ihren Mitarbeitern den Beurteilungsbogen aushändigen und mit ihnen gemeinsam den Ablauf des Gespräches durchgehen. Erläutern Sie möglichst genau, wie Sie das Gespräch aufbauen möchten und wie Sie sich Ihre eigene Rolle und die Rolle des Mitarbeiters dabei vorstellen. Je genauer Sie dies tun, umso sicherer und gelassener werden Ihre Mitarbeiter in dem Gespräch handeln und umso weniger Überraschungen können zu möglichen Konflikten führen.

**5. Erklären Sie die Kriterien und Skala**

Die meisten Beurteilungsinstrumente geben Kriterien vor, wie zum Beispiel Unternehmerisches Denken, Führungskompetenz oder auch Teamorientierung. Zumeist sind diese Kriterien auch noch genauer definiert, d. h. es ist vorgegeben, was zum Beispiel unter Teamorientierung zu verstehen ist.

▶ **HEISST TEAMORIENTIERUNG, SICH BEI KONFLIKTEN HERAUSZUHALTEN?**

Selbst wenn definiert ist, was unter Teamorientierung zu verstehen ist — dass der Mitarbeiter andere Teammitglieder unterstützt, Informationen rechtzeitig weiterleitet, sich in Konflikten und Interessensunterschieden konstruktiv verhält —, ist letztlich nicht geklärt, was genau unter Teamorientierung auf der konkreten Position Ihres Mitarbeiters gemeint ist. Offen ist immer noch, wie viele Informationen er weiterleiten muss und an wen, ob Sie von ihm erwarten, dass er sich aus Konflikten heraushält oder dass er sich gar in Konflikten anderer Kollegen als Moderator und Schlichter einbringt?

Allgemeine Beurteilungssysteme können nie so konkret formuliert sein, dass automatisch für alle Beteiligten klar ist, welches Verhalten genau erwartet wird. Noch dazu sind die meisten Beurteilungssysteme mit einer Skala versehen, anhand derer die Ausprägung in einem Kriterium beschrieben werden soll. Welches Verhalten steckt aber z. B. genau hinter der Note 3 bezüglich Teamfähigkeit? Die Antworten auf diese Frage sind so vielfältig wie die Funktionen und Positionsgruppen in Ihrem Unternehmen. Dies bedeutet in letzter Konsequenz, dass in verschiedenen Teams jeweils Übersetzungen und Konkretisierungen der Anforderungen vorgenommen werden müssen.

### Klären Sie gemeinsam die Bewertungsstufen

Verpassen Sie es, gemeinsam mit Ihren Mitarbeitern zu klären, was genau die „3" hinsichtlich der Teamfähigkeit bedeutet, so riskieren Sie Missverständnisse und starke Abweichungen in den Einschätzungen, die allein auf eine unterschiedliche Interpretation des Anforderungskriteriums zurückzuführen sind.

Daher sollten Sie in im vorbereitenden Team-Meeting einige Zeit darauf verwenden, exemplarisch für verschiedene Funktionen gemeinsam zu erarbeiten, was z. B. Kreativität auf der Stufe 3 bedeutet oder Kommunikationsfähigkeit mit der Ausprägung „erfüllt die Anforderungen voll". Grundlage für diese spezifische Ausarbeitung sind selbstverständlich die Standards, die in Ihrem Unternehmen allgemeingültig gesetzt sind. So schaffen Sie ein gemeinsames Verständnis für die Anforderungskriterien sowie die Verwendung der Bewertungsskala. Darüber hinaus können Sie Ihrem Team noch einmal verdeutlichen, welche Anforderungen Sie tatsächlich an die einzelnen Positionen stellen.

### 6. Sprechen Sie den über den zeitlichen Ablauf

Nachdem die Ziele und Inhalte der Beurteilung geklärt sind, gilt es nun, den zeitlichen Ablauf der Beurteilung zu klären. Informieren Sie Ihren Mitarbeiter darüber, in welchem Zeitraum die Gespräche stattfinden werden, wie lange diese dauern werden usw.

### 7. Briefen Sie Ihre Mitarbeiter: Selbsteinschätzung erwünscht

Schließlich sollten Sie auch Ihre Mitarbeiter darüber informieren, wie Sie sich auf das Beurteilungsgespräch vorbereiten sollen. In den meisten Fällen ist im Rahmen des Beurteilungssystems vorgesehen, dass die Mitarbeiter zunächst auch eine Selbsteinschätzung anfertigen. Erläutern Sie möglichst konkret, welche Art der Vorbereitung Sie sich von Ihren Mitarbeitern wünschen, sodass Sie gute Voraussetzungen für ein von beiden Seiten gut vorbereitetes Gespräch schaffen, das in Form einer konstruktiven Diskussion geführt werden kann.

Die Beurteilung der Mitarbeiter sollte keine einseitige Sache bleiben. Bitten Sie Ihre Mitarbeiter im Vorfeld des gemeinsamen Beurteilungsgespräches darum, eine Selbsteinschätzung anhand der gleichen Bewertungskriterien vorzunehmen. So regen Sie die Reflexion Ihrer Mitarbeiter über ihre eigenen

Stärken und Verbesserungsfelder, Potenziale und Zukunftsperspektiven an und schaffen eine wichtige Voraussetzung für die Effektivität von späteren Personalentwicklungsmaßnahmen.

**Positive Beeinflussung der Gesprächsatmosphäre**
Wenn sich der Mitarbeiter mit einer Selbsteinschätzung auf das Beurteilungsgespräch vorbereitet, hat dies auch einen positiven Einfluss auf den Charakter des Beurteilungsgespräches, da es die Möglichkeit schafft, von Anfang an ein Gespräch zu führen, in dem beide Seiten ihre Einschätzungen schildern, diese diskutieren und gemeinsam Maßnahmen erarbeiten.

Geht der Mitarbeiter unvorbereitet in das Gespräch, so erhält das Gespräch leicht den Charakter einer „Urteilsverkündung" von Seiten der Führungskraft, auf die der Mitarbeiter dann unvorbereitet allenfalls mit einer Selbstverteidigung reagiert.

## 1.2.2    Schritt 2: Schaffen Sie günstige Rahmenbedingungen

Neben der inhaltlichen Vorbereitung Ihrer Beurteilungsgespräche müssen Sie auch organisatorische Vorbereitungsmaßnahmen bezüglich der Räumlichkeiten, des Termins usw. treffen, um die Rahmenbedingungen für ein möglichst konstruktives Gespräch sicherzustellen.

**1. Bedingung: Rechtzeitige Terminvereinbarung**
Werden Termine für Beurteilungsgespräche erst kurzfristig vereinbart, so vermindern Sie die Chance, dass Ihr Mitarbeiter sich tatsächlich gründlich auf das eigene Gespräch vorbereitet. Darüber hinaus kann es durchaus sein, dass Sie durch eine derartige Vorgehensweise Ihren Mitarbeitern ungewollt vermitteln, dass die Bedeutung dieser Beurteilungsgespräche für Sie doch nicht so hoch sei. Dieser Eindruck wird noch verstärkt, wenn Termine für Beurteilungsgespräche mehrfach verschoben werden. Kündigen Sie den Gesprächstermin daher mindestens 2 bis 3 Wochen zuvor an und verschieben Sie ihn nach Möglichkeit nicht.

## 2. Bedingung: Schaffen einer angenehmen Atmosphäre

Zu einer angenehmen Atmosphäre gehört zunächst einmal ein angemessener Raum für die Durchführung des Gesprächs. In diesem Zusammenhang wird häufig diskutiert, ob das Gespräch eher im Büro der Führungskraft oder — so vorhanden — dem des Mitarbeiters geführt werden soll. Andere empfehlen die Gesprächsführung auf „neutralem Boden", d. h. in einem Meetingraum. Letztlich gibt es hierzu keine eindeutige Regel. Wichtig ist, dass Mitarbeiter und Führungskraft das Gespräch in einer Umgebung führen, die sie beide als angenehm empfinden. Im Zweifelsfall und bei einem vertrauensvollen Verhältnis ist das Vorgesetztenbüro deutlich angenehmer als ein unpersönlicher neutraler Meetingraum. Die Besprechung im Büro des Mitarbeiters, falls dieser ein eigenes Büro hat, kann jedoch durchaus ein positives Signal an den Mitarbeiter sein und ihm die Gelegenheit geben, das Gespräch in seinem vertrauten Umfeld zu führen.

## 3. Bedingung: Vermeidung von Störungen

Um Ihrem Mitarbeiter zu vermitteln, dass das Beurteilungsgespräch für Sie eine besondere Bedeutung hat und Sie sich in dieser Zeit tatsächlich nur ihm widmen wollen, sollten Sie diese Störungen durch Telefonate oder hereinkommende Kollegen auf jeden Fall vermeiden.

## 4. Bedingung: Planung ausreichender Zeit

Es ist schwer, eine generelle Aussage bezüglich der Dauer eines Beurteilungsgespräches abzugeben. In der Regel laufen Beurteilungsgespräche nicht unter einer bis anderthalb Stunden ab, wenn Sie die typischen Elemente (Aufgabenbereich und Selbsteinschätzung und Beurteilung des Mitarbeiters, Planung von Karriereperspektiven und Fördermaßnahmen sowie Feedback an die Führungskraft) beinhalten und tatsächlich als Dialog geführt werden. Dennoch können Gespräche mit Mitarbeitern, mit denen Sie bereits seit Jahren zusammen arbeiten, vergleichsweise kurz, andere, vor allem kritische Gespräche durchaus deutlich länger dauern.

- Planen Sie auf jeden Fall ausreichend Zeit ein, besser zuviel als zu wenig. Gespräche, bei denen Sie erwarten, dass sie kritischer ablaufen könnten, sollten Sie so planen, dass am Ende noch ein entsprechender Zeitpuffer vorhanden ist. In vielen Fällen empfiehlt es sich z. B., diese Gespräche am späteren Nachmittag zu führen.

- Nehmen Sie sich nicht mehr als zwei bis drei Gespräche pro Tag vor und vermeiden Sie so, dass Ihre Beurteilungsgespräche irgendwann, wenngleich unbeabsichtigt, den Charakter einer Massenabfertigung bekommen.

## 1.2.3 Schritt 3: Beugen Sie möglichen Konflikten vor

Konflikte in Beurteilungsgesprächen können verschiedene Ursachen haben. Einige davon sind auf persönliche Eigenschaften von Mitarbeitern und Führungskräften zurückzuführen, andere darauf, dass das Verhältnis ohnehin durch Konflikte geprägt ist. Allerdings können manche Konflikte auch dadurch entstehen, dass in der Vorbereitung der Gespräche Fehler gemacht wurden bzw. können Konflikte auch dadurch verhindert oder gemildert werden, dass eine gute Vorbereitung erfolgt. Auf diese Konfliktursachen wird im Folgenden näher eingegangen. Selbstverständlich gibt es noch weitere Konfliktursachen, die sich jedoch nicht aus der Vorbereitung, sondern aus dem Ablauf des Gespräches ergeben. Wie Sie im Gespräch entsprechen vorgehen und reagieren können, ist in Kapitel 1.3 beschrieben.

**Konfliktursache 1: Ihr Mitarbeiter ist überrascht von der kritischen Rückmeldung.**
Eine kritische Beurteilung sollte für Ihren Mitarbeiter niemals eine Überraschung darstellen. Ein Beurteilungssystem ermöglicht es zwar, dass Mitarbeiter und Führungskraft in regelmäßigen Abständen konzentriert über Stärken und Entwicklungsfelder sprechen, und stellt somit sicher, dass Kritik und Lob tatsächlich angesprochen werden. Allerdings kann Ihr resümierendes Feedback keinesfalls das kontinuierliche und alltägliche Feedback zur aktuellen Aufgabenbewältigung des Mitarbeiters ersetzen.

Bringen Sie Kritikpunkte zum ersten Mal im Rahmen des Beurteilungsgespräches vor, so wird sich Ihr Mitarbeiter zu Recht darüber beschweren, dass Sie ihm dies nicht bereits früher gesagt haben. Dann hätte er die Möglichkeit gehabt, frühzeitig etwas an seiner Leistung oder seinem Verhalten zu ändern.

Es ist also eine wesentliche Bedingung für ein konstruktives Beurteilungsgespräch, dass Sie im gesamten Beurteilungszeitraum kontinuierlich Rückmeldung zur Leistung Ihres Mitarbeiters geben. Nur auf diese Art und Weise können Sie es vermeiden, dass Ihr Mitarbeiter durch die Beurteilung negative Überraschungen erlebt.

**Konfliktursache 2: Ihr Mitarbeiter sieht sich selbst ganz anders.**
Erfahrungsgemäß liegen Selbsteinschätzung des Mitarbeiters und Einschätzung durch die Führungskraft in den meisten Fällen nicht weit auseinander. Häufig zeigen sich sogar Mitarbeiter etwas vorsichtig in der Selbstbeurteilung und schätzen sich defensiver ein, als dies ihre Führungskraft tut. Manchmal jedoch kommen die Führungskräfte zu einer kritischeren Einschätzung als ihre Mitarbeiter, was selbstverständlich zu Konflikten führen kann. In einigen Fällen ist dieses Missverhältnis tatsächlich auf Unterschiede in der Selbst- und der Fremdwahrnehmung zurückzuführen. In vielen Fällen jedoch liegt diese sehr unterschiedliche Einschätzung daran, dass Mitarbeiter und Führungskraft einzelne Anforderungskriterien bzw. auch die Skalen, mithilfe derer in den meisten Fällen beurteilt wird, unterschiedlich interpretieren und so verschiedene Maßstäbe anlegen.

Häufig verfügt die Bewertungsskala z. B. über einen Ausprägungsgrad, der ausdrückt, dass der Mitarbeiter die Anforderungen voll erfüllt. Ermöglicht es die Skala auch auszudrücken, dass die Anforderungen übererfüllt sind, so erhalten Mitarbeiter häufig den Eindruck, dass die an sich positive Bewertung mit „voll erfüllt" noch nicht als gute Leistung zu verstehen ist. Daher schätzen sie sich auf der Skala weiter oben ein. Erklären Sie daher z. B. im Rahmen eines vorbereitenden Meetings mit Ihrem Team Ihren Mitarbeitern gegenüber die Skala ausführlich und verdeutlichen Sie anhand von Beispielen für verschiedene Positionen und Anforderungskriterien, was genau Sie erwarten, wenn Sie z. B. bewerten, der Mitarbeiter „erfüllt seine Anforderungen voll".

Gehen Sie davon aus, dass Ihr Mitarbeiter sich tatsächlich viel positiver sieht, sodass Sie auch auf qualitativer Ebene nicht zu einer gemeinsamen Einschätzung gelangen, so sollten Sie in der Vorbereitung auf das Gespräch besonders viel Wert auf die Sammlung von überzeugenden Fakten und Beispielen legen, die es Ihnen ermöglichen, Ihre Kritik zu untermauern.

**Konfliktursache 3: Ihr Mitarbeiter hat Angst und ist unsicher.**
Nur durch eine wirklich umfassende und intensive Vorinformation Ihrer Mitarbeiter können Sie Unsicherheit nehmen und somit auch Ängsten der Mitarbeiter positiv begegnen. Versetzen Sie sich daher in die Situation der Mitarbeiter und beantworten Sie offen und klar alle Fragen, die diese in Bezug auf die Beurteilung haben. Mitarbeiter, die unsicher bezüglich der Konsequenzen ihrer Beurteilung sind, werden sich verständlicherweise gegen negative Rückmeldungen und Beurteilungen wehren. Auch eindeutige Aussagen hinsichtlich möglicher negativer Konsequenzen, wie z. B. Auswirkungen auf die Gehaltssteigerung, sind im Zweifelsfall schwammigen Vorinformationen vorzuziehen und erleichtern den Umgang miteinander im darauf folgenden Beurteilungsgespräch.

## 1.2.4 Schritt 4: Bereiten Sie das Gespräch inhaltlich mit 11 Fragen vor

Eine gute Vorbereitung des Beurteilungsgespräches kostet durchaus einige Zeit. Allerdings stellen Sie so sicher, dass Sie tatsächlich alle Voraussetzungen für ein konstruktives und für beide Seiten nutzbringendes Gespräch herstellen. Sparen Sie am Vorbereitungsaufwand, so laufen Sie Gefahr, dass die Zeit, die Sie wiederum im Beurteilungsgespräch investieren, eine Fehlinvestition darstellt. Darüber hinaus können Sie auch eine umfassende Vorbereitung mit Routine und Erfahrung immer zügiger vornehmen. Was genau gilt es nun vorzubereiten?

Der wichtigste Bestandteil der inhaltlichen Vorbereitung betrifft selbstverständlich die Beurteilung, d. h. Ihre Einschätzung des Mitarbeiters. Hierzu gehören folgende Aspekte:

**1. Frage: Was hat Ihr Mitarbeiter getan?**
Lassen Sie den Beurteilungszeitraum, zumeist das letzte Jahr, noch einmal Revue passieren und verdeutlichen Sie sich, welche Aufgaben der Mitarbeiter übernommen hat, an welchen Projekten er gearbeitet und womit er den größten Teil seiner Zeit verbracht hat.

## 2. Frage: Wie schätzen Sie den Mitarbeiter ein?

Nehmen Sie nun aufgrund Ihrer Beobachtungen im Laufe des letzten Jahres eine Einschätzung Ihres Mitarbeiters anhand der verschiedenen Beurteilungskriterien vor. Beachten Sie dabei, dass Beurteilungen durch individuelle Bewertungstendenzen oder Verzerrungen aufgrund von aktuellen Rahmenfaktoren beeinflusst werden, sodass die Vergleichbarkeit der Beurteilungen eingeschränkt wird. Die wichtigsten sind:

1. Strenge- und Mildetendenzen
Überprüfen Sie kritisch und z. B. im Austausch mit Kollegen, ob Sie dazu neigen, zu streng oder auch zu mild zu bewerten. Das Gleiche gilt auch für die „Tendenz zur Mitte". Betrachten Sie die Beurteilungen Ihrer Mitarbeiter und überprüfen Sie, ob Sie tatsächlich die gesamte Skala in Ihrer Bewertung nutzen.

2. Recency-Effekt
Sie erinnern sich normalerweise am leichtesten an Leistungen und Verhaltensweisen, die Ihr Mitarbeiter in der näheren Vergangenheit gezeigt hat. Es besteht daher die Gefahr, dass Sie diese stärker bewerten als Beobachtungen, die weiter zurückliegen. Konzentrieren Sie sich daher in Ihrer Beurteilung auf die Eindrücke aus dem kompletten Beurteilungszeitraum. Hierfür ist es gerade bei größeren Teams unumgänglich, unterjährig Notizen zu den Mitarbeitern und deren Leistung zu machen, die Sie selbstverständlich unzugänglich für andere aufbewahren müssen.

3. Kontrast-Effekt
In der Beurteilung besteht häufig die Neigung, Mitarbeiter im Vergleich zu anderen Kollegen zu sehen. So kann es passieren, dass ein Mitarbeiter, der die Anforderungen seiner Tätigkeit voll erfüllt, in einem Team zusammen mit High Potentials dennoch kritisch beurteilt wird, während er in einem Team von Anfängern in der Beurteilung als „Überflieger" erscheint. Machen Sie sich daher in Ihrer Beurteilung bewusst, ob Sie die gleichen Werte auch in anderen Teamkonstellationen vergeben würden.

4. Überstrahlungs-Effekt
Verfügt ein Mitarbeiter über eine besonders hervorragende Kompetenz (oder auch ein besonders hervorstechendes Defizit), so passiert es leicht, dass

dieser Eindruck auf die Bewertung anderer Kriterien abfärbt. Konzentrieren Sie sich daher darauf, jedes Kriterium für sich zu sehen und somit eine differenzierte Bewertung vorzunehmen. Sie vermeiden diesen Effekt am besten, indem Sie vor der Einschätzung anhand der Bewertungskriterien zunächst Ihre Kernbotschaften (wesentliche Stärken und Lernfelder) für den Mitarbeiter notieren und erst im zweiten Schritt überlegen, auf welche Kriterien sich diese Eindrücke auswirken bzw. bei welchen Kriterien Sie welche Botschaft an den Mitarbeiter am besten platzieren wollen.

### 3. Frage: Wer kann Ihnen weitere Informationen geben?

Häufig stellt die Führungskraft in der Vorbereitung der Beurteilung fest, dass zu einigen Bewertungsaspekten keine vollständigen Informationen vorliegen, sodass andere Personen, die mit dem Mitarbeiter gearbeitet haben, z. B. Projektleiter oder fachliche Führungskräfte in anderen Abteilungen oder an anderen Standorten, noch weitere Informationen und Beispiele liefern müssten. Wenn Sie sich rechtzeitig vorbereiten, haben Sie die Möglichkeit, weitere Informationen einzuholen.

Manche Informationen, z. B. zum Informationsverhalten Ihres Mitarbeiters, können Sie nur von dessen Kollegen erhalten. Dabei kann es jedoch passieren, dass die Kollegen Ihre Fragen negativ aufnehmen bzw. der betroffene Mitarbeiter sich „bespitzelt" fühlt. Wollen Sie diese Informationen nutzen, so sollten Sie zum einen offen kommunizieren, dass sie sich generell auch bei Kollegen über die Zusammenarbeit erkundigen. Zum anderen sollten Sie es vermeiden, erst kurz vor der Beurteilung eine Befragungsrunde der Mitarbeiter zu starten. Behalten Sie vielmehr über den gesamten Beurteilungszeitraum die Zusammenarbeit und Zufriedenheit miteinander im Blick.

### 4. Frage: Beispiele für Ihre Einschätzung

Jede Ihrer Einschätzungen sollten Sie gut begründen können. Um Ihre Kritik, aber auch Ihr Lob untermauern zu können, benötigen Sie daher Beispiele aus dem Arbeitsalltag. Letztlich sollten Sie jede einzelne Einschätzung anhand von konkreten Verhaltensbeobachtungen und Leistungsergebnissen begründen können. Häufig wird diskutiert, dass eine Schwäche der Beurteilungen darin besteht, dass sie subjektiv sind. Es ist tatsächlich nicht möglich, Subjektivität aus Ihrer Beurteilung herauszuhalten. Denn letztlich sind Sie mit Ihren persönlichen Vorstellungen und Anforderungen an Mitarbeiter derjenige, der die Beurteilung vornimmt.

Wenn jedoch Objektivität nicht das entscheidende anzustrebende Kriterium für Ihre Beurteilung ist, so sollte es jedoch die Begründbarkeit sein. Letztlich ist es notwendig, dass Sie Ihrem Mitarbeiter anhand konkreter Verhaltensbeobachtungen und Ergebnisse vermitteln können, warum er hinsichtlich seines unternehmerischen Handelns aus Ihrer Sicht auf der Bewertungsskala ein „B" und kein „C" erhält.

Sammeln Sie nicht nur für Kritikpunkte Beispiele. Diese Belege zusammenzustellen fällt den meisten Führungskräften leicht und ist auch absolut notwendig. Ebenso wichtig ist jedoch, dass Sie auch dem Lob im Gespräch ausreichend Raum geben können. Daher sollten Sie auch für die positiven Aspekte Beispiele und konkrete Beobachtungen anführen.

Nachdem Sie die Einschätzung Ihres Mitarbeiters vorbereitet haben, sollten Sie sich dem Gespräch des letzten Jahres widmen.

### 5. Frage: Welche Einschätzungen haben Sie im letzten Jahr vorgenommen und was hat sich geändert?

Vergleichen Sie nun Ihre Einschätzungen mit denen, die Sie bei der letzten Beurteilung vorgenommen haben und überprüfen Sie, inwieweit der Mitarbeiter seine Leistungen oder sein Verhalten geändert hat. Eventuelle Änderungen in Ihrer Einschätzung sollten Sie wiederum anhand von konkreten Beobachtungen begründen können.

### 6. Frage: Sind die vereinbarten Qualifizierungsmaßnahmen durchgeführt worden und waren sie erfolgreich?

Beschäftigen Sie sich nun noch mit den zum damaligen Zeitpunkt vereinbarten Personalentwicklungsmaßnahmen und überprüfen Sie, inwieweit diese auch tatsächlich realisiert worden sind bzw. inwieweit sie erfolgreich waren. Nehmen Sie eventuell nicht realisierte Maßnahmen oder noch nicht zufrieden stellende Ergebnisse der Qualifizierungsaktivitäten als Grundlage für weitere Planungen im aktuellen Beurteilungsgespräch. Nutzen Sie darüber hinaus auch Ihre Erfahrungen mit den bisherigen Planungen, um aus Fehlern und Erfolgen für die nächsten Qualifizierungsmaßnahmen zu lernen.

### 7. Frage: Über welches Potenzial verfügt Ihr Mitarbeiter?

Schätzen Sie nun ein, ob Ihr Mitarbeiter Potenzial für andere oder auch weiterführende Aufgaben hat. Hinweise zur Potenzialeinschätzung finden Sie in Kapitel 1.3.5.

### 8. Frage: Welche Personalentwicklungsmaßnahmen sollen vereinbart werden?

Bereiten Sie nun Vorschläge für Qualifizierungsmaßnahmen vor. Diese erhalten Sie aus folgenden Überlegungen:

- Welche Maßnahmen wurden im vergangenen Beurteilungszeitraum nicht realisiert bzw. waren noch nicht erfolgreich?
- Welche Maßnahmen sollten noch ergriffen werden, um an Verbesserungsfeldern des Mitarbeiters zu arbeiten?
- Welche Maßnahmen sind geeignet, um die Stärken des Mitarbeiters zu nutzen und auszubauen?
- Welche Maßnahmen eignen sich, um den Mitarbeiter auf eventuell geplante neue Aufgaben vorzubereiten?

Auch in Bezug auf die individuelle Maßnahmenplanung finden Sie nähere Informationen in Kapitel 1.6: „Was folgt aus dem Beurteilungsgespräch". Nachdem Sie nun die verschiedenen Inhalte des Gespräches vorbereitet haben, sollten Sie noch einige Zeit auf die Planung Ihres Vorgehens im Gespräch verwenden.

### 9. Frage: Mit welchen Reaktionen rechnen Sie im Gespräch?

Führen Sie sich Ihren Mitarbeiter und seine bisherigen Reaktionsweisen auf positive und negative Rückmeldungen vor Augen und leiten Sie daraus ab, wie Ihr Mitarbeiter vermutlich auf die Beurteilung reagieren wird. Beziehen Sie diese Erfahrungen in die Planung Ihres Vorgehens mit ein.

### 10. Frage: Wie schätzt sich wohl Ihr Mitarbeiter ein?

Schwierig werden Beurteilungsgespräche vor allem dann, wenn Sie zu negativen Einschätzungen bezüglich verschiedener Anforderungen gelangen. Allerdings muss dies nicht zwangsläufig der Fall sein. Schätzt sich Ihr Mitarbeiter selbst auch kritisch ein, so wird das Gespräch mit hoher Wahrscheinlichkeit harmonisch ablaufen. Umso wichtiger ist es, dass Sie selbst zunächst einmal einschätzen, in welchen Punkten Ihr Mitarbeiter Ihnen vermutlich zustimmen wird und wo Sie das größte Missverhältnis zwischen Selbsteinschätzung des Mitarbeiters und Ihrer Einschätzung erwarten.

**11. Frage: Wie sieht eine sinnvolle Gesprächsstrategie aus?**
Legen Sie zum Abschluss ihrer Vorbereitungen eine Strategie für Ihr Gespräch fest. Hierzu gehören der Gesprächsaufbau, die Betonung einzelner Stärken und Verbesserungsfelder sowie auch die Formulierung kritischer Sachverhalte und stichhaltige Argumentation an den Stellen, an denen Sie mit unterschiedlichen Einschätzungen rechnen.

## 1.2.5    FAQ: Wer soll am Gespräch teilnehmen?

Üblicherweise nehmen an dem Beurteilungsgespräch genau zwei Personen teil. Dies ist zum einen der beurteilte Mitarbeiter, zum anderen sein direkter und disziplinarisch übergeordneter Vorgesetzter. Meistens ist in den Beurteilungssystemen geregelt, dass die Beurteilung durch den disziplinarischen Vorgesetzten vorgenommen werden soll. Allerdings hat der disziplinarische Vorgesetzte in manchen Situationen nur wenig Kontakt zu den zugeordneten Mitarbeitern, weil z. B. die direkte Führung durch eine untergeordnete Hierarchieebene, z. B. Teamleiterebene, wahrgenommen wird.

**Mit Teamleiter und disziplinarischem Vorgesetzten**
Manche Unternehmen finden daher eine pragmatische Lösung, die darin besteht, dass derjenige die Beurteilung vornehmen und das Gespräch führen soll, der den Mitarbeiter am besten beurteilen kann. Dies ist dann häufig ein Team- oder Gruppenleiter, der jedoch nicht zugleich der disziplinarische Vorgesetzte ist.

Muss jedoch laut innerbetrieblichen Vereinbarungen der disziplinarische Vorgesetzte die Beurteilung vornehmen, so treffen sich drei Personen zu dem Gespräch: der Vorgesetzte, der Mitarbeiter und der direkte Ansprechpartner des Mitarbeiters. Dies können Projektleiter, Stellvertreter oder Teamleiter sein. Auf diese Art und Weise wird sichergestellt, dass das Gespräch durch den disziplinarischen Vorgesetzten geführt wird und durch den direkten Ansprechpartner auch die Begründungen der Beurteilungen vorliegen.

Das Dreiergespräch birgt jedoch auch Gefahren. Die Atmosphäre eines solchen Gespräches kann möglicherweise negativ beeinflusst werden, wenn der Mitarbeiter nicht nur einem Vorgesetzten, sondern zwei Personen gegenübersteht und so der Eindruck einer Konstellation „zwei gegen einen" hervorgerufen wird.

**Mit einem Mitglied des Betriebsrats**
Darüber hinaus kann eine Dreierkonstellation auch dadurch entstehen, dass Ihr Mitarbeiter von seinem Recht Gebrauch macht, ein Mitglied des Betriebsrates hinzuzuziehen. Dieses Vorgehen wird jedoch in den meisten Fällen nur dann gewählt, wenn das Vertrauensverhältnis zwischen Mitarbeiter und Führungskraft beeinträchtigt ist oder ohnehin Konflikte hinsichtlich der Arbeitsleistung des Mitarbeiters bestehen.

**Mit einem Mitarbeiter des Personalbereichs**
Unabhängig von der Anwesenheit eines Betriebsratsmitglieds ziehen manche Führungskräfte zur Unterstützung gerne einen Mitarbeiter des Personalbereiches hinzu. Dies kann gerade bei weniger erfahrenen Führungskräften oder in Hinblick auf die Erarbeitung von Fördermaßnahmen durchaus hilfreich sein. Allerdings sollten Sie sich bewusst sein, dass die Anwesenheit eines Vertreters aus dem Personalbereich auch leicht den Eindruck erweckt, es ginge um die Kommunikation von Disziplinarmaßnahmen.

## 1.2.6 Checkliste: Vorbereitung des Beurteilungsgesprächs

Nutzen Sie nun diese Checkliste, um alle in diesem Kapitel erwähnten Erfolgsfaktoren und Schritte bei der Vorbereitung Ihrer Beurteilungsgespräche zu berücksichtigen.

| Organisatorische Vorbereitung des Beurteilungsgesprächs |
|---|
| Sie haben Ihre Mitarbeiter im Rahmen eines Team-Meetings umfassend über Inhalte und Ablauf der Beurteilung informiert. |
| Sie haben die Gesprächstermine mindestens 2-3 Wochen im Voraus festgelegt. |

## Organisatorische Vorbereitung des Beurteilungsgesprächs

Sie haben genügend Zeit für die Gespräche eingeplant
(mindestens 1 Stunde pro Gespräch).

Sie haben die Rahmenbedingungen so gestaltet, dass eine gute Gesprächsatmosphäre entstehen kann.

Sie haben Störungen des Gespräches vorgebeugt.

## Inhaltliche Vorbereitung des Beurteilungsgesprächs

Sie haben sich im Laufe des Jahres Stichpunkte zu Stärken und Schwächen
in der Arbeit Ihrer Mitarbeiter gemacht.

Sie wissen, welche Aufgaben der Mitarbeiter im Laufe des Beurteilungszeitraums bearbeitet hat.

Sie haben bei fehlenden Informationen andere Personen bzgl. konkreten
Arbeitsergebnissen oder Verhaltensweisen befragt.

Sie haben Schwerpunkte zu Stärken und Entwicklungsfeldern als Kernbotschaften definiert.

Sie haben die Beurteilung vorgenommen.

Sie können Beispiele und konkrete Begründungen für Ihre Beurteilung
anführen.

Sie haben Ihre Einschätzung mit der alten Beurteilung
verglichen und können Veränderungen begründen.

Sie haben überprüft, welche der zuvor vereinbarten Qualifizierungsmaßnahmen tatsächlich realisiert worden sind und inwieweit diese erfolgreich
waren.

Sie haben das Potenzial des Mitarbeiters hinsichtlich
anderer Aufgabenbereiche und Herausforderungen eingeschätzt.

Sie haben den Qualifizierungsbedarf hinsichtlich der
jetzigen Position sowie ggf. zukünftiger neuer Aufgaben
definiert und erste Maßnahmenvorschläge geplant.

## Planung des Gesprächsablaufs

Sie haben sich Gedanken über die mögliche Selbsteinschätzung des Mitarbeiters sowie seine bisherigen Reaktionsweisen in Feedbackgesprächen
gemacht.

| Planung des Gesprächsablaufs |
| --- |
| Sie haben sich eine Gesprächsstrategie für das individuelle Beurteilungsgespräch zurechtgelegt. |
| Sie haben entschieden, ob weitere Personen, die eng mit Ihrem Mitarbeiter arbeiten, an dem Gespräch teilnehmen sollen, und den Mitarbeiter rechtzeitig darüber informiert. |

## 1.3 Wie Sie das Beurteilungsgespräch motivierend führen

### 1.3.1 Schritt 1: Geben Sie dem Gespräch eine Struktur

Sollten Sie im Unternehmen über keinen vordefinierten Bewertungsbogen und Gesprächsleitfaden verfügen, können Sie den Leitfaden „Beurteilungsgespräch" benutzen, den Sie in Kapitel 1.3.11 finden. Durch ihn sind weite Teile der Gesprächsstrukturierung bereits vorgegeben. Grundsätzlich sollten Sie bei der Gestaltung Ihres Beurteilungsgesprächs folgende Struktur berücksichtigen, um auf der einen Seite sinnvoll und systematisch vorzugehen, auf der anderen Seite keine wesentlichen Aspekte zu vergessen oder zu vernachlässigen:

| Struktur des Beurteilungsgesprächs |
| --- |
| 1. Einleitung und Warming Up |
| 2. Rückblick auf Aufgabenschwerpunkte im Beurteilungszeitraum |
| 4. Abgleich der Einschätzungen |
| 5. Potenzialeinschätzung |
| 6. Personalentwicklungsmaßnahmen |

## 1.3.2 Schritt 2: Einen positiven Gesprächseinstieg schaffen – mit Beispiel

Der Einstieg in das Beurteilungsgespräch dient einerseits der Gestaltung einer positiven Atmosphäre, andererseits sollen hier die Ziele und der Ablauf des Beurteilungsgespräches geklärt werden. Vor allem, wenn Sie zum ersten Mal mit Mitarbeitern ein solches Beurteilungsgespräch führen, sollten Sie die Einleitung des Gespräches noch einmal dafür nutzen, Fragen zu klären und Transparenz herzustellen.

Folgender Ablauf des Einstiegs in das Beurteilungsgespräch hat sich bewährt:

| Ablauf des Gesprächseinstiegs | | |
| --- | --- | --- |

1. Warming up
   Schaffen Sie eine gute Atmosphäre, indem Sie Getränke bereitstellen, Persönliches oder Aktuelles ansprechen und nicht gleich mit der Tür ins Haus fallen. Wichtig jedoch ist, dass Ihr Warming up, z. B. die Frage „Wie geht es Ihnen?" oder „Wie läuft es im Projekt XY?", auch tatsächlich ernst gemeint ist. Ihr Mitarbeiter wird sofort merken, wenn es sich dabei um Floskeln handelt und Sie sich eigentlich nicht für sein Befinden oder sein Projekt interessieren.

2. Gesprächsziel
   Fassen Sie noch einmal kurz zusammen, welches Ziel Sie mit dem Beurteilungsgespräch verfolgen und was am Ende des Gespräches als Endresultat festgehalten werden sollte.

3. Gesprächsablauf
   Geben Sie Ihrem Mitarbeiter Sicherheit bezüglich des weiteren Vorgehens, indem Sie die einzelnen Abschnitte des Gespräches darstellen. Sie können diese Phase der Einleitung auch dafür nutzen, Ihren Mitarbeiter noch einmal darauf hinzuweisen, wie Sie sich den Verlauf des Gesprächs wünschen würden, z. B. dass Sie sich sehr freuen, wenn der Mitarbeiter seine Sichtweisen offen darlegt. Bei einem anderen Mitarbeiter, der erfahrungsgemäß recht redegewaltig ist, möchten Sie vielleicht eher darauf hinweisen, dass es Ihnen wichtig ist, sich gegenseitig ausreden zu lassen.

| Ablauf des Gesprächseinstiegs |
|---|

4. **Frage nach Unklarheiten/Problemen bei der Selbsteinschätzung**
Gerade wenn Mitarbeiter zum ersten Mal beurteilt werden, bestehen trotz guter Vorbereitung zuweilen noch Unklarheiten, die Sie am besten bereits in der Einleitung bereinigen sollten. Fragen Sie Ihren Mitarbeiter daher, ob er sich gut auf das Gespräch vorbereiten konnte, ob es Schwierigkeiten in der Selbsteinschätzung gab oder ob es noch allgemeine Fragen im Beurteilungsgespräch bzw. zu der Beurteilung gibt. Alles was Sie bereits in dem Gesprächseinstieg klären können, vermeidet langwierige Diskussionen oder gar Konflikte im weiteren Verlauf des Gespräches.

5. **Einstieg in das Gespräch**
Eine schöne Überleitung vom Gesprächseinstieg zu den ersten Abschnitten des Beurteilungsgespräches schaffen Sie durch einen Rückblick auf den Ablauf des Beurteilungszeitraums. Stellen Sie den Mitarbeiter zunächst erst allgemein die Frage, wie er den betreffenden Zeitraum erlebt hat, was gut gelaufen ist und was schwierig war. In vielen Fällen erhalten Sie hier bereits sehr wertvolle Informationen dahingehend, was der Mitarbeiter als eigene Erfolge oder Misserfolge erlebt hat und insofern auch unmittelbar mit seiner eigenen Leistungseinschätzung zu tun hat.

### Bestehen Sie auf einer Selbsteinschätzung

Sollte der Mitarbeiter berichten, dass er keine Selbsteinschätzung vornehmen konnte, so bieten Sie ihm gerne an, Fragen hier und jetzt zu klären und ihm entsprechend zu helfen. Bestehen Sie jedoch darauf, dass der Mitarbeiter eine Selbsteinschätzung eigenständig vornimmt und vereinbaren einen neuen Gesprächstermin. Zum einen benötigen Sie die Selbsteinschätzung für einen ausgewogenen Gesprächsablauf, zum anderen sollten Sie oft vorhandenen Tendenzen entgegenwirken, es sich zu einfach zu machen. Schließlich haben Sie sich auch die Zeit genommen, sich gut vorzubereiten!

## 1.3.3 Schritt 3: Die bisherigen Aufgabenschwerpunkte des Mitarbeiters klären

Nach der Einleitung sollten Sie sich gemeinsam mit dem Mitarbeiter Klarheit darüber verschaffen, was Grundlage der Beurteilung sein wird: Was waren die Aufgabenschwerpunkte des Mitarbeiters und wie hat sich das vergangene Jahr bzw. der entsprechende Beurteilungszeitraum dargestellt? Lassen Sie gemeinsam mit dem Mitarbeiter die Zeit noch einmal Revue passieren. Diskutieren Sie Projekte, schwierige und erfreuliche Phasen und halten Sie gemeinsam fest, wie sich der Aufgabenbereich des Mitarbeiters entwickelt hat.

Nicht selten haben sich die Aufgabenschwerpunkte des Mitarbeiters im Laufe des Zeitraums etwas verändert, neue und zum Teil auch anspruchsvollere Aufgaben sind hinzugekommen, sodass auch die Bewertung der Leistung vor einem anderen Hintergrund stattfindet, als dies eventuell vor einem Jahr noch der Fall gewesen ist. In den meisten Beurteilungsbögen ist daher vorgesehen, dass Sie zunächst noch einmal gemeinsam mit dem Mitarbeiter die Aufgaben-schwerpunkte festhalten.

Vereinfachen Sie das Vorgehen, indem Sie Ihre Mitarbeiter auffordern, als Vorbereitung auf das Beurteilungsgespräch eventuelle Änderungen oder Er-gänzungen seiner Arbeitsaufgaben aufzulisten. Diese Aufgabenbeschreibung soll Ihr Mitarbeiter zum Gespräch mitbringen.

## 1.3.4    Schritt 4: Abgleich der Einschätzungen

Im nächsten Schritt gleichen Ihr Mitarbeiter und Sie Ihre Einschätzungen zu den verschiedenen Beurteilungskriterien nach und nach ab. Bevor Sie jedoch selbst Ihr Feedback formulieren und Ihre Beurteilung darstellen, sollten Sie zunächst den Mitarbeiter fragen, wie er selbst seine Leistungen und Vorge-hensweisen bezüglich eines Kriteriums bewertet. Diese Vorgehensweise ist mittlerweile sehr verbreitet und gehört in den meisten Gesprächen zum übli-chen Prozedere. Warum ist eine solche Vorgehensweise sinnvoll?

Zunächst einmal ist es für Sie eine sehr wertvolle Information, inwieweit der Mitarbeiter in der Lage ist, sich selbst kritisch und begründet einzuschätzen. Auf Grundlage dieser Informationen werden Sie vermutlich auch entscheiden, welche Potenziale noch in dem Mitarbeiter stecken bzw. welche Chance für eine Leistungsverbesserung Sie sehen. Selbsterkenntnis ist auch hier der erste Schritt zur Besserung. Warum jedoch sollte diese Selbsteinschätzung vor Ihrer eigenen Beurteilung stattfinden?

Dies ist vor allem deshalb wichtig, weil Sie diese Information zur Gestaltung Ihrer Argumentation nutzen können.

▶ **FOLGEN EINER UNTERSCHIEDLICHEN EINSCHÄTZUNG**

Betrachten Sie die im Folgenden vereinfacht dargestellten Kombinationsmöglichkeiten aus positiver wie negativer Selbst- und Fremdeinschätzung.

|   | Selbsteinschätzung Mitarbeiters | Einschätzung der Führungskraft | Konsequenz für den Gesprächsverlauf |
|---|---|---|---|
| 1 | + | + | Unkritisch |
| 2 | - | + | Unkritisch |
| 3 | - | - | Unkritisch |
| 4 | + | - | Kritisch |

Die unterschiedliche Einschätzung im zweiten Punkt wird wenig Auswirkung auf den Gesprächsverlauf haben. Schwierig wird sich das Gespräch möglicherweise dann gestalten, wenn der Mit[Beginn Beispiel]arbeiter wie unter Punkt vier, seine Leistungen selbst sehr positiv einschätzt, während
Sie seine Leistungen sehr kritisch sehen. In diesem Fall müssen Sie sich auf längere Diskussionen und eventuell abwehrende Reaktionen des Mitarbeiters einstellen und besonders sensibel vorgehen.

Um sich auf diesen Fall einzustellen, ist es notwendig, dass Sie zunächst die Information erhalten, inwieweit Ihre eigene Einschätzung sich mit derjenigen des Mitarbeiters deckt. Erst hiernach können Sie zielgerichtet im Anschluss an die Selbsteinschätzung des Mitarbeiters Ihr Feedback zu einem Aspekt formulieren und bewusst manche Punkte in den Vordergrund stellen, andere weniger stark betonen bzw. darauf achten, dass Ihr Feedback gut angenommen werden kann.

### Beschreiben Sie erst qualitativ und bewerten Sie dann

Beginnen Sie Ihr Feedback zu einem Thema nicht direkt mit der Bewertung, sondern formulieren Sie zunächst einmal Ihr Feedback qualitativ und anhand von konkreten Verhaltensweisen und Arbeitsergebnissen. Fassen Sie Ihre Einschätzung erst dann in einer quantitativen Bewertung zusammen, wenn Sie auf qualitativer Ebene ein Einverständnis mit dem Mitarbeiter erzielt haben. Sie erhöhen so die Wahrscheinlichkeit, dass Ihr Mitarbeiter Ihren Darstellungen und Beispielen aufmerksam zuhört und Ihre Einschätzung versteht. Nennen Sie die möglicherweise kritische Bewertung zuerst, so richtet der Mitarbeiter seine Aufmerksamkeit schnell auf seine eigene Gegenargumentation.

Nach dem Abgleich der Einschätzungen sollten Sie Ihr Feedback noch einmal hinsichtlich Ihrer wesentlichen Kernbotschaften zu Stärken und Entwicklungsfeldern zusammenfassen. Es besteht sonst die Gefahr, dass nach Besprechung einer Vielzahl einzelner Kriterien und Beispiele die Dinge verloren gehen, die sie dem Mitarbeiter primär vermitteln wollten.

**Formulieren Sie zentrale Botschaften**
Wichtig ist, dass Sie sich bereits in der Vorbereitung klar darüber werden, welche zentralen Botschaften Sie Ihrem Mitarbeiter mitgeben wollen. Konzentrieren Sie sich daher darauf, maximal die wesentlichen drei Stärken und drei Entwicklungsfelder des Mitarbeiters in den Vordergrund zu stellen. Betonen Sie im Gespräch mehrfach, worin für Sie die wesentlichen Stärken und Verbesserungsfelder liegen.

## 1.3.5 Schritt 5: Schätzen Sie das Potenzial Ihres Mitarbeiters ein

Nachdem nun die Vergangenheit betrachtet worden ist, indem Sie die Leistungen bezüglich des abgelaufenen Beurteilungszeitraums bewertet haben, gilt es, in die Zukunft zu blicken und das Potenzial des Mitarbeiters einzuschätzen. Auch hier gilt das Gleiche wie beim Feedback: Fragen Sie zunächst Ihren Mitarbeiter nach seiner Selbsteinschätzung.

Die Diskussion des Potenzials sollte Sie noch vor der Planung der Qualifizierungsmaßnahmen für Ihren Mitarbeiter vornehmen, denn neben den vorhandenen Leistungsdefiziten des Mitarbeiters, die bereits zuvor diskutiert wurden, sind auch die geplanten nächsten Karriereschritte und mögliche nächste Aufgaben relevant, wenn es darum geht, Personalentwicklungsmaßnahmen im letzten Schritt zu planen. Dabei sind nicht nur klassische Karriereschritte, wie die Übernahme einer weiterführenden Führungsfunktion, sondern auch die Erweiterung des derzeitigen Aufgabenfeldes oder die Übernahme einer neuen Tätigkeit auf der gleichen Hierarchieebene von Bedeutung.

## 1.3.6 Schritt 6: Personalentwicklungsmaßnahmen

Nun liegen alle Informationen vor, die Sie für die Planung von unterstützenden Maßnahmen sowie Fördermaßnahmen benötigen. Sie haben die wesentlichen Stärken und Entwicklungsfelder des Mitarbeiters definiert und diskutiert und können diese nicht nur im Hinblick auf die aktuelle Position, sondern eventuell auch im Hinblick auf angestrebte neue Positionen bewerten. Auf dieser Grundlage lassen sich die entsprechenden Maßnahmen zur Qualifizierung ableiten und planen. In Kapitel 1.6 finden Sie eine Anleitung, wie Sie individuelle Maßnahmen der Personalentwicklung zielgerichtet planen.

## 1.3.7 Schritt 7: Vereinbaren Sie Zwischentermine

Ob Mitarbeiter und Führungskräfte das Beurteilungsgespräch als sinnvoll bewerten, hängt vor allem davon ab, welche Maßnahmen tatsächlich im Nachgang ergriffen und erfolgreich umgesetzt werden.

Im Nachgang zu den Gesprächen fehlt häufig eine konsequente Verfolgung der definierten Maßnahmen. Vereinbaren Sie daher bereits im Gespräch Zwischentermine, an denen Sie gemeinsam den Erfolg einzelner Maßnahmen bewerten und entscheiden können, ob eventuell ergänzende Maßnahmen ergriffen werden sollen, wenn erste Schritte in der Qualifizierung des Mitarbeiters noch nicht erfolgreich waren.

Für diese Zwischentermine gibt es keine eindeutige Regelung, ob sie halbjährlich oder in noch kürzeren Zyklen stattfinden sollten. Die zeitliche Planung hängt von den jeweiligen Planungen der Entwicklungsmaßnahmen ab.

Wenn Ihr Mitarbeiter bereits nach zwei Monaten ein Seminar besucht, kann es sinnvoll sein, direkt nach dem Seminar ein kurzes Gespräch mit Ihm darüber zu führen, inwieweit die beabsichtigten Themen in dem Seminar ausreichend behandelt wurden und er von dem Seminar profitieren konnte. In anderen Fällen, wie z. B. Maßnahmen on-the-job, zu denen Sie definiert haben, dass Ihr Mitarbeiter systematisch neue Aufgaben übernehmen soll, um neue Kompetenzen zu erwerben, kann es sinnvoll sein, dass Sie in regelmäßigen Abständen, z. B. monatlich, mit ihm ein kurzes Gespräch über seinen Entwicklungsfortschritt führen.

## 1.3.8 FAQ: Wie sollte das Gespräch dokumentiert werden?

Für die Dokumentation bestehen in Unternehmen größtenteils klare Vorschriften. Sollten Sie jedoch die Möglichkeit haben, dies frei zu gestalten, so empfehlen wir folgende Vorgehensweise:

1. Dokumentieren Sie die Gesprächsergebnisse so umfassend wie möglich und notieren Sie im Gespräch diskutierte Beispiele, die Ihnen im kommenden Jahr eine präzise Erinnerung an das diesjährige Gespräch ermöglichen.

2. Haben Sie die Mitarbeiter aufgefordert eine Selbsteinschätzung vorzunehmen, so liegen im Gespräch zwei ausgefüllte Bögen — Ihrer und der des Mitarbeiters — vor. Nutzen Sie für die Dokumentation der Gesprächsergebnisse ein drittes, neues Beurteilungsformular. So signalisieren Sie, dass es sich um die Dokumentation eines dialogischen Gespräches, nicht nur um die marginale Ergänzung Ihres bereits vorbereiteten Bogens handelt.

3. Eine papiergestützte Dokumentation, also das Ausfüllen eines ausgedruckten Beurteilungsbogens ist unpraktisch, da z. B. oft nicht genügend Platz für Kommentare vorhanden ist, und gehört der Vergangenheit an. Dokumentieren Sie das Gespräch daher in einem Beurteilungsformular in Dateiform. In vielen Unternehmen ist zu diesem Zweck ein IT-Tool vorgesehen, in das direkt Beurteilungen und Begründungen sowie Vereinbarungen eingetragen werden. Achten Sie jedoch darauf, dass im Gespräch der PC nicht zwischen Ihnen und dem Mitarbeiter steht. Hiermit ist weniger die Positionierung Ihres Bildschirms gemeint, als vielmehr der Hinweis, darauf zu achten, dass Sie sich im Gespräch auf den Mitarbeiter fokussieren, Blickkontakt halten etc. und nicht den Fokus auf die Dokumentation am PC richten! So kann es auch sinnvoll sein, wenn Sie sich die Arbeit machen, im Gespräch kurze Notizen vorzunehmen und am Ende des Gespräches die Ergebnisse in das IT-gestützte Formular zu übertragen.

4. Dokumentieren Sie — falls in Ihrem Beurteilungssystem möglich — auch die Selbsteinschätzung des Mitarbeiters. Sie signalisieren hierdurch die Be-

deutung der Selbsteinschätzung und können sich im nächsten Gespräch besser an Übereinstimmungen und Abweichungen erinnern.

## 1.3.9 FAQ: Der Mitarbeiter akzeptiert die Beurteilung nicht

Sie selbst sehen den Mitarbeiter bezüglich der Kunden- und Marktorientierung bei einer „1". Er hingegen hat sich mit einer „3" eingestuft. Was soll nun geschehen. Ist es das Ziel, solange zu diskutieren, bis eine Einigung erzielt ist oder gilt es, einen Kompromiss zu finden?

**Eine Beurteilung ist eine Beurteilung**
Ein Beurteilungsgespräch ist und bleibt bei aller konstruktiver Gesprächsführung und Offenheit für die Sichtweisen des Mitarbeiters ein Beurteilungsgespräch mit einer Einschätzung durch die Führungskraft.

**Eine Beurteilung kann revidiert werden**
Die Beurteilung muss auf jeden Fall begründet sein. Und Sie selbst tun gut daran, die Selbsteinschätzung des Mitarbeiters sowie die Darstellung seiner Probleme aufzunehmen und sich mit dessen Sichtweisen auseinander zu setzen. Dabei kann es durchaus passieren, dass der Mitarbeiter Sie davon überzeugt, dass Sie sich in Ihrer Einschätzung geirrt haben. So könnte es z. B. sein, dass der Mitarbeiter Beispiele anführt, die Sie selbst in der Beurteilung noch nicht berücksichtigt haben und Ihnen durchaus überzeugend erscheinen. Unter dieser Voraussetzung ist es richtig, die eigene Beurteilung zu revidieren und eine neue Beurteilung vorzunehmen. Dies sollte jedoch die Ausnahme sein.

**NOTEN KÖNNEN NICHT VERHANDELT WERDEN**

Allerdings ist die Beurteilung nicht verhandelbar. Bei einer Notendifferenz von „1" zu „3" kann das Ziel keinesfalls darin bestehen, sich am Ende auf eine „2" zu einigen. Die Beurteilung bleibt eine Einschätzung aus der Sicht der Führungskraft. Ihre Verpflichtung ist es, den Mitarbeiter bei der Behebung seiner Schwächen zu unterstützen, jedoch nicht, ihm eine gefällige Kompromissbeurteilung zukommen zu lassen.

### Unterschiedliche Einschätzungen notieren

In vielen Beurteilungssystemen gibt es jedoch auch die Möglichkeit, dass beide Einschätzungen während des Gespräches in einem dritten Bogen eingetragen werden, sodass auch entsprechende Abweichungen sowie Übereinstimmungen dokumentiert sind. Ein möglicher Dritter, z. B. die Personalabteilung, kann auf diese Art und Weise sehen, inwieweit Mitarbeiter und Führungskraft zu ähnlichen Einschätzungen gekommen sind. In anderen Systemen ist es vorgesehen, dass der Mitarbeiter bei entsprechender Abweichung einen Kommentar zu der Beurteilung ergänzen kann, sodass er auch die Unzufriedenheit mit der Beurteilung durch den Vorgesetzten ausdrücken kann. Wichtig ist jedoch letztlich, dass hierdurch die ehrliche Einschätzung durch den Vorgesetzten nicht verändert wird.

### Definierter Weg der Eskalation

In den meisten Unternehmen existiert darüber hinaus ein definierter Weg der Eskalation. Dieser besteht zumeist in der Einschaltung des Betriebsrates sowie der Personalabteilung oder auch des nächsthöheren Vorgesetzten.

## 1.3.10 FAQ: Kritische Beurteilung – 7 Regeln mit Beispielen

Negative Rückmeldungen können verletzen, provozieren und zu Konflikten führen, wenn der Mitarbeiter anderer Ansicht ist. Eine wichtige Frage besteht daher darin, wie Sie es schaffen, auch kritisches Feedback so zu vermitteln, dass es für den Mitarbeiter annehmbar wird und zu konstruktiven Lösungsansätzen führt.

### NICHT VERLETZEND UND NICHT VERWÄSSERT

Bei der Vermittlung von Kritik werden vor allem zwei Fehler gemacht. Der erste Fehler besteht darin, dass das Feedback verletzend oder brüskierend formuliert wird. So besteht kaum eine Chance, dass der Mitarbeiter auch tatsächlich die Veränderungsnotwendigkeit einsieht.

Der zweite Fehler besteht darin, dass das Feedback in dem Bestreben, es besonders verträglich zu formulieren, verwässert wird und die zentrale Botschaft der Kritik beim Mitarbeiter nicht ankommt. Nicht selten passiert es, dass der Mitarbeiter aus dem Gespräch mit einem diffusen Gefühl herausgeht, irgendetwas sei wohl nicht in Ordnung.

Die Kunst der Vermittlung von Kritik besteht darin, auf der einen Seite präzise und klar in der Rückmeldung zu sein, auf der anderen Seite jedoch trotz der Klarheit konstruktiv und sensibel zu formulieren, sodass die Rückmeldung weder verletzend noch brüskierend wirkt. Die folgenden sieben Regeln helfen Ihnen, Ihre Kritik konstruktiv und sensibel zu vermitteln:

**1. Regel: Hinterfragen Sie zunächst abweichende Selbsteinschätzungen**
Weicht das Feedback, das Sie dem Mitarbeiter geben wollen, von dessen Selbsteinschätzung ab, so starten Sie nicht direkt mit Ihrem Feedback, sondern versuchen Sie zunächst einmal die Einschätzung des Mitarbeiters zu verstehen. Erinnern Sie sich an die häufigsten Ursachen für Diskrepanzen in der Selbst- und Fremdwahrnehmung. Eine davon ist, dass Sie und der Mitarbeiter unterschiedliche Vorstellungen von den Beurteilungskriterien, den Anforderungen und der Verwendung der Beurteilungsskala haben. Daher sollten Sie zunächst folgende Fragen stellen, bevor Sie selbst Feedback geben:

- Woran machen Sie genau Ihre Einschätzung fest? In welchen Situationen hat sich das gezeigt?
- Was verstehen Sie unter „Kriterium X?"
- Worin sehen Sie diesbezüglich die Anforderungen in Ihrer Funktion?
- Was würde dann aus Ihrer Sicht „erfüllt die Anforderungen voll" bedeuten?

Sehr oft lösen sich Unterschiede in der Einschätzung durch diese Fragen auf und Sie können sinnvoll über Ihre Anforderungen auf einer qualitativen Ebene sprechen, anstatt sich über Worte zu streiten.

**2. Regel: Stellen Sie die Stärken vor den Verbesserungsfeldern dar!**
Fangen Sie im Beurteilungsgespräch immer mit positiven Aspekten an, sodass Sie zunächst eine gute Atmosphäre schaffen können und dem Mitarbeiter grundlegende Wertschätzung vermitteln. Kritische Aspekte können anschließend leichter angenommen werden. Beginnen Sie hingegen mit den negativen Aspekten, so ist es im weiteren Gesprächsverlauf nur sehr schwer möglich, durch positive Rückmeldungen die Stimmung wieder anzuheben.

## BEGINNEN SIE MIT DEN STÄRKEN DES MITARBEITERS

Manchmal führen vorgegebene Listen von Beurteilungskriterien unglücklicherweise dazu, dass Mitarbeiter und Führungskraft mit der Diskussion der kritischsten Kriterien starten, weil sie zu Beginn der Liste stehen. Sprechen Sie daher die Kriterien nicht in der vorgegebenen Reihenfolge durch, sondern starten Sie mit der Frage nach der Selbsteinschätzung des Mitarbeiters wie folgt: „In welchen dieser aufgeführten Kriterien sehen Sie Ihre Stärken?" Beziehen Sie sich dann zunächst auf die vom Mitarbeiter genannten Stärken und betonen Sie dabei besonders, wo Sie selbst auch positive Beobachtungen gemacht haben. Mit hoher Wahrscheinlichkeit werden Sie darin zustimmen können, dass die von ihm genannten Kriterien zumindest relativ gesehen zu den Stärken gehören, und können daher selbst auch mit der Nennung positiver Aspekte starten. Fragen Sie erst anschließend: „In welchen der Beurteilungskriterien hingegen sehen Sie noch Verbesserungsmöglichkeiten?"

**3. Regel: Geben Sie positivem Feedback ausreichend Raum!**
Bei negativer Kritik besteht besonders viel Erläuterungsbedarf. In einer guten Vorbereitung haben Sie viele Beispiele und Begründungen dafür gesammelt, warum Sie gewisse Fähigkeiten und Leistungen Ihres Mitarbeiters noch nicht positiv einschätzen. Das positive Feedback hingegen wird häufig sehr viel weniger ausführlich vorbereitet. Im Gespräch nimmt es dann nur sehr wenig Raum ein: „Herr XY, was ich wirklich an Ihnen schätze, ist Ihre Leistungsmotivation und Ihre Fähigkeit zum abstrakten Denken. Kritisch sehe ich hingegen, wie Sie sich gegenüber unseren internen Kunden positionieren. Neulich z. B. und dann erinnere ich mich noch " Nun folgt eine ausführliche Darstellung von negativen Beobachtungen und konkreten Beispielen, die zeigt, was alles im Hinblick auf die interne Kundenorientierung noch nicht optimal ist. Das positive Feedback verliert vor dem Hintergrund dieser mächtigen Ansammlung von negativen Beobachtungen schnell an Gewicht. Denken Sie daher daran, auch den positiven Rückmeldungen ausreichend Raum zu geben und hierfür Beispiele und Belege zur Hand zu haben, um auch die erwünschten Verhaltensweisen gezielt zu verstärken.

**4. Regel: Begründen Sie Ihr Feedback mit konkreten Beispielen!**

Klarheit in Ihrem Feedback erreichen Sie nicht nur durch die präzise Formulierung Ihrer Kritik, sondern vor allem durch die Begründung Ihrer Eindrücke und Einschätzungen anhand von konkreten Beispielen.

Beginnen Sie die Darstellung eines Kritikpunkts immer mit der qualitativen Schilderung ihrer Kritik und untermauern Sie diese mit Fakten und Beispielen. Fassen Sie Ihre Kritik erst hiernach in einer Bewertung anhand einer Skala zusammen.

---

**NOTIZEN MACHEN ÜBERS JAHR**

Machen Sie sich während des gesamten Beurteilungszeitraumes immer wieder Notizen, auf die Sie im Beurteilungsgespräch zurückgreifen können, sonst fehlen Ihnen die benötigten Beispiele und konkreten Anhaltspunkte für die Begründung Ihrer Eindrücke und Beurteilungen. Dies bedeutet jedoch nicht, dass es ausreicht, Beobachtungen während des Jahres niederzuschreiben, statt diese direkt anzusprechen. Selbstverständlich kann ein Beurteilungsgespräch das regelmäßige und alltägliche Feedback nicht ersetzen.

---

**5. Regel: Schildern Sie Eindrücke und Wirkungen anstelle von Wahrheiten!**

Die Äußerung „Sie sind nicht motiviert." ist nicht nur ein Vorwurf, der bei den meisten Mitarbeitern zur Gegenwehr führen wird. Sie ist vielmehr auch eine Unterstellung, die Sie letztlich nicht halten können. Ob Ihr Mitarbeiter motiviert ist oder nicht, das kann er letztlich nur selbst entscheiden. Sie hingegen können Ihre Eindrücke schildern und diese an Beispielen festmachen.

▶ **FORMULIERUNG VON EINDRÜCKEN**

Unterstellung:

„Sie sind nicht motiviert."

Formulierung von Eindrücken und konkreten Beobachtungen:

„In der letzten Zeit melden Sie sich kaum noch für herausfordernde Zusatzaufgaben und entgegen Ihrer früheren Gewohnheit gehen Sie auch sehr pünktlich nach Hause. In den letzten Wochen haben Sie sich auch schon mehrmals über die Arbeit, die Kunden und die Anforderungen beschwert. Letzten Mittwoch kamen Sie z. B. zu mir und sagten, Sie verlören langsam die Lust, noch weiter für Kunde X zu arbeiten. Ich habe hierdurch den Eindruck gewonnen, dass Sie nicht mehr so motiviert bei der Sache sind, wie Sie es früher einmal waren."

Die Schilderung von Eindrücken, untermauert von konkreten und haltbaren Beobachtungen, wirkt weniger konfrontativ. Gleichzeitig ist sie argumentativ sehr viel besser zu vertreten. Welchen Eindruck Sie selbst haben, das können nur Sie entscheiden. Wie Ihr Mitarbeiter jedoch als Person ist, wie er sich fühlt und was er denkt, das können Sie nicht unbestritten behaupten. Fakten und Beobachtungen hingegen sollten Sie auch unrelativiert darstellen und nicht verwässern. „Ich habe den Eindruck, Sie nehmen nur noch unregelmäßig an den Meetings teil" ist eben nicht nur ein Eindruck, sondern schwächt eine Tatsache ab, die Sie belegen können. Formulieren Sie also dann einen Eindruck, wenn es um Motivation, Einstellung, innere Beweggründe und Eigenschaften des Mitarbeiters geht. Stellen Sie jedoch Beispiele, Beobachtungen und Tatsachen freundlich, aber unrelativiert dar!

**6. Regel: Stellen Sie die Vorteile alternativer Vorgehensweisen dar!**
Anstatt ausschließlich darzustellen, was der Mitarbeiter alles falsch macht, können Sie genauso gut darstellen, welche Vorteile eine andere, positive Vorgehensweise hätte.

▶ **DARSTELLUNG ALTERNATIVER VORGEHENSWEISEN**

Darstellung der negativen Beobachtungen:
„Herr XY, Ihre Präsentation wirkte auf die Zuhörer sehr langweilig, da Sie zu viele Informationen brachten, wenig Grafiken oder Bilder verwendet haben und Ihre Vortragsweise sehr monoton war. Darüber hinaus haben Sie sich nicht auf die Interessen Ihrer Zuhörer eingestellt."
Darstellung der alternativen Vorgehensweise:
„Herr XY, mit Ihrem Präsentationsstil war ich noch nicht ganz zufrieden. Ich denke, hier können Sie noch Einiges verbessern.
Zum Beispiel können Sie sehr davon profitieren, wenn Sie die Informationen auf das Wesentliche reduzieren und stärker mit Grafiken und Bildern arbeiten. Darüber hinaus können Sie Ihre Darstellung für die Zuhörer noch

interessanter gestalten, indem Sie die Inhalte stärker auf die Zielgruppe und deren Interessen ausrichten. Arbeiten Sie auch einmal daran, Ihre Präsentationen hinsichtlich Ihrer Stimmlage etwas abwechslungsreicher zu gestalten. So wirken Ihre Darstellungen lebendiger und es ist leichter, Begeisterung für die eigenen Ideen zu wecken."

### 7. Regel: Stellen Sie die positive Kehrseite einer Schwäche dar!

Die meisten Schwächen, die sich in verschiedenen Situationen im Arbeitsalltag zeigen, stellen an anderer Stelle wiederum Stärken dar.

▶ **DARSTELLUNG DER KEHRSEITE DER MEDAILLE**

Der Vertriebsmitarbeiter XY ist in Verhandlungsgesprächen mit seinen Kunden zu nachgiebig und lässt sich aufgrund seines Harmoniebedürfnisses immer wieder herunterhandeln.

Sein Harmoniebedürfnis ist in anderen Situationen jedoch Grundlage seiner besonderen Stärken. Es fällt ihm leicht, ein Vertrauensverhältnis zu dem Kunden aufbauen.

Das Feedback an Herrn XY lautet dementsprechend: „... Mein Eindruck ist, dass Ihnen ein vertrauensvolles und harmonisches Verhältnis zum Kunden sehr wichtig ist. Stimmt das? ... Ich schätze sehr, dass Sie hierdurch leicht positiven Kontakt zu Ihren Kunden aufbauen und ein gutes Verhältnis mit den meisten haben. Ich beobachte immer wieder, wie leicht es Ihnen gelingt, Kunden für sich zu gewinnen und Vertrauen aufzubauen. Auf der anderen Seite sehe ich auch, dass diese Herangehensweise zu Problemen in anderen Situationen führt. Ich sehe nämlich hinsichtlich Ihrer Verhandlungskompetenz noch Verbesserungsmöglichkeiten. Ich habe in den letzten drei Gesprächen, die wir zusammen geführt haben, beobachtet, dass Sie gerade bei härteren Verhandlungspartnern schon frühzeitig bereit waren, dem Kunden entgegenzukommen. Ich hatte den Eindruck, als scheuten Sie sich davor, dem Kunden gegenüber härter aufzutreten. Wie erging es Ihnen hier? ... Ich denke, wir sprechen hier von zwei Seiten der gleichen Medaille. Ich möchte daher nicht grundsätzlich kritisieren, dass Sie dem Kunden entgegenkommen und ein gutes Verhältnis aufrechterhalten wollen. Allerdings sollten wir gemeinsam überlegen, wie Sie es schaffen, das Vertrauensverhältnis beizubehalten, gleichzeitig jedoch auch an den entscheidenden Stellen härter in der Verhandlung zu werden. Welche Möglichkeiten sehen Sie diesbezüglich?"

### 8. Regel: Nutzen Sie eine bewährte Feedback-Struktur

Um das Feedback klar, transparent und konstruktiv zu vermitteln, ohne Ihren Mitarbeiter zu brüskieren, können Sie die folgende Struktur des Feedback-Aufbaus nutzen:

---

(1) Thema
Starten Sie zunächst, indem Sie das Thema (zumeist das Beurteilungskriterium) benennen.

---

(2) Konkretisierung bzw. Beschreibung der Verhaltensweisen
Konkretisieren Sie nun Ihre Kritik anhand von Beispielen.

---

(3) Wirkung bzw. Auswirkung
Nachdem das Verhalten konkret beschrieben worden ist, gilt es, die Wirkung, d. h. Ihre und die Eindrücke anderer sowie die Auswirkung des Vorgehens, darzustellen.

---

(4) Veränderungsvorschlag bzw. Aufforderung
Nun fehlt nur noch die Darstellung der alternativen Vorgehensweise bzw. der Forderung gegenüber dem Mitarbeiter.

---

Das folgende Beispiel ist nach dieser Struktur aufgebaut:

### ▶ FEEDBACK ZU UNFREUNDLICHEM VERHALTEN

(1) „Verbesserungsbedarf sehe ich in Ihrem Verhalten in Stresssituationen (2) Während des Jahresabschlusses ist mir mehrfach aufgefallen, dass Sie Fragen von Kollegen ungewohnt unfreundlich mit einem: ‚Ich weiß selbst nicht, wo mir der Kopf steht.' beantworteten. Darüber hinaus ist mir aufgefallen, dass Sie auch Kunden gegenüber wenig Hilfsbereitschaft gezeigt haben. Ich hatte Sie bereits auf das Telefonat angesprochen, in dem Sie dem Kunden sagten: ‚Nein, dafür bin ich nicht zuständig. Sie müssen sich an jemand anderen wenden. (3) Ihre Verhaltensweise führte dazu, dass der Kunde sich offensichtlich nicht optimal beraten fühlte, sodass er sich schließlich bei mir beschwert hat. Auch bei den Kollegen hatte ich den Eindruck, dass sie in dieser Zeit Abstand gehalten haben und sich kaum getraut haben, mit Fragen oder Wünschen auf Sie zuzukommen. Dies finde ich sehr schade, denn norma-

lerweise profitieren die Kollegen sehr von Ihrer Hilfsbereitschaft und Ihrer Erfahrung. Wie sehen Sie das?

(4) Ich halte es daher für wichtig, dass Sie lernen, auch in Stresssituationen ruhig und ausgeglichen zu bleiben und Ihre gewohnte Hilfsbereitschaft gegenüber Kunden und Kollegen beizubehalten."

### Beispiel-Formulierungen für konstruktives Feedback

Nutzen Sie in Ihrem Feedback die folgenden Beispiel-Formulierungen, um kritische Punkte konstruktiv anzusprechen:

| Formulierungen zur Ansprache kritischen Feedbacks |
|---|
| Machen Sie Feedback an konkreten Verhaltensbeschreibungen und Beispielen fest! |
| ▪ Ich möchte Ihnen dies anhand eines Beispiels erläutern … |
| ▪ Sie haben neulich … |
| ▪ In unserem letzten Meeting sind Sie … |
| ▪ Erinnern Sie sich an das Gespräch mit Herrn XY? Sie starteten mit … |
| ▪ Die Ergebnisse in Ihrem Projekt waren … |
| ▪ Mir ist aufgefallen, dass Sie … |
| ▪ Sie haben im letzten Monat dreimal … |
| Schildern Sie Eindrücke und (Aus-)Wirkungen anstelle von Wahrheiten! |
| ▪ Auf mich/die Kollegen/den Kunden hat Ihr Verhalten so gewirkt … |
| ▪ Ich habe Eindruck gewonnen, Sie … |
| ▪ In dem Moment hatte ich den Eindruck … |
| ▪ Ich habe Sie in der Situation sehr … erlebt. |
| ▪ Das hat dazu geführt, dass der Kunde … |
| ▪ Hierdurch kam es im Projekt zu … |
| Stellen Sie die Vorteile alternativer Vorgehensweisen dar! |
| ▪ Sie würden sicher davon profitieren, wenn Sie stärker … |
| ▪ Es wäre leichter für Sie, wenn Sie … |
| ▪ Wenn Sie mehr/stärker …, könnten sie besser … |
| ▪ Es ist schade, dass Sie ihr Potenzial hierdurch nicht vollständig ausschöpfen. Versuchen Sie einmal … |

---

**Formulierungen zur Ansprache kritischen Feedbacks**

Stellen Sie die positive Kehrseite einer festgestellten Schwäche dar!

- Ich schätze an Ihrem Vorgehen, dass … allerdings kann es auch dazu führen, dass …
- Letztlich reden wir von den beiden Seiten der gleichen Medaille. In Situationen wie … profitieren Sie von Ihrem Vorgehen. In Situationen wie Y wäre ein anderes Vorgehen sinnvoller.
- Es geht nicht darum, dass … grundsätzlich negativ ist. In anderen Situationen macht es Sie sehr erfolgreich. Versuchen Sie jedoch Ihr Spektrum zu erweitern, um in vielen verschiedenen Situationen erfolgreich zu sein.

---

## 1.3.11 Leitfaden: Ablauf eines Beurteilungsgesprächs

**Ablauf eines Beurteilungsgesprächs**

**1. Vorbereitung**

Informieren Sie Ihr Team über Ziel und Ablauf des Beurteilungsgesprächs und besprechen Sie die Bewertungsmaßstäbe.

Informieren Sie Ihren Mitarbeiter frühzeitig (2-3 Wochen zuvor) über den Gesprächstermin und die ungefähre Dauer. Planen Sie dabei genug Zeit ein.

Bereiten Sie das Gespräch gründlich vor — bitten Sie auch den Mitarbeiter im Vorfeld um eine Vorbereitung (Aufgabenbeschreibung und Selbsteinschätzung).

Holen Sie fehlende Informationen bei anderen Personen ein und bitten Sie diese (Fachvorgesetzte oder Projektleiter), an dem Gespräch teilzunehmen, wenn Sie selbst nur wenig unmittelbaren Kontakt zu Ihrem Mitarbeiter hatten.

Sorgen Sie für eine angenehme Atmosphäre und vermeiden Sie Störungen.

**2. Einleitung und Warming up**

Warming up: Gehen Sie auf den Mitarbeiter zu, begrüßen Sie ihn und danken Sie ihm für sein Kommen.

Setzen Sie sich mit ihm an einen geeigneten Tisch. Vermeiden Sie eine konfrontative Sitzposition.

Fassen Sie noch einmal kurz zusammen, welches Ziel Sie mit dem Beurteilungsgespräch verfolgen und was am Ende des Gespräches als Endresultat feststehen sollte.

## 2. Einleitung und Warming up

Geben Sie Ihrem Mitarbeiter Sicherheit bezüglich des weiteren Vorgehens, indem Sie die einzelnen Abschnitte und den Zeitrahmen des Gespräches darstellen.

Fragen Sie Ihren Mitarbeiter, ob es noch Fragen von seiner Seite gibt oder ob er eventuell Schwierigkeiten mit seiner Vorbereitung des Gesprächs hatte. Starten Sie erst, wenn alle Fragen geklärt sind.

## 3. Rückblick auf die Aufgabenschwerpunkte im Beurteilungszeitraum

Bitten Sie Ihren Mitarbeiter, seine Aufgabenschwerpunkte zu beschreiben, und klären Sie so die Grundlage der Beurteilung.

Diskutieren Sie auch, welche Aufgaben Schwierigkeiten gemacht haben und wie sich die einzelnen Projekte entwickelt haben.

## 4. Abgleich der Einschätzungen

Idealerweise haben Sie den Mitarbeiter bei der Vereinbarung des Gesprächstermins veranlasst, sich selbst einzuschätzen. An dieser Stelle geben Sie ihm zuerst Gelegenheit, seine eigene Sichtweise darzustellen.

Bitten Sie den Mitarbeiter zunächst, mit seiner Selbsteinschätzung zu den aus seiner Sicht am stärksten ausgeprägten Kriterien zu beginnen.

Prüfen Sie für sich, inwieweit sich Ihre eigene Einschätzung mit derjenigen des Mitarbeiters deckt.

Beginnen Sie mit einer qualitativen Beurteilung Ihres Mitarbeiters, indem Sie seine Ausführungen bestätigen, weiterführen oder Ihre abweichende Einschätzung darstellen.

Reden Sie nicht um den „heißen Brei", sondern bringen Sie Ihre eigene Einschätzung deutlich zum Ausdruck.

Begründen Sie sowohl Ihre positive als auch negative Beurteilung mit Beispielen und erläutern Sie die jeweilige (Aus-) Wirkung des Verhaltens des Mitarbeiters.

Sollte Ihr Mitarbeiter frustriert oder gar emotional reagieren, vermeiden Sie den Gegenangriff und versuchen Sie, seine Sichtweise zu verstehen, indem Sie Fragen stellen. Dies bedeutet nicht, dass Sie Ihre Sichtweise automatisch ändern!

Diskutieren Sie Abweichungen in den Einschätzungen und hinterfragen Sie dabei die Sichtweise des Mitarbeiter. Erläutern und begründen Sie, warum genau Sie seine Leistung anders bewerten.

### 4. Abgleich der Einschätzungen

Gehen Sie derart auch bei den Kriterien vor, die der Mitarbeiter relativ gesehen am schwächsten einschätzt sowie bei allen restlichen Kriterien.

Fassen Sie alle wichtigen Punkte (Kernbotschaften) Ihrer Beurteilung noch einmal kurz zusammen.

### 5. Potenzialeinschätzung

Fragen Sie zunächst Ihren Mitarbeiter nach seiner Selbsteinschätzung.

Schildern Sie Ihre eigene Sichtweise und diskutieren Sie das Potenzial Ihres Mitarbeiters im Hinblick auf mögliche zukünftige Aufgaben und Funktionen.

### 6. Personalentwicklungsmaßnahmen

Definieren Sie eindeutige Qualifizierungs- und Entwicklungsziele gemeinsam mit Ihrem Mitarbeiter.

Planen Sie unterstützende Maßnahmen zum Erreichen dieser Ziele mit verbindlichen Terminen. Berücksichtigen Sie dabei, dass es viele Möglichkeiten gibt, on-the-job mithilfe von Ihnen und Kollegen zu lernen.

### 7. **Abschluss** des Beurteilungsgesprächs

Vereinbaren Sie Zwischentermine, um gemeinsam mit Ihrem Mitarbeiter den Erfolg der Personalentwicklungsmaßnahmen zu überprüfen und ggf. ergänzende Maßnahmen zu ergreifen.

## 1.4 Exkurs: Hilfe für schwierige Gespräche

Manchmal passiert es einfach, dass Gespräche ganz anders verlaufen, als man es erwartet hat, dass die Reaktion des Gesprächspartners anders ist als gedacht.

Häufig entspricht es aber auch den Erwartungen. Sie wissen schon aus Erfahrung, dass das Gespräch mit diesem Mitarbeiter nicht einfach werden wird. Darauf können Sie sich konkret vorbereiten. Aber auch auf die unerwarteten Situationen können Sie sich gedanklich einlassen.

Im Folgenden finden Sie hierzu vier typische schwierige Verhaltensweisen von Mitarbeitern und Tipps, wie Sie dem begegnen können sowie auch Hinweise auf die Fehler, die man in schwierigen Situationen meisten macht.

## 1.4.1 Wenn Ihr Mitarbeiter äußerst impulsiv reagiert

▶ **... JETZT SOLL ICH AM TEAMKLIMA SCHULD SEIN?**

Führungskraft: „Ich habe Ihnen gerade dargestellt, worin ich Ihre besonderen Stärken sehe. Ich möchte nun darauf eingehen, wo Sie sich meiner Ansicht nach noch verbessern können. Mir geht es dabei besonders um Ihr persönliches Auftreten im Team. Mir ist in den letzten Monaten aufgefallen, dass Sie Ihre jeweilige Stimmung gegenüber den Kollegen oft sehr deutlich zum Ausdruck gebracht haben ..."

Herr XY unterbricht: „Was soll denn Stimmung heißen? Die Kollegen sollten einmal den miesen Job machen, um den ich mich hier kümmern muss! Die haben ja gar keine Ahnung! Die möchte ich einmal sehen, wenn die sich täglich mit den Leuten am Telefon herumärgern müssten, mit denen ich es zu tun habe. Schlechte Stimmung — das ist ja eine Frechheit!"

Führungskraft: „Lassen wir diesen Begriff einfach beiseite. Es geht mir einfach darum, dass Sie im Team häufig schlecht gelaunt wirken und dies auch leicht das gesamte Teamklima ..."

Herr XY unterbricht: „Ach, und jetzt soll ich am Teamklima schuld sein? Das ist ja wohl das Allerletzte! Ich kann Ihnen genau sagen, worunter das Teamklima leidet. Aber das wissen Sie ja selbst. So viel Arbeit kann doch kein Mensch mehr schaffen. Das kann nicht jeder so wegstecken, wie Sie. Wird jetzt von den Leuten auch noch erwartet, dass sie diese Unmengen an Arbeit fröhlich pfeifend verrichten?"

Herr XY wird immer lauter und aufgebrachter. An seiner Gestik und Mimik ist deutlich zu erkennen, dass ihn das Gespräch sehr aufregt. In den nächsten Sätzen steigert er sich immer mehr in seinen Ärger hinein, unterbricht seinen Vorgesetzten und hört kaum noch zu.

Mitarbeiter reagieren je nach Typus ganz unterschiedlich auf Kritik. Emotionale und impulsive Menschen können dabei durchaus auch zu derartigen emotionalen Reaktionen neigen. Im Umgang mit diesen Reaktionen zeigen sich häufig die gleichen Fehler:

### 1. Fehler: Die Führungskraft wird ebenfalls laut

So sehr Sie eventuell das Bedürfnis haben, demjenigen, der sich Ihnen gegenüber derart respektlos aufführt, einmal die Meinung zu sagen, so wenig förderlich ist dieses Vorgehen im Sinne der eigentlichen Gesprächsziele. Sobald Sie sich dazu hinreißen lassen, selbst emotional zu reagieren, hat das Gespräch kaum noch eine andere Chance, als immer weiter zu eskalieren. Nicht selten werden in solchen Situationen von beiden Seiten Dinge gesagt, die besser nicht gesagt worden wären. Eine solche Eskalation kann auch nachhaltig die Zusammenarbeit mit dem Mitarbeiter gefährden.

### 2. Fehler: Die Führungskraft maßregelt den Mitarbeiter

Aufgrund des respektlosen Verhaltens des Mitarbeiters scheint es vielen Führungskräften vernünftig, ihn auf die Unangemessenheit seines Verhaltens hinzuweisen. Aussagen wie: „Jetzt bleiben Sie aber bitte sachlich!" oder „Herr XY, ich glaube, Sie vergreifen sich gerade im Ton!" bis hin zu zynischen Bemerken, wie z. B. „Herr XY, ich höre sehr gut, Sie können ruhig leiser sprechen!", sind wiederum sehr verständlich, da die Führungskraft sicherlich ein Bedürfnis verspürt, den Mitarbeiter auf die Unangemessenheit seines Verhaltens hinzuweisen. Aber auch dieses Vorgehen ist kaum dazu geeignet, die Eskalation zu vermeiden. Regt sich Ihr Mitarbeiter erst einmal richtig auf, so führt eine zusätzliche Kritik an seinem Verhalten eher dazu, dass er sich weiter in Rage redet, als dass er sich tatsächlich beruhigt.

### 3. Fehler: Die Führungskraft spricht sachlich weiter

Fragt man Führungskräfte danach, wie man am besten mit emotionalen Reaktionen anderer Personen umgehen sollte, so äußern diese zumeist, man solle unbeeindruckt von dem emotionalen Ausbruch sachlich weiter sprechen und so versuchen, wieder Sachlichkeit in das Gespräch zu bringen.

Versetzen Sie sich nun einmal in die Situation desjenigen, der sich gerade fürchterlich über die aus seiner Sicht ungerechtfertigte Kritik aufregt. Was von dem, was Ihr Vorgesetzter nun ruhig und sachlich berichtet, kommt tatsächlich bei Ihnen an? Vermutlich nicht viel. In dieser Situation der Wut und des Ärgers ist Ihr Mitarbeiter nur begrenzt aufnahmefähig. All die Wut und

Aufregung will zunächst einmal heraus. Der Mitarbeiter ist kaum in der Lage, die neuen Informationen, die Sie sachlich vorbringen, tatsächlich auch aufzunehmen oder gar vernünftig zu betrachten. Darüber hinaus kann eine betont ruhige Reaktionsweise auch provozierend auf den Mitarbeiter wirken, wenn dieser den Eindruck gewinnt, seine Probleme ließen die Führungskraft ganz kalt.

Was aber können Sie tun, wenn sie es tatsächlich mit einem derartigen Ausbruch Ihres Mitarbeiters im Beurteilungsgespräch zu tun haben? Geben Sie Ihrem Gegenüber zunächst die Gelegenheit, Wut und Ärger loszuwerden. Hören Sie aufmerksam zu und stellen Sie interessierte Fragen zu dessen Sichtweise. Während Sie mit sachlichen Argumenten in dieser Situation es häufig nicht schaffen, den Mitarbeiter zum Nachdenken anzuregen, sind Fragen die beste Möglichkeit, auch in emotionalen Situationen, den Verstand des Gegenübers anzusprechen und ihn zum Denken an Stelle des Handelns aus dem Affekt heraus zu bewegen. Darüber hinaus signalisieren Sie durch Ihre Fragen Interesse für die Sichtweisen des Mitarbeiters, was schon alleine dazu führt, dass andere sich im Normalfall weniger angegriffen fühlen.

Sollte eine Deeskalation im Rahmen des Gespräches nicht mehr möglich sein, weil sich der Mitarbeiter immer weiter in Rage redet, so kann es auch sinnvoll sein, eine Pause zu machen bzw. das Gespräch auf den nächsten Tag zu verschieben, wenn sich die Wogen etwas geglättet haben.

Nun stellt sich selbstverständlich die Frage, ob eine Führungskraft sich ein solches Verhalten tatsächlich gefallen lassen kann bzw. sollte. Selbstverständlich lautet die Empfehlung nicht, dass Sie derartige Wutausbrüche akzeptieren sollten. Suchen Sie auf jeden Fall nach einem solchen Erlebnis das Gespräch mit Ihrem Mitarbeiter, um ihm nach dem Beurteilungsgespräch entsprechend der hier dargestellten Empfehlungen zum Feedback deutlich zu machen, dass sein Verhalten im Beurteilungsgespräch für Sie nicht angemessen und auch nicht akzeptabel gewesen ist.

Fragen Sie Ihren Mitarbeiter zunächst, wie er selbst die Situation erlebt hat und wie es seines Erachtens dazu gekommen ist. Nicht selten werden Sie erleben, dass Ihr Mitarbeiter sich bereits für sein Verhalten entschuldigt, bevor Sie ihn auf die Unangemessenheit hinweisen müssen.

## 1.4.2 Wenn Ihr Mitarbeiter sehr verschlossen ist

**▶ ... (WIEDERUM ENTSTEHT EINE LÄNGERE PAUSE.)**

Führungskraft: „Liebe Frau XY, ich habe Ihnen ja schon bereits erzählt, wie sehr ich Ihre Fachkompetenz schätze. Ich finde es jedoch schade, dass Sie Ihre vielen guten Ideen, die Sie aufgrund Ihrer Fachkompetenz haben, kaum in das Team einbringen." Es entsteht eine längere Pause.

Führungskraft: „Ich weiß nicht, ob Sie vielleicht den Eindruck haben, dass Ihre Ideen gar nicht erwünscht sind. Ihre Ideen wären sogar sehr willkommen. Wir bauen sehr auf Mitarbeiter mit so viel Erfahrung, wie Sie diese haben!" Wiederum entsteht eine längere Pause.

Führungskraft: „Können Sie das nachvollziehen?"

Frau XY: „Ja, schon."

Führungskraft: „Ja, haben Sie vielleicht im Rahmen unserer Meetings gar keine eigenen Ideen, die Sie einbringen möchten?" Es entsteht wiederum eine Pause.

Führungskraft: „Oder haben Sie vielleicht den Eindruck, dass die Kollegen nicht offen für neue Ideen sind?"

Frau XY: „Doch, die Kollegen sind schon offen für Ideen." Es folgt wieder eine Pause

Eine sehr mühsame Situation liegt vor, wenn Sie es mit einer Person zu tun haben, die selbst wenig zum Gespräch beiträgt und sehr verschlossen auf Ihr Feedback und auf Fragen reagiert. In diesem Fall machen Führungskräfte vor allem folgende Fehler:

**1. Fehler: Die Führungskraft redet zu viel selbst**

Gerade dann, wenn der Mitarbeiter sehr zurückhaltend ist, neigen Führungskräfte dazu, die entstehenden Pausen zu füllen, Dinge noch einmal neu zu erklären und letztlich sehr viel selbst zu reden. Je aktiver Sie jedoch im Gespräch werden, indem Sie immer wieder erzählen, begründen und genauer darstellen, umso weniger Raum hat der Mitarbeiter, um tatsächlich noch etwas beizutragen.

**2. Fehler: Die Führungskraft verwendet geschlossene Fragen oder Alternativfragen**

Sehr häufig neigen Führungskräfte auch dazu, geschlossene Fragen zu stellen, d. h. Fragen, auf die lediglich mit Ja oder Nein geantwortet wird. Dementsprechend wenig Information erhalten Sie von einer verschlossenen Person. Alternativfragen sind bereits etwas offener, da sie zwei Alternativen darstellen, sodass sich der Antwortende für eine entscheiden kann („Liegt es eher an X oder an Y?"). Diese beiden Fragearten führen bei verschlossenen Gesprächspartnern dazu, dass das Gegenüber kaum motiviert wird, tatsächlich viele Informationen zu geben.

**Alternativfragen sind kontraproduktiv**

Gerade bei verschlossenen Gesprächspartnern passiert es leicht, dass Alternativfragen gewählt werden, da die Führungskraft helfen möchte. Diese „Hilfe" ist jedoch kontraproduktiv, denn durch diese Fragen schränken Sie die Antwortmöglichkeiten des Mitarbeiters bereits ein. Maximale Information erhalten Sie stets auf offene Fragen. Führen Sie Gespräche mit sehr verschlossenen Personen daher immer mit vielen offenen Fragen!

In der folgenden Tabelle finden Sie einige Beispiele, wie Sie geschlossene Fragen durch offene sinnvoll ersetzen können.

| Statt geschlossen ... | ... offen |
|---|---|
| Haben Sie ein Problem mit Ihren Kollegen? | Wie erleben Sie Ihr Verhältnis zu den Kollegen? |
| Können Sie diese Rückmeldung nachvollziehen? | Was erscheint Ihnen an dieser Rückmeldung nachvollziehbar, was hingegen können Sie nur schwer nachvollziehen? |
| Liegt es daran, dass Ihnen das Wissen fehlt? | Was genau fällt Ihnen dabei schwer? |
| Sehen Sie Ihre Stärke auch in Ihrer hohen Dienstleistungsorientierung? | Wo sehen Sie persönlich Ihre Stärken? Wo sehen Ihre Verbesserungsfelder? |
| Sind Sie selbst denn zufrieden mit der Anzahl der Vorgänge, die Sie an einem Tag schaffen? | Wie bewerten Sie selbst Ihre Arbeit in quantitativer Hinsicht? |

| | |
|---|---|
| Sind Sie zufrieden damit, wie ich Ihnen Aufgaben übergebe? | Wie erleben Sie unsere Zusammenarbeit bei der Übergabe von Aufgaben? |
| Haben Sie das Projekt vorzeitig abgebrochen, weil es Ihnen zu schwer wurde? | Was war für Sie der Grund, das Projekt vorzeitig abzubrechen? |

## 1.4.3 Wenn Ihr Mitarbeiter sehr sensibel ist

**... UND BRICHT IN TRÄNEN AUS**

Führungskraft: „Herr XY, ich möchte nun noch auf Ihre Arbeitsleistung, speziell die Arbeitsquantität, eingehen. Mir ist aufgefallen, dass Sie in den letzten Monaten 30 % weniger Aufträge bearbeitet haben, als Ihre Kollegen."

Herr XY: „Ja, aber die Kollegen haben ja auch viel leichtere Fälle zu bearbeiten."

Führungskraft: „Herr XY, das ist heute nicht mehr zutreffend. Seit unserer Umstrukturierung sind die Aufgaben auch hinsichtlich des Schwierigkeitsgrades sehr gleichmäßig verteilt. Darauf haben wir großen Wert gelegt. Daher wundere ich mich, warum Sie weniger schaffen als die Kollegen. Ich bin auch gerne bereit, Sie z. B. durch Qualifikationsmaßnahmen zu unterstützen, wenn der Bedarf besteht." Der Mitarbeiter wird still und entgegnet nichts.

Führungskraft: „Mir ist es wichtig, dass die Arbeitsbelastung gleichmäßig verteilt ist und somit auch als fair erlebt wird.."

Herr XY schaut die Führungskraft mit großen Augen an, die bereits mit Tränen gefüllt sind: „Aber was soll ich denn tun? Ich geb' mir doch schon allergrößte Mühe. Ich schaff' einfach nicht so viel." Herr XY bricht endgültig in Tränen aus.

Sensible Mitarbeiter, die sehr betroffen und emotional reagieren, werden von vielen Führungskräften als die schwierigsten Ansprechpartner erlebt. Sie nehmen Kritik leicht persönlich und reagieren schnell verletzt und so niedergeschlagen, dass die Fortführung eines vernünftigen Beurteilungsgespräches kaum möglich ist. Hier wird im Wesentlichen ein Fehler gemacht.

**Fehler: Die Führungskraft legt Wert auf ein „sachliches Gespräch"**
Der häufigste Fehler, der in solchen Gespräche gemacht wird, besteht darin, dass Führungskräfte versuchen, Kritik möglichst „sachlich" zu formulieren. Sachlichkeit scheint einen sehr hohen Stellenwert im Führen von Mitarbeitergesprächen zu haben. Ist damit jedoch gemeint, sich in der Gestaltung des Beurteilungsgespräches vor allem auf Sachverhalte, Daten und Fakten etc. zu konzentrieren, so ist dies sicherlich nicht die richtige Vorgehensweise für eine sensible Person. Sie wird diese Sachlichkeit als unpersönlich und kühl erleben, sodass die Kritik auf einen recht eisigen Boden fällt.

Lassen Sie sich daher Zeit für die persönliche Ebene. Konzentrieren Sie sich im Gespräch nicht nur auf die Sache, sondern vor allem auf die Person Ihres sensiblen Mitarbeiters.

Dies kann zum einen bedeuten, dass Sie sich ausreichend Zeit für ein Warming up zu Beginn des Gespräches lassen. Hierzu gehört auch, dass Sie sich in der Einleitung noch einmal explizit nach Fragen und Unsicherheiten des Mitarbeiters erkundigen sollten. Auf diese Art und Weise können Sie frühzeitig im Gespräch mögliche Ängste nehmen und eine gute Vertrauensgrundlage schaffen.

Achten Sie im Feedback darauf, dass Sie nicht nur sachlich Kritikpunkte ansprechen, sondern auch explizit positive persönliche Botschaften senden. Sie können z. B. Ihre Wertschätzung für das Engagement des Mitarbeiters ausdrücken oder äußern, dass Sie die Zusammenarbeit mit ihm als besonders angenehm empfinden u. Ä. Wichtig ist jedoch beim Feedback, dass auch derartige positive persönliche Botschaften selbstverständlich ernst gemeint sein müssen.

Letztlich ist im Umgang mit dem sensiblen Mitarbeiter besonders wichtig, dass Sie die in Kapitel 1.3 aufgeführten Regeln und Hinweise zur Ansprache von Kritik beachten. Im Vordergrund steht dabei, dass Kritik nicht vorwurfsvoll, d. h. als Kritik an der Persönlichkeit des Mitarbeiters formuliert wird. Anstelle von Wahrheiten über die Persönlichkeit des Gegenübers, sollte Kritik anhand von Beobachtungen zu Verhaltensweisen und Arbeitsergebnissen geschildert werden.

Bei all den geschilderten Techniken zur einfühlsamen Gesprächsführung sollten Sie keinesfalls Ihre Einschätzung ändern und den Mitarbeiter mit anderem Maß messen. Die Bewertung muss ehrlich und fair bleiben. Die Kommunikation der Bewertung jedoch sollten Sie dabei so sensibel wie möglich gestalten.

## 1.4.4 Wenn immer die anderen/die Umstände schuld sind

Häufig werden Beurteilungsgespräche dadurch erschwert, dass Mitarbeiter umfangreiche Begründungen dafür anführen, warum sie sich gar nicht anders verhalten konnten und warum auch in diesem Fall im Wesentlichen die anderen schuld sind. Diese und ähnliche Ausflüchte kennen Sie sicherlich. Im Folgenden sind die Ausflüchte in verschiedenen Stufen, die in einem Gespräch durchlaufen werden können, systematisch aufgeführt. Dabei werden jeweils entsprechende Tipps zum Umgang mit den Ausflüchten auf der jeweiligen Stufe gegeben.

### 1. Stufe: Verneinung des Problems

▶ **... WIE KOMMEN SIE DENN ZU DIESEM EINDRUCK?**

Führungskraft: „Herr XY, Verbesserungsbedarf sehe ich noch in Ihrer Projektsteuerung. Ich habe den Eindruck, dass Sie Ihre Projekte nicht sehr straff steuern ..."

Herr XY: „Ich verstehe gar nicht, wieso Sie diesen Eindruck haben. Ich steuere die Projekte doch, indem ich einen entsprechenden Projektplan aufstelle, Team-Meetings abhalte und immer wieder den aktuellen Status abfrage."

In diesem Beispiel verneint der Mitarbeiter das Problem, d. h. er sieht keinen Grund dafür, etwas zu kritisieren, denn er sieht das Problem nicht.

Negiert Ihr Mitarbeiter das Problem, auf das Sie ihn in dem Beurteilungsgespräch hinweisen, so benötigen Sie gute und treffende Beispiele und Konkretisierungen, an denen Sie Ihre Kritik deutlich machen können. Bereits im Vorhinein sollten Sie sich daher für alle Kritikpunkte Beispiele überlegen, um Ihrem Mitarbeiter verständlich zu machen, warum Sie in seinem Vorgehen ein Problem sehen.

**2. Stufe: Verniedlichen des Problems**

▶ **... DAS IST DOCH LETZTLICH NICHT SO GRAVIEREND!**

„Herr XY, es ist absolut richtig, dass Sie Team-Meetings abhalten, einen Projektplan haben und auch die Einhaltung des Projektplans kontrollieren. Wenn es allerdings, wie im Rahmen des Drucks der Broschüren in unserem letzten Projekt, zu zeitlichen Verzögerungen kommt, so haben Sie in der Vergangenheit zwar den Verzug durch die Kontrolle des Zeitplans festgehalten. Ich selbst hätte mir jedoch in diesem Beispiel gewünscht, dass Sie mit mehr Nachdruck bei den Mitarbeitern die Einhaltung des Zeitplans eingefordert hätten."

Mitarbeiter: „Ja, aber letztlich sind wir doch immer zu einem guten Ergebnis gekommen. Zeigen Sie mir ein Projekt, das 100%ig im Zeitplan liegt und auf den Tag genau beendet wird. Damit rechnet ja ohnehin keiner. Ob wir einen Monat früher oder später fertig werden, ist in diesem Projekt doch letztlich nicht so gravierend."

In diesem Fall besteht die Ausflucht des Mitarbeiters darin, dass er das Problem zwar nicht mehr generell abstreitet, da ein Beispiel hierfür genannt wurde. Allerdings verniedlicht er das Problem, d. h. er stellt dar, dass es doch letztlich gar nicht so schlimm sei.

Neigt Ihr Mitarbeiter im Beurteilungsgespräch dazu, die vorgebrachte Kritik zu verniedlichen, so sollten Sie ihm klar die Folgen seines Verhaltens vor Augen halten. Stellen Sie möglichst konkret und plastisch dar, zu welchen Auswirkungen das Vorgehen geführt hat und welche Probleme tatsächlich an welcher Stelle entstanden sind. Sind noch keine gravierenden Folgen aufgetreten, so verdeutlichen Sie dem Mitarbeiter mögliche realistische Auswirkungen seines Verhaltens.

**3. Stufe: Ablehnung der Verantwortung**

▶ **... ABER WAS SOLL ICH DENN MACHEN?**

Führungskraft: „Herr XY, Sie haben jetzt dargestellt, dass es aus Ihrer Sicht auf einen Monat früher oder später nicht ankommt. Ich bin in diesem Fall anderer Ansicht, denn die Verzögerung, die wir in dieser Projektphase erhalten haben, zog sich letztlich bis in die letzte Umsetzungsphase hinein: Aufgrund des fest definierten Zeitplans hatten wir bereits externe Arbeitskräfte zur Unterstützung angefragt, die letztlich zu dem Zeitpunkt noch nicht benötigt wurden. Dadurch, dass wir kurzfristig absagen mussten, sind uns Kosten in Höhe von 10.000 € entstanden."

Herr XY: „Ja, das sehe ich ja ein. Aber was soll ich denn machen? Ich bin ja schließlich nur der Projektleiter hier. Wenn letztlich der disziplinarische Vorgesetzte meiner Projektmitarbeiter etwas von Ihnen möchte und Ihnen sagt, Sie sollten sich stärker für Ihre Aufgaben im Fachbereich engagieren, so habe ich doch gar keine Chance."

Das Ablehnen der Verantwortung ist eine der häufigsten Formen der Ausflüchte. Im Umgang mit diesem Phänomen tauchen vor allem zwei Fehler auf:

**1. Fehler: Leuchtende Gegenbeispiele darstellen**
Die Führungskraft stellt dar, dass andere Kollegen sehr wohl in der Lage sind, diese schweren Aufgaben zu erledigen, dass andere Kollegen sehr wohl den Umsatz erreichen können und dass andere Kollegen sehr wohl mit den Kollegen aus der Produktion zurecht kommen. Selbstverständlich ist dieser Vergleich legitim. Im Gespräch kann er jedoch leicht dazu führen, dass der Mitarbeiter daraufhin ausführlich begründet, warum der Vergleich nicht zulässig ist, denn bei ihm ist die Situation viel schwieriger als bei dem Kollegen.

**2. Fehler: Vorschläge machen, wie der Mitarbeiter es doch schaffen kann**
Sicherlich sind Tipps grundsätzlich gut und hilfreich. Neigt Ihr Mitarbeiter jedoch zu Ausflüchten, so führen Ihre Vorschläge und Argumente leicht dazu, dass der Mitarbeiter sich immer stärker in eine passive Situation begibt und nach und nach begründet, warum eben diese Vorschläge auch nicht funktionieren können.

▶ **... DAS SAGT SICH SO LEICHT!**

Führungskraft: „Herr XY, die Probleme mit den disziplinarischen Vorgesetzten kenne ich natürlich. Sie sollten von Projektbeginn an einen intensiven Austausch mit den Vorgesetzten pflegen und sich gut abstimmen, damit solche Situationen nicht mehr entstehen."

Mitarbeiter: „Ja, das sagt sich leicht. Aber die haben doch gar kein Interesse an einem Austausch. Immer wenn ich versuche, jemanden zu erreichen, hat der keine Zeit. Das Interesse an unseren Projekten ist einfach nicht da."

Wie aber kommt man nun aus diesem Kreislauf der ewigen Ausflüchte heraus? Verhält sich der Mitarbeiter passiv und problemorientiert, so besteht die Grundregel darin, dass Sie Ihren Mitarbeiter wieder stärker in die aktive Rolle bringen sollten. Statt sich passiv zurückzulehnen und die Verantwortung abzulehnen, sollten Sie ihn dazu auffordern, selbst aktiv Vorschläge zu machen.

Dies geht zum einen mit der einfachen Frage: „Welchen Vorschlag haben Sie, um dieses Problem zu lösen?" Sollte Ihr Mitarbeiter spontan keinen Vorschlag parat haben, hinterfragen Sie zunächst das Problem genau und erfragen Sie die Voraussetzungen, unter denen man eben dennoch erfolgreich sein könnte. Hilfreiche Fragen sind daher:

- Welchen Vorschlag haben Sie, um erfolgreich zu sein?
- Wo genau liegt das Problem?
- Wie könnten Sie es beheben?
- Unter welchen Umständen könnte es denn funktionieren?
- Welche Voraussetzungen könnten Sie/müssten wir erfüllen, damit Sie dieses Problem in den Griff kriegen?

Mit diesen Fragen machen Sie deutlich, dass Sie die Verantwortung sehr wohl beim Mitarbeiter sehen.

### 4. Stufe: Problemeinsicht

▶ **… NA JA, ICH KÖNNTE JA DAS MAL SO MACHEN …**

Führungskraft: „Sie sagen also, es sei so schwer, das Projekt straff zu steuern, da Ihnen vor allem die disziplinarischen Vorgesetzten das Leben schwer machen. Wo genau liegt denn das Problem aus Ihrer Sicht?"
Herr XY: „Die respektieren mich einfach nicht in der Rolle als Projektleiter. Hier im Unternehmen gilt man doch nichts, wenn man keine Abteilung führt. Denen hat ja auch niemand gesagt, was die Matrixorganisation

konkret bedeutet. Dass ich aber verantwortlich für die Projekte und damit auch die Projektmitarbeiter bin, das ist denen gar nicht bewusst."

Führungskraft: „Wie könnten Sie es den disziplinarischen Vorgesetzten denn am besten bewusst machen?"

Mitarbeiter XY: „Ja, das müsste denen auch einmal jemand Hochrangiges erklären."

Führungskraft: „In welcher Form könnten Sie das im Rahmen der Projekte am besten realisieren?"

Mitarbeiter: „Na ja, ich könnte z. B. die disziplinarischen Vorgesetzten mit zum Kick-off-Meeting einladen, wo auch der Lenkungsausschuss noch einmal die Bedeutung des Projektes und die Rolle des Projektleiters hervorhebt."

Führungskraft: „Die Idee finde ich sehr gut und wir sollten sie unbedingt als eine Maßnahme aufnehmen, um Ihre Steuerungsfähigkeit im Projekt weiter auszubauen. Das alleine wird jedoch noch nicht ausreichen. Was könnten Sie persönlich noch in Ihren Projekten tun, um diese straffer zu steuern? ..."

Erst auf dieser Stufe, auf der der Mitarbeiter die Verantwortung annimmt und selbst sieht, dass er Einfluss auf die Behebung der Probleme haben kann, ist eine sinnvolle Erarbeitung von Lösungsansätzen ebenso wie von Personalentwicklungsmaßnahmen durchführbar. Wie genau Sie diese unterstützenden Maßnahmen planen können, ist in Kapitel 1.6 dargestellt.

## 1.5 Mitarbeiterbeurteilung im internationalen Umfeld

Führen Sie Mitarbeiter mit unterschiedlichem kulturellen Hintergrund oder gar in verschiedenen Ländern, so gewinnt die Mitarbeiterbeurteilung an Komplexität. Kulturen unterscheiden sich nicht nur außerordentlich stark darin, was als gute Arbeitsweise und adäquates Verhalten von Mitarbeitern gesehen wird. Auch der Vorgang selbst, nämlich dass Mitarbeiter beurteilt werden und offenes Feedback zu ihrer Leistung erhalten, erfordert viel Fingerspitzengefühl. Denn während in einigen Kulturen die Vorbereitung und Durchführung von Mitarbeiterbeurteilungsgesprächen normal ist und relativ unkritisch gesehen wir, ist dies in anderen Kulturen dagegen sehr ungewohnt.

Empfehlungen zum Umgang mit Mitarbeiterbeurteilung für einzelne Länder und Kulturen würden den Rahmen dieses Buches sprengen. Aber es gibt die Möglichkeit, sich an generellen Aspekten zu orientieren, anhand derer sich Kulturen unterscheiden. Hieraus können Sie die Dinge ableiten, die beim Beurteilungsgespräch mit Vertretern einer bestimmten Kultur besonders zu beachten sind.

Daher finden Sie im Folgenden Empfehlungen zum kulturadäquaten Vorgehen entlang der vier Kulturdimensionen nach Hofstede, an denen Sie sich orientieren können. Geert Hofstede, Experte für Kulturwissenschaften, hat vor allem auf Grundlage einer Untersuchung bei IBM Zusammenhänge und Unterschiede zwischen Kulturen untersucht, aus denen ein heute bewährtes Modell zur Unterscheidung von Kulturen entstanden ist.[1] Hiernach lassen sich Kulturen anhand von vier Dimensionen unterscheiden. Später führte Hofstede noch eine fünfte Dimension ein (lang- oder kurzfristige Ausrichtung), die jedoch für die Beurteilungsgespräche weniger bedeutsam ist. Die Klassifizierung verschiedener Kulturen anhand der vier Kulturdimensionen ist natürlich, gemessen an den vielen feinen Nuancen, die sich selbst in kleineren Ländern wie Deutschland zeigen, sehr groß. Dennoch lassen sich Empfehlungen für eine erste Orientierung ableiten.

---

[1] Geert Hofstede: Lokales Denken, globales Handeln: Interkulturelle Zusammenarbeit und globales Management, München 2011.

## 1.5.1 Mitarbeitern aus verschiedenen Kulturen sensibel Feedback geben

### 1.5.1.1 Dimension 1: Machtdistanz

Kulturen unterscheiden sich dahingehend, inwieweit Menschen akzeptieren, dass Macht ungleich verteilt ist. Die zentrale Frage ist hier: Sind Menschen per se gleich und wie geht man mit Ungleichheit um?

Die Kulturen z. B. der Länder Mexiko, Indien, Brasilien, Japan, Frankreich und Spanien zeichnen sich durch eine hohe Machtdistanz aus.

Ungleichheiten zwischen Menschen werden sowohl erwartet als auch akzeptiert. Hierarchie in Organisationen reflektiert die naturgegebene Ungleichheit zwischen Führungskräften und Mitarbeitern. Typisch sind zentralistische Formen der Unternehmensführung sowie sehr große Gehaltsunterschiede zwischen „Oben" und „Unten". Statussymbole und Privilegien für Führungskräfte werden erwartet und akzeptiert. Mitarbeiter erwarten üblicherweise klare Anweisungen, was sie tun sollen, sodass als ideale Führungskraft eine Art „wohlwollender Autokrat", eine Vaterfigur, die es gut meint, gesehen wird.

**Was sollten Sie bei der Mitarbeiterbeurteilung beachten?**

- Sein Sie sich dessen bewusst, dass ihre Beurteilung eine sehr große Bedeutung für die Mitarbeiter hat, da Sie dem Mitarbeiter hierarchisch übergeordnet sind.
- Erwarten Sie wenig offene Äußerungen des Mitarbeiters, wenn dieser sich falsch eingeschätzt fühlt. Achten Sie daher auch auf kleine Signale und ermuntern Sie den Mitarbeiter mehrfach, seine Selbsteinschätzung darzustellen und Fragen zu stellen.
- Achten Sie ebenso sensibel auf leise Untertöne, wenn der Mitarbeiter Ihnen am Ende des Gespräches ebenso Feedback geben soll.
- Werben Sie auch bereits im Teammeeting vor den Beurteilungsgesprächen für einen offenen Austausch im Gespräch.
- Geben Sie ausführliche Erklärungen zu Anforderungen aus dem Beurteilungsbogen, insbesondere zum Bereich der Führungskompetenzen, wenn diese auf eine kooperative Führung abzielen.

Die Kulturen z. B. der Länder Schweden, Großbritannien und USA zeichnen sich durch eine niedrige Machtdistanz aus.

Ungleichheit zwischen Menschen wird nicht als naturgegeben betrachtet und daher auch weniger akzeptiert. Hierarchie in Unternehmen bedeutet daher, dass Menschen zwar gleich sind, aber im Unternehmen ungleiche Rollen haben, da dies funktional sinnvoll ist, damit das Unternehmen arbeiten kann. Unternehmen werden daher zumeist dezentral geführt. Gehaltsunterschiede zwischen „Oben" und „Unten" sind zumeist weniger groß und Führungskräfte haben nur wenige Privilegien oder Statussymbole. Mitarbeiter erwarten in diesen Kulturen, nach ihrer Meinung gefragt zu werden und mitentscheiden zu können. Sie schätzen an einer guten Führungskraft, wenn sie als Demokrat auftritt.

**Was sollten Sie bei der Mitarbeiterbeurteilung beachten?**

- Achten Sie besonders darauf, dass das Gespräch auch vom Mitarbeiter als kooperativ und unterstützend wahrgenommen wird. Geben Sie ihm viel Raum, seine Selbsteinschätzung darzustellen, und nehmen Sie sich Zeit, Unterschiede in der Wahrnehmung zu besprechen und zu hinterfragen.
- Rechnen Sie damit, dass Mitarbeiter Ihre Einschätzung offen hinterfragen.
- Lassen Sie sich auch bei der Vorinformation Ihres Teams genug Zeit für die ausführliche Auseinandersetzung mit dem Beurteilungssystem. Zeigen Sie Bereitschaft, alles zu erklären und Fragen zu beantworten.
- Positionieren Sie sich als Personalentwickler, Unterstützer und Verantwortlicher für den Erfolg des Teams. Sie „dürfen" den Mitarbeiter beurteilen, weil Sie als Führungskraft diese Funktionen übernehmen, nicht weil Sie durch Ihren Rang das Recht dazu haben.

## 1.5.1.2 Dimension 2: Individualismus und Kollektivismus

Kulturen unterscheiden sich dahingehend, inwieweit das Individuum oder die Gruppe im Vordergrund stehen. Die zentrale Frage ist hier: Was ist die Rolle des Individuums in der Gesellschaft und wie wichtig ist die Gruppe als soziale Einheit?

Die Kulturen z. B. der Länder Großbritannien, USA, Schweden, Frankreich und Deutschland zeichnen sich durch einen ausgeprägten Individualismus aus.

Menschen sehen sich primär als Individuum und definieren sich über ihre individuellen Eigenschaften und Kompetenzen. Es wird davon ausgegangen, dass sich jeder zunächst um sich selbst kümmern muss. Individuelle Interessen werden über die von Gruppen gestellt. Die Möglichkeit, offen seine individuelle Meinung sagen zu können wird als wichtig erachtet. Mitarbeiter sehen sich weniger als Teil der Firma, sondern eher als Individuum, dass seine Arbeitsleistung einem Unternehmen zur Verfügung stellt. Der zugrundeliegende Vertrag kann dementsprechend auch gekündigt werden. Personalentscheidungen sollen in diese Kulturen vor allem aufgrund von individuellen Stärken und Leistungen getroffen werden. Die beste inhaltliche Lösung wird in Konflikten zumeist als wichtiger erachtet als die Aufrechterhaltung einer harmonischen Beziehung der Konfliktparteien.

**Was sollten Sie bei der Mitarbeiterbeurteilung beachten?**
- Dieser kulturelle Hintergrund bietet eine ideale Grundlage für Beurteilungen, denn für die Mitarbeiter ist es selbstverständlich, dass sie als Individuum an ihrer individuellen Leistung und Kompetenz gemessen werden.
- Sie können im Vergleich zu anderen Kulturen direktes, klares Feedback geben, da von Ihnen eine ehrliche Leistungseinschätzung erwartet wird. Feedback zwischen den Zeilen ist nicht geeignet.
- Stellen Sie die individuellen Entwicklungschancen des Mitarbeiters in den Vordergrund.
- Denken Sie daran, dass ihre Mitarbeiter, so ihnen andere Alternativen offen stehen, auch schnell bereit sind, das Unternehmen zu wechseln, wenn sie demotiviert werden. Bei aller Klarheit sollten Ihre Beurteilungsgespräche selbstverständlich auch motivierend geführt werden, z. B. durch klares, direktes und ausführliches Lob für positive Leistungen.

Die Kulturen z. B. der Länder Taiwan, Mexiko, Brasilien, Japan und Indien sind durch einen hohen Kollektivismus geprägt.

In diesen Kulturen definieren sich Menschen über die Zugehörigkeit zu einer Gruppe. Daher ist es wichtig, Harmonie zu fördern und Konflikte zu vermeiden, um den Zusammenhalt der Gruppe nicht zu gefährden. Meinungen werden dementsprechend von der Gruppe determiniert, individuelle Meinungen stehen weniger im Vordergrund. Die Beziehung zwischen Mitarbeiter und Arbeitgeber ist familiär. Ein Mitarbeiter wird Teil der „Familie" und verbleibt dementsprechend lange dort. Auch im Unternehmen ist es daher wichtig, harmonisch zusammenzuarbeiten und zuweilen auch die gute Beziehung über die beste inhaltliche Lösung zu stellen.

**Was sollten Sie bei der Mitarbeiterbeurteilung beachten?**

- In diesen Kulturen ist Feedback im Arbeitsalltag sowie auch generell seltener anzutreffen, da es die Harmonie gefährden kann. Zudem ist Mitarbeiterbeurteilung selten anzutreffen, da dabei das Individuum in den Vordergrund gestellt wird. Die individuelle Einschätzung eines Mitarbeiters ist jedoch für viele berufliche Fragestellungen weniger von Interesse. So werden z. B. auch Beförderungen eher anhand von Kriterien wie Alter oder Zugehörigkeit zu einer Elite getroffen. Sein Sie sich also dessen bewusst, dass das Instrument per se eine geringe Kulturpassung hat. In international tätigen Unternehmen werden Beurteilungssysteme jedoch in allen Ländern und Kulturen gleichermaßen eingesetzt. Stellen Sie sich jedoch darauf ein, dass die Mitarbeiter solche Beurteilungen außerhalb des Unternehmens nicht gewohnt sind.

- Informieren Sie Ihre Mitarbeiter ausführlich über die Hintergründe und Ziele der Mitarbeiterbeurteilung. Sie vermitteln hier die Denkweise eines Systems, das aus einem anderen Kulturraum stammt!

- Formulieren Sie Ihr Feedback so sensibel wie möglich. Selbst die Empfehlungen zur konstruktiven Formulierung von Kritik in diesem Buch sind in diesem kulturellen Kontext häufig noch zu direkt und führen aus der Sicht der Mitarbeiter zu Gesichtsverlust.

- Betonen Sie Stärken und formulieren Sie Kritik als Verbesserungsvorschläge.

- Kennen Sie sich mit der spezifischen Kultur des Landes nicht gut aus, so lassen Sie sich von einem Kenner der Kultur Tipps für die Gespräche geben, denn Sie bewegen sich auf sensiblem Terrain.

## 1.5.1.3 Dimension 3: Maskulinität und Feminität

Kulturen unterscheiden sich dahingehend, inwieweit „typisch männliche" oder „typisch weibliche" Werte vorherrschen. Zentrale Fragen sind: Ist maskulines, durchsetzungsorientiertes Verhalten gewünscht oder eher ein zurückhaltendes, kooperatives, weibliches Verhalten?

Die Kulturen z. B. der Länder Japan, Mexiko, Großbritannien, Deutschland, Südafrika und USA zeichnen sich durch hohe Maskulinität aus.

Vorherrschende Werte sind: Ziele erreichen, Materieller Fortschritt, Durchsetzung und Ehrgeiz. Führungskräfte sollten in diesen Kulturen entscheidungsstark, konfliktbereit und durchsetzungsstark sein. Bei vorhandener Fairness ist Wettbewerb zwischen Kollegen akzeptiert. Leistung steht im Vordergrund und daher wird zum Teil gelebt, um zu arbeiten. In diesen Kulturen sind häufig größere Unterschiede im Rollenverständnis von Männern und Frauen zu beobachten.

**Was sollten Sie bei der Mitarbeiterbeurteilung beachten?**

- Ähnlich wie der hoch ausgeprägte Individualismus bietet dieser kulturelle Hintergrund eine gute Grundlage für Beurteilungen, denn für die Mitarbeiter ist es selbstverständlich, dass es bei der Arbeit um Leistung geht, die man eben auch messen kann.
- Sie können im Vergleich zu anderen Kulturen daher direktes, klares Feedback geben.
- Begründen Sie Ihre Einschätzung auf Fakten und achten Sie auf Fairness. Dies sind aus Sicht der Mitarbeiter die wichtigsten Kriterien für eine gute Beurteilung.
- Rechnen Sie damit, dass Ihre Mitarbeiter den Konflikt nicht scheuen, wenn Sie den Eindruck haben, dass Ihre Einschätzung falsch ist bzw. Sie diese nicht gut begründen können. Dies ist vor allem wahrscheinlich, wenn sich die Kultur zusätzlich durch eine geringe Machtdistanz auszeichnet.
- Erläutern Sie ausführlich bei entsprechenden Defiziten des Mitarbeiters die Notwendigkeit einer guten Teamarbeit. Diese Anforderungskriterien werden als weniger wichtig erachtet als z. B. Engagement und Zielorientierung.

Die Kulturen z. B. der Länder Schweden, Spanien und Frankreich zeichnen sich durch eine hohe Feminität aus.

Vorherrschende Werte sind: Das Kümmern um andere, gute persönliche Beziehungen sowie der menschliche, rücksichtsvolle Umgang miteinander. Die Qualität des eigenen Lebens ist wichtig und daher wird gearbeitet, um zu leben. Führungskräfte sollten in diesen Kulturen den Konsens suchen und Konflikte durch Gespräche mit allen Beteiligten lösen. Im Vordergrund stehen Rücksichtnahme, Solidarität und Lebensqualität bei der Arbeit.

**Was sollten Sie bei der Mitarbeiterbeurteilung beachten?**

- Achten Sie auf eine gute Gesprächsatmosphäre. Zeigen Sie Verständnis und lassen Sie sich ausreichend Zeit, um mit dem Mitarbeiter zu diskutieren und Ihre Einschätzungen zu erläutern.

- Versuchen Sie im Zweifel auch in einem zweiten Gespräch, einen Konsens hinsichtlich der Einschätzung zu erzielen, anstatt schnell Ihre Einschätzung zur allein Gültigen zu erklären.

- Stellen Sie bereits im Vorgespräch mit Ihrem Team die Vorteile der Mitarbeiterbeurteilung aus Sicht der Mitarbeiter dar und positionieren Sie sich als Personalentwickler. Bieten Sie bei Problemen oder Befürchtungen Ihre Unterstützung an.

- Erläutern Sie ausführlich bei entsprechenden Defiziten des Mitarbeiters die Notwendigkeit, leistungsorientiert zu arbeiten und fordernd aufzutreten, denn zwischenmenschliche Aspekte wie z. B. Rücksichtnahme stehen für ihn im Vordergrund seines Werteverständnisses.

## 1.5.1.4 Dimension 4: Unsicherheitsvermeidung

Kulturen unterscheiden sich dahingehend, inwieweit Menschen bereit sind, Risiken einzugehen oder Sicherheit zu suchen. Zentrale Fragen sind: Wie wird mit Unsicherheit umgegangen und wie wird Mehrdeutigkeit bzw. Regellosigkeit akzeptiert?

Die Kulturen z. B. der Länder Japan, Frankreich, Deutschland, Mexiko und Brasilien zeichnen sich durch eine hohe Unsicherheitsvermeidung aus. Unsicherheit und Uneindeutigkeit wird als Gefahr gesehen, die Stress und Angst produziert. Generell sehen sich die Menschen (subjektiv!) mit vielen Gefahren im Leben konfrontiert. Daher besteht ein Bedürfnis nach Regeln, Absicherung und Kontinuität. Die Menschen sehen die Notwendigkeit, ihre Arbeit pünktlich, zuverlässig und präzise zu erledigen. Expertentum und Spezialisierung sind im Unternehmen hoch angesehen. Demgegenüber besteht Skepsis gegenüber Intuition oder Innovation.

**Was sollten Sie bei der Mitarbeiterbeurteilung beachten?**

- Halten Sie sich klar an den Beurteilungsprozess und die vorgegebene und vereinbarte Struktur des Beurteilungsgesprächs.
- Informieren Sie Ihrer Mitarbeiter umfassend und nach Möglichkeit auch schriftlich über das, was mit der Beurteilung auf sie zukommen wird.
- Fragen Sie Ihre Mitarbeiter in einem vorbereitenden Meeting nach offenen Fragen und klären Sie diese im Unternehmen eindeutig bzw. treffen Sie Regelungen.
- Bereiten Sie sich gründlich vor und belegen Sie Ihre Einschätzung anhand differenzierter Beispiele. Sprechen Sie von Fakten, nicht von diffusen Eindrücken.
- Geben Sie auch den Mitarbeitern die Möglichkeit, sich differenziert auf das Gespräch vorzubereiten.
- Erläutern Sie ausführlich bei entsprechenden Defiziten des Mitarbeiters die Bedeutung von Innovationsfreude und Veränderungsbereitschaft im modernen Arbeitsleben.

Die Kulturen z. B. der Länder Singapur, Schweden, Großbritannien, Indien und USA zeichnen sich durch eine geringe Unsicherheitsvermeidung aus.

In diesen Kulturen wird Unsicherheit als normaler Bestandteil des Lebens gesehen. Jeder Tag wird so akzeptiert, wie er kommt. Die Menschen akzeptieren nur diejenigen Regeln, die absolut notwendig sind, und halten sie nicht strikt ein. Termine stellen nur einen groben Rahmen zur zeitlichen Orientierung dar und es wird akzeptiert, dass es gut ist, auch einmal faul zu sein. Im Unternehmen sind Generalisten und Mitarbeiter geschätzt, die über eine gute Intuition verfügen. Neue, innovative Ideen werden geschätzt und nicht direkt hinterfragt.

**Was sollten Sie bei der Mitarbeiterbeurteilung beachten?**

- Treffen Sie klare Vereinbarungen mit ihren Mitarbeitern dazu, welche Regeln im Beurteilungsprozess auf jeden Fall eingehalten werden müssen (z. B. dass alle Mitarbeiter sich vor dem Gespräch hierauf vorbereitet haben müssen).

- Zeigen Sie sich hingegen großzügig, wenn andere Regeln, die nicht erfolgskritisch für die Beurteilung sind, wie z. B. der absolut pünktliche Beginn des Gesprächs, nicht eingehalten werden.

- Überprüfen Sie im Nachgang zur Beurteilung, ob geplante Maßnahmen zur Personalentwicklung auch durchgeführt werden.

- Quälen Sie den Mitarbeiter nicht aus Gründen der Vollständigkeit mit unzähligen Beispielen für Ihr Feedback, wenn er im Grunde verstanden hat, worum es Ihnen geht.

Nach diesen Darstellungen und Empfehlungen zum Vorgehen in verschiedenen Kulturen bleibt noch festzuhalten, dass unter anderem standardisierte Instrumente, wie die Mitarbeiterbeurteilung, die Unternehmen weltweit einsetzen, dazu geführt haben, dass kulturelle Unterschiede im Umgang mit diesen Instrumenten generell immer weniger werden. Vor allem auf den höheren Etagen internationaler Unternehmen arbeiten immer mehr Mitarbeiter, die bereits in anderen Kulturen gearbeitet haben, Schulungen zu international vergleichbaren Managementstandards erhalten und eben diese — westlich geprägten — Instrumente der Mitarbeiterführung anwenden. Auch diesbezüglich führt die Globalisierung zu einer Vereinheitlichung der Arbeitsweise und auch des Miteinanders in verschiedenen Kulturen.

## 1.5.2 Diversity Management und interkulturelle Kompetenz

Gerade in international operierenden Unternehmen werden diese Begriffe immer häufiger in Kompetenzmodellen und als Anforderungskriterien in Beurteilungssystemen verwendet. Beim Diversity Management handelt es sich um ein Konzept der Unternehmensführung, das die Heterogenität der Beschäftigten beachtet und zum Vorteil aller Beteiligten nutzen möchte. Dies bedeutet, dass die individuelle Verschiedenheit der Mitarbeiter nicht nur toleriert, sondern besonders geschätzt wird. Dementsprechend sollen Diskriminierungen verhindert und Chancengleichheit gefördert werden.

Ein Schwerpunkt bildet dabei der konstruktive Umgang mit Situationen, in denen Menschen mit unterschiedlichem kulturellen Hintergrund im Unternehmen zusammentreffen. Hier kommt der Begriff der interkulturellen Kompetenz ins Spiel, eine Kompetenz also, die Mitarbeiter befähigt, effektiv in anderen kulturellen Kontexten zu handeln und mit Kollegen und Mitarbeitern aus anderen Kulturen umzugehen. Hierfür ist es notwendig, eine Sensibilität für kulturelle Unterschiede zu erwerben. Dazu gehören vier Aspekte, die Sie berücksichtigen sollten, wenn Sie die interkulturelle Kompetenz Ihrer Mitarbeiter beurteilen wollen.

### Vier Aspekte der interkulturellen Kompetenz

1. Das Bewusstsein über die eigene kulturelle Prägung und die relative Gültigkeit der eigenen Wahrnehmung sowie des eigenen Wertesystems: Der Mitarbeiter ist sich bewusst, dass seine Wahrnehmung einem Blick durch eine „Brille" gleicht, die seine individuelle Prägung und sein Wertesystem ausmacht. Diese Brille hilft uns, mit einer komplexen Welt umzugehen und Situationen schnell einzuordnen. Ein großer Teil der Wahrnehmung und Bedeutungszuschreibung ist dabei kulturell geprägt. Erst wenn Ihr Mitarbeiter dies verstanden hat, ist es ihm möglich, seine Interpretationen von Arbeitsweisen, Leistung etc. nicht als allgemeingültig sondern als Zeichen seiner eigenen kulturellen Prägung wahrzunehmen.

2. Die Kenntnis von der Kultur des Gegenübers, insbesondere dessen Arbeitsweise, Praktiken, Werte und Erwartungen: Der Mitarbeiter kann aufgrund seines Wissens über Symbole, Rituale und Werte einer anderen Kultur einen Perspektivwechsel vornehmen und sicher interpretieren, was bestimmte Ereignisse und Situation für das Gegenüber bedeuten.

3. Das Erbringen einer Anpassungsleistung an die Kultur des Gegenübers, um Reaktionen von diesem auf eigenes Verhalten vorhersehen zu können: Mit Anpassungsleistung ist nicht gemeint, dass der Mitarbeiter seine eigene Persönlichkeit aufgibt. Es geht vielmehr darum, die Hintergründe der anderen Kultur so gut zu kennen, dass der Mitarbeiter sicher einschätzen kann, wie Äußerungen des Gegenübers zu interpretieren sind und wie er Botschaften des Mitarbeiters aufnehmen wird.

4. Die Etablierung einer gemeinsamen Arbeitskultur auf Basis der Akzeptanz der Verschiedenheiten: Dem Mitarbeiter gelingt es schließlich, mit seinem Gegenüber eine Kultur der Zusammenarbeit zu etablieren, die Verhaltensregeln enthält, die von beiden Seiten akzeptiert werden.

## 1.5.3    Beurteilung von Mitarbeitern in virtuellen Teams

Eine weitere Herausforderung, die sich nicht nur in internationalem Umfeld, allerdings hier in besonderem Ausmaß zeigt, besteht in der Beurteilung von Mitarbeitern, die Sie als Führungskraft nur selten sehen. Diese Mitarbeiter arbeiten in virtuellen Teams, zuweilen eben auch in verschiedenen Ländern. In diesen Teams spielen Mitarbeiterbeurteilungsgespräche eine besondere Rolle. Zum einen stellen sie eine wichtige Gelegenheit dar, mit dem Mitarbeiter über Probleme, seine Zufriedenheit sowie auch seine Aufgabengebiete und Verantwortung zu sprechen. Im Gegensatz zu Mitarbeitern, die mit Ihnen vor Ort arbeiten, fehlen Ihnen die vielen alltäglichen verbalen und nonverbalen Informationen darüber, wie es dem Mitarbeiter geht, wo er Probleme hat und was er konkret tut.

**Probleme von Mitarbeitern in virtuellen Teams**

Typische Probleme von Mitarbeitern in virtuellen Teams (oder „Remote-Teams") sind u. a. das Gefühl der Isolation, Rollenunklarheit sowie auch der hohe Anspruch an die Selbstmotivation und -steuerung. Im Beurteilungsgespräch haben Sie die Möglichkeit, mit dem Mitarbeiter ausführlich über diese Themen zu sprechen.

Zum anderen ist das Beurteilungsgespräch in virtuellen Teams nicht nur besonders bedeutsam, sondern auch besonders schwierig, da Ihnen eben auch für die Beurteilung nur wenige Informationen vorliegen. Umso wichtiger ist es, dass Sie andere Informationsquellen, d. h. zumeist Projektleiter oder fachliche Teamleiter vor Ort, nach ihren Eindrücken befragen und diese Berichte und Beispiele in Ihre Beurteilung und in das Gespräch einfließen lassen. Ein kontinuierlicher Kontakt zu den entsprechenden Informationsquellen und ein regelmäßiger Austausch über die Leistungen der „virtuellen" Mitarbeiter stellt eine sehr viel bessere Grundlage dar, als eine kurzfristige Information vor dem Beurteilungsgespräch.

Sehr hilfreich kann es sein, wenn unmittelbare Ansprechpartner des Mitarbeiters an dem Beurteilungsgespräch teilnehmen. Dies empfiehlt sich besonders, wenn Sie wenig direkten Kontakt zu Ihrem Mitarbeiter haben. So können Sie sicherstellen, dass im Gespräch auch spontan Beispiele und Begründungen angebracht werden können, die Ihr Mitarbeiter in dieser Situation benötigt.

Ein Feedback, das nur auf Hörensagen beruht, kann dagegen zu sehr unliebsamen Diskussionen führen.

## 1.5.4 FAQ: Das Beurteilungsgespräch mit mehreren Personen führen?

Grundsätzlich ist das Beurteilungsgespräch ein Gespräch unter vier Augen. Mitarbeiter und zumeist disziplinarischer Vorgesetzter treffen in diesem Gespräch zusammen. Zuweilen kann es jedoch sinnvoll sein, dass eine weitere Person an dem Gespräch teilnimmt. Dies ist in virtuellen Teams der Fall, wenn der Mitarbeiter nicht sehr eng mit dem eigenen Vorgesetzten zusammenarbeitet. In einem anderen Fall könnte es sein, dass der direkte Ansprechpartner des Mitarbeiters ein Teamleiter ohne disziplinarische Verantwortung ist, der ihn jedoch unmittelbar und jeden Tag in seiner Arbeit erlebt.

Wenn drei Personen an dem Beurteilungsgespräch teilnehmen, kann sich dies negativ auf die Gesprächssituation auswirken. Folgende fünf Hinweise helfen Ihnen, um ein Ungleichgewicht im Beurteilungsgespräch auszugleichen:

1. Kündigen Sie rechtzeitig an, wer an dem Gespräch teilnehmen wird. Vermeiden Sie auf jeden Fall, dass der Mitarbeiter im Gespräch überrascht feststellt, dass er nicht mit einer, sondern gleich mit zwei Personen sprechen soll.

2. Erklären Sie, warum beide Personen in das Gespräch involviert sind. Machen Sie Ihrem Mitarbeiter deutlich, dass es letztlich darum geht, ihn möglichst gut einschätzen zu können und nicht etwa eine Einschätzung vom Hörensagen vorzunehmen. Darüber hinaus hat dieses Vorgehen den Vorteil für den Mitarbeiter, dass die Rückmeldungen auch tatsächlich an konkreten Beobachtungen aus dem Arbeitsalltag festgemacht werden können.

3. Verteilen Sie klare Rollen im Gespräch. So sollten Sie z. B. vor dem Gespräch festlegen, wer die Gesprächsführung übernimmt und wer letztlich der Beurteilende ist. Der zweite Gesprächspartner hat lediglich eine ergänzende und erläuternde Rolle. So stellen Sie sicher, dass das Gespräch strukturiert abläuft und für den Mitarbeiter klar ist, wer welche Rolle in dem Gespräch

übernimmt. Klären Sie vor dem Gespräch auch, welche Kernbotschaften Sie dem Mitarbeiter vermitteln wollen.

4. Vermeiden Sie eine konfrontative Sitzposition. Selbstverständlich sollten Sie auch in Vieraugengesprächen vermeiden, sich im Gespräch an zwei gegenüberliegenden Tischseiten zu positionieren, sodass Sie sich frontal gegenübersitzen. In der Gesprächssituation zu Dritt ist dies umso wichtiger. Achten Sie daher darauf, dass Sie sich als Zweier-Team nicht in Opposition zu Ihrem Mitarbeiter positionieren.

5. Geben Sie Ihrem Mitarbeiter ausreichend Gelegenheit, seine Sichtweisen darzustellen. Einer der klassischen Fehler im Beurteilungsgespräch besteht darin, dass die Führungskraft einen viel zu hohen Redeanteil hat. So erfahren Sie sehr wenig darüber, wie der Mitarbeiter sich selbst sieht bzw. ob er das Feedback tatsächlich annimmt. Diese Gefahr besteht in verstärktem Maße, wenn nicht nur eine, sondern zwei Personen mit dem Mitarbeiter sprechen.

**Stellen Sie viele Fragen!**
Achten Sie darauf, dass Sie dem Mitarbeiter ausreichend Fragen stellen und ihm sehr bewusst Raum für die Darstellung der eigenen Sichtweisen und Probleme geben.

## 1.6 Was folgt aus dem Beurteilungsgespräch?

Eines der wichtigsten Ziele der Mitarbeiterbeurteilung ist die individuelle Personalentwicklung. Das heißt, dass Sie auf Grundlage Ihrer Einschätzung der Stärken und Entwicklungsbedarfe Ihres Mitarbeiters aufgefordert sind, gemeinsam mit ihm adäquate Maßnahmen zur Behebung der Schwächen sowie auch zum weiteren Ausbau und zur Nutzung der Stärken abzuleiten.

In vielen Fällen ist zu beobachten, dass Führungskraft und Mitarbeiter sich viel Mühe dabei geben, eine fundierte Einschätzung vorzunehmen und diese gut zu begründen, auf der anderen Seite jedoch nur noch wenig Zeit und Mühe darauf verwendet wird, passende Unterstützungsmaßnahmen zu planen und zu vereinbaren. Dies kann jedoch dazu führen, dass die Mitarbeiterbeurteilung letztlich einen ihrer wichtigsten Zwecke verfehlt.

Das liegt jedoch häufig daran, dass Führungskraft und Mitarbeiter die Erfahrung oder auch die Ideen fehlen, wie genau der Mitarbeiter qualifiziert werden bzw. was eine effektive Maßnahme zur Bearbeitung seiner Entwicklungsbereiche darstellen könnte.

Sehr schnell wird in solchen Fällen der betriebsinterne Weiterbildungskatalog herangezogen oder die interessant klingende Veranstaltung eines Seminaranbieters genutzt, in der Hoffnung, dass der Mitarbeiter auf einem solchen Seminar seine Kompetenzen erweitern kann. Viele dieser gut gemeinten Seminarmaßnahmen bleiben vor allem deshalb erfolglos, weil der Mitarbeiter eine andere Form der Unterstützung gebraucht hätte.

## 1.6.1    1. Schritt: Ursachen für Leistungsdefizite erkennen

Leistungs- oder Verhaltensdefizite des Mitarbeiters können sehr unterschiedliche Ursachen haben, die jeweils verschiedene Maßnahmen der Personalentwicklung und -unterstützung bedingen. Daher gilt für die Planung von Qualifizierungsmaßnahmen das Gleiche wie auch für Ihren Arztbesuch: Die Wirksamkeit der Therapie hängt von der Qualität der Diagnose ab.

Grundsätzlich kann die Ursache einer festgestellten Schwäche Ihres Mitarbeiters auf drei verschiedenen Ebenen lokalisiert sein, die in der folgenden Abbildung dargestellt sind.

**Die drei Ebenen der Personalentwicklung**

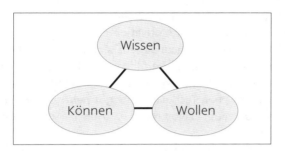

Abb. 1: Das Pestalozzi-Dreieck

Nutzen Sie die folgenden Fragen, um genauer zu analysieren, auf welche dieser drei Ebenen sich die Ursachen der Leistungsdefizite Ihres Mitarbeiters befinden:

- Was genau fällt Ihnen schwer?
- Woran liegt es, dass Sie dies nicht erreichen?
- Was benötigen Sie, um sich diesbezüglich weiterzuentwickeln?
- Was fehlt Ihnen, um diese Anforderung zu erfüllen?
- Was hindert Sie daran, es so zu tun?
- Was genau ist schwer daran, diese Anforderung zu erfüllen?
- Was glauben Sie haben Kollegen, die diese Anforderung erfüllen, das Sie nicht haben?
- Was haben Sie bereits getan, um sich diesbezüglich weiterzuentwickeln?
- Was würde passieren, wenn Sie es einfach einmal so probieren würden?

▶ **DER DURCHSETZUNGSSCHWACHE TEAMLEITER**

Ein junger Teamleiter, der vor einem halben Jahr die Leitung des Teams und damit auch die Führung seiner ehemaligen Kollegen übernommen hat, wird im Rahmen der Mitarbeiterbeurteilung insgesamt sehr positiv von seinem Vorgesetzten eingeschätzt.

Verbesserungsmöglichkeiten sieht der Vorgesetzte jedoch noch in der Durchsetzungsfähigkeit des Mitarbeiters bei unangenehmen Themen, wie z. B. Überstunden oder Wochenendarbeit, die er nur sehr schwer bei seinen Mitarbeitern durchsetzen kann.

Sowohl Führungskraft als auch Mitarbeiter sind sich darüber einig, dass hier noch Handlungsbedarf besteht, worauf sie beschließen, dass der Mitarbeiter an einem Seminar zur Motivation und Überzeugung von Mitarbeitern teilnimmt. Im Nachgang zu diesem Seminar äußert der Mitarbeiter, dass er wertvolle Anregungen und Ideen erhalten und darüber hinaus auch von dem Trainer die Rückmeldung erhalten habe, dass er gegen Ende des Seminars die neuen Techniken sehr gut beherrschte. Auch seine Führungskraft ist überzeugt davon, dass das Seminar die richtige Maßnahme gewesen ist.

Kurze Zeit später besprechen sie, wie eine geplante Umorganisation zu kommunizieren sei. Der Mitarbeiter verfügt über gute Ideen, wie diese ungeliebte Änderung den Mitarbeitern vermittelt werden kann.

Zur Unterstützung bietet die Führungskraft an, den Teamleiter in das nächste Team-Meeting zu begleiten. Hierbei stellt sie jedoch mit Erstaunen fest, dass der Teamleiter immer noch sehr unsicher wirkt, in der Diskussion schnell Standpunkte und Vorhaben relativiert und sich offensichtlich sehr schwer damit tut, die geplanten Veränderungen klar und direkt zu vermitteln. War das Seminar doch nicht gut?

Dieses Beispiel zeigt, dass die Vermittlung von Kompetenzen nicht immer ausreicht, um jemanden tatsächlich in die Situation zu versetzen, erwünschtes Verhalten zu zeigen.

Hätte die Führungskraft im Rahmen des Beurteilungsgespräches näher hinterfragt, worin die Ursachen für die Probleme des Teamleiters liegen, so hätte sie festgestellt, dass dieser ohnehin bereits über sehr gute Gesprächsführungs- und Motivationstechniken verfügt, jedoch große Scheu davor hat, vor den ehemaligen Kollegen als Führungskraft aufzutreten und Dinge durchzusetzen.

Die Ursache seiner Probleme liegt in diesem Fall somit nicht an seinen Kompetenzen (Können), sondern daran, dass er sich bei seinen Kollegen nicht unbeliebt machen möchte (Wollen). In einem Seminar jedoch kann dieser Mut nur schwer vermittelt werden.

## 1. Ursache: Leistungsdefizite durch mangelndes Wissen

▶ **DER MITARBEITER LEITET INFORMATIONEN NICHT WEITER**

Der Mitarbeiter X ist in der Rechnungsprüfung tätig. Im Rahmen der Mitarbeiterbeurteilung bemängelt seine Führungskraft, dass der Mitarbeiter immer wieder unvollständige Informationen an andere Kollegen der Buchhaltung weiterleitet und zum Teil auch falsche Einträge im System vornimmt. Hierauf haben die Kollegen bereits mit Unzufriedenheit reagiert und bemängelt, der Kollege sei nicht teamfähig und unterstütze sie nicht vernünftig.

Im vertiefenden Gespräch mit dem Mitarbeiter stellt sich heraus, dass er sein Verständnis darüber, welche Informationen von den Kollegen benötigt werden und wie diese mit den eigenen Informationen weiterarbeiten, sehr unvollständig ist. Aufgrund dieses mangelnden Wissens hat sich der Kollege bisher eigene Vorstellungen über die benötigten Informationen gemacht und mit diesen Vorstellungen leider nicht immer richtig gelegen. Als Maßnahme halten Führungskraft und Mitarbeiter fest, dass dieser innerhalb der nächsten zwei Monate für drei Tage bei einem Kollegen der Buchhaltung hospitieren wird. Ziel ist dabei, dass der Mitarbeiter die Arbeitsabläufe und die Aufgaben des Nachbarteams versteht und sein Informationsverhalten darauf einstellen kann.

Verfügt Ihr Mitarbeiter nicht über das notwendige Wissen, so bedeutet dies, dass es ihm schlicht an Informationen mangelt, an Know-how, wie bestimmte Dinge funktionieren, was zu tun ist, was Priorität hat oder welche Lösungsmöglichkeiten es gibt.

Mangelt es Ihrem Mitarbeiter an Wissen, so ist die Behebung des Defizits zumeist recht einfach. Know-how zu vermitteln ist ein vergleichsweise schneller Weg der Personalentwicklung. Wissen kann z. B. durch die folgenden Entwicklungsmaßnahmen vermittelt werden:

- Erläuterungen in Gesprächen mit Kollegen oder dem Vorgesetzten
- Seminare zur Vermittlung von grundlegendem Know-how, zu vertiefendem Spezialwissen oder auch zur Aktualisierung des Wissens
- Kongresse und Tagungen zu Spezialthemen
- Teilnahme an Expertenkreisen und Austauschforen

- Literatur, sei es in Form von Fachzeitschriften oder Büchern
- Hospitationen, d. h. Besuche Ihres Mitarbeiters in anderen Abteilungen oder bei anderen Kollegen. Hier wird Ihrem Mitarbeiter die Arbeitsweise des jeweiligen Kollegen vermittelt; so erhält er das Wissen, was z. B. an Schnittstellen mit seinen Arbeitsergebnissen geschieht

Gerade für den Bereich der Wissensvermittlung haben sich in den letzten Jahren die Möglichkeiten des E—Learning als gute Alternative zu den oben aufgeführten klassischen Formen der Wissensvermittlung etabliert. Die häufigsten sind:

### Computer-Based-Trainings (CBTs) bzw. Web-Based-Trainings (WBTs)

In CBTs bzw. WBTs wird Wissen vom Mitarbeiter über multimediale Lerninhalte (wie z. B. Animationen oder Videodokumente) im Selbststudium erworben. Gegenüber dem klassischen Buch besteht z. B. die Möglichkeit, Übungen durchzuführen und das erworbene Wissen direkt zu testen, durch Videosequenzen und Animationen Dinge anschaulich zu vermitteln etc. Darüber hinaus wird diese Form des Selbststudiums von vielen Mitarbeitern als abwechslungsreicher und daher attraktiver empfunden als das Lesen eines Buches.

Nutzen Sie diese Lernform, wenn
- Ihr Mitarbeiter technikaffin ist
- Sie die Eigeninitiative in Sachen Weiterbildung des Mitarbeiters steigern wollen
- Sie ein überprüftes Lernergebnis benötigen, das Ihre Eindrücke aus dem Arbeitsalltag ergänzt

### Blended Learning

Blended Learning ist die Kombination aus E-Learning, zumeist CBTs oder WBTs, mit klassischen Präsenzveranstaltungen. Es ist besonders dann sinnvoll, wenn neben der reinen Wissensvermittlung auch die Anwendung des Wissens trainiert, also das „Können" erworben werden soll.

Nutzen Sie diese Lernform, wenn

- der Mitarbeiter nicht nur Wissen erwerben, sondern auch die Anwendung trainieren soll
- der Mitarbeiter möglichst wenig Zeit in Präsenzseminare investieren soll
- Sie ein überprüftes Lernergebnis benötigen

**Webinare**

Webinare sind zumeist relativ kurze (ca. einstündige) Online-Seminare. Der Teilnehmer kann online einem oder mehreren Referenten folgen und in vielen Fällen auch schriftlich Fragen an den Seminarleiter formulieren bzw. mit anderen Teilnehmern chatten. Häufig wird sehr aktuelles Wissen zu innovationsgetriebenen Themen vermittelt, das auf diese Art und Weise schnell und unkompliziert kommuniziert werden kann.

Nutzen Sie diese Lernform, wenn

- Ihr Mitarbeiter technikaffin ist
- er Wissen gezielt zu einem eng umrissenen Spezialthema erwerben soll
- Sie möglichst wenig Geld hierfür ausgeben wollen
- der Mitarbeiter keine Zeit in Präsenzseminare investieren soll

**2. Ursache: Leistungsdefizit durch mangelndes Können**

▶ **DER SACHLICHE PRÄSENTATOR**

Ein Mitarbeiter im Vertrieb erhält im Beurteilungsgespräch die Rückmeldung, dass er im direkten Kundenkontakt, d. h. im Zweiergespräch, stets sehr souverän und überzeugend wirkt, in Präsentationen vor einem größeren Gremium jedoch deutlich an Wirkung verliert, da er sehr nüchtern präsentiert und in seinen Aussagen nicht auf den Punkt kommt.

Im Gespräch stellt sich heraus, dass der Mitarbeiter sich dieser Probleme durchaus bewusst ist und auch bereits versucht, seine Präsentationen ansprechender zu gestalten. Es ist ihm dennoch bisher noch nicht gelungen, da er sich hinsichtlich seines Auftretens in Präsentationen sehr unsicher fühlt und Schwierigkeiten hat, die Empfehlungen aus den Büchern, die er hierzu gelesen hat, umzusetzen.

Gemeinsam mit der Führungskraft vereinbart er daraufhin die Teilnahme an einem Präsentationstraining, das sich vor allem auf das persönliche

Auftreten konzentriert. Dabei legen Sie fest, dass das Training einen hohen Anteil an Übungsmöglichkeiten enthalten soll. Im Anschluss an das Training soll der Mitarbeiter monatlich mindestens zwei Präsentationen übernehmen, bei denen die Führungskraft anwesend ist, um im Nachhinein Feedback zum Präsentationsverhalten zu geben.

---

Liegt die Ursache eines Leistungsdefizits am mangelnden Können des Mitarbeiters, so ist ihm bewusst, was zu tun wäre. Das heißt also, die Theorie ist dem Mitarbeiter geläufig. Allerdings kann der Mitarbeiter dieses theoretische Wissen noch nicht umsetzen. Dementsprechend eignen sich auf dieser Ebene vor allem folgende drei Unterstützungsmaßnahmen:

- Übungsmöglichkeiten mit regelmäßigem Feedback, d. h. die Führungskraft oder ein erfahrener Kollege beobachtet den Mitarbeiter regelmäßig dabei, wie er an kritische Situationen herangeht, und gibt Rückmeldung, damit der Mitarbeiter schrittweise ein sicheres Gefühl für das richtige Vorgehen erhält.
- Das Kollegen-Coaching ist ein sehr ähnlicher Ansatz, der z. B. im Verkauf oder in Call Centern sehr häufig angewandt wird. Hier findet das Feedback mit anschließenden Tipps und Hinweisen in sehr intensiver Form statt, indem sich z. B. ein erfahrener Kollege für mehrere Stunden neben den telefonierenden Mitarbeiter, bzw. mit in das Verkaufsgespräch setzt, Feedback gibt, Verbesserungsmöglichkeiten aufzeigt und dies in mehreren Durchgängen wiederholt.
- Bei Trainings handelt es sich im klassischen Sinne um Veranstaltungen, in denen im Gegensatz zu Seminaren nicht nur Wissen vermittelt wird, sondern in denen auch die Möglichkeit besteht, zu trainieren, d. h. zu üben. Idealerweise sollte in einem Training auch die Möglichkeit bestehen, Feedback vom Trainer oder den anderen Teilnehmern zu erhalten.

### 3. Ursache: Leistungsdefizite durch mangelndes Wollen

▶ **DER PERFEKTIONISTISCHE MITARBEITER**

Der Mitarbeiter Y ist Programmierer und Spezialist in seinem Fach. Seine Führungskraft meldet ihm ausgesprochen positive fachliche Kenntnisse zurück, kritisiert im Beurteilungsgespräch jedoch dessen Zeitmanagement, denn der Mitarbeiter benötigt für seine Arbeit stets ungefähr 50 % mehr Zeit als die Kollegen.

Zunächst denkt die Führungskraft daran, den Mitarbeiter zu einem Zeitmanagement-Seminar zu schicken. Dieser äußert jedoch, dass er ein solches Seminar bereits besucht habe und sich jetzt auch besonders gut strukturiere und organisiere. Er habe jedoch immer noch zeitliche Schwierigkeiten.

Bei genauerer Analyse des Problems kristallisiert sich heraus, dass der Mitarbeiter vor allem deshalb so viel Zeit benötigt, weil er einen sehr hohen Anspruch an seine eigene Arbeit hat und sich hierdurch auch leicht im Detail verliert.

Gemeinsam diskutieren Führungskraft und Mitarbeiter anhand verschiedener Beispiele über das notwendige Maß an Perfektion, wobei die Führungskraft versucht, den Mitarbeiter davon zu überzeugen, dass auch 80 % manchmal ausreichend sind. Sie vereinbaren, dass der Mitarbeiter es einmal mit dem Qualitätsziel „80 %" ausprobiert und sich beide in regelmäßigen Abständen diesbezüglich noch einmal austauschen werden, denn absolut überzeugt scheint der Mitarbeiter noch nicht zu sein.

---

Auf der Ebene des Wollens, d. h. der grundlegenden Einstellungen, Werte und Überzeugungen, die letztlich das Wollen ausmachen, ist eine Veränderung am schwersten herbeizuführen. Dennoch liegen viele Ursachen für Leistungsdefizite weder an mangelndem Wissen noch an mangelndem Können, sondern vielmehr daran, dass der Mitarbeiter mit einer grundlegend anderen Haltung an seine Arbeit herangeht. Die Maßnahmen, die Sie in diesen Fällen ergreifen können, bestehen letztlich vor allem aus Gesprächen zwischen Ihnen und dem Mitarbeiter. Hier sollten Sie folgende Ziele verfolgen:

- Finden Sie zunächst einmal heraus, was dem Mitarbeiter bei der Lösung des Problems im Wege steht. Hinterfragen Sie intensiv, warum es ihm schwer fällt, anders zu arbeiten, was ihm dabei wichtig ist und was seine bisherige Vorgehensweise ihm bedeutet.
- Sensibilisieren Sie den Mitarbeiter für die Ursache und Konsequenzen des Problems. Häufig reicht es schon aus, dem Mitarbeiter vor Augen zu führen, dass die Lösung der Probleme bzw. die Steigerung der eigenen Leistung alleine dadurch bewerkstelligt werden kann, dass er eine neue

Sichtweise einnimmt, Dinge einfach einmal ausprobiert und einen Teil seiner Einstellungen überdenkt.

- Bieten Sie dem Mitarbeiter neue Sichtweisen an. Steht sich Ihr Mitarbeiter selbst im Weg, indem er mit bestimmten Grundhaltungen und Überzeugungen an seine Aufgaben herangeht, so können Sie ihm alternative Sichtweisen anbieten. Für den im Beispiel genannten Mitarbeiters bestünde eine solche neue Sichtweise z. B. darin, dem Mitarbeiter das Pareto-Prinzip vor Augen zu führen (80 % der Ergebnisses werden mit 20 % Anstrengung erzielt, die restlichen 20 % zum perfekten Ergebnis kosten 80 % Energie).

Eine solche Änderung der Sichtweise ist selbstverständlich nicht so leicht zu erzielen, wie eine Wissenserweiterung und häufig benötigen Sie sehr viel Zeit hierfür. Haben Sie den Eindruck, dass Sie selbst nicht über die Möglichkeiten verfügen, im Bereich des Wollens die Reflexion anzuregen und nachhaltige Veränderungen zu erzielen, so sollten Sie auf einen professionellen Coach zurückgreifen. Gute Coaches sind gerade für die Arbeit mit Mitarbeitern auf der Einstellungsebene ausgebildet und haben schon allein aufgrund ihres neutralen Status häufig einen Vorteil gegenüber dem Vorgesetzten.

In manchen Fällen ist es auch nicht möglich, den Mitarbeiter zu einer nachhaltigen Änderung seiner Haltung zu bewegen, sodass Sie letztlich auch überlegen sollten, ob der Mitarbeiter mit seinen Grundeinstellungen und seinem Wollen eventuell für eine andere Aufgabe geeigneter erscheint.

## 1.6.2   2. Schritt: Stärken und Potenziale der Mitarbeiter entwickeln

Neben der Behebung von Schwächen besteht eine weitere wichtige Überlegung in der Planung von Personalentwicklungsmaßnahmen darin, wie Potenzialträger sinnvoll gefördert werden können. Hierzu ist es zunächst einmal notwendig, den Begriff des Potenzials richtig zu verwenden.

## LEISTUNG UND POTENZIAL

Sehr häufig werden zwei Begriffe miteinander verwechselt: Die Leistung und das Potenzial. Während es sich jedoch bei der Leistung Ihres Mitarbeiters um dessen aktuelle Ergebnisse handelt, drückt das Potenzial Ihres Mitarbeiters aus, welche Ergebnisse er in Zukunft erzielen können wird.

Das heißt also, dass das Potenzial aussagt, inwieweit Ihr Mitarbeiter die Fähigkeit hat, über seinen momentanen Status Quo hinauszuwachsen und somit neue, zumeist auch verantwortungsvollere Aufgaben zu übernehmen. Wie jedoch können Sie zwischen Leistungsträgern und Potenzialträgern unterscheiden? In den meisten Fällen handelt es sich bei Potenzialträgern auch um Leistungsträger. Nur in seltenen Fällen verfügen Sie über einen Mitarbeiter, der das Potenzial hat über seinen aktuellen Leistungsstand hinauszuwachsen, jedoch aktuell keine gute Leistung erbringt. Allerdings müssen nicht zwangsläufig alle Ihre Leistungsträger auch Potenzialträger sein. Vielmehr haben Sie mit hoher Wahrscheinlichkeit Mitarbeiter in Ihrem Team, die sehr gute Leistungen erbringen, jedoch kein Potenzial für weiterführende Aufgaben zeigen.

**Wie können Sie das Potenzial Ihres Mitarbeiters bestimmen?**

Für die Bestimmung des Potenzials und damit auch die zukünftige Leistungsfähigkeit können Sie leider nicht in die Zukunft blicken, sondern müssen auf aktuelle Beobachtungen zurückgreifen. Eine Möglichkeit besteht darin, sich die aktuelle Leistung des Mitarbeiters anzusehen, die er in solchen Aufgaben erbringt, die denen, die in Zukunft angestrebt werden sollen, bereits ähnlich sind. Dies ist genau dann der Fall, wenn ein Mitarbeiter z. B. bereits kleine Projekte und organisatorische Aufgaben übernimmt und sich dabei sehr geschickt und erfolgreich zeigt, ohne dass es für ihn eine besondere Anstrengung bedeuten würde. Dieser Mitarbeiter hat sicherlich Potenzial für eine Aufgabe als Projektleiter, da er offensichtlich bereits ähnliche Aufgaben mit Leichtigkeit wahrnimmt.

**Testen Sie das Potenzial Ihrer Mitarbeiter**

Testen Sie daher bewusst das Potenzial Ihrer Mitarbeiter, indem Sie ihnen Aufgaben übergeben, die über ihren aktuellen Verantwortungsbereich hinausgehen und sie fordern. So können Sie feststellen, wer sich mit den neuen Herausforderungen leicht tut und wem es schwer fällt.

Noch schwieriger ist es jedoch, Potenzial für eine Aufgabe festzustellen, wenn der Mitarbeiter derzeit noch keine Gelegenheit hat, vergleichbare Tätigkeiten zu übernehmen. Hier hilft die Definition von Potenzial weiter, nach der Potenzial die Fähigkeit ist, sich weiterzuentwickeln und wachsen zu können. Betrachten Sie nun einmal die Faktoren, welche es einem Menschen ermöglichen, sich weiterzuentwickeln. Sie reduzieren sich auf insgesamt vier Aspekte, die in der folgenden Abbildung dargestellt sind.

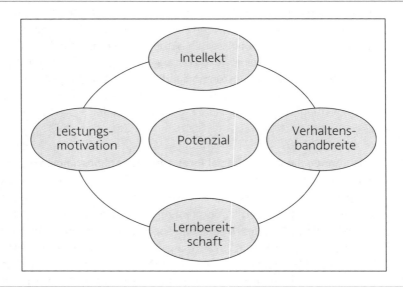

Abb. 2: Einflussfaktoren auf das Mitarbeiterpotenzial

### Die vier Einflussfaktoren

1. Intellekt

   Der Intellekt eines Menschen beeinflusst selbstverständlich dessen Möglichkeiten, neue Informationen aufzunehmen und für die eigene Weiterentwicklung zu verwerten. Jeder Mensch stößt zwangsläufig einmal an die Grenze dessen, was er noch intellektuell verarbeiten kann. Diese Grenze zeigt auch, wie anspruchsvoll und komplex seine Aufgaben sein dürfen.

2. Leistungsmotivation
   Weiterentwicklung kostet Zeit, Kraft und Mühe. Insofern ist es wichtig, dass ein Mitarbeiter, der sich weiterentwickeln soll, auch die entsprechende Motivation mitbringt, diese Zeit und Mühe zu investieren, um über sich hinauswachsen zu können.
3. Lernbereitschaft
   Selbstverständlich ist auch Lernbereitschaft eine wesentliche Voraussetzung dafür, dass ein Mitarbeiter sich weiterentwickeln kann. Hierzu gehört vor allem der Wille, sich zu verbessern, und die Neugier in Bezug auf neue Aufgaben und Vorgehensweisen. Sie sollten daher bei der Bestimmung der Potenzialträger darauf achten, inwieweit Ihre Mitarbeiter in der Vergangenheit bereits bewiesen haben, dass sie Freude am Lernen und am Neuen haben.
4. Verhaltensbandbreite
   Schließlich spielt auch die soziale Kompetenz eine Rolle, wenn es darum geht, sich weiterzuentwickeln. Je größer der Spielraum eines Mitarbeiters ist, innerhalb dessen er sein Verhalten ausrichten kann, desto flexibler ist er, sich auf verschiedene Situationen und Aufgabenstellungen in unterschiedlichen sozialen Kontexten einzustellen. Darüber hinaus sind anspruchsvollere Aufgaben zumeist auch mit mehr Schnittstellen zu verschiedenen Personen im und außerhalb des Unternehmens verbunden.

Wollen Sie also das Potenzial Ihrer Mitarbeiter bestimmen, so sollten Sie darauf achten, inwieweit der Mitarbeiter in der Vergangenheit bewiesen hat, dass er gerne lernt, inwieweit der Mitarbeiter über die entsprechende Motivation verfügt, Zeit und Kraft in seine Weiterentwicklung zu investieren, inwieweit der Mitarbeiter über die intellektuellen Fähigkeiten verfügt, sich in neue Aufgaben und komplexe Zusammenhänge hineinzudenken und inwieweit Ihr Mitarbeiter schließlich flexibel in seinem Verhalten ist, um sich so auf neue soziale Kontexte einstellen zu können. Nutzen Sie die folgende Checkliste, um das Potenzial Ihrer Mitarbeiter einzuschätzen.

| Checkliste: Mitarbeiterpotenzial richtig einschätzen | Trifft nicht zu | Trifft kaum zu | Trifft größtenteils zu | Trifft voll zu |
|---|---|---|---|---|
| **Intellekt** | | | | |
| Der Mitarbeiter kann sich schnell in schwierige Sachverhalte hineindenken. | | | | |
| Der Mitarbeiter gewinnt leicht Überblick über komplexe Informationen. | | | | |
| Der Mitarbeiter durchdringt Sachverhalte zielsicher und analytisch tiefgehend. | | | | |
| **Leistungsmotivation** | | | | |
| Der Mitarbeiter investiert viel Zeit und Energie in seine Tätigkeit. | | | | |
| Der Mitarbeiter verfolgt auch bei Schwierigkeiten die vereinbarten Ziele. | | | | |
| Der Mitarbeiter hat einen hohen Anspruch an seine Arbeitsergebnisse. | | | | |
| **Lernbereitschaft** | | | | |
| Der Mitarbeiter ist selbst aktiv, um sein Wissen und seine Kompetenzen zu erweitern. | | | | |
| Der Mitarbeiter ist offen für kritische Rückmeldungen. | | | | |
| Der Mitarbeiter hat sich bereits deutlich weiterentwickelt. | | | | |
| **Verhaltensbandbreite** | | | | |
| Der Mitarbeiter kommt mit ganz unterschiedlichen Personen zurecht. | | | | |
| Der Mitarbeiter bewegt sich sicher und angemessen in verschiedenen sozialen Kontexten. | | | | |
| Der Mitarbeiter hat ein gutes Gespür dafür, wie er sich gegenüber anderen jeweils richtig verhält. | | | | |

Kommen Sie zu dem Schluss, dass Ihr Mitarbeiter ein Potenzialträger ist, so besteht die wichtigste Fördermaßnahme darin, ihm herausfordernde Aufgaben zu geben. Diese Herausforderungen sollten idealerweise bereits Ähnlichkeiten mit der zukünftig angestrebten Aufgabe haben. Zeigt Ihr Mitarbeiter z. B. Potenzial für eine Führungsaufgabe, so könnten Sie ihm folgende herausfordernde Aufgaben geben:

- Einarbeitung eines neuen Kollegen
- Übernahme von Meeting-Moderationen
- Vertretung der Führungskraft in Arbeitskreisen
- Koordination der Arbeitsaufgaben im Team
- fachliche Unterstützung der Kollegen
- Vorbereitung von Berichten an den Vorstand bzw. an die Geschäftsführung

Zeigt Ihr Mitarbeiter Potenzial für eine besondere Expertenaufgabe, so bietet es sich an, ihm nach und nach immer anspruchsvollere inhaltliche Aufgabenstellungen zu übertragen.

## 1.6.3 3. Schritt: Fehler bei Qualifizierungsmaßnahmen vermeiden

Im Rahmen Ihrer Vorbereitung auf das Mitarbeiterbeurteilungsgespräch sollten Sie bereits Überlegungen bezüglich adäquater Maßnahmen der Personalentwicklung treffen. Betrachten Sie diese Maßnahmen jedoch tatsächlich nur als erste Überlegungen und Ihre Vermutungen bzgl. der Ursachen von Defiziten lediglich als Hypothesen. Legen Sie daher im Gespräch viel Wert darauf, gemeinsam mit dem Mitarbeiter die Ursachen seiner Leistungsdefizite zu hinterfragen und darauf aufbauend adäquate Unterstützungsmaßnahmen zu entwickeln. Im Zweifelsfall kennt sich Ihr Mitarbeiter besser als Sie ihn und kann sehr gut beurteilen, wie er selbst am besten an sich arbeiten kann. Was sollte man jedoch bei der gemeinsamen Erarbeitung von Maßnahmen beachten? Im Folgenden sind einige Tipps zum Vorgehen entlang der am häufigsten beobachteten Fehler in der Erarbeitung von Qualifizierungsmaßnahmen dargestellt.

**Fehler Nr. 1: Maßnahme vor Einsicht**

Häufig passiert es, dass die Führungskraft gerade bei uneinsichtigen Mitarbeitern irgendwann aufhört, diesen überzeugen zu wollen, und ganz einfach eine Personalentwicklungsmaßnahme für den Mitarbeiter definiert. Die Führungskraft hat die Hoffnung, der Mitarbeiter käme geläutert vom Seminar zurück und habe dann endlich verstanden, was genau er selbst an ihm kritisiere.

Ohne jedoch beim Mitarbeiter Einsicht erzielt zu haben, sind Personalentwicklungsmaßnahmen nur in den allerwenigsten Fällen tatsächlich effektiv. Einsicht bedeutet, dass der Mitarbeiter zum einen versteht, worin genau das Defizit besteht, und zum anderen überzeugt ist, dass er selbst durch die Veränderung seines Verhaltens oder durch das Aneignen einer neuen Kompetenz etwas dafür tun kann, das Defizit zu beheben. Anderenfalls kann es leicht geschehen, dass der Mitarbeiter die gescheiterte Personalentwicklungsmaßnahme primär dazu nutzt, um Ihnen zu beweisen, dass es eben doch nicht an ihm liegt. Wie Sie Ihren Mitarbeiter davon überzeugen können, dass er selbst etwas zur Behebung von Leistungsdefiziten beitragen kann, erfahren Sie in dem Exkurs „Konkrete Tipps für schwierige Gespräche".

**Fehler Nr. 2: Vorschläge statt Fragen**

Nach einer guten Vorbereitung neigen viele Führungskräfte am Ende eines partnerschaftlich geführten Beurteilungsgespräches dazu, ihre vorbereiteten Maßnahmen als Lösungen zu setzen. Dabei laufen sie Gefahr, dass die gewählten Maßnahmen nicht die Ursache des Problems beheben bzw. nicht den besten Weg für den Mitarbeiter darstellen, wie dieser lernen und sich weiterentwickeln kann. Statt Maßnahmen vorzugeben, sollten Sie Ihren Mitarbeiter nach seinen Vorschlägen fragen. Nutzen Sie hierzu z. B. folgende Fragen:

- Welche Maßnahme schlagen Sie vor, um diese Kompetenz zu erwerben?
- Welche Gedanken haben Sie sich bereits über entsprechende Qualifizierungsmaßnahmen gemacht?
- Welche Erfahrungen haben Sie bisher mit Ihrem eigenen Lernstil gemacht? Wovon profitieren Sie besonders? Welche Qualifizierungsmethoden waren bisher bei Ihnen weniger effektiv?
- Was haben Sie bereits getan, um an diesem Thema zu arbeiten? Inwieweit war das erfolgreich? Woran lag das aus Ihrer Sicht?

**Fehler Nr. 3: Maßnahmen statt Lernziele**

Ein weiterer Fehler besteht darin, dass in vielen Beurteilungsgesprächen ausschließlich Qualifizierungsmaßnahmen formuliert werden, während die Lernziele nicht näher präzisiert werden. Dies kann dazu führen, dass Mitarbeiter und Führungskraft sich stärker auf die Maßnahmen als auf das eigentliche Ziel konzentrieren, obwohl diese eigentlich nur Mittel zum Zweck sind. Im Zweifelsfall kann es passieren, dass Ihr Mitarbeiter am Ende des Jahres anführt, er habe doch alle vereinbarten Maßnahmen wahrgenommen, wenn Sie kritisch darstellen, dass Sie keinen Fortschritt im Hinblick auf die im letzten Jahr besprochenen Defizite sehen.

Umso wichtiger ist es, dass Sie gemeinsam mit Ihren Mitarbeitern klare Lernziele formulieren. Ein Ziel ist immer dadurch charakterisiert, dass es einen konkreten Endzustand beschreibt. Dies bedeutet:

Ziele auf der Ebene des Wissens sollten wie folgt lauten:
- Der Mitarbeiter verfügt über das Wissen
- Der Mitarbeiter hat das Know-how, um …
- Der Mitarbeiter kennt …

Ziele auf der Ebene des Könnens lauten dementsprechend:
- Der Mitarbeiter kann …
- Der Mitarbeiter führt eigenständig  aus.
- Der Mitarbeiter beherrscht …

Auf der Ebene des Wollens werden die Ziele wie folgt formuliert:
- Der Mitarbeiter scheut sich nicht davor …
- Der Mitarbeiter überwindet seine
- Der Mitarbeiter traut sich …

Formulieren Sie also gemeinsam mit dem Mitarbeiter das Lernziel, indem Sie möglichst präzise den Zustand beschreiben, den der Mitarbeiter erreicht haben soll, wenn die von Ihnen festgestellten Defizite behoben sind.

In Kapitel 1 finden Sie einen allgemeingültigen Beurteilungsbogen, der bereits eine Struktur für die Formulierung von Qualifizierungszielen und -maßnahmen beinhaltet.

## 1.6.4    4. Schritt: Für Nachhaltigkeit der Qualifizierung sorgen

Die folgende Situation kommt sicherlich jeder Führungskraft bekannt vor: Im Rahmen des alljährlichen Beurteilungsgespräches führen Sie ein konstruktives Gespräch mit Ihrem Mitarbeiter und einigen sich schließlich auf Qualifizierungsmaßnahmen und Personalentwicklungsschritte. Im Laufe des Jahres jedoch ändern sich die Prioritäten, und vereinbarte Maßnahmen werden immer weiter nach hinten geschoben bzw. geraten in Vergessenheit. Um diese Entwicklung zu vermeiden, sollten vereinbarte Personalentwicklungsmaßnahmen stringent verfolgt werden. Beachten Sie daher die folgenden Aspekte im Rahmen Ihres Beurteilungsgespräches, um die Nachhaltigkeit Ihrer Maßnahmen bereits bei der Vereinbarung zu unterstützen:

- Machen Sie sich Notizen zum Gespräch sowie zu den geplanten Personalentwicklungsmaßnahmen und stellen sie diese auch Ihrem Mitarbeiter zur Verfügung.
- Halten Sie Ihre Vereinbarungen schriftlich fest bzw. dokumentieren Sie diese differenziert in dem dafür vorgesehen IT-System.
- Vereinbaren Sie eindeutige Termine für die Durchführung der geplanten Personalentwicklungsmaßnahmen und achten Sie darauf, dass Sie diese sinnvoll über das Jahr verteilen, sodass Sie sich und Ihrem Mitarbeiter zeitlich nicht überfordern.
- Vereinbaren Sie darüber hinaus Zwischentermine, an denen Sie mit dem Mitarbeiter den Fortschritt beurteilen bzw. auch die Effektivität bestimmter Maßnahmen nachhalten. So kann es bei kontinuierlichen Maßnahmen on-the-Job sinnvoll sein, sich nach drei Monaten zu einem Resümee zusammenzusetzen. Bei einer Seminarmaßnahme bietet es sich eher an, einen Zwischentermin in der Woche nach dem Besuch des Seminars zu setzen.
- Stellen Sie sicher, dass Sie und der Mitarbeiter ein gemeinsames Verständnis bezüglich der Beurteilung und der entsprechenden Personalentwicklungsmaßnahmen haben, indem Sie Ihren Mitarbeiter bitten, am Ende des Gespräches diese noch einmal zusammenzufassen.
- Vermitteln Sie Ihrem Mitarbeiter, dass er selbst verantwortlich für das Erreichen seiner Lernziele ist. Dies beinhaltet auch, dass der Mitarbeiter zu Ihnen kommen soll, wenn sich tatsächlich Schwierigkeiten in der Umsetzung der geplanten Maßnahmen ergeben sollten. Bieten Sie ihm für die-

sen Fall an, ihn zu unterstützen und gemeinsam mit ihm neue Alternativen zu suchen.

Nachdem Sie im Rahmen des Beurteilungsgespräches bereits Zwischentermine vereinbart haben, besteht die selbstverständliche, aber dennoch nicht immer leicht realisierbare Aufgabe darin, diese Zwischentermine auch tatsächlich einzuhalten. Nutzen Sie die folgenden Fragen für die systematische Bewertung des Fortschritts Ihres Mitarbeiters.

- Welche der geplanten Maßnahmen sind im betreffenden Zeitraum tatsächlich realisiert worden? Falls eine Maßnahme nicht realisiert worden ist, woran lag das?
- Welche der Maßnahmen haben Sie als besonders hilfreich erlebt, welche weniger?
- Inwieweit sind Sie Ihrem Lernziel näher gekommen?
- Welche Kompetenzen haben Sie bereits erlangt?
- Welche Defizite bestehen noch?
- Welche ergänzenden Maßnahmen müssen ergriffen werden, damit Sie Ihre Lernziele erfüllen können?

## 1.6.5 FAQ: Teampotenziale einschätzen mit Portfolio

In Kapitel 3.4 wird dargestellt, worin sich Leistung und Potenzial unterscheiden. Während Leistung sich auf die aktuellen Arbeitsergebnisse Ihres Mitarbeiters bezieht, drückt das Potenzial Ihres Mitarbeiters die Fähigkeit aus, in Zukunft noch weitere, andere Leistungen zu erbringen. Wollen Sie einen guten Überblick über die Potenziale in Ihrem Team haben, so bietet es sich an, alle Mitarbeiter hinsichtlich der Faktoren Leistung und Potenzial einzuschätzen und sie in ein Portfolio einzutragen (siehe Abb. 3).

Durch die Kombination der Ausprägungen niedrige Leistung vs. hohe Leistung sowie niedriges Potenzial vs. hohes Potenzial ergeben sich in dem Portfolio vier Felder. Die Leistungen Ihrer Mitarbeiter einzuschätzen ist eine recht einfache Aufgabe. Hinweise zur Einschätzung des Potenzials finden Sie in Kapitel 1.6.

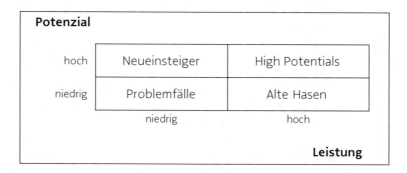

Abb. 3: Portfolio Leistung – Potenzial

### High Potentials

Da ist zunächst einmal das Feld derjenigen Mitarbeiter, die sehr gute Leistungen erbringen und darüber hinaus über hohes Potenzial verfügen. Hier spricht man von High Potentials. Konzentrieren Sie sich in Ihrer Führungsarbeit bei dieser Zielgruppe auf folgende Ziele:

- Vorbereitung auf neue verantwortungsvolle Aufgaben durch Übertragung von Aufgaben mit wachsendem Anspruch.
- Bindung der Mitarbeiter an das Unternehmen.

### „Alte Hasen"

Betrachten Sie nun das Feld der Mitarbeiter, die sehr gute Leistungen erzielen, jedoch über geringes Potenzial verfügen. Dies kann durchaus der Fall sein, wenn Sie es mit Mitarbeitern zu tun haben, die über viel Erfahrung verfügen und die Tätigkeit bereits seit längerer Zeit ausführen. Sie bringen sehr gute Leistungen und bilden die soliden Stützen im Team, ohne dass sie Potenzial für weiterführende Aufgaben hätten. In diesem Portfolio werden sie „alte Hasen" genannt. Hier stehen folgende Personalführungs- und Entwicklungsziele im Vordergrund:

- Sicherstellung der Aktualität des Know-hows. Es gilt immer wieder zu überprüfen, inwieweit neue Arbeitsmethoden oder rechtliche Rahmenbedingungen eine Aktualisierung des Wissens erfordern.

- Aufrechterhaltung der Motivation der Mitarbeiter. Häufig bilden sie die Stützen im Team, erhalten jedoch am wenigsten Zuwendung, weil die Führungskraft besonders viel Zeit mit den schwierigeren Fällen aufwendet.

**Problemfälle**

Im linken unteren Feld befinden sich die Mitarbeiter, die weder eine hohe Leistung bringen noch Potenzial zeigen, sich weiterzuentwickeln. Es handelt sich somit um Ihre Problemfälle. Hier sehen die wichtigsten Führungs- und Entwicklungsziele wie folgt aus:

- Erzielen von definierten Mindestleistungen und Vermeidung von Fehlern. Dies kann auch bedeuten, dass diesen Mitarbeiter einfachere Aufgaben zugeteilt werden, um ihre Möglichkeiten so gut wie möglich auszuschöpfen bzw. auch zu vermeiden, dass weitreichende Fehler passieren können.
- Vermeidung von Demotivation und Missstimmung im Team. Dazu kann es kommen, wenn andere Kollegen den Eindruck haben, sie müssen für die schwächeren Kollegen mitarbeiten. Dies können Sie unter anderem dadurch vermeiden, dass Sie Ihren Mitarbeitern verdeutlichen, dass bessere oder mehr Leistung in Ihrem Team positive Konsequenzen hat, so z. B. mehr Freiräume in der Ausführung der Aufgaben.

**Neueinsteiger**

Schließlich ergibt sich im Portfolio noch eine weitere Kombination der beiden Faktoren Leistung und Potenzial. Diese Mitarbeiter erbringen zwar geringe Leistungen, bringen jedoch ein hohes Potenzial mit. Diese Kombination klingt zunächst einmal etwas unwahrscheinlich. Sie ist jedoch dann vorhanden, wenn Mitarbeiter noch nicht lange im Team arbeiten oder ihre Aufgabe wahrnehmen. Sie bringen daher noch keine gute Leistung, verfügen jedoch über das Potenzial, sich weiterzuentwickeln und in die Aufgaben hineinzuwachsen. Die Ziele in diesem Fall liegen auf der Hand:

- Schnelles Erreichen einer 100%igen Leistungsfähigkeit, z. B. durch eine gute Einarbeitung
- Integration ins Team

Nutzen Sie das Portfolio, um einen Überblick über Leistungs- und Potenzialträger in Ihrem Team zu erlangen und so festzustellen, welche Zielsetzungen innerhalb Ihrer Personalführung im Vordergrund stehen sollten. Auf diese Art und Weise können Sie Personalentwicklung in Ihrem Team effizient und zielgerichtet steuern.

## 1.7 So erhalten Sie von Ihren Mitarbeitern Feedback

Das Beurteilungsgespräch stellt eine gute Möglichkeit dar, auch als Führungskraft Feedback zur eigenen Führungsarbeit zu erhalten. Nutzen Sie daher die Gelegenheit, Ihre Mitarbeiter um Rückmeldung zu bitten. Auf diese Art und Weise können Sie feststellen, wie Ihre Führungsarbeit eingeschätzt wird und ob Ihre Impulse und Zielsetzungen auch bei Ihren Mitarbeitern angekommen sind.

Die Ergänzung des Beurteilungsgespräches durch ein solches Feedback an die Führungskraft ist aus mehreren Gründen sinnvoll:

- Sie können die Gelegenheit nutzen, in einem konzentrierten Zweiergespräch Feedback von Ihrem Mitarbeiter zu erhalten.
- Sie signalisieren selbst Offenheit für positives sowie auch kritisches Feedback. So gehen Sie mit positivem Beispiel voran und schaffen eine offene Atmosphäre.

Wie differenziert das Feedback an Sie ausfällt und wie offen der Mitarbeiter sich in diesem Gespräch äußert, ist jedoch sehr unterschiedlich. Da das Gespräch primär eine Beurteilung des Mitarbeiters beinhaltet, sollten Sie nicht immer erwarten, dass sich Ihr Mitarbeiter sehr offen oder objektiv zeigt — gerade wenn Sie ihn recht kritisch eingeschätzt haben. Eine offene und differenzierte Rückmeldung ist daher sehr wünschenswert und der Mitarbeiter sollte hierzu ermutigt werden. Allerdings kann diese Offenheit gerade in einer solchen Beurteilungssituation nicht erzwungen werden.

## 1.7.1 Fördern Sie eine offene Gesprächssituation

Wie können Sie es erreichen, in dem gleichen Gespräch, in dem Sie Ihren Mitarbeiter möglicherweise kritisch bewertet haben, den Mitarbeiter zu ermutigen, Ihr Führungsverhalten ehrlich einzuschätzen und seine Probleme offen und direkt zu schildern? Letztlich ist diese Frage nicht mit 100%iger Erfolgsgarantie zu beantworten, denn in einem Gespräch, in dem es primär um die Beurteilung des Mitarbeiters geht, lässt sich nicht erzwingen, dass der Mitarbeiter sich Ihnen gegenüber tatsächlich mit seinem Feedback öffnet. Allerdings können Sie durchaus einige Faktoren berücksichtigen, um die Offenheit im Gespräch zu fördern:

**1. Faktor: Seien Sie generell offen für Feedback**
Einmal im Jahr Offenheit zu fordern und Feedback anzunehmen, dürfte beide Seiten, sowohl die Führungskraft als auch den Mitarbeiter, überfordern. Eine wichtige Voraussetzung dafür, dass Sie im Beurteilungsgespräch eine offene Rückmeldung Ihres Mitarbeiters erhalten, besteht darin, dass Sie während des gesamten Jahres signalisieren, dass Sie offen für Kritik sind und gerne mit Ihren Mitarbeitern über deren Probleme und Kritikpunkte sprechen. Nur wenn sie in Meetings und Vieraugengesprächen signalisieren, dass Sie die Meinung Ihrer Mitarbeiter interessiert und Sie die Kritik Ihrer Mitarbeiter ernst nehmen, können Sie erwarten, dass Ihre Mitarbeiter Ihnen auch im Beurteilungsgespräch eine offene Rückmeldung geben.

**2. Faktor: Mit gutem Beispiel vorangehen**
Im Beurteilungsgespräch geben Sie zunächst Ihrem Mitarbeiter Feedback. Dabei können Sie für Ihren Mitarbeiter ein Vorbild sein. Wenn Sie vage bleiben und sowohl Lob als auch Kritik nur allgemein und oberflächlich ansprechen, können Sie nicht erwarten, dass Ihnen Ihr Mitarbeiter ein offenes und differenziertes Feedback gibt. Seien Sie daher Vorbild, indem Sie durch Ihr eigenes Vorgehen vermitteln, wie Sie sich ein gutes Feedback vorstellen.

**3. Faktor: Faire und verträgliche Formulierung des Feedbacks**
Eine weitere wichtige Voraussetzung für die Offenheit Ihres Mitarbeiters besteht darin, dass er sein eigenes Feedback gut akzeptieren kann. Tut er dies nicht, so kann es leicht passieren, dass er sich Ihnen gegenüber mit seinem Feedback nicht offen oder konstruktiv zeigt. Letztlich ist dies nicht in allen

Situationen und mit allen Mitarbeitern zu erreichen. Es gibt jedoch einige wichtige Regeln, die Sie bei der Formulierung Ihres Feedbacks gegenüber dem Mitarbeiter berücksichtigen sollten: Sie sollten das Feedback konstruktiv, klar und fair gestalten. Nähere Tipps und Hinweise hierzu finden Sie in Kapitel 1.3 „Kritische Beurteilung – 7 Regeln mit Beispielen".

### 4. Faktor: Betonung der Wichtigkeit

Betonen Sie aktiv im Gespräch, dass Ihnen eine offene und ehrliche Rückmeldung Ihres Mitarbeiters ausgesprochen wichtig ist. Verwenden Sie ruhig ein paar Sätze mehr darauf, diese Wichtigkeit in den Vordergrund zu stellen. Dies sollten Sie auch in Ihrem Teammeeting betonen, wenn Sie Ihre Mitarbeiter auf die Beurteilungsgespräche vorbereiten.

### 5. Faktor: Keine Rechtfertigungen

Unabhängig davon, welche Kritikpunkte Ihr Mitarbeiter anführt und ob Sie diese nachvollziehen können oder nicht, hören Sie zunächst einmal zu und widerstehen Sie der Versuchung, sich zu rechtfertigen. Nichts stoppt ein offenes Feedback so schnell, wie unmittelbare Rechtfertigungsversuche. Stellen Sie vielmehr Fragen, um die Sichtweisen des Mitarbeiters zu verstehen, haken Sie nach und fragen Sie nach Beispielen.

Selbst wenn Sie letztlich kein Verständnis für die Sichtweise des Mitarbeiters erlangen können, da es an Beispielen mangelt oder Sie z. B. grundsätzlich andere Erwartungen an die Zusammenarbeit haben, sollten Sie zumindest nachvollziehen können, was Ihr Mitarbeiter meint. Nehmen Sie erst am Ende Stellung, indem Sie ausführen, welche Kritikpunkte Sie in Optimierungsmaßnahmen umsetzen wollen, und indem Sie begründen, warum Sie hinsichtlich anderer Kritikpunkte keine Änderung vornehmen wollen.

### 6. Faktor: Kein Rückbezug auf die Beurteilung des Mitarbeiters

Zuweilen wird Ihnen die Kritik des Mitarbeiters direkt als Beleg dafür erscheinen, was Sie gerade an ihm selbst kritisiert haben. So kann z. B. seine Kritik, Sie würden ihn morgens manchmal zu grüßen vergessen, durchaus im Zusammenhang mit Ihrer Rückmeldung stehen, dass er auf Verhaltensweisen der Kollegen zuweilen etwas empfindlich reagiert. Auch wenn Sie eine Verknüpfung zwischen der Kritik des Mitarbeiters und Ihren Rückmeldungen an ihn sehen, zeigen Sie diese Verbindung nicht auf, denn nur zu leicht erhält der

Mitarbeiter den Eindruck, dass ihm nun seine Kritik an Ihrer Person angelastet wird.

## 7. Faktor: Umsetzung

Letztlich gilt auch für das offene Feedback Ihres Mitarbeiters, dass dieser Ihnen im nächsten Jahr nur dann wieder mit ehrlicher Rückmeldung begegnen wird, wenn er den Eindruck hat, dass Sie seine Rückmeldung ernst genommen und an der Umsetzung gearbeitet haben. Können Sie die Kritik Ihres Mitarbeiters nachvollziehen und wollen Sie daran arbeiten, so sollten Sie dies nicht nur für sich und im Stillen tun, sondern Ihren Mitarbeiter im Laufe des Jahres wiederholt darauf ansprechen, inwieweit sich aus seiner Sicht Ihr Führungsverhalten oder die Situation verbessert habe, sodass dieser auch tatsächlich bemerkt, dass Sie kontinuierlich an einer Optimierung arbeiten.

## 1.7.2 So bereiten Sie Ihre Mitarbeiter auf das Führungsfeedback vor

Weil sich das Beurteilungsgespräch auf das Feedback an den Mitarbeiter konzentriert, fällt das Feedback an die Führungskraft zuweilen recht dürftig und undifferenziert aus. Nicht selten hören Sie dann: „Nein, also im Grunde ist doch alles ganz o.k.". Wollen Sie jedoch eine differenzierte Rückmeldung erhalten, so sollten Sie folgende Punkte berücksichtigen:

### 1. Vorbereitung des Teams auf das Führungsfeedback

Vor jeder Beurteilungsrunde sollten Sie ohnehin mit Ihrem Team über das Prozedere und das weitere Vorgehen in der Mitarbeiterbeurteilung sprechen. Dabei bietet es sich an, dass Sie Ihrem Team gegenüber betonen, dass Ihnen das Feedback sehr wichtig ist und Sie von Ihren Mitarbeitern erwarten, dass sie sich hierauf ebenfalls intensiv vorbereiten. Dabei haben Sie auch die Gelegenheit, den Mitarbeitern gegenüber darzustellen, dass Sie sich bemühen werden, kritische Aspekte aufzunehmen und ihr eigenes Verhalten zu optimieren. Betonen Sie jedoch, dass es sicherlich auch Aspekte geben wird, in denen Sie Veränderungswünsche nicht realisieren können, da dies aufgrund der Rahmenbedingungen nicht möglich ist oder nicht ihren persönlichen Vorstellungen zu Ihrer Führungsarbeit entspricht. Stellen Sie beide Möglichkeiten bereits in diesem Meeting dar, sodass spätere Enttäuschungen vermieden werden.

## 2. Formulieren Sie Leitfragen

Geben Sie Ihren Mitarbeitern für die Vorbereitung des Feedbacks Leitfragen mit an die Hand. Diese können z. B. wie folgt lauten:

- Was hat Ihnen an der Zusammenarbeit gut gefallen, was weniger?
- Was erwarten Sie von einer guten Führungskraft und inwieweit erfülle ich diese Kriterien?
- Denken Sie an typische Situationen, in denen Sie unsere Zusammenarbeit als sehr gut empfinden. Welche sind das und was ist typisch an diesen Situationen?
- Machen Sie das Gleiche mit Situationen, in denen Sie mit der Zusammenarbeit unzufrieden waren.
- Was soll ich als Führungskraft in Zukunft beibehalten, verstärken oder ablegen?

## 3. Geben Sie Bewertungskriterien vor

Eine sehr differenzierte Bewertung erhalten Sie, wenn Sie Ihren Mitarbeitern nicht nur offene Leitfragen, sondern auch Kriterien für die Bewertung an die Hand geben, ähnlich wie Sie Ihre Mitarbeiter auch anhand von Kriterien bewerten. Diese Kriterien stellen für die Mitarbeiter eine hilfreiche Struktur dar, anhand derer sie ihr Feedback ausrichten können. Folgende Kriterien bieten sich an:

- Delegation und Aufgabenverteilung
- Informationen
- Klima und Konfliktlösung
- Feedback
- Weiterbildung und Qualifizierung
- Unterstützung im Arbeitsalltag
- Transparenz über Ziele und Prioritäten

## 4. Aufforderung zu konkreten Beispielen

Ein differenziertes Feedback erhalten Sie nur dann, wenn Ihre Mitarbeiter auch konkrete Beispiele und Situationen benennen können, mithilfe derer Sie verstehen können, was genau kritisiert oder auch positiv bewertet wird. Fordern Sie daher Ihre Mitarbeiter vor den Beurteilungsgesprächen dazu auf, sich für ihr Feedback zu jedem einzelnen Punkt konkrete Beispiele zu notieren, anhand derer sie ihr Feedback verdeutlichen können. Darüber hinaus sollen sich die Mitarbeiter auch Gedanken darüber machen, welche alternative Vorgehensweise sie sich gewünscht hätten, wenn sie etwas kritisieren.

### 1.7.3 Wie können Sie adäquat auf massive Kritik reagieren?

Massive Kritik gegenüber der Führungskraft im Rahmen eines Mitarbeiterbeurteilungsgesprächs ist recht selten, kommt jedoch gerade in Konfliktsituationen und schwierigen Mitarbeiter-Führungskraft-Konstellationen durchaus vor. Der Mitarbeiter beklagt sich zutiefst über das Verhalten der Führungskraft und wird dabei vielleicht auch emotional. Im Umgang mit einem solchen Verhalten des Mitarbeiters sind häufig ähnliche Fehler zu beobachten, die sich vermeiden lassen. Zu jedem dieser Fehler sind im Folgenden einige Tipps und Hinweise zu konstruktiven Verhaltensalternativen aufgeführt:

**Fehler Nr. 1: Selbstverteidigung**
Versuchen Sie sich zu verteidigen und Dinge richtig zu stellen, so kann dies zweierlei Konsequenzen haben. Die eine Möglichkeit besteht darin, dass der Mitarbeiter noch emotionaler wird und Dinge sagt, die er später bereuen würde. Die andere Möglichkeit besteht darin, dass er mit seinem Feedback nicht fortfährt, da es in seinen Augen nicht auf fruchtbarem Boden fällt.

Empfehlung: Verteidigen Sie sich daher nicht, sondern versuchen Sie, die Sichtweisen des Mitarbeiters zu verstehen, indem Sie sie hinterfragen. Fragen Sie z. B.:

- Was genau sehen Sie kritisch?
- Haben Sie ein Beispiel für diese Kritik?
- Warum erscheint Ihnen dies so kritisch?
- Wie erging es Ihnen in der Situation?
- Was würden Sie von mir erwarten?

**Fehler Nr. 2: Zu leicht nehmen**

Gerade wenn der Mitarbeiter kritisch beurteilt worden ist, erscheint es leicht so, als müsse man die Reaktion und die Anmerkungen des Mitarbeiters nicht allzu ernst nehmen, denn diese erwächst ja offensichtlich aus seiner Frustration über das kritische Feedback an seiner Person.

Empfehlung: Nehmen Sie jedoch dessen Reaktion und Sichtweisen nicht zu leicht, sondern erkundigen Sie sich nach der Relevanz der Kritik:

- Welche Konsequenzen hatte das für Sie?
- Warum ist Ihnen das wichtig?
- Was hat Sie davon abgehalten, mir dies vorher zu sagen?

**Fehler Nr. 3: Bei Vorwürfen stehen bleiben**

Einen sehr negativen Beigeschmack kann das Gesamtgespräch schließlich am Ende behalten, wenn Sie gemeinsam mit dem Mitarbeiter bei Vorwürfen stehen bleiben und danach auseinander gehen.

Empfehlung: Versuchen Sie daher, das Gespräch möglichst lösungsorientiert zu beenden und auch Ihren Mitarbeiter zu einer lösungsorientierten, positiven Sichtweise zu bewegen. Dies bedeutet vor allem, ihn zu motivieren, sich nicht nur zu beklagen, sondern auch konkret Alternativen aufzuzeigen:

- Welche alternative Vorgehensweise hätten Sie sich gewünscht?
- Was konkret erwarten Sie hinsichtlich unserer Zusammenarbeit für die Zukunft? Wie sollte ich das tun?
- Was könnten Sie dazu beitragen?

**Fehler Nr. 4: Alle Kritikpunkte akzeptieren**

Führungsfeedback bedeutet, dass Sie sich für die Sichtweise Ihres Mitarbeiters interessieren und gerne an sich und Ihrem Führungsverhalten arbeiten, wenn Sie die Kritik nachvollziehen können. Führungsfeedback bedeutet jedoch nicht, dass der Mitarbeiter sich alles wünschen kann und Sie verpflichtet sind, dementsprechend auch alles umzusetzen. So kann es durchaus sein, dass Sie die Kritik des Mitarbeiters zwar verstehen, jedoch gute Gründe dafür haben, warum Sie Ihr Verhalten nicht verändern können oder wollen. In diesem Fall sollten Sie dem Mitarbeiter gegenüber Verständnis für seine Sichtweise zeigen und gleichzeitig erklären, warum Sie dennoch keine Änderung einleiten werden. Diese klare und offene Auseinandersetzung mit den Erwartungen des Mitarbeiters ist ausgesprochen wichtig. Auch wenn Sie nicht jeden Wunsch des Mitarbeiters erfüllen können, so ist zumindest eine Klärung der gegenseitigen Erwartungshaltungen und Sichtweisen herbeigeführt worden.

- Stellen Sie daher zunächst einmal differenziert dar, welche Teile des Feedbacks Sie umsetzen wollen und welche nicht.
- Begründen Sie, warum Sie einzelne Kritikpunkte zwar verstehen, jedoch nicht umsetzen wollen oder können.
- Fragen Sie Ihren Mitarbeiter, inwieweit er dies nachvollziehen kann und erklären Sie es bei Bedarf noch einmal.
- Schließlich sollten Sie gemeinsam mit dem Mitarbeiter klare Vereinbarungen zur Umsetzung der Kritikpunkte treffen. Hier gilt letztlich genau das Gleiche wie auch für die Lernziele, die Sie mit Ihrem Mitarbeiter vereinbart haben: Je konkreter, desto besser.

Nutzen Sie die Checkliste auf der folgenden Seite für Ihr Führungsfeedback im Rahmen des Beurteilungsgesprächs:

## 1.7.4 Checkliste: Führungsfeedback

### Vor dem Gespräch

Sie sind auch unterjährig offen für Feedback.

Sie haben Ihr Team auf das Führungsfeedback vorbereitet.

Sie haben Ihren Mitarbeitern Leitfragen an die Hand gegeben.

Sie haben Ihren Mitarbeitern Bewertungskriterien zur Vorbereitung genannt.

Sie haben Ihre Mitarbeiter aufgefordert, sich konkrete Beispiele zu überlegen.

Sie haben Ihre Mitarbeiter darauf vorbereitet, dass nicht alle Kritikpunkte zu Veränderungen führen werden.

### Im Gespräch

Sie gehen bei Ihrem Feedback vorbildlich vor.

Ihr eigenes Feedback ist fair und konstruktiv.

Sie betonen, wie wichtig das Feedback Ihnen persönlich ist.

Sie rechtfertigen sich nicht.

Sie nehmen das Feedback Ihrer Mitarbeiter ernst.

Sie führen das Feedback des Mitarbeiters nicht auf dessen eigene Schwächen zurück.

Sie zeigen Interesse und analysieren das Feedback durch Fragen.

Sie führen das Gespräch konstruktiv und lösungsorientiert für beide Beteiligte.

Sie kommunizieren klar, welche Kritik Sie umsetzen werden, und begründen, warum Sie bezüglich anderer Kritikpunkte nicht aktiv werden.

### Nach dem Gespräch

Sie setzen Kritikpunkte Ihrer Mitarbeiter, die Sie nachvollziehen können, konsequent um.

# 2 Mitarbeiterbeurteilung als Bestandteil des Talentmanagements einführen

## 2.1 Welche Ziele verfolgen Sie mit Ihrem Beurteilungssystem?

Ein Mitarbeiterbeurteilungssystem gehört mittlerweile zum Standard in der modernen Personalentwicklungsarbeit. Unternehmen verfolgen jedoch ganz unterschiedliche Zielsetzungen mit der Etablierung eines Beurteilungssystems. Je nachdem, was Sie mit Ihrem Beurteilungssystem erreichen wollen, hat dies unterschiedliche Konsequenzen für die Gestaltung Ihres Beurteilungsinstrumentes sowie auch des gesamten Beurteilungsprozesses. Umso wichtiger ist es, dass Sie sich vor Einführung des Beurteilungssystems klar darüber werden, welche Ziele Sie damit verfolgen wollen.

Nutzen Sie hierfür die folgende Checkliste, um selbst zu reflektieren, was in Ihrem Unternehmen bei der Einführung des Beurteilungssystems im Vordergrund stehen soll. Sie können die Checkliste auch nutzen, um in einem Kick-off-Workshop mit Entscheidern und Projektverantwortlichen den Fokus Ihres Beurteilungssystems zu bestimmen.

Lassen Sie die Aussagen der Checkliste von den Personen, die an der Einführung des Beurteilungssystems beteiligt sind, hinsichtlich ihrer Relevanz gewichten und stellen Sie somit ein gemeinsames Commitment bezüglich der Ausrichtung Ihres Systems her.

## 2.1.1 Checkliste: Was soll Ihr Beurteilungssystem leisten?

| Checkliste | ✓ |
|---|---|
| 1. | Alle Mitarbeiter sollen die Möglichkeit erhalten, Feedback zu ihren individuellen Leistungen zu bekommen. | |
| 2. | Die Führungskräfte sollen für die Anforderungen sensibilisiert werden, die wir an unsere Mitarbeiter stellen. | |
| 3. | Die Führungskräfte sollen Feedback zu ihrem Führungsverhalten von Ihren Mitarbeitern bekommen. | |
| 4. | Die Führungskräfte sollen sich verstärkt um die Qualifizierung und Weiterentwicklung ihrer Mitarbeiter kümmern. | |
| 5. | Das Gießkannenprinzip der Mitarbeiterqualifizierung, nach der jeder die gleiche Schulung erhält, soll vermieden werden. | |
| 6. | Investitionen in Qualifizierungsmaßnahmen sollen zielgerichteter erfolgen. | |
| 7. | Jeder Mitarbeiter soll die Chance haben, für ihn passende Qualifizierungsmaßnahmen zu besuchen. | |
| 8. | Neben Seminaren sollen verstärkt auch Personalentwicklungsmaßnahmen on-the-job genutzt werden. | |
| 9. | Es soll festgestellt werden, welche Kompetenzen im Unternehmen vorhanden sind. | |
| 10. | Es soll ermittelt werden, in welchen Unternehmensbereichen besonders ausgeprägte und in welchen weniger ausgeprägte Kompetenzen vorhanden sind. | |
| 11. | Es wird eine quantitative Grundlage für die Bestimmung unseres Humankapitals benötigt. | |
| 12. | Wir möchten die immateriellen Vermögenswerte einschätzen. | |
| 13. | Es sollen Teilnehmer für einen Förderkreis bestimmt werden. | |
| 14. | Es sollen mögliche Nachfolger für zentrale Positionen im Unternehmen identifiziert werden. | |
| 15. | In der Personalabteilung soll ein Überblick über die Mitarbeiter bestehen, die in Zukunft andere Aufgaben übernehmen können. | |

| Checkliste | ✓ |
|---|---|
| 16. | Es sollen Potenzialträger identifiziert werden, um die sich eine zentrale Stelle im Unternehmen besonders kümmert. |
| 17. | Das Seminarprogramm soll auf die aktuellen Bedürfnisse der Mitarbeiter abgestimmt werden. |
| 18. | Die aktuellen Qualifizierungsschwerpunkte im Unternehmen sollen bestimmt werden. |
| 19. | Es soll für einzelne Unternehmensbereiche bestimmt werden, welche Seminarangebote gemacht werden. |
| 20. | Das Angebot an Personalentwicklungsmaßnahmen soll vor dem Hintergrund der Anforderungen kritisch hinterfragt werden. |
| 21. | Mitarbeiter sollen entsprechend ihrer Leistung vergütet werden. |
| 22. | Mitarbeiter und Führungskräfte sollen für die Leistungsorientierung in unserem Unternehmen sensibilisiert werden. |
| 23. | Mitarbeiter sollen aufgrund einer Beurteilung gerecht vergütet werden. |
| 24. | Mitarbeiter sollen motiviert werden, ihre Leistung zu steigern. |

Überprüfen Sie nun, welche Schwerpunkte Sie hinsichtlich der verschiedenen Zielsetzungen gewählt haben, und ordnen Sie dabei die Aussagen wie folgt zu:

## 2.1.2 Welche Ziele haben Sie in der Checkliste gesetzt?

**Aussagen 1 bis 4:**
**Unterstützung einer einheitlichen Führungskultur**
Bei der Einführung von Beurteilungssystemen steht die Unterstützung der Führungskultur im Vordergrund. Dabei geht es den Verantwortlichen vor allem darum, Standards zu setzen, um so sicherzustellen, dass die Führungskräfte im Unternehmen auf ähnliche Instrumente und Vorgehensweisen in ihrer Führungsarbeit zurückgreifen. Die alljährliche Beurteilung ist ein Instrument, das Standards im Hinblick auf die zu bewertenden Anforderungen setzt. Das heißt, im Unternehmen wird ein gemeinsames Verständnis dafür

geschaffen, woran die Leistung und die Arbeitsweise eines Mitarbeiters zu messen ist. Durch einheitliche Beurteilungskriterien können Anforderungen in den Vordergrund gestellt werden, die in der Vergangenheit noch weniger relevant waren. Das Beurteilungskriterium „Diversity Management" als Wille und Fähigkeit mit Unterschiedlichkeit, z. B. verschiedenen Kulturen oder Charakteren umzugehen, ist ein gutes Beispiel hierfür. Es findet sich in vielen neuen Beurteilungsleitfäden wieder, um gerade in international tätigen Unternehmen die Offenheit für Unterschiedlichkeit zu fördern und somit auch bei der Beurteilung der Mitarbeiter in den Fokus zu rücken.

**Aussagen 5 bis 8:**
**Gezielte individuelle Personalentwicklung aller Mitarbeiter**
In den vorangegangenen Kapiteln ist bereits deutlich geworden, dass ein wichtiger Zielschwerpunkt in der Mitarbeiterbeurteilung darin besteht, bedarfsorientierte, individuelle Personalentwicklung zu realisieren. Aufgrund der differenzierten Einschätzung von Stärken und Entwicklungsfeldern der Mitarbeiter soll gezielt für jeden einzelnen Mitarbeiter bestimmt werden, durch welche Aktivitäten und Unterstützungsmaßnahmen er seine Leistung und seine Arbeitsweise optimieren kann. Im Gegensatz zu allgemeinen Qualifizierungsmaßnahmen, die häufig für ganze Gruppen von Mitarbeitern gelten, steht dabei das Individuum mit seinen persönlichen Stärken und Entwicklungsfeldern im Vordergrund.

**Aussagen 9 bis 12: Transparenz über das Humankapital**
Im Zuge der neuen Richtlinien zur Bewertung von Unternehmen sind die immateriellen Vermögenswerte, zu denen auch das Humankapital, also die Kompetenzen der Mitarbeiter, gehört, immer stärker in den Vordergrund gerückt. Mitarbeiterbeurteilungen können insofern auch dazu beitragen, das Humankapital zu bestimmen.

**Aussagen 13 bis 16: Transparenz über Potenzialträger**
Neben der individuellen Personalentwicklung verfolgen Unternehmen auch das Ziel, einen Überblick über Potenzialträger im Unternehmen zu erhalten, um diese Information z. B. für die zukünftige Besetzung von Schlüsselpositionen einzuplanen. Dieses Know-how kann auch dazu benutzt werden, dass die Potenzialträger über die individuelle Entwicklung durch die Führungskraft

hinaus auch von zentraler Stelle, z. B. im Rahmen von Förderprogrammen, speziell gefördert werden.

**Aussagen 17 bis 20: Transparenz über Qualifizierungsbedarfe**
Neben dem Standard-Repertoire an Personalentwicklungsmaßnahmen, wie z. B. Standard-Seminarangeboten, die in vielen Unternehmen vorhanden sind, verlagern sich mit der Zeit die Qualifizierungsbedarfe im Unternehmen. Mitarbeiterbeurteilung mit anschließender Definition des Qualifizierungsbedarfs kann auch dazu genutzt werden, dass im Personalbereich die Informationen bezüglich der Bedarfsschwerpunkte gebündelt werden. Auf diese Weise kann das Angebot an Personalentwicklungsmaßnahmen aktualisiert und bedarfsgerecht ausgerichtet werden.

**Aussagen 21 bis 24: Grundlage für die variable Vergütung**
Schließlich werden Beurteilungssysteme auch dafür genutzt, die Leistungsorientierung im Unternehmen zu fördern. Dies geschieht vor allem dadurch, dass Vergütungsbestandteile an die Beurteilung der Leistungen der Mitarbeiter sowie auch deren Arbeitsweise gekoppelt wird. Durch die Etablierung eines standardisierten Systems wird dabei vor allem das Ziel verfolgt, eine möglichst vergleichbare und objektivierte Bewertungsgrundlage für die Bestimmung der Vergütung der Mitarbeiter zu erhalten.

## 2.2 Mitarbeiterbeurteilung im Rahmen des Talentmanagements

Die Ursache für die Fokussierung auf „Talente" im Rahmen der Personalentwicklungsaktivitäten liegt primär in der aktuellen Entwicklung auf dem Arbeitsmarkt der westlichen Industrieländer. Der demografische Wandel führt dazu, dass zum einen grundsätzlich ein Mangel an qualifizierten Fach- und Führungskräften besteht. Zum anderen ist der Bedarf an qualifizierten Mitarbeitern für anspruchsvolle Positionen gegenüber geringqualifizierten Mitarbeitern gestiegen. Hinzu kommt, dass Mitarbeiter sehr viel eher bereit sind, den Arbeitgeber zu wechseln, als dies vor einigen Jahren noch der Fall war. Ein durch das Internet transparenter Arbeitsmarkt, auch mit vielfältigen Möglichkeiten für Mitarbeiter, sich als erfahrene und qualifizierte Arbeitskraft öffentlich zu machen, trägt dazu bei, dass der Druck auf Unternehmen steigt, talentierte Mitarbeiter zu gewinnen und zu halten.

Das Talentmanagement fokussiert sich dabei nicht auf die Gesamtheit der Mitarbeiter und Positionen im Unternehmen, sondern auf besonders kritische Zielgruppen, also die nachhaltige Besetzung von Zielpositionen, die besonders wichtig für den Unternehmenserfolg sind und für die ein vergleichsweise hoher Personalbedarf besteht. Demzufolge stehen Führungspositionen sowie erfolgskritische Fachfunktionen, die z. B. mit kompetenten Ingenieuren besetzt werden müssen, im Vordergrund. Der Begriff des Talentmanagements hat jedoch eine Dehnung erfahren, sodass in manchen Unternehmen alle Mitarbeiter als Zielgruppe des Talentmanagements gesehen werden. Wir bleiben hier jedoch bei der Fokussierung auf Talente als Potenzialträger für besonders erfolgskritische Positionen, um es klar von den allgemeinen Personalmarketing- und Personalentwicklungsaktivitäten abzugrenzen.

Konsequenterweise richten sich die Aktivitäten des Talentmanagement zum einen auf den externen Arbeitsmarkt aus, wo zu beobachten ist, dass der vielgeschilderte „War for talents" immer aktiver und zum Teil auch aggressiver ausgefochten wird. Die Mitarbeiterbeurteilung hat primär Relevanz für die unternehmensinternen Talentmanagement-Aktivitäten. Hier geht es darum

1. Talentierte Mitarbeiter frühzeitig zu erkennen, die über das Potenzial verfügen, erfolgskritische Positionen erfolgreich auszufüllen
2. Potenzialträger zu fördern und auf neue Aufgaben vorzubereiten
3. Potenzialträger an das Unternehmen zu binden
4. Talentpools anzulegen und Transparenz über Potenzialträger herzustellen
5. Über eine systematische Nachfolgeplanung sicherzustellen, dass erfolgskritische Positionen mit entsprechenden internen Potenzialträgern besetzt werden

Die Mitarbeiterbeurteilung ist ein Instrument, das sich grundsätzlich an alle Mitarbeiter eines Unternehmens richtet und die Grundlage für breit angelegte Personalentwicklungsaktivitäten darstellt. Darüber hinaus liefert sie jedoch auch für die besondere Zielgruppe der „Talente" oder „Potenzialträger" einen wesentlichen Beitrag zum Talentmanagement. Wollen Sie ein gezieltes Talentmanagement realisieren, so ist eine regelmäßige Mitarbeiterbeurteilung unverzichtbar. Dabei haben die oben dargestellten Stufen 1 bis 5 jeweils Implikationen für die Mitarbeiterbeurteilung.

## Stufe 1: Talentierte Mitarbeiter frühzeitig erkennen

Das zumeist jährliche Beurteilungsgespräch ist der Anlass für Mitarbeiter und Führungskraft, um über Stärken, Schwächen und Potenziale zu sprechen sowie über die Karrierevorstellungen des Mitarbeiters. In dem Standardbeurteilungsbogen, der in Kapitel 1.1 dargestellt ist, ist daher auch eine Potenzialeinschätzung im Sinne eines stellenbezogenen, horizontalen oder vertikalen Potenzials vorgesehen. Planen Sie die Einführung von Talentmanagement, so sollten Sie folgende Dinge in Ihrem Beurteilungssystem berücksichtigen:

- Führungskräften fällt es häufig schwer, zwischen Leistung und Potenzial eines Mitarbeiters zu unterscheiden. In Kapitel 1.3.5 wird eine Anleitung zur Einschätzung von Potenzial, d. h. von potenzieller zukünftiger Leistungsfähigkeit gegeben. Geben Sie diese Ihren Führungskräften ergänzend zum Beurteilungsbogen an die Hand, um Potenzial sicher zu erkennen. Stellen Sie ebenso im Rahmen einer Schulung der Führungskräfte zum Beurteilungsgespräch sicher, dass diese die Gelegenheit haben, die Einschätzung von Potenzial zu trainieren.
- Sehen Sie im Bogen vor, dass mögliche attraktive Aufgaben oder Zielpositionen bereits möglichst präzise geschildert werden. Dies kann bedeuten, dass Sie spezifischere Kategorien als die drei im Standardbogen vorhandenen vorgeben müssen. Hierzu gehört z. B. auch die Angabe von Wünschen in Bezug auf den Einsatzort des Mitarbeiters (Standorte, Länder).
- Ergänzen Sie die Potenzialaussagen und Zielpositionen bzw. -Aufgaben um zeitliche Angaben, sodass auch die Information vorliegt, zu welchem Zeitpunkt der Mitarbeiter bereit sein kann, um eine bestimmte Funktion zu übernehmen.
- Richten Sie den Fokus nicht nur auf Potenzialträger für Führungslaufbahnen, sondern bewusst auch auf für Sie relevante verantwortungsvolle Fachfunktionen.

**Stufe 2: Potenzialträger fördern und auf neue Aufgaben vorbereiten**

Die Entwicklungsziele für den Potenzialträger vor Augen geht es nun darum, geeignete Fördermaßnahmen zu definieren. In Kapitel 1.5 sind verschiedene Entwicklungsmaßnahmen und ihre Eignung für verschiedene Qualifizierungsziele dargestellt. Bei der Förderung von Potenzialträgern steht vor allem die Bereitstellung von Herausforderungen im Zentrum der Entwicklungsaktivitäten. Potenzialträger entfalten ihre Potenziale durch die Bewältigung neuer, herausfordernder Aufgabenstellungen. Sie werden daher mit Projekten betraut, nehmen vorübergehend Funktionen in anderen Ländern wahr, übernehmen erste kleinere Führungsaufgaben, arbeiten strategische Konzepte aus etc. Nicht immer jedoch sind derartige Fördermaßnahmen von Erfolg gekrönt. Dies liegt zumeist daran, dass die Herausforderung nicht richtig bemessen (also zu klein oder zu groß für den Mitarbeiter war) war und/oder die Begleitung der Fördermaßnahme in Form flankierender Maßnahmen nicht ausreichend war. Die drei Faktoren Herausforderung, richtige Dosierung und flankierende Maßnahmen entscheiden über den Erfolg der Förderung von Potenzialträgern.

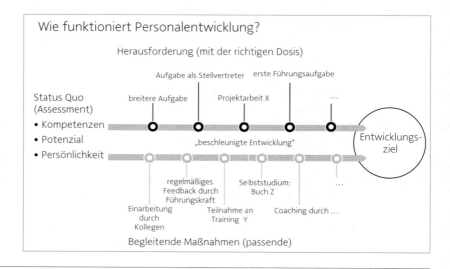

Abb. 1: Drei Faktoren der Personalentwicklung

Typische Herausforderungen für Potenzialträger
- Auslandseinsätze
- Projektmitarbeit/Projektleitung
- Übernahme einzelner Führungsaufgaben des Vorgesetzten
- Übernahme anspruchsvoller konzeptioneller Aufgaben
- Übernahme von Präsentationen und repräsentativen Aufgaben

Bestimmung der geeigneten Dosis an Herausforderung
- Sorgfältige Potenzialanalyse durch die Führungskraft
- Start mit kleineren Herausforderungen, später systematische Steigerung
- Teilnahme an internen Potenzialanalyseveranstaltungen, wie z. B. Development-Centern

Typische flankierende Maßnahmen
- Regelmäßige Coachinggespräche mit der Führungskraft
- Bereitstellung eines Mentors (andere Führungskraft)
- Klassische Seminar-/Weiterbildungsmaßnahmen
- Besondere Förderprogramme für High Potentials

Planen Sie die Einführung von Talentmanagement, so sollten Sie demnach folgende Dinge in Ihrem Beurteilungssystem berücksichtigen:

- Geben Sie Mitarbeitern und Führungskräften in der Anleitung zur Mitarbeiterbeurteilung Beispiele für Herausforderungen im Arbeitsalltag an die Hand und sensibilisieren Sie sie z. B. auch in den Schulungen für Führungskräfte für die Bedeutung von Herausforderungen on-the-job.
- Bieten Sie Beratungsgespräche mit der Personalabteilung an, um gemeinsam nach geeigneten Herausforderungen und flankierenden Maßnahmen zu suchen.
- Planen Sie im weiteren Talent-Management-Prozess weitere Tools zur Objektivierung der Potenzialeinschätzung und zur Bestimmung der richtigen „Dosis an Herausforderung" ein. Hierzu gehören z. B. die Besprechung von Potenzialträgern verschiedener Teams im Rahmen so genannter „Sichtungsrunden" oder auch interne Development-Center (interne Potenzialanalyseverfahren nach der Assessment-Center-Methodik).

### Stufe 3: Potenzialträger an das Unternehmen binden

Potenzialträger sind Mangelware und gemäß der bisher geschilderten Aktivitäten wird besonders in sie und ihre Entwicklung investiert. Der Bindung dieser Mitarbeiter kommt daher ein hoher Stellenwert zu. Planen Sie die Einführung von Talentmanagement, so sollten Sie demnach folgende Dinge in Ihrem Beurteilungssystem berücksichtigen:

- Sehen Sie im Beurteilungsbogen vor, dass die Zufriedenheit des Mitarbeiters mit seinen jetzigen Aufgaben erfragt wird. So kann akute Unzufriedenheit frühzeitig aufgedeckt werden, die bei weniger konkreter Nachfrage eventuell nicht offen thematisiert worden wäre.
- Sensibilisieren Sie die Führungskräfte in der Anleitung zur Mitarbeiterbeurteilung sowie in den Schulungen für die Bedeutung von konkreten und verbindlichen Vereinbarungen zu Personalentwicklungsmaßnahmen. Nichts ist frustrierender für einen engagierten Potenzialträger als nicht eingehaltene Versprechen.
- Betonen Sie gleichzeitig in allen Dokumenten, Präsentationen und Schulungen, dass im Beurteilungsbogen vermerkte Zielpositionen und -aufgaben Wünsche des Mitarbeiters darstellen, die jedoch nicht garantiert erfüllt werden können. Schaffen Sie auf jeden Fall eine realistische Erwartungshaltung. Enttäuschungen können genauso wenig komplett vermieden werden wie die Kündigung eines Potenzialträgers, da er in einem anderen Unternehmen schneller Karriere machen konnte. Sie können jedoch die Wahrscheinlichkeit einer Enttäuschung verringern.

### Stufen 4 und 5: Talentpools anlegen und erfolgskritische Positionen mit Potenzialträgern besetzen

Talentmanagement funktioniert nur unter der Voraussetzung, dass Informationen über Potenzialträger und für sie in Frage kommende Zielpositionen an zentraler Stelle vorliegen. Planen Sie die Einführung von Talentmanagement, so sollten Sie demnach folgende Dinge in Ihrem Beurteilungssystem berücksichtigen:

- Überlegen Sie frühzeitig, welche Informationen Sie an zentraler Stelle über die Mitarbeiter benötigen und wer genau den Zugang zu den Daten braucht.

- Klären Sie Zugriffsrechte bzw. die Vertraulichkeit von Informationen frühzeitig mit der Mitarbeitervertretung.

- Ziehen Sie die Dokumentation der Mitarbeiterbeurteilungen, zumindest
die der Potenzialträger mithilfe eines IT-Tools in Betracht. Dies erleichtert
den schnellen Zugang zu Daten, Auswertungen zu einzelnen Unternehmensbereichen oder bestimmten Qualifikationen sowie ein Matching zwischen vakanten Positionen und vorhandenen Potenzialträgern.

## 2.3 Was und wie sollte beurteilt werden?

Die Frage, was beurteilt werden sollte, zielt auf die zugrunde liegenden Beurteilungskriterien. In vielen Unternehmen existieren allgemein verbindliche
Kompetenzmodelle, die mit den darin definierten Anforderungen, wie z. B.
unternehmerisches Denken, Kundenorientierung oder Führungskompetenz,
die Grundlage für ein Mitarbeiterbeurteilungssystem darstellen. Macht es jedoch Sinn, ein solches allgemein verbindliches, jedoch unternehmensspezifi-
sches Kompetenzmodell für das gesamte Unternehmen zu nutzen?

Im ersten Schritt sollten Sie entscheiden, welche der im Folgenden aufgeführten Varianten für Ihr Beurteilungssystem in Frage kommt:

**Variante 1: Beurteilung anhand unternehmensweit gültiger Kriterien**
Bei dieser ersten Variante wird im Unternehmen definiert, welche Anforderungen vor dem Hintergrund der Branche, der Aufgabenschwerpunkte und
der Unternehmenskultur in diesem Unternehmen als besonders wichtig erachtet werden. Diese Anforderungen bilden die Bewertungsgrundlage für alle
Mitarbeiter des Unternehmens.

| Vorteil | • Möglichkeit, anhand von verbindlichen Bewertungsstandards die Kultur im Unternehmen zu beeinflussen und die Bewertungsstandards Ihrer Führungskräfte zu vereinheitlichen. |
|---|---|

| Nachteil | ▪ Die Kriterien bleiben zwangsläufig sehr allgemein, da sie auf alle möglichen Positionen im Unternehmen angewandt werden müssen. |
|---|---|

**Variante 1a: unternehmensweit gültige Kriterien ohne positionsspezifische Anforderungsprofile**

Sie definieren lediglich die unternehmensweit gültigen Beurteilungskriterien (z. B. strategisches Denken, Diversity Management oder fachliche Kompetenz). Darüber hinaus wird nicht definiert, wie stark die Leistungen bezüglich dieser Kriterien auf verschiedenen Positionen ausgeprägt sein sollten. Die geeignete Bewertungsskala ist in diesem Falle anforderungsbezogen. Anhand von Skalenausprägungen, wie „erfüllt die Anforderungen nicht", „erfüllt die Anforderungen zum Teil", „erfüllt die Anforderungen" und „übertrifft die Anforderungen" nimmt die Führungskraft die Einschätzung relativ zu den Anforderungen an die Position vor.

| Vorteil | ▪ Das Vorgehen ist wenig aufwändig, da nur die allgemeinen Kriterien festzulegen sind.<br>▪ Die Führungskraft hat die Freiheit, das Anforderungsniveau stellenbezogen festzulegen. |
|---|---|
| Nachteil | ▪ Die allgemeinen Kriterien werden je nach Position und vor allem je nach Führungskraft mit ganz unterschiedlichen Anforderungen „gefüllt", da dieser Interpretationsspielraum und die Definition der Höhe der Anforderungen der Führungskraft überlassen wird. Der Grad der Objektivierung der Bewertungen ist geringer als bei anderen Varianten. |

Stellen Sie als Führungskraft sicher, dass Sie und Ihre Mitarbeiter die allgemeinen Beurteilungskriterien vergleichbar interpretieren und dass Ihre Mitarbeiter über Ihre Anforderungen informiert sind (s. Kapitel 1.2 „Bereiten Sie Ihre Mitarbeiter auf das Gespräch vor"). Es kommt sonst leicht zu Irritationen im Gespräch, die allein auf der Tatsache beruhen, dass Sie unter den Anforderungen etwas anderes verstehen als ihr Mitarbeiter.

**Variante 1b: unternehmensweit gültige Kriterien mit positionsspezifischen Verhaltensbeschreibungen**

Auch in diesem Falle definieren Sie zunächst die unternehmensweit gültigen Beurteilungskriterien. Danach gehen Sie in Ihrer Definition noch weiter und überlassen es nicht der beurteilenden Führungskraft, die gewünschte Anforderung auf einer bestimmten Position zu definieren. Vielmehr beschreiben Sie auch, welche Verhaltensweisen bezüglich der Kriterien auf verschiedenen Positionen gezeigt werden sollten.

▶ **BEISPIEL: „Unternehmerisches Denken"**

**Anforderungen an die 1. Führungsebene**
- Analysiert systematisch das Marktumfeld und externe Einflussgrößen
- Entwickelt vorausschauende Strategien für seinen Verantwortungsbereich
- Optimiert Strukturen und Prozesse in seinem Verantwortungsbereich, sodass maximale Effizienz erzielt wird

**Anforderungen an Sachbearbeiter**
- Setzt Arbeitsmittel kostenorientiert ein
- Sucht Möglichkeiten, die Effizienz in seiner Arbeitsweise zu erhöhen
- Blickt über den Tellerrand und erkennt Folgekosten oder Auswirkungen für andere Kollegen

Auch in diesem Falle eignet sich die anforderungsbezogene Bewertungsskala.

| | |
|---|---|
| Vorteil | • Vertretbarer Aufwand, wenn die Anforderungen für Hierarchieebenen oder für wenige Job-Familien anstelle von Einzelpositionen definiert werden. |
| | • Vereinheitlichtes Anforderungsniveau mit weniger Interpretationsspielraum für die einzelne Führungskraft. |
| Nachteil | • Werden die Verhaltensbeschreibungen für wenige Job-Familien oder Hierarchieebenen vorgenommen, bleiben die Beschreibungen zwangsläufig immer noch abstrakt. Erhöhen Sie die Anzahl der Job-Familien, für die Sie die Verhaltensbeschreibungen pro Kriterium definieren, so wird der Aufwand wiederum schnell sehr hoch. |
| | • Es entsteht Pflegeaufwand bei Änderungen von Job-Profilen und Verantwortlichkeiten im Unternehmen. |

**Variante 1c: unternehmensweit gültige Kriterien mit positionsspezifischen Schwierigkeitsausprägungen**

Nachdem Sie zunächst die unternehmensweit gültigen Beurteilungskriterien definiert haben, gilt es, im nächsten Schritt das Anforderungsniveau auf verschiedenen Positionen festzulegen. Anstelle der anforderungsbezogenen Skala eignet sich in diesem Falle die Arbeit mit Schwierigkeitsstufen. Sie definieren somit, welche Schwierigkeitsstufe auf welcher Position benötigt wird. Als Grundlage hierfür ist es jedoch notwendig, zunächst für alle Beurteilungskriterien alle Schwierigkeitsausprägungen zu beschreiben

▶ **BEISPIEL: „Diversity Management"**

Stufe 1: Ist sich der Unterschiede zwischen Personen und Kulturen im Unternehmen bewusst.

Stufe 2: Akzeptiert Unterschiede zwischen Charakteren und stellt sich auf Kollegen anderer Kulturen ein.

Stufe 3: Schätzt verschiedene Charaktere mit ihren spezifischen Stärken und Schwächen und arbeitet vorbildlich konstruktiv mit Kollegen anderer Kulturen zusammen.

Stufe 4: Setzt sich proaktiv für die Nutzung unterschiedlicher Stärken und Schwächen ein und schafft die Voraussetzungen für eine konstruktive Zusammenarbeit zwischen den Kulturen.

Anhand dieser Beschreibungen werden schließlich die passenden Schwierigkeitsstufen für einzelne Positionen oder Hierarchieebenen festgelegt.

| | |
|---|---|
| Vorteil | • Vergleichbarkeit zwischen verschiedenen Positionen ist gegeben. |
| | • Viele Unternehmen nehmen auch je nach Branche allgemein benötigte Fachkompetenzen (z. B. bankwirtschaftliches Know-how, IT-Kompetenzen, Logistik-Know-how etc.) mit in ihre Anforderungskriterien auf. Die Formulierung von Schwierigkeitsstufen eignet sich für diese fachlichen Anforderungen sehr gut, da von Grundkenntnissen bis hin zur inhaltlichen Weiterentwicklung von fachlich relevanten Konzepten die Spannweite der fachlichen Kompetenz gut dargestellt werden kann. |
| Nachteil | • Es entsteht Pflegeaufwand bei Änderungen von Job-Profilen und Verantwortlichkeiten im Unternehmen. |

**Variante 2: Beurteilung anhand positionsspezifischer Kriterien**

In diesem Fall werden keine unternehmenseinheitlichen Bewertungskriterien aufgestellt. Vielmehr wird Wert darauf gelegt, dass für jede Positionsgruppe oder Job-Familie eigene Anforderungen definiert werden, die die Anforderungen im Arbeitsalltag möglichst konkret beschreiben. Während dann für den Vertrieb Anforderungen wie z. B. Kundenorientierung, Kontaktfähigkeit, Überzeugungskraft und Verhandlungsgeschick als Beurteilungskriterien definiert werden, fokussieren Sie bei den Anforderungen an das Controlling auf Anforderungen, wie z. B. Gewissenhaftigkeit, analytisches Denkvermögen, Zahlenverständnis und unternehmerisches Denken.

| Vorteil | • Hohe Identifikation der Führungskräfte und Mitarbeiter mit den Anforderungen, da diese ganz offensichtlich spezifisch für die Tätigkeit sind. |
|---|---|
| Nachteil | • Es fehlt sowohl die Vergleichbarkeit zwischen einzelnen Bewertungen auf verschiedenen Positionen als auch die kulturstiftende Klammer. Daher wird diese Variante nur sehr selten gewählt.<br>• Der Erstellungs- und Pflegeaufwand ist sehr hoch. |

Weitere Informationen zur Gestaltung eines passenden Beurteilungsbogens und z. B. zur Auswahl der passenden Bewertungsskala finden Sie in Kapitel 1.1 „Schnell zum praktischen Beurteilungsbogen".

**Bewertungskriterien im internationalen Kontext**

Wollen Sie Ihr Beurteilungsinstrument international anwenden, stellt sich unmittelbar die Frage, ob alle bisher als Beispiele oder in dem allgemeinem Beurteilungsbogen dargestellten Kriterien sinnvoll sind. Gerade Kriterien, die sich auf zwischenmenschliche oder Führungskompetenzen beziehen scheinen kulturelle Unterschiede zu negieren. Orientieren Sie sich daher bei der Auswahl von Bewertungskriterien im internationalen Kontext an folgenden Regeln:

1.  Konzentrieren Sie sich auf eine geringe Anzahl von Kriterien, die weniger beeinflusst sind durch kulturelle Einflüsse.
    Es gibt keine Anforderungskriterien, die in allen Kulturen gleich interpretiert und gewichtet werden. Allerdings sind Leistungskriterien wie z. B. Arbeitsqualität und -quantität Basiskriterien, die in allen Kulturen als wichtig erachtet und ähnlich interpretiert werden. Aspekte wie z. B. „Durchset-

zungsvermögen" oder gar „Feedbackkompetenz" sind in einigen Kulturen sehr, in anderen gar nicht gewünscht und dementsprechend auch nicht erfolgskritisch für Mitarbeiter. Aus den Beispielen wird gleichermaßen deutlich, dass im internationalen Kontext weniger, eher breit angelegte Anforderungen verwendet werden sollten. Das Kriterium „soziale Kompetenz" z. B. beinhaltet so viele mögliche verschiedene Verhaltensweisen, dass es in jeder Kultur relevant ist, da es unterschiedlich mit Inhalt gefüllt wird.

2. Orientieren Sie sich an grundlegenden Unternehmenswerten.

Selbst wenn einige Kriterien, die Sie spontan für wichtig erachten und daher bewerten lassen wollen, nicht in jeder Kultur als gleichermaßen wichtig erachtet werden, kann es legitim sein, diese in das Beurteilungssystem aufzunehmen. Dies gilt vor allem dann, wenn Sie unabhängig von der Kultur der einzelnen Länder im Unternehmen bestimmte Werte fördern und eine eigene Unternehmenskultur gestalten wollen. In diesem Moment ist es nicht wichtig, ob von Führungskräften in allen Ländern gleichermaßen aufgrund der Kultur erwartet wird, dass sie ihre Mitarbeiter entwickeln und fördern. Wichtig ist, dass Sie in Ihrem Unternehmen eine bestimmte Führungskultur etablieren wollen und daher auch „Mitarbeiterentwicklung" als einen Aspekt in der Bewertung Ihrer Führungskräfte aufnehmen.

3. Lassen Sie lokal „übersetzen", welches die konkreten erwünschten Verhaltensweisen sind.

Nachdem Sie wenige Kompetenzen ausgewählt haben, die nicht eng definiert sind, sondern Unterkompetenzen und je nach Kultur auch verschiedene erwünschte Verhaltensweisen beinhalten, sollte nun in den Ländern die „Übersetzungsarbeit" stattfinden. Hiermit ist jedoch nicht primär die Übersetzung in eine andere Landessprache gemeint, sondern die Operationalisierung der Kriterien für die jeweilige Kultur. Was also bedeutet jetzt „soziale Kompetenz" in Japan? Welche Verhaltensweisen eines Mitarbeiters sind erwünscht? Was wird wiederum unter dieser Überschrift in den USA erwartet? Dies führt zu einer geringeren Vergleichbarkeit der Beurteilungen zwischen verschiedenen Ländern. Es ermöglicht jedoch eine inhaltlich sinnvolle Rückmeldung entsprechend der realen Anforderungen und somit auch eine gute Grundlage für eine zielgerichtete Entwicklung des Mitarbeiters.

## 2.4 Wie läuft der Beurteilungsprozess ab?

Neben der Frage, was in Ihrem Beurteilungssystem bewertet werden soll, ist darüber hinaus auch zu klären, wie der Beurteilungsprozess abläuft. Die folgende Grafik stellt einen typischen Prozess der Mitarbeiterbeurteilung dar. Im konkreten Fall werden Sie, abhängig von Ihrer Zielsetzung, ggf. Abwandlungen vornehmen.

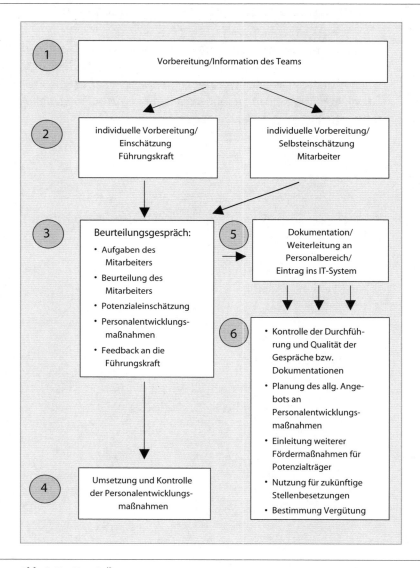

Abb. 2: Der Beurteilungsprozess

## 2.4.1 Schritt 1: Vorbereitung und Information des Teams

Vor allem bei der ersten Einführung eines Beurteilungssystems sollte verbindlich vereinbart werden, dass die Führungskräfte im Rahmen eines regulären oder extra hierfür einberufenen Team-Meetings Ihre Mitarbeiter umfassend über die anstehenden Beurteilungen sowie die damit verbundenen Gespräche informieren. In Kapitel 1.2 finden Sie eine konkrete Anleitung für die Gestaltung eines solchen Treffens, die Sie Ihren Führungskräften zur Verfügung stellen können. Ziel ist es, dass die Mitarbeiter gut informiert und mit der Beurteilung eventuell verknüpfte Befürchtungen genommen werden.

## 2.4.2 Schritt 2: Individuelle Vorbereitung: Mitarbeiter und Führungskraft

Neben der individuellen Vorbereitung der Führungskraft, die dabei sowohl die Beurteilung des Mitarbeiters als auch das Vorgehen im Gespräch plant, ist es wichtig, dass auch der Mitarbeiter eine Selbsteinschätzung vornimmt. Diese Vorbereitung trägt viel zu einem fundierten Beurteilungsgespräch bei und fördert die kritische Auseinandersetzung mit den Stärken und Entwicklungsbereichen des Mitarbeiters.

Normalerweise werden bei der Einführung eines Beurteilungssystems die Führungskräfte intensiv geschult, um die Gespräche möglichst optimal zu führen. Die Mitarbeiter hingegen werden häufig nur mit knappen Informationen versehen, sodass eine qualifizierte Selbsteinschätzung der Mitarbeiter nur dann möglich ist, wenn das Vorbereitungstreffen gemeinsam mit den entsprechenden Führungskräften tatsächlich optimal verläuft. Sie sollten daher von zentraler Stelle sicherstellen, dass auch die Mitarbeiter durch geeignete Informationsbroschüren und Informationsveranstaltungen gut auf die Beurteilung vorbereitet sind. Schulungen in Form von internen Webinaren ermöglichen die gleichzeitige Teilnahme einer Vielzahl von Mitarbeitern unabhängig von deren Arbeitsort. Des Weiteren können Sie das Webinar auch zum Download zur Verfügung stellen, sodass sich Mitarbeiter auch zeitunabhängig umfassend informieren können. Sie sollten daher diese modernen, kostengünstigen und praktischen Möglichkeiten nutzen, um neben den Führungskräften auch die Mitarbeiter umfassend vorzubereiten.

## 2.4.3    Schritt 3: Das Beurteilungsgespräch

Das Beurteilungsgespräch, an dem der Mitarbeiter und sein Vorgesetzter teilnehmen, hat zumeist folgende Inhalte:

- Aufgabenbereiche des Mitarbeiters
- Beurteilung des Mitarbeiters
- Einschätzung der Potenziale des Mitarbeiters
- Planung von Personalentwicklungsmaßnahmen
- Feedback an die Führungskraft

Der letzte Teil ist nicht in allen Beurteilungssystemen vorgesehen. Das Beurteilungsgespräch stellt jedoch eine gute Gelegenheit dar, auch Feedback vom Mitarbeiter zu erhalten. Hinweise zur konstruktiven Gestaltung dieses Gespräches finden Sie in Kapitel 1.7. Lassen Sie Ihren Führungskräften diese Informationen in komprimierter Form zukommen, sodass sie möglichst optimal auf das Gespräch vorbereitet sind. Auch sollten Techniken der Gesprächsführung zur Führungskräfte-Schulung gehören.

## 2.4.4    Schritt 4: Umsetzung und Kontrolle der Personalentwicklungsmaßnahmen

Wie bei vielen anderen Systemen entscheidet sich der Erfolg Ihres Beurteilungssystems daran, ob es auch nachhaltig für die Gestaltung der Zusammenarbeit sowie vor allem für die Personalentwicklung des Mitarbeiters genutzt wird. Umso wichtiger ist es, dass im Nachgang zu dem Beurteilungsgespräch die Umsetzung der vereinbarten Maßnahmen von beiden beteiligten Personen systematisch kontrolliert wird. Hinweise zur Unterstützung der Nachhaltigkeit von vereinbarten Personalentwicklungsmaßnahmen finden Sie in Kapitel 1.6.

## 2.4.5 Schritt 5: Dokumentation und Weiterleitung der Ergebnisse an den Personalbereich bzw. Eintrag ins IT-System

Ob Ergebnisse aus den Beurteilungsgesprächen an den Personalbereich weitergeleitet werden und in welcher Form, hängt maßgeblich von der Zielsetzung des Beurteilungssystems ab. Grundsätzlich sollte der Personalbereich jedoch Einblick in die dokumentierten Ergebnisse der Beurteilungsgespräche erhalten, um wichtige Aktivitäten im Rahmen von Personalentwicklung und Talentmanagement zu starten sowie auch die qualitativ hochwertige Anwendung des Instrumentes Mitarbeiterbeurteilung sicherzustellen. Die Ergebnisdokumentation sollte naturgemäß sowohl der Führungskraft als auch dem Mitarbeiter zur Verfügung stehen. So können beide unterjährig hierauf zurückgreifen und den Fortschritt des Mitarbeiters und seiner Entwicklungsaktivitäten überprüfen. Wird im Unternehmen ein IT-Tool genutzt, um Beurteilung und Entwicklung des Mitarbeiters (häufig auch in Verbindung mit vereinbarten Zielen) zu dokumentieren, so sollten Mitarbeiter und Führungskraft jederzeit Zugriff auf das Tool haben. In welche Details der Personalbereich und hier wiederum welche Personengruppen Einblick haben, ist im Einzelfall über Zugriffsrechte differenziert zu klären. Genießt jedoch der Personalbereich eine Vertrauensstellung im Unternehmen, so sollten die Zugriffsrechte der betreuenden Personalmitarbeiter möglichst umfassend sein, um so schnell und unkompliziert handeln zu können.

## 2.4.6 Schritt 6: Folgemaßnahmen des Personalbereiches

Je nach Zielsetzung des Beurteilungssystems kann der Personalbereich nun aufgrund der an ihn weitergeleiteten Informationen z. B. die Ausschüttung variabler Vergütungsbestandteile veranlassen, das aktuelle Weiterbildungsangebot des Unternehmens überarbeiten oder ergänzen und besondere Aktivitäten für definierte Potenzialträger einleiten bzw. diese Informationen für die Planung von zukünftigen Stellenbesetzungen nutzen. Wichtig ist selbstverständlich auch die Kontrolle der Durchführung und Durchführungsqualität. Diese stellen einen entscheidenden Erfolgsfaktor dar, wenn es darum geht, ein Beurteilungssystem zu implementieren. Ein Beurteilungssystem wird nur dann nachhaltig und zielführend genutzt, wenn Führungskräfte aktiv aufgefordert werden, die Beurteilungsgespräche zu führen, wenn sie hiermit laut Plan im Verzug sind. Gerade bei der Neueinführung ist es daher wichtig, entsprechende Ressourcen im Personalbereich vorzuhalten, um Führungskräfte aktiv anzusprechen, eventuelle Fragen zu klären und Feedback aufzunehmen, um z. B. für den nächsten Durchgang der Beurteilungsgespräche Optimierungen vorzunehmen. Darüber hinaus sollte ebenfalls stichpunktartig die Qualität der Gesprächsdokumentationen und vereinbarten Personalentwicklungsmaßnahmen überprüft werden. Hieraus ergeben sich z. B. Erkenntnisse über allgemeinen oder individuellen weiteren Schulungsbedarf.

Neben diesem allgemeinen Prozessablauf Ihres Beurteilungsvorgangs müssen bei der Planung des Beurteilungssystems möglichst frühzeitig und konkret Detailfragen geklärt werden. Wenn Sie die in der folgenden Checkliste aufgeführten Fragen nicht frühzeitig geklärt haben, sind Stolperfallen in der Einführung Ihres Beurteilungssystems vorprogrammiert. Empfehlungen zu den verschiedenen Fragestellungen finden Sie im Anschluss an die Checkliste.

| Checkliste: Fragen zur Einführung des Beurteilungssystems ✓ |
| --- |
| A. Fragen zu den beteiligten Personengruppen |
| Welche Hierarchieebenen sollen beurteilt werden? |
| Welche Mitarbeitergruppen sollen nicht beurteilt werden und warum? |
| Wie lange sollte der Mitarbeiter die Position mindestens innehaben, bevor er beurteilt wird? |
| Wer soll generell die Beurteilung vornehmen? |
| Wer nimmt die Beurteilung bei einem Wechsel des Vorgesetzten vor? |
| Wer nimmt die Beurteilung vor, wenn der Mitarbeiter längere Zeit in einem Projekt oder einem anderen Team gearbeitet hat? |
| B. Fragen zur Vertraulichkeit |
| Welche Informationen erhält der nächst höhere Vorgesetzte über die Beurteilung? |
| Welche Informationen erhält die Personalabteilung über die Beurteilung? |

| Checkliste: Fragen zur Einführung des Beurteilungssystems | ✓ |
|---|---|
| A. Fragen zu den beteiligten Personengruppen | |
| Wie werden die Ergebnisse dokumentiert und abgelegt? | |
| C. Fragen zu Folgemaßnahmen | |
| Welche Konsequenzen hat die Beurteilung für den Mitarbeiter? | |
| Wer ist für welchen der folgenden Schritte (vor allem Qualifizierungsmaß-nahmen) verantwortlich? | |

## Empfehlungen zu den beteiligten Personengruppen

Wie breit Sie Ihr Beurteilungssystem einführen, d. h. welche Hierarchieebenen in die Beurteilung involviert sind, richtet sich maßgeblich nach der Zielsetzung Ihres Systems. Wenn der Großteil der Mitarbeiter und Führungskräfte in die Mitarbeiterbeurteilung involviert ist, empfiehlt es sich, Top-down vorzugehen, d. h. mit der obersten Hierarchieebene zu starten. Diese Vorgehensweise unterstützt die Akzeptanz des Vorgehens.

Mitarbeiter, die üblicherweise nicht an der Beurteilung teilnehmen, sind vor allem Leiharbeitskräfte. Darüber hinaus werden für Auszubildende und Praktikanten zumeist eigene Einschätzungsbögen und Beurteilungssysteme entwickelt. Normalerweise sollte ein Mitarbeiter mindestens drei Monate im Unternehmen bzw. auf einer Position arbeiten, sodass eine Beurteilung vorgenommen werden kann. Dies bedeutet z. B., dass ein Mitarbeiter, der die Abteilung gewechselt hat und erst seit einem Monat auf der neuen Position ist, noch von seinem alten Vorgesetzten beurteilt werden sollte. Alternativ dazu kann auch die Regel aufgestellt werden, dass neue Mitarbeiter kurz vor Ablauf der zumeist 6-monatigen Probezeit beurteilt werden, unabhängig vom regulären Rhythmus der Beurteilungen.

Im Regelfall führt der direkte disziplinarische Vorgesetzte das Beurteilungsgespräch durch. Allerdings sollten Sie vor Einführung einer solchen Regelung den Führungsalltag und die Führungsspanne Ihrer Führungskräfte genau betrachten. Wenn die disziplinarischen Vorgesetzten aufgrund der großen Führungsspanne oder auch aufgrund der Projekttätigkeiten der Mitarbeiter nur wenig direkten Kontakt mit ihren Mitarbeitern haben, kann es sehr viel sinnvoller sein, wenn sie von ihren fachlichen Vorgesetzten beurteilt werden oder diese zumindest an der Beurteilung der Mitarbeiter teilnehmen.

Stellen Sie die Akzeptanz Ihres Beurteilungssystems nicht dadurch infrage, dass Sie zu rigide Regeln aufstellen und Führungskräfte z. B. dazu zwingen, jährlich 40 Beurteilungsgespräche zu führen. Fragen Sie sich bei allen Regelungen zum Beurteilungsprozess, inwieweit diese Ihre eigentlichen Zielsetzungen unterstützen und praktisch für alle Anwender sind.

**Empfehlungen zur Vertraulichkeit**
Für den Umgang mit den Ergebnissen der Mitarbeiterbeurteilung sowie dem Verbleib des Beurteilungsbogens finden Unternehmen sehr unterschiedliche Lösungen. Wie bereits dargestellt sollten zunächst einmal sowohl der Mitarbeiter als auch die Führungskraft Zugriff auf die Dokumentation des Beurteilungsgespräches haben, sodass die Dokumentation des Gespräches auch während des Folgejahres vorliegt und beide Seiten immer wieder darauf zurückgreifen können. Selbstverständlich ist die Führungskraft verpflichtet, ausgedruckte oder handschriftlich verfasste Dokumente über Mitarbeiter verschlossen und für Dritte unzugänglich aufzubewahren.

Was nun die Weiterleitung der Informationen aus dem Beurteilungsgespräch an die Personalabteilung bzw. den Zugriff des Personalbereichs auf Informationen aus internen IT-gestützten Tools angeht, so sind vielfältige Lösungen denkbar. Diese hängen zunächst einmal von der Zielsetzung des Beurteilungssystems ab. Denn wenn das Beurteilungssystem genutzt werden soll, um Transparenz im Unternehmen bezüglich der Potenzialträger herzustellen, so müssen diese Informationen selbstverständlich auch zentral zur Verfügung stehen. Darüber hinaus ist diese Frage vor allem vor dem Hintergrund des Vertrauensverhältnisses sowie der Akzeptanz des Personalbereiches im Unternehmen zu bewerten. Je mehr Vertrauen der Personalbereich genießt und je unkritischer Mitarbeiter und Mitarbeitervertretung die Tatsache sehen, dass die Ergebnisse der Beurteilung für die Personalabteilung transparent sind, desto unproblematischer ist auch die Offenlegung differenzierter Informationen gegenüber dieser zentralen Stelle.

Neben dieser Vertrauensfrage sollten Sie bei der Entscheidung, auf welche Informationen der Personalbereich Zugriff haben soll, folgende Fragen stellen:

- Wie wird sich die Weiterleitung der Ergebnisse auf die Akzeptanz des Verfahrens auswirken?
- Lässt sich die Mitarbeitervertretung davon überzeugen sein, dass diese wichtigen Informationen zentral vorliegen und genutzt werden sollten?
- Wie stark ist die Notwendigkeit einer Qualitätskontrolle der Beurteilungen im Personalbereich?
- Wird das Ziel verfolgt, Transparenz bezüglich der Potenziale, der Weiterbildungsbedarfe oder des Humankapitals zu erzielen?
- Wollen Sie die Ergebnisse der Gespräche für das interne Talentmanagement nutzen?
- Sollen Vergütungsbestandteile anhand der Mitarbeiterbeurteilung bestimmt werden?

Die Frage nach der Transparenz der Ergebnisse ist jedoch nicht nur mit einem einfachen Ja oder Nein zu beantworten. Es ist auch möglich, Kompromisslösungen zu formulieren: So kann z. B. auch vereinbart werden, dass Teile der Dokumentation, wie die Potenzialeinschätzung oder die Dokumentation der Personalentwicklungsmaßnahmen, dem Personalbereich zur Verfügung stehen. Darüber hinaus finden Unternehmen sehr häufig Regelungen, nach denen die Beurteilungen nach einem Ablauf von ca. zwei Jahren gelöscht werden, sodass einem Mitarbeiter gegebenenfalls schlechtere Beurteilungen aus vergangener Zeit nicht in der Zukunft vorgehalten werden können.

Neben der Personalabteilung ist darüber hinaus auch denkbar, dass weitere Personengruppen über die Beurteilung des Mitarbeiters informiert werden. Dies ist vor allem dann der Fall, wenn eine Objektivierung der Beurteilungen durch Einbeziehung dritter Personen angestrebt wird. So haben viele Unternehmen die Lösung gefunden, dass der übergeordnete Vorgesetzte — zuweilen sogar alle übergeordneten Vorgesetzten in der direkten Berichtslinie — Einblick in die Beurteilungen, die ihre Führungskräfte vorgenommen haben, haben. So kann sich der Vorgesetzte z. B. auch über eventuelle Beurteilungstendenzen seiner Führungskräfte informieren.

### Empfehlungen zu den Folgemaßnahmen
Auch bezüglich der Folgemaßnahmen stehen Ihnen je nach Zielsetzung Ihres Beurteilungssystems verschiedene Wege offen. Entsprechende Empfehlungen finden Sie in der zielbezogenen Übersicht am Ende von Kapitel 2.2. Generell

ist zu empfehlen, dass die möglichen Folgen und weiteren Aktivitäten nach der Beurteilung möglichst klar definiert werden sollten, damit Unsicherheiten geklärt und Befürchtungen so früh wie möglich ausgeräumt werden können.

**Wie häufig sollte eine Mitarbeiterbeurteilung stattfinden?**
In den meisten Unternehmen werden Beurteilungen einmal im Jahr durchgeführt. Diese Vorgehensweise hat folgende Vorteile:

- Im Laufe eines Jahres vollziehen sich erfahrungsgemäß einige Veränderungen. Ein Mitarbeiter kann sich in diesem Zeitraum deutlich weiterentwickeln und hinsichtlich seiner Leistungen verändern. Auch Umgebungsbedingungen können sich in diesem Zeitraum deutlich verändert haben.
- Beurteilungsgespräche sorgfältig vorzubereiten und ausführlich durchzuführen, kostet sowohl Mitarbeitern als auch Führungskräften Zeit. Werden die Gespräche einmal im Jahr durchgeführt, so wird dies erfahrungsgemäß als vertretbarer Aufwand innerhalb der Führungsarbeit bewertet.
- Im Abstand eines Jahres können sich auch berufliche Perspektiven eines Mitarbeiters durchaus verändern. Interessenschwerpunkte haben sich verschoben, Aufgaben sind eventuell langweilig und zur Routine geworden, sodass es sich lohnt, nach einem Ablauf von 12 Monaten noch einmal über die beruflichen Perspektiven eines Mitarbeiters zu sprechen.

## 2.5 Wie läuft die Implementierung ab?

Unabhängig von der Zielsetzung Ihres Beurteilungssystems hat es sich bei der Einführung der Mitarbeiterbeurteilung bewährt, die in der folgenden Checkliste aufgeführten Projektschritte nacheinander zu durchlaufen:

## 2.5.1 Checkliste: Projektschritte zur Einführung eines Beurteilungssystems

| Checkliste | ✓ |
|---|---|
| 1. | Entscheidung der Geschäftsleitung inklusive Definition der Zielsetzungen, die mit der Beurteilung verfolgt werden |
| 2. | Entwicklung eines ersten Konzeptes zum Beurteilungsinstrument und zum Beurteilungsprozess |
| 3. | Information der Mitarbeitervertretung |
| 4. | Diskussion des Konzeptes gemeinsam mit Vertretern des Betriebsrates, der Führungskräfte und Mitarbeiter |
| 5. | Entwicklung des Beurteilungsinstrumentes und Definition eines verbindlichen Prozesses; Klärung aller offenen Fragen aus Kapitel 2 |
| 6. | Information aller Mitarbeiter und Führungskräfte mithilfe der zur Verfügung stehenden Informationsmedien (vgl. Kapitel 2.4) |
| 7. | Schulung der Führungskräfte sowie gegebenenfalls Schulung der Mitarbeiter |
| 8. | Begleitung der Durchführung durch Beratungsangebote |
| 9. | Kontrolle der Durchführung bzw. der Durchführungsqualität anhand der Gesprächsdokumentationen |
| 10. | Auswertung der positiven Erfahrungen und Verbesserungsansätze mit anschließender Veröffentlichung (z. B. in der Mitarbeiterzeitung) |
| 11. | Start der Folgeprozesse zur Beurteilung je nach Zielsetzung |

Für den gesamten Projektablauf ist es wichtig, dass die Mitarbeitervertretung umfassend involviert ist. So sollten Sie möglichst frühzeitig den Betriebsrat über das Vorhaben informieren und in die weitere Ausgestaltung einbeziehen, denn es besteht sowohl ein Informationsanspruch von Seiten des Betriebsrates als auch ein Mitbestimmungsrecht. Nähere Informationen zu rechtlichen Regelungen finden Sie in Kapitel 6.

In der folgenden Übersicht ist dargestellt, was Sie bei der Etablierung Ihres Beurteilungssystems berücksichtigen sollten, je nachdem, welche Zielsetzung im Vordergrund steht.

## 2.5.2 Übersicht: Beurteilungssysteme gestalten nach individuellen Zielsetzungen

**1. Ziel: Unterstützung einer einheitlichen Führungskultur**

- Beziehen Sie möglichst viele Zielgruppen, Unternehmensbereiche und Hierarchieebenen in Ihr Beurteilungssystem mit ein, um tatsächlich weit reichenden Einfluss auf die Führungskultur in Ihrem Haus zu haben.

- Sorgen Sie für Einblick in die dokumentierten Gesprächsergebnisse an einer zentralen Stelle (Personalbereich), um die Qualität des Bewertungsvorgehens sowie auch die Beurteilungsstandards nachvollziehen und kontrollieren zu können. Bei auffälligen Beurteilungen oder unzureichend ausgeführten Dokumentationen haben Sie so die Gelegenheit, auf die einzelnen Führungskräfte zuzugehen und sie bei Bedarf zu unterstützen.

- Definieren Sie unternehmensweit einheitliche Anforderungskriterien, sodass ein gemeinsames Verständnis der Werte und Anforderungen im Unternehmen besteht.

- Strukturieren Sie den Beurteilungsbogen möglichst stark vor, sodass tatsächlich gewährleistet ist, dass die Vorgehensweise in der Beurteilung sowie im Gespräch möglichst einheitlich vonstattengeht.

- Legen Sie Wert auf eine ausführliche Schulung der Führungskräfte.

**2. Ziel: Gezielte individuelle Personalentwicklung**

- Stellen Sie der Personalabteilung zumindest Informationen zu vereinbarten Personalentwicklungsmaßnahmen zur Verfügung.

- Sehen Sie im Beurteilungsbogen vor, dass eine möglichst differenzierte Ausarbeitung zu den geplanten Personalentwicklungsmaßnahmen erfolgt, d. h. dass konkrete Personalentwicklungsziele, Maßnahmen, Termine und Verantwortliche sowie auch Kontrolltermine angegeben werden müssen.

- Bieten Sie bei der Einführung des Systems Beratung durch die internen Personalexperten an, wenn es darum geht, geeignete Maßnahmen zur Unterstützung der Qualifizierung zu finden.

## 2. Ziel: Gezielte individuelle Personalentwicklung

- Stellen Sie Ihren Führungskräften darüber hinaus auch im Rahmen des Trainings, in schriftlicher Form oder in Ihrem IT-gestützten Dokumentationstool Tipps und Hinweise zur Ableitung passender Personalentwicklungsmaßnahmen zur Verfügung.

- Als Bewertungskriterien eignen sich allgemeine Eigenschaftsbegriffe weniger zur Ableitung von konkreten Personalentwicklungsmaßnahmen, als von positionsspezifischen Aufgaben. Hinweise hierzu finden Sie in Kapitel 1.1.

- Bei ausschließlichem Fokus auf die Personalentwicklung können Sie in Ihrem Beurteilungsbogen durchaus auch auf quantitatives Feedback verzichten. Berücksichtigen Sie dabei jedoch auch, dass hierbei die Gefahr besteht, dass das Feedback eventuell zu wenig konkret vermittelt wird.

## 3. Ziel: Schaffen von Transparenz über das Humankapital

- Beziehen Sie möglichst viele Hierarchieebenen und Unternehmensbereiche mit ein, um einen umfassenden Überblick über das Humankapital zu erhalten.

- Sehen Sie im Beurteilungsbogen auf jeden Fall eine quantitative Form der Beurteilung vor.

- Verwenden Sie unternehmensweit die gleichen Beurteilungskriterien, um auch Vergleiche zwischen Abteilungen und Unternehmensbereichen vornehmen zu können.

## 4. Ziel: Schaffen von Transparenz über Potenzialträger

- Sehen Sie im Beurteilungsbogen vor, dass sowohl Entwicklungsrichtung (horizontal, vertikal oder stellenbezogen) als auch mögliche nächste herausfordernde Aufgaben angegeben werden.

- Stellen Sie Ihren Führungskräften Hilfsmittel zur Verfügung, um eine echte Potenzialeinschätzung anstelle einer Leistungsbeurteilung vorzunehmen.

- Stellen Sie der Personalabteilung zumindest Informationen zur Potenzialeinschätzung zur Verfügung.

- Verwenden Sie in Ihrem Beurteilungsbogen eher allgemeine Eigenschaftsbegriffe, die unabhängig von der Position auch im Hinblick auf weiterführende Aufgaben Gültigkeit haben.

- Sehen Sie in Ihrem Beurteilungsbogen auch vor, dass Fördermaßnahmen für Potenzialträger explizit vereinbart werden, anstatt nur Qualifizierungsmaßnahmen für Defizite zu planen.

### 5. Ziel: Schaffung von Transparenz über Qualifizierungsbedarf

- Stellen Sie der Personalabteilung zumindest Informationen zu vereinbarten Personalentwicklungsmaßnahmen zur Verfügung.

- Sehen Sie im Beurteilungsbogen vor, dass explizit aufgeführt wird, welche Maßnahmen on-the-job, d. h. von Mitarbeiter und Führungskraft selbst organisiert und durchgeführt werden, und welche Maßnahmen in Form von Seminaren durchgeführt werden sollen.

- Erweitern Sie den Beurteilungsbogen um die Frage, welches Angebot dem Mitarbeiter und der Führungskraft im Hinblick auf die Qualifizierungsangebote (z. B. Seminarkatalog) im Unternehmen fehlt.

- Beziehen Sie möglichst viele Hierarchieebenen und Unternehmensbereiche in das Prozedere mit ein, um einen möglichst vollständigen Überblick über den Qualifizierungsbedarf im Unternehmen zu erlangen.

### 6. Ziel: Grundlagen für variable Vergütung

- Sehen Sie auf jeden Fall eine quantitative Beurteilung vor.

- Nutzen Sie alle Möglichkeiten der Objektivierung der Einschätzungen (Definition der Kriterien, Schulung der Führungskräfte und Überprüfung möglicher Beurteilungstendenzen durch Vorgesetzten und Personalbereich).

## 2.6 So schaffen Sie Akzeptanz für das Verfahren

Der Schlüssel für die Akzeptanz des Beurteilungssystems liegt in der offenen und möglichst eindeutigen Kommunikation sowie in der Einbeziehung aller relevanten Interessengruppen in Ihrem Unternehmen. Klären Sie daher zu einem möglichst frühen Zeitpunkt, um bei Fragen und Bedenken der Mitarbeiter und Führungskräfte Antworten parat zu haben. Machen Sie darüber hinaus Gebrauch von den folgenden Nutzenargumenten aus Sicht der Mitarbeiter, der Führungskräfte sowie des Unternehmens, um die beteiligten Gruppen von den Vorteilen der Mitarbeiterbeurteilung zu überzeugen.

### Nutzenargumente aus Sicht der Mitarbeiter
- Gewissheit darüber, wie der Vorgesetzte die Stärken und Entwicklungsfelder einschätzt

- Rückmeldung anhand standardisierter Kriterien, die ebenso für die Kollegen gelten
- Möglichkeit, in regelmäßigen Abständen ein intensives Gespräch mit dem Vorgesetzten über die persönliche Weiterentwicklung zu führen
- Individuell abgestimmte Unterstützung in Form von Qualifizierungs- und Fördermaßnahmen
- Transparenz über realistische Karriereperspektiven
- Möglichkeit, der Führungskraft Rückmeldung zu geben und Verbesserungsvorschläge anzubringen

**Nutzenargumente aus Sicht der Führungskraft**
- Möglichkeit, die Kompetenzen der Mitarbeiter systematisch auszubauen und ihre Leistungsfähigkeit zu steigern
- Strukturierter und verbindlicher Personalentwicklungsprozess mit klaren Verantwortlichen
- Hilfestellung in der Bewertung von Mitarbeitern
- Offizieller Anlass, um Gespräche zu führen, die sie sich ohne den Anlass oft vornehmen würden, sich aber im Alltag nicht die Zeit dafür nehmen

**Nutzenargumente aus Sicht des Unternehmens**
- Unterstützung einer einheitlichen Führungskultur
- Unterstützung eines umfassenderen Talentmanagement sowie Identifikation von Potenzialen im Unternehmen
- Bedarfsgerechte individuelle Personalentwicklung
- Schaffung von Transparenz über den allgemeinen Qualifizierungsbedarf im Unternehmen
- Leistungsgerechte variable Vergütung

**Qualifizierung der beteiligten Personen**
Ein weiterer wichtiger Aspekt für den Erfolg Ihres Beurteilungssystems besteht in der Kompetenz und der Motivation Ihrer Führungskräfte, die Beurteilungen fair und sachgerecht vorzunehmen und die Gespräche konstruktiv zu führen. Dementsprechend sollten Sie Ihre Führungskräfte durch entsprechende Schulungen auf das Führen der Beurteilungsgespräche sowie auch auf die Gestaltung des kompletten Beurteilungsprozesses vorbereiten. Die in der folgenden Checkliste aufgeführten Inhalte einer Führungskräfteschulung haben sich bei der Einführung von Beurteilungssystemen bewährt:

| Checkliste: Inhalte einer Führungskräfteschulung | ✓ |
|---|---|
| Zielsetzung des Mitarbeiterbeurteilungssystems sowie Nutzenargumente aus Sicht der verschiedenen beteiligten Gruppen | |
| Eingliederung des Beurteilungsgespräches in die Personalarbeit und Talentmanagement in unserem Unternehmen | |
| Vorbereitung des Teams auf die Beurteilung sowie die Beurteilungsgespräche | |
| Systematische Vorbereitung auf das individuelle Beurteilungsgespräch | |
| Anwendung der Beurteilungskriterien und der Skala | |
| Reflexion der persönlichen Bewertungstendenzen | |
| Gesprächsführung und Umgang mit kritischen Reaktionen | |
| Konstruktive Vermittlung von Feedback | |
| Ableitung geeigneter Personalentwicklungs- und Förderungsmaßnahmen | |

**Nutzen Sie die verschiedenen Informationswege**

Es reicht jedoch nicht aus, lediglich die Führungskräfte auf ihre Aufgabe bei der Mitarbeiterbeurteilung vorzubereiten und entsprechend zu schulen. Sie sollten auf jeden Fall auch berücksichtigen, dass die Mitarbeiter zum einen sehr viele Fragen im Hinblick auf die Beurteilung haben, zum anderen auch eine Selbsteinschätzung mithilfe des Beurteilungsbogens vornehmen sollen, sodass hier dringender Informationsbedarf herrscht.

Für die Informationen zum Beurteilungssystem können Sie alle in Ihrem Unternehmen gebräuchlichen Informationswege nutzen, diese jedoch auch ergänzen:

- Präsentationen in regulären Jour fixes, auf Betriebsratssitzungen oder auf einer Betriebsversammlung
- Webinare für Mitarbeiter
- Artikel in Ihrer Hauszeitung
- Veröffentlichung von Newslettern
- Bereitstellung des Beurteilungsbogens mit einer ausführlichen Erläuterung für jeden Mitarbeiter, z. B. im Intranet

- Einrichtung einer Hotline bei den Projektverantwortlichen für Fragen zum Beurteilungssystem
- Veröffentlichung der FAQs (Frequently asked questions), z. B. im Intranet

Sehr häufig konzentriert sich die Information gegenüber den Mitarbeitern auf eine Erläuterung der Hintergründe, der Beurteilungsinhalte und des Beurteilungsprozesses. Im Fokus des Interesses der Mitarbeiter steht jedoch vor allem die Frage, welche Konsequenzen die Beurteilung für Sie persönlich haben kann. Konzentrieren Sie sich daher darauf, alle möglichen Befürchtungen von Seiten der Mitarbeiter aufzunehmen und hierzu Stellung zu beziehen.

## 2.6.1 FAQ: Lässt sich das Beurteilungsniveau zwischen verschiedenen Führungskräften objektivieren?

In der Diskussion über Beurteilungsgespräche ist häufig von einer „Objektivierung" der Beurteilungen die Rede. Diese merkwürdige Formulierung wird vor allem deshalb gewählt, weil eine echte Objektivität der einzelnen Beurteilungen durch Führungskräfte tatsächlich nicht zu erreichen ist. Dies liegt schlicht daran, dass die Beurteilungen durch Menschen vorgenommen werden, die alle unterschiedliche Erfahrungen gesammelt haben, ein unterschiedliches Anspruchsniveau haben und darüber hinaus auch unterschiedliche Schwerpunkte bei den Anforderungskriterien setzen. Der einen Führungskraft kommt es primär darauf an, dass besonders sorgfältig gearbeitet wird, der anderen vielmehr darauf, dass sehr viel Menge produziert wird. Sie werden bei der Bewertung der Aspekte „Arbeitsqualität" und „Arbeitsquantität" unterschiedlich anspruchsvoll vorgehen. Insofern ist es tatsächlich unmöglich, eine 100%ige Objektivität in den Beurteilungen in ihrem Unternehmen zu erzielen.

Das Ziel bei der Qualifizierung der Führungskräfte liegt daher nicht primär in dem Erreichen eines absolut vergleichbaren Beurteilungsniveaus, sondern vielmehr darin, dass jede Beurteilung tatsächlich begründbar ist. Dies ist ein Anspruch, den Sie durchaus gegenüber Ihren Führungskräften formulieren sollten. Jede der getroffenen Einschätzungen sollte anhand von Beispielen und Belegen konkret begründet werden können.

Letztlich werden Sie sich jedoch sicherlich nicht damit zufrieden geben, dass jede Führungskraft entsprechend ihrer persönlichen Vorstellungen und aufgrund ihres eigenen individuellen Gefühls die Bewertung vornimmt. Wenngleich auch keine 100%ige Objektivität erreicht werden kann, so gibt es dennoch einige Wege, um die oben angesprochene Objektivierung zu erzielen.

### 1. Weg: Genaue Definition der Bewertungskriterien

Die erste Voraussetzung für ein vergleichbares Beurteilungsverhalten besteht darin, dass die im Beurteilungsbogen vorhandenen Beurteilungskriterien bereits möglichst konkret beschrieben sind. Je konkreter die Definition der Anforderungen ist, desto geringer ist der Interpretationsspielraum für jeden einzelnen Mitarbeiter und jede einzelne Führungskraft.

### 2. Weg: Beschreibung typischer Verhaltensbeobachtungen im Rahmen der Führungskräfte-Trainings

Es hat sich als eine gute und praktische Strategie erwiesen, innerhalb der vorbereitenden Trainings für die Führungskräfte exemplarisch für verschiedene Positionen zu erarbeiten, welche konkreten Verhaltensbeobachtungen oder Leistungen die Führungskräfte beobachten würden, wenn sie einen Mitarbeiter hinsichtlich einer bestimmten Anforderung z. B. mit dem Wert „3" bewerten oder dessen Kompetenz mit „angemessen ausgeprägt" beschreibt. Auf diese Art und Weise findet im Training eine Auseinandersetzung mit der Skala statt. Anhand der Bewertungen der anderen Führungskräfte können die Teilnehmer feststellen, inwieweit Sie dazu tendieren zum Beispiel zu hart oder zu weich zu bewerten. Am Ende vermittelt eine solche Vorgehensweise ein gutes Gespür dafür, wie die Skala und die einzelnen Anforderungskriterien zu verstehen sind.

### 3. Weg: Diskussion im Rahmen von Beurteilungsrunden

Eine weitere — wenngleich aufgrund von Vertraulichkeitsgesichtspunkten selten genutzte — Möglichkeit der Annäherung der Beurteilungsniveaus besteht darin, nicht nur im Rahmen eines Trainings, sozusagen als Trockenübung, zu beschreiben, bei welcher Leistung welcher Wert vergeben würde, sondern vielmehr die realen Bewertungen der eigenen Mitarbeiter gemeinsam mit anderen Führungskräften der gleichen Abteilung zu diskutieren. Eine solche Vorgehensweise ist vor allem dann sinnvoll, wenn die einzelnen Führungskräfte einen guten Überblick über die Mitarbeiter der anderen Kollegen haben und somit auch entsprechend Korrekturvorschläge machen können bzw. ihre Kollegen auf deren Beurteilungstendenzen hinweisen können.

### 4. Weg: Schulung zu persönlichen Bewertungstendenzen

Menschen nehmen Beurteilungen in für sie typischer Art und Weise vor. Dabei neigen einige z. B. dazu, besonders streng zu werten, während andere großzügiger sind. Darüber hinaus spielen auch aktuelle Einflüsse, wie z. B. jüngste Erfahrungen mit dem Mitarbeiter eine Rolle, die die Gesamteinschätzung stark beeinflussen können. Im Rahmen einer Führungskräfteschulung zur Vorbereitung auf die Beurteilungen sollten die Führungskräfte für diese Einflüsse sowie ihre persönlichen Bewertungstendenzen sensibilisiert werden.

### Der „Gauß" ist mit Vorsicht zu genießen

Manche Unternehmen versuchen der Mildetendenz sowie der Tendenz zur Mitte dadurch entgegenzuwirken, dass sie vorgeben, dass die Bewertungen von Mitarbeitern in einem Team „normalverteilt" im Sinne der Gaußschen Normalverteilung sein müssen. Vereinfacht gesagt geht dies von der Annahme aus, dass sich in einem Unternehmen immer ein besonders hoher Prozentsatz der Mitarbeiter auf mittlerem Leistungsniveau befinden, während nur geringe Prozentsätze zu den Leistungsträgern oder Problemfällen zählen. Diese Verteilung müsste sich demnach auch in der Verteilung der Bewertung der Mitarbeiter widerspiegeln. Während in großen Unternehmen diese Annahme durchaus zutreffend sein kann, kann sie jedoch auf einzelne Teams nicht übertragen werden. Selbstverständlich gibt es Teams mit einem hohen Anteil absoluter Leistungsträger sowie auch Teams mit vielen deutlich unterdurchschnittlich leistungsfähigen Mitarbeitern. Darüber hinaus führt die Vorgabe, stets einen bestimmten Prozentsatz von Mitarbeitern mit durchschnittlich 3 (oder 2 oder 1) zu bewerten, zu kontraproduktiven Argumentationen: „Herr XY, ich würde Ihnen gerne eine 3 geben, aber das habe ich schon bei 4 anderen Kollegen gemacht, ich muss Sie daher niedriger einstufen, da sie ein kleines bisschen schwächere Leistung gezeigt haben." Es ist daher durchaus kritisch zu überprüfen, ob in größere Einheiten die Bewertungen stark von der Normalverteilung abweichen. Sie sollten jedoch davon absehen, eine Normalverteilung für einzelne Teams vorzugeben.

# 3 Zielvereinbarungen: vorbereiten und durchführen

## 3.1 Definieren Sie Ziele für Ihre Mitarbeiter

Kein anderes Führungskonzept hat sich international so stark durchgesetzt wie das Führen mit Zielen. Der Grundgedanke der Methode Führen mit Zielen (im Englischen: MbO = Management by Objectives) besteht darin, Mitarbeiter nicht mit Anweisungen zu führen (wie z. B. „Machen Sie bitte diese und jene Aufgabe auf diese Art und Weise "), sondern alleine über Arbeitsergebnisse zu sprechen (wie z. B. „Tragen Sie bitte Sorge dafür, dass bis zum Ende des Monats XY erreicht wird."). Wichtig ist dabei, dass es beim Führen mit Zielen ausschließlich um Leistungen und Ergebnisse geht und nicht um die Frage, auf welchem Weg ein Mitarbeiter ein Ergebnis erreicht hat. So ist das Führen mit Zielen heute in vielen Unternehmen ein selbstverständlicher Bestandteil des Performancemanagements..

Entsprechend führt eine konsequente Umsetzung der Methode MbO dazu, dass vor allem engagierte Mitarbeiter, die bereit sind, selbst Verantwortung für ihre Arbeitsergebnisse zu übernehmen, deutlich motivierter arbeiten können, als das ohne diesen Anreiz möglich wäre.

Auf der anderen Seite kann das Führen mit Zielen dazu führen, dass Mitarbeiter, die nicht bereit sind, sich an ihren Leistungen messen zu lassen und entsprechend eigene Verantwortung für den Weg zur Zielerreichung zu übernehmen, sich dieser Methode verweigern wollen.

**Beschränken Sie sich auf wesentliche Ziele**
Beschränken Sie sich bei Ihren definierten Zielen auf einige wesentliche Faktoren, um den Steuerungseffekt der Zielvereinbarung tatsächlich zu nutzen. Wenn Ihre Zielvereinbarung zu umfangreich wird und letztlich die Stellenbeschreibung des Mitarbeiters ist wiederholt, lenken Sie die Energien und Aufmerksamkeit Ihres Mitarbeiters von den besonders wichtigen Themen ab und nehmen sich damit einige Chancen, die im Führen mit Zielen stecken.

Wenn also das Grundprinzip MbO darin besteht, zu einigen besonders relevanten Themen neben einer allgemeinen Leistungsbeurteilung gesonderte Ziele zu vereinbaren, dann bedeutet das, eben auch nur über die Ergebnisse zu diesen Zielen zu sprechen und nicht mehr über den Weg, wie die Mitarbeiter dorthin kommen. Allerdings ist der Weg zur Zielerreichung nicht vollkommen freigegeben, sondern es bedeutet, dass sie innerhalb definierter Grenzen (wie z. B. Budgets, gesetzliche Rahmenbedingungen, bestehende Arbeitsrichtlinien oder der Unternehmenspolitik) bleiben müssen. Wichtig ist dabei selbstverständlich, dass Ihre Mitarbeiter sich dieser Rahmenbedingungen und Grenzen bewusst sind.

Der wesentliche Effekt und die größte Arbeitserleichterung liegen beim Führen mit Zielen darin, dass Ihre Steuerungsarbeit erleichtert wird. Sie können die Energien und Ressourcen optimal auf die wesentlichen erfolgsrelevanten Themen ausrichten, die Sie in wenigen Zielgesprächen während des Jahres verfolgen. Dadurch entsteht eine klare Orientierung für Ihre Mitarbeiter und mehr Freiräume, sodass insgesamt während des Jahres der Abstimmungsbedarf verringert und die Arbeit so erleichtert wird. Es können Ressourcen zielorientierter eingesetzt werden, weil die übergeordneten Ziele und die wesentlichen Themen transparenter sind und so mögliche Verschwendungen und Fehlsteuerungen vermieden werden.

## 3.1.1    Schritt 1: Klären Sie die Unternehmensziele

Beim Führen mit Zielen ist vor allem Ihre strategische Kompetenz gefragt. Wichtig ist, dass Sie in Bezug auf Ihren eigenen Verantwortungsbereich genau wissen, wo Sie aktuell stehen und wo Sie bis zu einem bestimmten Zeitpunkt z. B. in 6 oder 12 Monaten hin wollen.

### Führen mit Zielen ist wie eine Seereise

Stellen Sie sich vor, Sie befinden sich auf einer Seereise und wollen als verantwortlicher Kapitän Ihr Schiff steuern. Auch hier ist es wichtig, dass Sie eine klare Vorstellung davon haben, auf welchem Punkt der Erdkugel Sie sich aktuell befinden und bis zu welchem Zeitpunkt Sie welchen Punkt genau erreicht haben wollen. Nur so können Sie die entsprechenden Aktivitäten Ihrer Mitarbeiter, in diesem Fall Ihrer Mannschaft, einleiten.

Als verantwortungsbewusster Kapitän sind Sie sich dabei natürlich bewusst, dass die gerade Linie zwischen zwei Punkten nicht immer die optimale Verbindung sein muss. Es kann durchaus sein, dass sich auf der geraden Linie Untiefen verbergen oder auf einem anderen Kurs ein deutlich besserer Wind oder eine für Sie deutlich günstigere Strömung vorhanden ist. Wenn Sie ein erfahrener Kapitän sind, ist Ihre Reederei gut beraten, Ihnen selber den Kurs zum Ziel zu überlassen, anstatt Ihnen die „gerade Linie" vorzuschreiben.

Selbstverständlich gibt es auch bei Ihrem Weg und Kurs zur Zielerreichung bestimmte Rahmenbedingungen, die Sie beachten müssen, so steht Ihnen vielleicht eine bestimmte Menge an Treibstoff zur Verfügung, oder Sie müssen zwischendurch die Möglichkeit haben, an Land frisches Wasser oder Lebensmittel aufzunehmen. Genauso wie in diesem Bild haben Sie auch als verantwortlicher Manager für einen Bereich einerseits Ziele und andererseits die eigene Verantwortung, Ihren optimalen Weg im Rahmen der gegebenen Grenzen von Budgets, Gesetzgebung usw. zu beschreiten.

Wenn Sie also mit Ihrem Team über Ziele sprechen wollen, müssen Sie zunächst einmal zwei grundlegende Fragen klären:

- Wo genau befinden wir uns zurzeit?
- Wo genau wollen wir am Ende einer bestimmten Zeitperiode stehen?

Nur, wenn Sie diese Fragen klar beantworten können, sind Sie in der Lage, Ihren Mitarbeitern Sinn und Orientierung für Ihre Arbeit zu vermitteln und entsprechend realistische Ziele zu definieren.

**So bestimmen Sie den Status Quo Ihres Verantwortungsbereiches**
Versuchen Sie einmal in 10 bis 15 Sätzen zu beschreiben, wie die derzeitige Lage in Ihrem Verantwortungsbereich aussieht.

Wenn Sie sich mit dieser Frage auseinander setzen, stellt sich zunächst die Frage: Nach welchen Kriterien soll ich meinen eigenen Bereich beschreiben? Wichtig ist, dass Sie eine systematische Beurteilung Ihres Standortes vornehmen, bei der Sie keine erfolgsrelevanten Themen vergessen. Dazu ist es hilfreich, ein Modell zu haben, das alle relevanten Faktoren enthält.

Überprüfen Sie einmal Ihre Status-quo-Beschreibung dahingehend, ob wirklich alle wesentlichen erfolgsrelevanten Aspekte in Ihrer Beschreibung vorkommen. Würden Sie so beispielsweise Ihrem neuen Vorgesetzten einen umfassenden Überblick über Ihren Bereich geben? Welche Fragen würde er noch stellen? Haben Sie finanzielle Kennziffern wie Budgeteinhaltung oder Erträge genauso berücksichtigt, wie z. B. die Produktivität oder das Qualifikationsniveau Ihres Teams? Gerade, um auf Basis Ihrer Standortbestimmung den eigenen Steuerungsbedarf und damit die eigenen Ziele klar definieren zu können, ist es wichtig, neben eher rückblickend orientierten Aspekten, wie z. B. Kosten- oder Ertragssituation, auch die relevanten Erfolgsfaktoren der Zukunft, wie z. B. die Qualifikation Ihrer Mitarbeiter oder den Grad an Innovation in Ihrem Verantwortungsbereich, zu beurteilen. Ein Modell, um unterschiedliche Perspektiven zu berücksichtigen, stellt seit 1992 die Balanced Score Card (BSC) nach Norton und Kaplan dar. Hier werden vier unterschiedliche Perspektiven vorgeschlagen, die ein ausgewogenes („balanced") Bild der aktuellen Situation und der Zukunft geben sollen. Die vier Perspektiven in der Balanced Score Card lauten:

- Finanzen
- Kunden und Markt
- Prozesse und Abläufe
- Mitarbeiter

Innerhalb jedes der vier Bereiche werden unterschiedliche Aspekte beleuchtet. Vorteilhaft ist hier, dass vier wesentliche Aspekte der Unternehmens- und Bereichssteuerung berücksichtigt werden. Allerdings zeigt die Erfahrung, dass auch innerhalb dieser vier Perspektiven wichtige Teilaspekte häufig vergessen werden. So wird z. B. der Anforderungsbereich Innovation, beispielsweise in Form von neuen Produktentwicklungen oder Dienstleistungsangeboten, häufig vernachlässigt. Aus diesem Grund verfolgen wir ein etwas ausdifferenzierteres System, um eine professionelle Einschätzung Ihrer Situation vornehmen zu können:

## Das Wertesystem für organisatorische Ziele (nach Erich Dihsmaier)

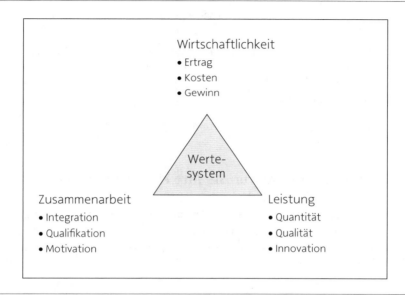

Abb. 1: Wertesystem für organisatorische Ziele

Wenn Sie für jeden dieser Teilaspekte ein bis drei Sätze notieren, so beschreiben Sie die aktuelle Lage in Ihrem Verantwortungsbereich prägnant und umfassend.

| Checkliste: So beurteilen Sie Ihren Status quo | ✓ |
|---|---|

Wo stehen Sie aktuell hinsichtlich der Ertragslage, der Kosten- und Gewinnsituation?

Wie steht es um die Quantitäten, z. B. Mengeneinheiten, die produziert oder bearbeitet werden sollen?

Wie ist die Qualität Ihrer Produkte oder Dienstleistungen?

Welche Innovationen erarbeiten Sie zurzeit, welche wurden vor kurzem bei Ihnen entwickelt und sind in Planung?

| Checkliste: So beurteilen Sie Ihren Status quo | ✓ |
|---|---|

Wie steht es um die Integration einzelner Mitarbeiter? Gibt es ein funktionierendes Teamgefüge oder viele Konflikte mit Reibungsverlusten?

Wie beurteilen Sie die Qualifikation Ihrer Mitarbeiter? Haben diese das nötige Know-how und die nötigen Verhaltenskompetenzen in Bezug auf die aktuellen und zukünftigen Herausforderungen?

Wie schätzen Sie die Motivation Ihrer Mitarbeiter ein?

Identifizieren sich Ihre Mitarbeiter ausreichend mit der Unternehmensphilosophie und Ihren Zielen?

## 3.1.2 Schritt 2: Definieren Sie Ihre eigene Strategie

Wenn Sie zu diesen Fragen jeweils präzise Antworten geben können, haben Sie eine klare Beschreibung des Ist-Zustandes in Ihrem Bereich. Um daraus strategisch relevante Ziele ableiten zu können, bedarf es nun einer Soll-Beschreibung nach den gleichen Kriterien.

Überlegen Sie dazu, wo Sie am Ende eines bestimmten Zeitraums hinsichtlich der genannten Kriterien stehen wollen.

**Stellen Sie sich ein konkretes Zielfoto vor**
Um zu möglichst konkreten Vorstellungen zu kommen, wie Ihr Verantwortungsbereich nach einem bestimmten Zeitraum aussehen soll, ist es hilfreich, sich ein Zielfoto vorzustellen. Überlegen Sie sich bei allen relevanten Bereichen, wie das Bild Ihres Verantwortungsbereiches aussehen soll. Was sehen Sie konkret, wenn sich die Ertrags- oder Kostensituation verändert hat? Woran genau stellen Sie fest, dass Sie sich hinsichtlich Ihrer quantitativen Ergebnisse verbessert haben?

Woran wird Ihr Vorgesetzter, werden Ihre Kunden oder Sie selber eine Verbesserung spüren? Was ist Ihr Zielbild in Bezug auf die Zusammenarbeit zwischen Ihren Mitarbeitern? Wie soll der konkrete Umgang, die Verhaltensweisen im Umgang miteinander, sein? Was wird Ihnen z. B. bis Ende des Jahres gelungen sein?

**Klare Bilder statt allgemeine Beschreibungen**

Achten Sie bei der Beschreibung des Zielbildes darauf, dass Sie nicht allgemeine, unspezifisch wertende Adjektive, wie z. B. gut, richtig, schön, ausreichend o. Ä. stehen lassen, sondern diese weiter konkretisieren. Woran können Sie tatsächlich sehen, erleben und ablesen, dass diese Dinge gut, richtig oder schön usw. sind? Was werden Sie sehen, hören, fühlen und erleben?

Je konkreter das Bild wird, das Sie entwickeln, desto höher ist die Wahrscheinlichkeit, dass genau dieses Bild auf Sie und Ihre Mitarbeiter Anziehungskraft ausübt und damit Motivation und Engagement auslöst.

Machen Sie sich nicht nur Gedanken über Ihre kurzfristigen Ziele. Entwickeln und kommunizieren Sie auch eine langfristige Vision Ihres Verantwortungsbereiches an Ihre Mitarbeiter. Zeigen Sie auf, welche positiven Konsequenzen sich für Ihren Bereich insgesamt und für Ihre Mitarbeiter persönlich ergeben, wenn die Ziele erreicht werden. In diesem Sinne sollten Ihre Ziele der Anforderung der „drei V" gerecht werden, sie sollten visionär, vielversprechend und verständlich sein (vgl. Abb. 2).

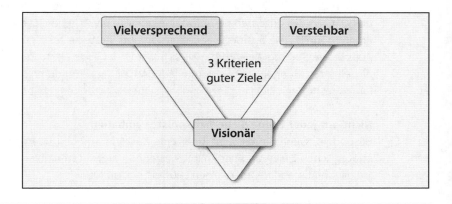

Abb. 2: Das 3-V-Modell der Zielkriterien [1]

---

[1]  Michael Paschen, Erich Dihsmaier: Psychologie der Menschenführung, Berlin Heidelberg 2011.

**Fokussieren Sie auf maßgebliche Erfolgsfaktoren**
Wichtig ist, dass Sie sich bei der Definition Ihrer Ziele auf die Themen konzentrieren, bei denen klarer Handlungs- und Steuerungsbedarf besteht und die maßgeblich zum Erfolg Ihres Bereiche beitragen. Überlegen Sie nicht, was alles „nice to have" wäre, sondern was wirklich wichtig ist. Wenn Sie sich nicht auf die wesentlichen erfolgsrelevanten Ziele beschränken, entsteht ein Zieldschungel, in dem Sie und Ihre Mitarbeiter sich leicht verlaufen.

**Leiten Sie Ihre eigenen Ziele aus übergeordneten Vorgaben ab**
Bitte beachten Sie: Ihre eigenen Visionen bzw. Ihre Zielvorstellungen für das nächste Jahr können nur dann sinnvoll für das Unternehmen sein, wenn Sie mit der Unternehmensvision und den Zielen der Ihnen übergeordneten Organisationseinheiten übereinstimmt.

Im besten Fall erfolgt die Entwicklung relevanter Ziele über eine so genannte Zielkaskade. Danach definiert zunächst die Geschäftsführung oder Unternehmensleitung, was die relevanten Unternehmensziele für das nächste Jahr sein sollen (gemäß der 3-V-Regel). Daraus werden dann die Ziele und Konsequenzen für einzelne Unternehmensbereiche abgeleitet. Auf der nächsten Ebene werden dann z. B. innerhalb jeder Hauptabteilung diejenigen Ziele definiert, die sich aus der Unternehmensstrategie unmittelbar ergeben. Diese werden ergänzt durch Ziele aus der eigenen Vision und Strategie für diesen Bereich. Aus diesem Set von Zielen ergeben sich wiederum abgeleitete Ziele z. B. für einzelne Abteilungen, die wiederum jeder Abteilungsleiter durch seine abteilungsspezifischen Ziele ergänzt und mit seinen Mitarbeitern abstimmt.

**Nicht auf jeder Ebene Sicherheitspolster einbauen**
Besonders, wenn Sie die Ziele über eine Kaskade aus den übergeordneten strategischen Zielen und denen Ihres eigenen Vorgesetzten ableiten, sollten Sie davon Abstand nehmen, einen „Puffer" einzubauen.

Das machen einige Führungskräfte, indem sie die übergeordneten Ziele nicht nur für die Mitarbeiter herunterdefinieren, sondern bei jedem Ziel noch etwas obendrauf legen, indem sie entweder den Termin noch enger setzen oder die Mengen erhöhen o. Ä.

Der Gedanke dabei ist, dass die Ziele im Zweifelsfall von den Mitarbeitern nicht ernst genug genommen werden und man so auf der sicheren Seite ist, wenn man noch etwas Luft eingeplant hat. Allerdings besteht bei dieser Vorgehensweise die Gefahr, dass am Ende der Kaskade, auf der Mitarbeiterebene, vollkommen unrealistische Ziele resultieren, weil jede Führungskraft auf jeder Ebene der Kaskade von der Geschäftsführung bis zum Mitarbeiter „nur ein wenig" zusätzliche „Luft" einplant. Das wiederum führt dazu, dass die Mitarbeiter sich nicht mehr vollständig mit den Zielen identifizieren können.

**Sicherheitspuffer kumulieren sich**
Sollte z. B. bei einem Umsatzziel jede Führungsebene nur 1 % Sicherheitsreserve aufschlagen, kann dies bedeuten, dass bei den Mitarbeitern am Ende leicht eine 5 % höhere Vorgabe resultiert, die diese unter Umständen als unrealistisch zurückweisen oder bei einer Zielsetzung als demotivierend empfinden.

Um diese strategische Ableitung Ihrer Ziele aus übergeordneten Vorgaben vornehmen zu können, ist es wichtig, dass Sie ein differenziertes Verständnis dafür bekommen, wie die Strategie Ihres Unternehmens und Ihres Unternehmensbereiches aussieht. Dazu werden Ziele häufig in Form einer Kaskade durch alle Ebenen eines Unternehmens herunterdefiniert. Beachten Sie dabei folgende Aspekte:

| Checkliste: Grundlegende Fragen zur Unternehmensstrategie  |
| --- |
| Wie sieht Ihre Unternehmensstrategie aus? |
| Was sind die Themen, Produkte oder Dienstleistungen, in denen die Unternehmensführung die Erfolgsfaktoren der Zukunft sieht? |
| Welche Märkte, Kunden oder Technologien werden als wesentlich angesehen? |
| Worin bestehen die konkreten Jahresziele für Ihren direkten Vorgesetzten? |
| Woran werden relevante Dritte, wie z. B. Kunden oder Anteilseigner, den Erfolg Ihres Unternehmens messen? |
| Was sind wesentliche gesetzliche oder gesellschaftspolitische Rahmenbedingungen, die sich im nächsten Zeitraum verändern werden und auf die Sie reagieren müssen? |

Um Ihre eigenen Vorstellungen von den übergeordneten Zielen zu überprüfen, sprechen Sie am Besten mit Ihrem Vorgesetzten. Fragen Sie ihn, inwieweit Ihre Vorstellungen zutreffen. Vergleichen Sie Ihre Aufzeichnungen auch mit Material, das Ihnen vielleicht bei Jahrestagungen, Versammlungen oder im Intranet zur Verfügung gestellt wird.

## 3.1.3    Schritt 3: Vermeiden Sie Zielkonflikte

Ein wesentlicher Aspekt bei Ihrer Definition der Ziele für Ihren Verantwortungsbereich und der Ziele für Ihre Mitarbeiter ist, dass mögliche Zielkonflikte möglichst vermieden bzw. frühzeitig erkannt und bearbeitet werden können. Nichts ist demotivierender für alle Beteiligten, als unterjährig während der Zielverfolgung zu bemerken, dass andere Kollegen oder Bereiche genau in die entgegengesetzte Richtung arbeiten und man sich die Ergebnisse gegenseitig zerstört oder die Arbeit gegenseitig neutralisiert. Darum ist es wichtig, mögliche Zielkonflikte frühzeitig zu erkennen und zu klären. Grundsätzlich treten Zielkonflikten in zwei unterschiedlichen Varianten auf.

- Einerseits kann es passieren, dass Sie sich mit den Zielen für Ihren eigenen Verantwortungsbereich in Konflikt mit anderen Unternehmensbereichen oder Ebenen befinden, und
- andererseits ist es möglich, dass innerhalb Ihres Verantwortungsbereiches Zielkonflikte zwischen Mitarbeitern entstehen.

**Zielkonflikte mit anderen Unternehmensbereichen vermeiden**
Die wichtigste Voraussetzung, um grundlegende Zielkonflikte bei der Definition von Strategie und Zielpaket für den eigenen Verantwortungsbereich zu vermeiden, besteht darin, die Strategie des Unternehmens zu kennen. Den stärksten und aussichtslosesten Konflikt, den Sie bei Ihrer Zieldefinition erleben können, ist ein Konflikt mit der grundlegenden Strategie Ihres Unternehmens oder übergeordneten Bereiches.

**Zielkonflikte mit übergeordneten Bereichen vermeiden**
Dazu ist es wichtig, dass Sie Ihre eigenen Zielvorstellungen für Ihren Bereich abgleichen mit den Informationen, die Sie über Ihre Unternehmensstrategie

haben. Dazu eignen sich Unterlagen aus Informationsveranstaltungen, Jahrestagungen, dem Intranet oder auch öffentlich zugänglichen Medien.

Im besten Fall werden Sie von Ihrem eigenen Vorgesetzten und der Geschäftsführung direkt und umfassend über die Unternehmensstrategie informiert, sodass Sie hierüber ein klares Bild haben. Sollte dies nicht der Fall sein, sind Sie gezwungen, sich ein möglichst realistisches Bild der möglichen Strategie zu verschaffen, wobei Ihnen folgende Fragen helfen können:

| Checkliste: Fragen zum vertieften Verständnis der Unternehmensstrategie | |
| --- | --- |
| Strategische Fragestellung | Notizen |
| ▪ Wie ist die wirtschaftliche Situation und Zielstellung Ihres Unternehmens? | |
| ▪ Befinden Sie sich in einer ertragsstarken Situation und könnten Investitionen oder Akquisitionen in größerem Umfang geplant sein, oder geht es stärker um Kosteneinsparungen? | |
| ▪ Wenn Ihr Unternehmen börsennotiert ist: | |
| ▪ Welche Erwartungen haben Investoren, Analysten und Anleger an die wirtschaftliche Entwicklung Ihres Unternehmens? | |
| Wie sah in der Vergangenheit die grundlegende Ausrichtung Ihres Unternehmens aus? | |
| ▪ Geht es eher um Zentralisierung oder stärker um Dezentralisierung und lokale Erfolgsfaktoren? | |
| ▪ Befindet sich Ihr Unternehmen auf Expansionskurs? | |
| ▪ Soll ein Ausbau der Geschäftsaktivitäten erfolgen, indem man z. B. auf neue Produkte und Märkte im Rahmen einer Diversifikation setzt, oder scheint die Strategie eher auf Spezialisierung zu setzen? | |
| Wie ist die Produktpolitik Ihres Hauses? | |
| ▪ Ist Ihre Marktpositionierung eher auf wenige Produkte fokussiert oder positionieren Sie sich als breiter Anbieter? | |
| ▪ Wie sieht das Produkt Portfolio Ihres Unternehmens aus? | |
| ▪ Gibt es einen oder einige wenige Hauptumsatz- oder -ertragsbringer oder tragen die unterschiedlichsten Produkte einigermaßen gleichmäßig zum Erfolg bei? | |

**Checkliste: Fragen zum vertieften Verständnis der Unternehmensstrategie**

Wie ist die Qualitätspolitik?
- Setzen Sie auf ein sehr hohes Qualitätsniveau, oder produziert Ihr Unternehmen stärker ein mittleres Qualitätsniveau zu einem günstigeren Preis?
- Auf welche Produkte und Technologien wird gesetzt?
- Werden Produkte in Bezug auf ihre strategische Bedeutung in der jüngsten Vergangenheit besonders betont oder auffallend vernachlässigt?

Welche Signale setzt Ihr Unternehmen nach außen?
- Welche Aspekte werden in Pressemitteilungen besonders betont?
- Wodurch versucht man, sich ein bestimmtes Image oder Ansehen zu verschaffen?
- Was ist die zentrale Botschaft, die den Anleger oder Käufer erreichen soll?

Welche Veränderungen in Bezug auf Politik, Vorgehensweisen o. Ä. beobachten Sie gegenwärtig bei relevanten Mitbewerbern?
- Welche möglichen Wettbewerber werden intern als Vorbilder oder Benchmark betrachtet?
- In welche Themen, Bereiche oder Produkte wurde in der jüngsten Vergangenheit besonders viel investiert?

Diese Fragen ersetzen sicherlich nicht die klare Kommunikation einer Unternehmensstrategie, jedoch können sie Ihnen helfen, die strategischen Hintergründe Ihres Unternehmens abzuleiten, wenn Ihnen keine klare Strategie vermittelt wird. Sie können so ableiten, welche Philosophie und Grundprinzipien das Management vertritt, um anschließend, Ihre eigenen Zielsetzungen auf Übereinstimmung mit diesen Grundprinzipien zu überprüfen.

Neben dieser Kenntnis der übergeordneten Unternehmensstrategie ist es wichtig, auch die übergeordneten Ziele Ihres eigenen direkten Vorgesetzten zu kennen. Sollte dieser es versäumen, seine eigene Strategie und seine Zielsetzungen klar zu kommunizieren, regen Sie ein Gespräch zu diesen Themen an. Im besten Fall erlangen Sie Kenntnis von den konkret vereinbarten Zielen zwischen Ihrem Vorgesetzten und seinem übergeordneten Vorgesetzten.

**Zielkonflikte mit anderen Unternehmensbereichen auf gleicher Ebene verhindern**

Neben den Zielen der Ihnen direkt übergeordneten Instanz besteht die Gefahr, dass Zielkonflikte mit anderen Bereichen oder Unternehmensteilen bestehen. Auch in diesem Fall ist es wichtig, dass Sie die Ziele und Vorstellungen Ihrer Kollegen kennen. Um hier effizient vorgehen zu können, empfiehlt es sich, dass Sie zunächst einmal überlegen, welcher andere Bereich erfahrungsgemäß Ziele haben könnte, die möglicherweise im Widerspruch zu Ihren Zielen stehen.

**Zielkonflikte dort überprüfen, wo generell Konflikte auftreten**

Überlegen Sie dazu einmal, mit welchen anderen Bereichen es in der Vergangenheit vielleicht häufiger Diskussionen oder Auseinandersetzungen gegeben hat, z. B. hinsichtlich der Prioritätensetzung oder der Bewertung bestimmter Vorgänge.

Je konfliktreicher die Zusammenarbeit in der Vergangenheit war, desto höher ist die Wahrscheinlichkeit, dass auch widersprüchliche oder konfligierende Ziele definiert wurden oder werden.

Letztendlich müssen Sie hierzu mit einzelnen Kollegen das Gespräch suchen und im Vorfeld bereits Themen abstimmen, bei denen es Konfliktpotenzial gibt.

Auch bei dieser Perspektive gilt: Je klarer Ihre Unternehmensstrategie formuliert und kommuniziert ist, desto leichter können Sie mögliche Zielkonflikte vorhersehen, frühzeitig ansprechen und klären. Dabei werden Sie häufig nur in informellen Gesprächen mit Kollegen vor und nach Meetings oder bei einer Tasse Kaffee ein klares Bild davon bekommen, welche individuelle Strategie der Einzelne verfolgt und in welcher Situation sich welcher Bereich befindet.

**Zielkonflikte innerhalb des eigenen Teams vermeiden**

Um Zielkonflikte innerhalb Ihres eigenen Teams zu vermeiden, gilt zunächst einmal grundsätzlich das Gleiche wie auch zur Vermeidung von Konflikten mit der Unternehmensstrategie oder anderen Bereichen: Sie brauchen ein klares Konzept davon, wie Ihre Strategie und Ihre entsprechenden Ziele eigentlich aussehen.

Umso klarer Ihre eigenen Vorstellungen sind, desto widerspruchsfreier lassen sich Teilziele für einzelne Bereiche oder Mitarbeiter ableiten. Hilfreich kann dabei eine so genannte Zielmatrix sein.

Dabei vermerken Sie in einer Tabelle zunächst in der linken Spalte, was die Ziele für Ihren eigenen Verantwortungsbereich sein sollen, und ergänzen dann pro Mitarbeiter eine Spalte, in der Sie vermerken, welcher Mitarbeiter welchen Beitrag zu diesem Ziel leisten soll. Auf diesem Weg behalten Sie einen guten Überblick, welche Teilziele für welche Mitarbeiter aus übergeordneten Zielen resultieren. Mögliche Zielkonflikte zwischen Mitarbeitern können Sie dabei natürlich umso besser vermeiden, je klarer Sie diese Tabelle und „Verteilung" Ihrer Ziele auch an Ihre Mitarbeiter kommunizieren. Wenn Sie frühzeitig deutlich machen, welcher Mitarbeiter zu welchem übergeordneten Bereichsziel welchen Beitrag leisten soll, erhalten Sie ein deutlich größeres Verständnis unter Ihren Mitarbeitern in Bezug auf die gegenseitigen Handlungsnotwendigkeiten und Prioritäten.

| Ziel-Mitarbeiter-Matrix | | | |
| --- | --- | --- | --- |
| Ziele | Mitarbeiter 1 | Mitarbeiter 2 | Mitarbeiter 3 |
| Steigerung der Produktivität um 10.000 Stück bis Ende des Jahres | Steigerung der Produktivität an Maschine X und Y um 4.000 Stück pro Jahr insgesamt | Steigerung der Produktivität an Maschine Z um 6.000 Stück | |
| Einsparung an Personalkosten >= 5 % im Vergleich zum Vorjahr, bezogen auf das Gesamtjahr | | Reduktion der Überstunden um 6 % im Jahresdurchschnitt | Erfolgreiche Umstrukturierung des Teams A, sodass Herr Müller in Ruhestand gehen kann und die Position nicht neu besetzt werden muss bis zum 30.06. |

| Ziel-Mitarbeiter-Matrix | | | |
| --- | --- | --- | --- |
| Ziele | Mitarbeiter 1 | Mitarbeiter 2 | Mitarbeiter 3 |
| Strikte Einhaltung des Reisekostenbudgets, sodass insgesamt nicht mehr als 35.000 Euro ausgegeben werden (p.a.) | Einhaltung des Reisekostenbudgets von 10.000 Euro | Einhaltung des Reisekostenbudgets von 15.000 Euro | Einhaltung des Reisekostenbudgets von 10.000 Euro |
| Erfolgreiche Einführung der neuen Software XY bis zum 30.06. | Erfolgreiche Pilot-Einführung der neuen Software im eigenen Team bis Ende Februar und Dokumentation der Veränderungsnotwendigkeiten und des Anpassungsbedarfes | Aneignung der Grundfunktionen der neuen Software XY, um ab dem 01.04. in der Lage zu sein, selbstständig ABC-Auswertungen machen zu können | Aneignung der Grundfunktionen der neuen Software XY, um ab dem 01.04. in der Lage zu sein, selbstständig ABC-Auswertungen machen zu können |

Durch eine solche Zielmatrix sehen Sie genau, wie die einzelnen Beiträge Ihrer Mitarbeiter oder Teams zu Ihren Gesamtzielen aussehen, und vermeiden so die Überbelastung einzelner Bereiche und widersprüchliche und konfligierende Ziele. Dieser Effekt wird selbstverständlich umso deutlicher, je klarer Sie diese Zielverteilung auch an Ihre Mitarbeiter kommunizieren.

### Ein Zielworkshop klärt Zielkonflikte im Team frühzeitig

Dazu empfiehlt sich z. B. die Durchführung eines gemeinsamen Workshops, in dessen Rahmen Sie die übergeordneten Ziele und Ihre eigenen Ziele, z. B. für das nächste Jahr, klar kommunizieren und gemeinsam mit Ihren Mitarbeitern diskutieren, wer welchen Beitrag zu den einzelnen Bereichszielen leisten kann, um insgesamt die Zielerreichung sicherzustellen. Dadurch bekommen alle Mitarbeiter untereinander Kenntnis von den jeweiligen wesentlichen Leistungszielen des anderen und können so in der gemeinsamen Erarbeitung frühzeitig auf mögliche Konflikte und Widersprüche hinweisen.

## 3.1.4 Schritt 4: Brechen Sie die Unternehmensziele runter

Um die Unternehmensziele am Ende in individuelle Ziele für einzelne Mitarbeiter zu überführen, empfiehlt sich die Verfahrensweise der in der Einleitung abgebildeten Zielkaskade. Dabei werden jeweils von der oberen Ebene für die unteren Ebenen Ziele herunterdefiniert. Von der zweiten Ebene werden die Ziele für die nächste, dritte Ebene heruntergebrochen u.s.w. Wichtig ist in diesem Prozess, dass nicht nur die übergeordneten Ziele auf die nachgeordnete, nächste Ebene verteilt werden, sondern auf dieser Ebene wiederum auch Ziele aus der eigenen Strategie für den Bereich resultieren. Wenn Sie als Abteilungsleiter bereits einige Ziele von Ihrem Hauptabteilungsleiter weitergeleitet bekommen haben, werden Sie dann diese strategischen Vorgaben noch durch einzelne Ziele für Ihre Abteilung ergänzen, bei denen Sie persönlich besonderen Steuerungsbedarf sehen. Erst das Paket aus diesen beiden Aspekten wird dann wiederum auf Ihre Mitarbeiter „verteilt".

Wenn Sie eigene Ziele aus übergeordneten Zielvorgaben ableiten, gibt es grundsätzlich folgende unterschiedliche Vorgehensweisen:

- Ergebnispakete werden dividiert und verteilt. Hier kann es z. B. so sein, dass Sie als Produktionsleiter im Werk A 30 % Anteil (= y Tonnen) an der übergeordneten Zielvorgabe haben, nach der insgesamt X-Tausend Tonnen produziert werden sollen.
- Einzelne Ziele können unmittelbar an einzelne Mitarbeiter nach unten weitergegeben werden. Dieser Fall tritt vor allem dann ein, wenn Ihr Vorgesetzter ein übergeordnetes Ziel hat, bei dem Sie direkt erkennen, dass nur oder vor allem Sie als einzelner Mitarbeiter dieses weitgehend eigenverantwortlich realisieren kann.
- Aus übergeordneten Zielen können sich bei Ihnen oder für Ihre Mitarbeiter qualitativ vollkommen neue Ziele ergeben. So kann z. B. das Kostensparziel X % auf übergeordneter Ebene für Sie bedeuten, dass sich ein Innovationsziel ergibt. Das kann z. B. heißen, dass Sie ein Konzept erarbeiten müssen, aus dem hervorgeht, wie der XY-Prozess in Ihrem Verantwortungsbereich um 15 % schneller ablaufen kann. In diesem Fall werden die Ziele nicht verteilt, sondern ergeben auf der nächsttieferen Ebene qualitativ völlig neue Zielarten.

▶ **ZIELABLEITUNG FÜR EINEN PRODUKTIONSLEITER**

Für einen Produktionsleiter in einer Schraubenfabrik kann das folgendermaßen aussehen. Die Jahresziele des Unternehmens sind u. a.:

- Steigerung des Umsatzes um 6 %
- Verbesserung der Lieferflexibilität, um schneller auf Aufträge reagieren zu können
- Erschließung neuer Märkte in Litauen und der Ukraine
- Erfolgreiche Platzierung des neuen Schraubenproduktes A (Produktions- und Verkaufsmenge im 1. Jahr 40 t, Auslieferung ab März)
- Reduktion der Mitarbeiter in allen Bereichen um 5 %, vor allem durch Vorruhestandsregelungen

Eine aktuelle Rahmenbedingung ist, dass zurzeit generell ein Einstellungsstopp besteht. Die Situation in seiner Produktion sieht aktuell so aus: Er stellt derzeit vor allem X, Y und Z-Schrauben her, hat allerdings im vergangenen Jahr eine Maschine für A-Schrauben gekauft und bereits erfolgreich getestet. Nur fünf seiner Mitarbeiter beherrschen bisher die neue Maschine, für einen sicheren Zwei-Schicht-Betrieb benötigt er etwa 10 qualifizierte Arbeitskräfte. Im letzten Jahr hat er etwa 240 t Schrauben hergestellt, dabei war Samstagsarbeit nur teilweise nötig, der Sonntag war generell arbeitsfrei. Um den Lagerbestand nicht zu erhöhen, zeichnet sich ab, dass die Mitarbeiter zeitlich flexibler werden arbeiten müssen, um die geforderte höhere Lieferflexibilität zu erreichen. Aufgrund von Qualitätsproblemen lag die Ausschussquote fehlerhafter, nicht verkaufbarer Waren bei ca. 0,5 %, andere Unternehmen erreichen hier ca. 0,1 %.

Aus dieser Situation der Produktion und den Zielen des Unternehmens können sich z. B. u. a. folgende Ziele ableiten:

- Schulung und Einarbeitung von mindestens vier weiteren Mitarbeitern an der neuen Maschine (Qualifikationsziel)
- Steigerung der Produktivität der Mitarbeiter um ca. 11 %, weil der Umsatz um 6 % erhöht, die Mitarbeiterzahlen jedoch um 5 % gesenkt werden soll (Quantitätsziel)
- Verringerung der Ausschüsse, z. B. um 0,3 %, was sich ebenfalls positiv auf die Produktivität auswirken würde (Qualitätsziel)
- Erarbeitung eines Konzeptes zur Reduktion der Ausschüsse (z. B. bis Februar), um diese um 0,3 % zu senken (Innovationsziel)

- Abbau der Mitarbeiter um 5 %, um die Personalkosten entsprechend zu senken (Wirtschaftlichkeitsziel)
- Erreichen, dass die Mitarbeiter bereit sind, auch Samstags- oder Sonntagsschichten zu arbeiten, um eine höhere Flexibilität sicherzustellen (Motivationsziel)

**Denken Sie ergebnisbezogen**
Achten Sie darauf, in konkreten Ergebnissen zu denken, die man von Ihnen erwarten wird. Denken Sie zunächst nicht in Aufgaben, die sich vielleicht ergeben könnten, sondern nur in Leistungen, an denen man Sie und Ihre Mitarbeiter messen wird.

Nachdem Sie aus der Strategie Ihres Unternehmens und Ihrer individuellen Strategie für Ihren Verantwortungsbereich die gemeinsamen Ziele für einen Zeitraum von z. B. einem Jahr abgeleitet haben, stellt sich die Frage, ob sich daraus wiederum Ziele für einzelne Mitarbeiter oder Ihr Team insgesamt ergeben. Grundsätzlich haben Sie dabei folgende Möglichkeiten, Ziele herunterzubrechen bzw. herunterzudefinieren:

- Einzelne Ziele werden 1:1 an einzelne Mitarbeiter weitergegeben, „durchgereicht".
- Größere, übergeordnete, quantitative Ziele werden auseinander dividiert und auf verschiedene Mitarbeiter verteilt.
- Übergeordnete Ziele werden auf der Ebene Ihrer Mitarbeiter für ein oder mehrere Mitarbeiter in ganz neue Zielarten übersetzt.
- Einzelne Ziele können als Teamziel weitergegeben werden und so 1 : 1 in alle individuellen Zielvereinbarungen Ihrer Mitarbeiter übertragen werden.

Im Wesentlichen lassen sich diese vier Vorgehensweisen unterscheiden, konkrete Ziele für einzelne Mitarbeiter oder das Team zu definieren.

**1. Weg: Einzelne Ziele „durchreichen"**
Bei der ersten Vorgehensweise wird ein Ziel einfach an einen einzelnen Mitarbeiter weitergereicht. Sie übertragen einfach ein Ziel aus Ihrem persönlichen Zielkatalog für Ihren Verantwortungsbereich in die Verantwortung eines einzelnen Mitarbeiters. Dies macht z. B. dann Sinn, wenn ein Mitarbeiter inner-

halb Ihres Teams für genau dieses Thema oder ein sehr ähnliches Thema in der Vergangenheit bereits alleine verantwortlich gezeichnet hat.

### ▶ ZIELE AN EINZELNE MITARBEITER „DURCHREICHEN"

So kann es z. B. sein, dass Sie vier Teammitglieder haben, die jeweils für eine Region zuständig sind, und ein übergeordnetes Ziel, das im Wesentlichen die Region 1 betrifft. Dann macht es selbstverständlich Sinn, den Mitarbeiter, der für Region 1 verantwortlich zeichnet, auch für dieses Ziel allein in die Pflicht zu nehmen. Dies kann z. B. dann der Fall sein, wenn eine neue Vorgehensweise als Pilot in einer Region getestet werden soll.

Genauso ist es möglich, dass z. B. ein Mitarbeiter in Ihrer Marketingabteilung besonders für Werbekampagnen in Printmedien verantwortlich ist und Sie ein übergeordnetes Ziel in Bezug auf Printmedien haben. Auch hier erscheint es plausibel, dieses Ziel genau diesem einen Mitarbeiter weiterzureichen, ohne das Ziel inhaltlich umzudefinieren oder weitere Mitarbeiter mit in die Verantwortung zu nehmen. Lautet das Ziel z. B. „Erstellung eines neuen Arbeitsprozesses für die Abstimmung mit Printmedien nach den Regeln XY bis zum 30.06. des folgenden Jahres", dann würden Sie dieses Ziel wortwörtlich in die Zielvereinbarung mit diesem einen zuständigen Mitarbeiter übertragen.

### 2. Weg: Quantitative Ziele auf mehrere Mitarbeiter verteilen
Eine weitere, sehr häufige Art der Herunterdefinition von Zielen besteht darin, quantitative Ziele auf mehrere Mitarbeiter zu verteilen.

### ▶ QUANTITÄTEN VERTEILEN

Ein typisches Beispiel für die quantitative Zielverteilung bildet z. B. die Festlegung des Umsatzziels auf zehn Millionen Euro, die mit je einer Million Euro auf zehn Vertriebsgebiete verteilt wird.
Genauso kann es sein, dass Sie eine Produktivität von 100.000 Stück pro Jahr als Ziel definiert haben und dazu Team A an der Maschine A verpflichten, 60.000 Stück zu produzieren und Team B und C an anderen Maschinen jeweils zu 20.000 Stück.

Wie beim Tragen einer Last von Steinen, geht es darum, diese Last direkt und unmittelbar auf mehrere Beteiligte zu verteilen.

### 3. Weg: Ziele für die nächste Ebene umdefinieren

Die dritte Art, Ziele für die Ebene Ihrer Mitarbeiter zu definieren, besteht darin, übergeordnete Ziele Ihres Bereiches auf der Ebene der Mitarbeiter neu zu definieren. Hier werden Ziele für einzelne Mitarbeiter, die einen Beitrag zu einem übergeordneten Ziel leisten, definiert, ohne dieses Ziel selber vollständig abzubilden.

> **NEUE ZIELARTEN AUF DER NÄCHSTEN EBENE**
>
> Eines Ihrer Abteilungsziele lautet: „Verbesserung des Arbeitsprozesses X, um eine Produktivitätssteigerung von Y zu erreichen". Ein Ziel für einen Mitarbeiter lautet: „Erstellung eines Konzeptes, aus dem hervorgeht, wie der Prozess X um Y % effizienter gestaltet werden kann, bis zum März nächsten Jahres". Für einen anderen Mitarbeiter könnte ein Ziel lauten: „Umsetzung der neuen Prozessdefinition XY ab dem 01. Mai bis zum 30. August des Folgejahres". So ergeben sich aus einem übergeordneten Ziel Ihrer Abteilung zwei neue, qualitativ andere Ziele auf der Ebene Ihrer Mitarbeiter.

Diese Umdefinition von Zielen auf der nächsten Ebene im Gegensatz zum Durchreichen macht vor allem dann Sinn, wenn ein Ziel z. B. für Ihre Abteilung zu komplex erscheint bzw. nicht teilbar ist, sodass ein Mitarbeiter es nicht vollständig allein übernehmen und verantworten könnte.

Auch kann es sein, dass Sie den Weg zu einem bestimmten Ziel etwas genauer vorgeben wollen und deshalb auf der Ebene der Mitarbeiter als Ziel eine engere Definition vornehmen als auf der Abteilungsebene. So werden aus Ihren Maßnahmen wiederum Ziele für die nächste Ebene.

> **ENGERE ZIELDEFINITION AUF DER MITARBEITEREBENE**
>
> Sie haben das Ziel, in Ihrer Abteilung 5 % Personalkosten zu sparen, ohne dass man Ihnen im Einzelnen Vorgaben macht, wie dies erfolgen soll. Wenn Sie dann nicht dieses Ziel an Ihre Mitarbeiter weitergeben wollen,

resultieren aus diesem Ziel jedoch trotzdem neue Zielvorgaben. So könnten Sie z. B. einen Mitarbeiter dazu verpflichten, die Produktivität in einem Bereich zu erhöhen, sodass es Ihnen vielleicht gelingt, in diesem Bereich eine erste Einsparung von 2 oder 3 % Personalkosten zu erlangen. Ergänzend dazu würden Sie vielleicht mit einem anderen Mitarbeiter die Reduktion von Überstunden vereinbaren, um einen weiteren Beitrag zur Reduktion Ihrer Personalkosten zu erhalten.

Wichtig ist dabei immer die Frage, wofür Ihre Mitarbeiter eigentlich verantwortlich gemacht werden können und sollen. So erscheint es nur schwer möglich, die einzelnen Mitarbeiter eines Teams direkt für die Reduktion von Personalkosten verantwortlich zu machen, wenn diese z. B. nicht über Personaleinsatzverantwortung verfügen. Trotzdem können die auf der Ebene der Mitarbeiter definierten Ziele einen Beitrag zu Ihrem übergeordneten Ziel leisten.

**4. Weg: Ein Teamziel für alle identisch definieren**
Neben diesen oben beschriebenen Wegen, wie Sie die Ziele für Ihren Verantwortungsbereich auf der nächsten Ebene individuell an Ihre Mitarbeiter weitergeben können, besteht natürlich noch die Möglichkeit, auch Teamziele zu setzen oder zu vereinbaren. Dabei wird hier Teamziel so verstanden, dass dieses Ziel für alle Teammitglieder gleichermaßen besteht und nicht individuell, sondern auf Teamebene gemessen wird. Ein solches Teamziel macht immer dann Sinn, wenn ein Ziel entweder nur gemeinsam erreicht werden kann oder auf individueller Ebene nicht messbar ist. Dies kann dazu führen, dass Sie gar nicht den individuellen Beitrag des Einzelnen zu einem Ziel messen können und dürfen, sondern lediglich die Teamleistung. Auch kann es sein, dass Sie zwar über ein bestehendes Controlling-System regelmäßige Kennziffern zu einem bestimmten Ziel in Bezug auf Ihr gesamtes Team erhalten, die individuelle Einzelmessung jedoch mit einem erheblich höheren Aufwand verbunden wäre. Auch hier kann es Sinn machen, diesen zusätzlichen Aufwand zu vermeiden und Ziele unmittelbar als Teamziel für alle zu definieren.

▶ **TEAMZIEL IM CALL CENTER**

Stellen Sie sich z. B. vor, Sie sind als Leiter eines Call Centers für eine bestimmte Erreichbarkeit zuständig. Da die Erreichbarkeit daraus resultiert, dass Ihre Mitarbeiter sich entsprechend des Anrufaufkommens in Gesprächen kürzer fassen oder ihre Pausen entsprechend legen, werden Sie sich häufig schwer tun, die wirkliche individuelle Erreichbarkeit eines Mitarbeiters zu messen und zu bewerten. Stattdessen macht es Sinn, die Erreichbarkeit des gesamten Teams zu betrachten. So kann das ganze Team z. B. darauf verpflichtet werden, dass 90 % aller Anrufe innerhalb einer Zeit von 30 Sekunden mit einem persönlichen Ansprechpartner sprechen.

So könnte erreicht werden, dass das Team sich insgesamt selber steuert und man gemeinsam darauf achtet, diese Erreichbarkeit zu schaffen. Ein möglicher positiver Effekt von Teamzielen besteht auch darin, dass das Team ein Interesse daran hat, Schwierigkeiten einzelner Teammitglieder erfolgreich auf Mitarbeiterebene zu bewältigen. Sollten z. B. alle Teammitglieder gemeinsam an ihrer Produktivität gemessen werden, so haben leistungsstarke Teammitglieder ein Interesse daran, schwächere Teammitglieder zu fördern und zu motivieren, damit diese entsprechend maximal zur Gesamtleistung beitragen können.

## 3.1.5 Risiken bei Teamzielen

### Risiko 1: Unerwünschter Teamdruck

Zweifellos kann sich dabei auch der Effekt einstellen, dass zwischen den Kollegen ein gewisser Leistungsdruck ausgeübt wird. Wie hoch dieser Druck ausfallen wird, entscheidet sich daran, wie kooperativ die beteiligten Mitarbeiter sind, wie ehrgeizig die Ziele sind und wie erstrebenswert ihre Erreichung erscheint. Wenn es sich z. B. um ein Bonussystem für ein Team von Mitarbeitern handelt und für den Einzelnen um viel Geld geht, kann es durchaus passieren, dass einzelne Kollegen auch negativ unter Druck gesetzt werden, „jetzt mal endlich" mitzuziehen und das Teamergebnis nicht unnötig zu belasten.

### Risiko 2: Leistungsträger fühlen sich benachteiligt

Ein weiterer möglicher Nachteil von Teamzielen besteht zweifellos darin, dass besonders leistungsstarke Teammitglieder sich möglicherweise benachteiligt fühlen, weil sie vielleicht überdurchschnittlich zum Gesamtziel beitragen, jedoch nur gemeinsam mit ihren Kollegen bewertet und entsprechend beurteilt werden.

Deswegen ist es oft sinnvoll, eine angemessene Mischung aus individueller Leistungsmessung und teambezogener Leistungsmessung vorzunehmen. Es geht um ein Gleichgewicht zwischen einer individuellen einzelnen Leistungsorientierung und einer Fokussierung auf die Teamleistung insgesamt. Ob Sie sich insgesamt stärker für individuelle oder Teamziele entscheiden, hängt neben Überlegungen zur Praktikabilität, wie z. B. der Messbarkeit, sicher auch von anderen Faktoren, wie z. B. der Kultur Ihres Unternehmens oder Teams, ab.

Wünschen Sie sich mehr Wettbewerb zwischen Ihren Mitarbeitern, sollten Sie sicherlich individuelle Ziele verstärken. Sehen Sie auf der anderen Seite einen stärkeren Bedarf darin, dass Ihre Teammitglieder auch übergreifend zusammenarbeiten, macht es vielleicht mehr Sinn, auf Teamziele zurückzugreifen.

## 3.1.6 Schritt 5: Formulieren Sie messbare Ziele

Wenn Sie für sich geklärt haben, welches die Ziele Ihres Verantwortungsbereiches sind und welcher Ihrer Mitarbeiter welchen Beitrag zu diesen Zielen leisten könnte, geht es darum, diese Ziele möglichst messbar und klar zu definieren. Die goldene Frage des Führens mit Zielen lautet dabei:

„Woran können wir zum Zeitpunkt X zweifelsfrei erkennen, dass wir am Ziel angekommen sind?"

Eine präzise Zielformulierung ist wichtig, um Ihre eigenen Erwartungen klar und verständlich zu transportieren und bei der Besprechung der Zielerreichung eindeutige Ergebnisse zu haben. Als Merkformel für eine gute Zielformulierung hat sich das so genannte SMART-Konzept bewährt:

| | | |
|---|---|---|
| S | = | spezifisch |
| M | = | messbar |
| A | = | anspruchsvoll (oder im Englischen „accountable") |
| R | = | realistisch |
| T | = | terminiert |

S steht dabei für spezifisch, was bedeuten soll, dass das Ziel für den jeweiligen Mitarbeiter klar verständlich ist und aus der Beschreibung hervorgeht, worum es eigentlich geht (z. B. Verringerung der Fehlerquote bei X-Vorgängen um Y %). Wichtig ist hierbei eine leicht verständliche und nachvollziehbare Zielformulierung.

Das zweite Kriterium M wie messbar steht dafür, dass eindeutige Indikatoren definiert werden, an denen Sie später klar ablesen und besprechen können, inwieweit das Ziel erreicht wurde oder nicht. Diese Indikatoren müssen nicht immer quantitativ messbare Einheiten sein, obgleich man in der Regel versucht, auch „weiche Indikatoren", wie z. B. die Kundenzufriedenheit, an harten Messergebnissen, wie etwa Kundenbefragungen, festzumachen.

Jedes Ziel sollte darüber hinaus auch A wie anspruchsvoll sein, damit die Mitarbeiter verstehen, dass ein maßgeblicher Einsatz von Ihnen erwartet wird und jeder persönlich für die Zielerreichung verantwortlich ist. Im Englischen steht A dabei oft für „accountable", was noch deutlicher macht, dass der Mitarbeiter einen maßgeblichen Einfluss auf die Zielerreichung haben soll, sodass dieses Ergebnis ihm eindeutig zugerechnet werden kann.

Optimal wäre es daher, wenn der Mitarbeiter in der Lage wäre, das Ziel selbstständig, ohne fremde Hilfe oder Beteiligung, zu erreichen. In der Regel wird dies allerdings kaum möglich sein, da es immer äußere Einflüsse gibt, die sich auf die Zielerreichung auswirken können.

Trotzdem sollten Sie Ziele vereinbaren, die Ihre Mitarbeiter maßgeblich individuell beeinflussen können und die nicht alleine von der Leistung oder dem Willen anderer abhängig sind. Dabei ist klar, dass in einer vernetzten Welt immer eine Vielzahl von Faktoren auf eine Zielerreichung einwirkt.

▶ **MASSGEBLICHER PERSÖNLICHER EINFLUSS TROTZ ÄUSSERER EINFLÜSSE**

Vertriebsmitarbeiter verweisen z. B. gerne darauf, dass ihr Verkaufsergebnis natürlich von Marktentwicklungen, Produkten bei Wettbewerbern, der Konjunkturentwicklung, dem Marketing und anderen Faktoren abhängig ist. Auf der anderen Seite bleibt auch hier letztendlich der Anspruch und die klare Aussage, dass jemand im Vertrieb einen maßgeblichen Einfluss auf die Umsatzentwicklung in seinem Bereich haben muss und kann.

Sollte dies tatsächlich nicht der Fall sein und die Leistung des einzelnen Mitarbeiters in diesem Themenbereich keinen wesentlichen Unterschied machen, stellt sich die Frage, warum für diese Aufgabe überhaupt ein Mitarbeiter verantwortlich zeichnet.

Im Zusammenhang mit dem ERA-TV, dem Tarifvertrag über das Entgelt-Rahmenabkommen der Metall- und Elektroindustrie, definieren Gewerkschaften das A gerne als „angemessen erreichbar", womit gemeint ist, dass bestimmte Rahmenbedingungen zunächst erfüllt sein sollten. Achten Sie in diesem Zusammenhang darauf, dass nicht eine Vielzahl von Bedingungen definiert werden, die Sie als Führungskraft oder Ihr Unternehmen zunächst erfüllen müssen, die dann eine Erreichung der Ziele sehr leicht (oder fast von allein) machen. Es bleibt eine der großen Chancen des Führens mit Zielen, anspruchsvolle Ziele zu definieren, bei denen Mitarbeiter selbst gefordert sind, kreative Wege zu entwickeln, um bestehende Probleme zu lösen.

Jedes Ziel sollte darüber hinaus auch R wie realistisch sein, was nicht mehr und auch nicht weniger bedeutet, als dass es prinzipiell erreichbar sein sollte. Dieser Aspekt bedeutet nicht unbedingt, dass der Mitarbeiter das Ziel auf jeden Fall erreichen kann. „Realistisch" kann auch bedeuten, dass z. B. ein Wettbewerber unter ähnlichen Rahmenbedingungen bewiesen hat, dass es machbar ist, auch wenn dies für Ihren Mitarbeiter sehr anspruchsvoll wird.

Selbstverständlich entscheidet sich die Frage, ob ein Ziel, das andere bereits erreichen, realistisch ist oder nicht, oft daran, welche Ressourcen zur Umsetzung zur Verfügung gestellt werden.

Auch können realistische Ziele bestimmte Marktnotwendigkeiten widerspiegeln, die z. B. durch veränderte Kundenansprüche entstanden sind, wie beispielsweise bestimmte Qualitätsstandards, die Mitbewerber oder andere Branchen bereits erreichen und die in Zukunft absolut unabdingbar sind.

Abschließend sollten gute messbare Ziele T wie terminiert sein, also mit einem Datum versehen sein, zu dem die Zielerreichung erwartet wird. Dies ist ein wesentlicher Faktor, weil sich der Anspruch eines Ziels häufig erst aus der Terminvorgabe ergibt.

▶ **ARBEIT ODER LEISTUNG?**

Wenn zwei Bergsteiger den Mount Everest besteigen, verrichten sie physikalisch betrachtet die gleiche Arbeit. Benötigt der erste Bergsteiger jedoch fünf Wochen und der zweite nur eine Woche, so ist die Leistung des zweiten Bergsteigers selbstverständlich ungleich höher zu bewerten. Leistung wird als Arbeit pro Zeit definiert. Entsprechend unterscheidet sich die erbrachte Leistung je nachdem, ob man mit einem Bergsteiger vereinbart, in sieben Tagen am Gipfel anzukommen oder in fünf Wochen.

Letztlich geht es bei der Anforderung, einen konkreten Termin festzulegen, darum, den tatsächlichen Anspruch, der hinter dem Ziel liegt, zu verdeutlichen. So würden vermutlich die meisten Führungskräfte fast alle gegebenen Ziele problemlos erreichen, wenn sie dafür unendlich viel Zeit hätten. Die Leistung unterschiedlicher Führungskräfte zeigt sich häufig daran, dass gute Führungskräfte einfach weniger Zeit benötigen, effizienter sind als andere. So ist auch die Führungsleistung selbstverständlich anders zu bewerten, wenn es der Führungskraft A gelingt, seine Mitarbeiter innerhalb eines einstündigen Meetings für ein neues Arbeitszeitmodell zu gewinnen, wohingegen die Führungskraft B in einer vergleichbaren Situation vielleicht drei Wochen, vier Meetings und mehrere Einzelgespräche benötigt.

Um eine möglichst motivierende Zieldefinition zu schaffen, empfiehlt es sich, Ziele so zu formulieren, als wäre der gewünschte Zustand bereits eingetreten, z. B.: „Am 30.06. ist die Produktivität beim Produkt X um Y % gestiegen." Auf diesem Weg entsteht eine positive Vision und konkrete Vorstellung des angestrebten Zustandes, die lebendiger ist und damit attraktiver wird. Lassen Sie sich dabei vom Bild eines Zielfotos leiten. Stellen Sie sich bei jedem Ziel die Frage: „Wenn ich von diesem Ziel am Ende des Jahres ein Foto machen wollte, was genau wäre darauf zu sehen?"

Im Folgenden finden Sie einige exemplarische Zielformulierungen, die auf der Basis des Wertesystems strukturiert sind (vgl. in Kapitel 3.1.1).

▶ **EXEMPLARISCHE SMART-ZIELE**

Wirtschaftlichkeit:

„Am 31.12. des nächsten Jahres haben wir in diesem Geschäftsbereich einen Ertrag von einer Million Euro erzielt."

„Bis zum 30.06. des nächsten Jahres sind die Kosten für die externe Wartung der X-Maschinen um 5 % im Vergleich zum Vorjahr gesunken."

Leistung:

„Am 31.12. des nächsten Jahres hat das Team X 100.000 Stück des Produktes A gefertigt, die den Qualitätskriterien entsprechen."

„Die Fehlerquote bei Y-Anträgen liegt im nächsten Jahr im Vergleich zum Vorjahr um 3 % niedriger."

„Die Zufriedenheit unserer Kunden liegt in Bezug auf die Erreichbarkeit im Jahresdurchschnitt bei der Note 2,5 oder besser."

Integration:

„Bis Ende des Jahres ist die Zusammenarbeit mit der Abteilung X soweit verbessert, dass keine Y-Beschwerden mehr gekommen sind und die Abteilung über alle Z-Vorfälle informiert war."

„Am 30.06. nächsten Jahres ist Herr Schmitz durch Sie in Thema A so eingearbeitet worden, dass er selbstständig XY-Fälle bearbeiten kann."

„Anfang September des nächsten Jahres sind Ihre Englischkenntnisse so gut, dass Sie im X-Test mindestens 150 Punkte erreicht haben."

### Ziele sollen Ergebnisse nicht Maßnahmen benennen

Konzentrieren Sie sich bei jeder Zielformulierung auf das tatsächliche Ergebnis, das Sie erreichen wollen. Besonders im Bereich Qualifikation werden oft Ziele vereinbart, die als Maßnahmen formuliert sind und nicht auf das tatsächliche Ergebnis fokussieren. Häufig finden sich hier Formulierungen, wie z. B. „Erfolgreiche Teilnahme an einem Englischkurs ..." anstatt das konkrete Ergebnis in Form eines gewissen Sprachniveaus oder der Beherrschung einer bestimmten Technik zu definieren.

### Präzise Formulieren — Fragen Sie nach dem Effekt

Fragen Sie sich bei jeder Zielformulierung: „Warum will ich das eigentlich? Was ist genau der Effekt, den ich erzielen möchte?" So kommen Sie mit Ihrer Zielformulierung Ihren eigentlichen Zielen am nächsten.

## 3.1.7 Schritt 6: Bestimmen Sie Zielerreichungsindikatoren

### So arbeiten Sie mit den Indikatoren

Der Indikator ist ein „Hinweis", dass ein bestimmtes Ereignis oder Ergebnis eingetreten ist. Beachten Sie bei der Auswahl der Indikatoren, dass Sie möglichst direkt die Indikatoren nehmen, an denen Sie tatsächlich Veränderungsbedarf sehen. So wie sichtbarer Rauch ein Indikator für Feuer sein kann, müssen Sie bei Indikatoren generell darauf achten, dass viel Rauch nicht immer auch viel Feuer bedeutet. Bei einigen Zielen ist es leicht, die entsprechenden Indikatoren sicher zu benennen, so hat z. B. das Umsatzziel „Am 31.03. des nächsten Jahres haben Sie mit Produkt X 100.000 EUR Umsatz erzielt." einen sehr einfach zu messenden Indikator, nämlich die im Vertriebs-System ohnehin dokumentierten Umsatzzahlen.

Anders stellt sich dies bei bestimmten qualitativen Aspekten dar, wie z. B. bei einem Ziel zur Erreichung einer bestimmten Kundenzufriedenheit. Hier muss zunächst einmal die Frage geklärt werden, an welchen Indikatoren sich Kundenzufriedenheit überhaupt entscheidet. So können Sie hier z. B. zu dem Schluss kommen, dass Kundenzufriedenheit sich bei Ihnen vor allem durch Freundlichkeit am Telefon, zeitnahe Lieferung und die Erfüllung bestimmter anderer Qualitätskriterien definiert. Dabei sind Sie sich allerdings bewusst, dass diese Indikatoren immer nur einen Teil des komplexen Konstruktes Kundenzufriedenheit abbilden.

### Wie werden Indikatoren gemessen?

Nachdem Sie sich im Klaren darüber geworden sind, welche Aspekte bei z. B. Kundenzufriedenheit besonders im Vordergrund stehen, müssen Sie sich als Nächstes fragen, „Wie messen wir diese Indikatoren?". In der Regel wird man sagen: „Wir befragen unsere Kunden einfach, wie sie die Freundlichkeit unserer Mitarbeiter bewerten." Entsprechend werden Sie vielleicht einen Fragebogen entwickeln und einer ausgewählten Anzahl von Kunden zusenden, um die Freundlichkeit der Mitarbeiter beurteilen zu lassen. Auf diesem Weg machen Sie auch „weiche" Faktoren messbar.

▶ **WEICHE ZIELE MESSBAR MACHEN**

Wenn Sie z. B. ein Ziel zur Zusammenarbeit definieren wollen, so kann das Ziel lauten: „Bis zum 30.06. verbesserte Zusammenarbeit mit der Abteilung Marketing." Nun stellt sich die Frage, was die Indikatoren sind, an denen Sie diese verbesserte Zusammenarbeit messen wollen. Dazu ist es empfehlenswert, sich zu überlegen, woran Sie aktuell merken, dass die Zusammenarbeit nicht optimal läuft.

So könnte es z. B. sein, dass es Beschwerden von Seiten der Abteilung Marketing gegeben hat oder dass Sie zu Konfliktgesprächen hinzugebeten wurden oder dass Sie unterjährig feststellen mussten, dass die Abteilung Marketing nicht immer informiert war über bestimmte Entwicklungen und Themen. Sollten dies genau die Punkte sein, die Sie stören und wo Sie Steuerungsbedarf sehen, dann definieren Sie genau auf dieser Ebene auch die entsprechenden Indikatoren.

Entsprechend könnte ein Indikator lauten: „Keine Beschwerden mehr bei mir durch die Abteilung Marketing in Bezug auf eine mangelnde Information." oder: „Die Mitarbeiter der Marketing-Abteilung sehen sich als durch Sie gut informiert."

Wie könnte man diesen Indikator messen? Ein Weg könnte sicherlich sein, die Mitarbeiter der Marketing-Abteilung genauso zu befragen, wie z. B. Kunden. Eine Alternative dazu besteht darin, dass Sie als Führungskraft sich einfach regelmäßig ein Bild machen, indem Sie unmittelbar die Mitarbeiter oder Führungskräfte im Marketing-Bereich befragen und dann zu den Ergebnissen direktes Feedback an Ihren Mitarbeiter geben.

**Beachten Sie den Aufwand des Messverfahrens**
Sicherlich kann man jeden noch so „weichen" Indikator durch ein aufwendiges Verfahren messen und feststellen. Beachten Sie dabei jedoch, dass der Aufwand, den Sie mit Ihrem Messverfahren verursachen, immer in einem angemessenen Verhältnis zur Bedeutung dieses Zieles stehen muss.

Ob der Aufwand zur Messung eines bestimmten Indikators und damit Ziels gerechtfertigt erscheint oder nicht, entscheidet sich immer an der Relevanz des Ziels.

## ► LEISTUNGSGRÖSSEN RECHTFERTIGEN EINEN MESSAUFWAND

In einem Call-Center ist es heutzutage selbstverständlich, dass für die Leistung des Call-Centers wesentliche Kriterien, wie z. B. die Erreichbarkeit, relativ aufwendig durch ein entsprechendes IT-System kontinuierlich, sehr systematisch und vollständig gemessen wird.

So erhalten Sie als Leiter des Call Centers über eine entsprechende Software unter anderem klare Aussagen darüber, wie lange ein durchschnittlicher Kunde in einer Warteschleife war, wie viele Kunden wieder aufgelegt haben, bevor Sie einen Agenten gesprochen haben, o.ä.

Da diese Indikatoren für Sie absolut maßgeblich sind, um die Leistung des Call-Centers zu beurteilen, ist das Unternehmen selbstverständlich bereit, die entsprechend hohen Kosten für eine Software und ein entsprechendes technisches System zu tragen.

Auf der anderen Seite kann es sein, dass Sie als z. B. Filialleiter in einer Bank ebenfalls ein Interesse daran haben, dass eine hohe Erreichbarkeit besteht. Möglicherweise kommen Sie zu der Erkenntnis, dass die Bedeutung des Faktors Erreichbarkeit für Ihre Filiale nicht von solchem Gewicht ist, dass sich der Kauf eines aufwendigen Systems überhaupt rechnet.

Also suchen Sie nach einfacheren Wegen, Ihre Erreichbarkeit zu messen. Hier können Sie erneut z. B. systematische Kundenbefragungen vornehmen oder aber auch einzelne Kunden persönlich nach ihrem Eindruck befragen. Ein möglicher anderer Indikator könnte darin bestehen, dass Sie darauf achten, ob z. B. auch in Mittagspausen oder grundsätzlich die Telefonzentrale mindestens mit zwei Personen besetzt ist.

Sie sehen, dieser Indikator misst weniger genau die unmittelbare Erreichbarkeit, auf der anderen Seite sagt Ihnen vielleicht Ihre Erfahrung, dass die Erreichbarkeit vermutlich in einem akzeptablen Rahmen bleibt, wenn immer zwei Mitarbeiter in der Telefonzentrale zwischen 8.00 Uhr morgens und 18.00 Uhr abends anwesend sind. Die Überprüfung, ob eine entsprechende Mindestbesetzung gewährleistet wurde, können Sie dann relativ einfach anhand z. B. der dokumentierten Dienstpläne oder durch sporadische Stichproben erheben.

Die Messung Ihres Indikators Erreichbarkeit wird dadurch zwar ungenauer, jedoch erheblich ökonomischer.

**Nutzen Sie Indikatoren, die Sie ohnehin messen**

Bei der Auswahl der richtigen Indikatoren stellt sich einerseits die Frage, welche denn tatsächlich möglichst nahe an Ihre beabsichtigten Ergebnisse und Effekte herankommen. Auf der anderen Seite sollten Sie sich jedoch auch fragen, welche Indikatoren vielleicht ohnehin durch ein bereits vorhandenes System erhoben werden.

So kann es z. B. sein, dass Ihre Kundenzufriedenheit sich einfach an bereits vorhandenen Indikatoren, wie z. B. einer Nachkaufquote, der Anzahl von Reklamationen oder dem Prozentanteil von Kunden, mit denen nur ein einziges Mal ein Geschäft gemacht wurde, messen lässt. Auch in diesem Fall sehen Sie, dass die Messung Ihrer Kundenzufriedenheit zwar einerseits relativ ungenau wird, auf der anderen Seite jedoch keinerlei zusätzlichen administrativen Aufwand verursacht.

Oft fällt es Führungskräften schwer, sehr gut greifbare und ökonomisch messbare Indikatoren zu bestimmten Zielen zu definieren. Nehmen Sie dazu auch Ihre Mitarbeiter in die Pflicht und fragen Sie diese, woran man eindeutig sehen kann, ob zum Zeitpunkt X eine bestimmte Leistung erbracht bzw. ein bestimmtes Ergebnis erreicht wurde. Sollten Ihre Mitarbeiter sich hierbei schwer tun, so stellen Sie die Frage: „Woran machen Sie denn für sich persönlich fest, ob Sie diesbezüglich erfolgreich waren?" Selbst wenn dann die unkonkrete Antwort erfolgen sollte „Dafür habe ich einfach ein Gefühl." können Sie erneut nachfragen „Woraus speist sich denn Ihr Gefühl?" Im Zweifelsfall fragen Sie auch nach konkreten Situationen in der Vergangenheit, wo Ihr Mitarbeiter mit seinen Ergebnissen besonders zufrieden oder unzufrieden war und fragen Sie, woran er zu diesem Zeitpunkt seinen Grund zur Zufriedenheit oder Unzufriedenheit festgemacht hat.

## 3.1.8 Schritt 7: Ordnen Sie die Ziele Ihren Mitarbeitern zu

Wenn Sie aus Ihrer eigenen Strategie und den übergeordneten Zielen relevante Ziele für Ihren Verantwortungsbereich abgeleitet und definiert haben, geht es im nächsten Schritt um die Frage, welcher Ihrer Mitarbeiter zu welchem Ihrer Ziele einen Beitrag leisten soll und kann. Mit anderen Worten: Es geht darum, aus Ihrem Set von Zielen wiederum Ziele für Ihre Mitarbeiter zu-

zuordnen. Wenn Sie diese Ziele dann für jeden Mitarbeiter lediglich setzen wollen, ist es natürlich unabdingbar, vor den Zielsetzungsgesprächen ein klares Konzept zu entwickeln, welche Ziele welchen Mitarbeitern gesetzt werden sollen.

Aber auch, wenn Sie bereit sind, die unterschiedlichen Ziele für Ihre Mitarbeiter tatsächlich zu diskutieren und individuell zu vereinbaren, empfiehlt es sich, bereits im Vorfeld dieser Vereinbarungsgespräche zu überlegen, welcher Mitarbeiter welchen Beitrag tatsächlich leisten kann und soll. So haben Sie persönlich ein klares Konzept und eine „Verhandlungsbasis" für die Gespräche mit Ihren Mitarbeitern. Machen Sie sich zur Vorbereitung auf Ihre individuellen Zielgespräche mit Ihren Mitarbeitern eine Zielmatrix.

**Zielmatrix zur Definition einzelner Verantwortlichkeiten**

|  | Mitarbeiter 1 | Mitarbeiter 2 | Mitarbeiter 3 |
|---|---|---|---|
| Bereichsziel 1 |  |  |  |
| Bereichsziel 2 |  |  |  |
| Bereichsziel 3 |  |  |  |

Wenn Sie mit dieser Zielmatrix arbeiten, ist gewährleistet, dass Sie systematisch und strukturiert vorgehen, andererseits gewinnen Sie einen guten Überblick, wie viele Ziele Sie welchem Mitarbeiter zumuten. (Ein Beispiel für eine Ziel-Mitarbeiter-Matrix finden Sie in Kapitel 3.1.3)

**Ziele möglichst fair verteilen**
Eine häufige Erfahrung von Führungskräften ist, dass im ersten Konzept wenige Mitarbeiter, die „Leistungsträger", die Mehrheit aller Ziele tragen sollen. Dies führt oft zu der Überlegung, ob es nicht zumindest Teilziele gibt, bei denen auch leistungsschwächere Mitarbeiter einen Beitrag leisten können oder sollen, damit die Leistungsträger entlastet werden.

Ordnen Sie in der Vorbereitung auf Ihre Zielgespräche die unterschiedlichen Ziele und Teilziele bereits einzelnen Mitarbeitern zu, um so individuell und insgesamt zu einer möglichst optimalen Mischung zu kommen. Eine optimale Mischung besteht u. a. darin, bei jedem Mitarbeiter möglichst Ziele zu vereinbaren, die einerseits Anforderungen beinhalten, die schon sicher beherrscht werden, und andererseits Ziele zu definieren, bei denen eine besondere Herausforderung oder eine Entwicklungsmöglichkeit besteht. Aus einer solchen Mischung resultiert erfahrungsgemäß eine besonders hohe Motivation bei der Zielverfolgung.

Selbstverständlich ist es besonders motivierend für Ihre Mitarbeiter, wenn Sie auf Basis der definierten Ziele für Ihren Verantwortungsbereich Spielräume lassen, welcher Mitarbeiter welches Ziel übernimmt. Dafür empfiehlt es sich, Ihren Mitarbeitern z. B. im Rahmen einer Präsentation die übergeordneten Unternehmensziele und die daraus resultierenden Ziele für Ihren Verantwortungsbereich zu präsentieren. Als Vorbereitung der individuellen Zielgespräche fordern Sie Ihre Mitarbeiter auf, sich Gedanken zu machen, welche Ziele für ihn oder sie individuell aus Ihren Bereichszielen resultieren könnten.

Die Erfahrung zeigt, dass bei einer erfahrenen Führungskraft und fähigen Mitarbeitern eine relativ hohe Deckung entsteht zwischen der vorbereiteten Zielmatrix und den Vorstellungen der einzelnen Mitarbeiter hinsichtlich ihrer persönlichen Ziele für den nächsten Zeitraum.

**Gerechte Zuordnung der Ziele heißt nicht gleiche Zuordnung**
Oft stellt sich auch die Frage nach der Gerechtigkeit zwischen unterschiedlichen Mitarbeitern. Gerechtigkeit muss hier nicht bedeuten, dass alle gleich viel leisten müssen; es kann auch gerecht sein, dass jeder einzelne Mitarbeiter nach seiner Leistungsfähigkeit Ziele zugeordnet bekommt. Anhand der Fragen in der folgenden Checkliste können Sie klären, welcher Mitarbeiter die Verantwortung für welches Ziel oder Teilziel bekommt.

| Checkliste: Welcher Mitarbeiter bekommt welches Ziel? ✓ |
| --- |
| Welcher Ihrer Mitarbeiter verfügt über die notwendigen Kenntnisse und Fähigkeiten, dieses Ziel selbstständig zu bearbeiten? |
| Welche zusätzlichen Unterstützungen oder Qualifikationsmaßnahmen wären nötig? |
| Wer wird am ehesten dazu motiviert sein und sich mit diesem Ziel persönlich identifizieren? |

| Checkliste: Welcher Mitarbeiter bekommt welches Ziel? | ✓ |
|---|---|
| Welcher Mitarbeiter bringt für dieses Ziel das entsprechende Selbstvertrauen und die Verantwortungsbereitschaft und Fähigkeit mit? | |
| Für welchen Mitarbeiter wäre die Übernahme dieses Ziels mit einem Zugewinn an Kompetenzen und einer persönlichen Entwicklung verbunden? | |
| Wie viel Zeit und Ressourcen würde dieses Ziel benötigen und welcher Mitarbeiter verfügt neben seiner „normalen" Stellenbeschreibung über diese Kapazitäten? | |
| Gibt es einen oder mehrere Mitarbeiter, die bisher bereits eine ähnliche Verantwortung, wie im Ziel definiert, wahrgenommen haben? | |

## 3.2 So bereiten Sie sich und Ihre Mitarbeiter auf die Zielgespräche vor

Die wesentliche Vorbereitung auf die Zielgespräche besteht zweifellos in der in Kapitel 3.1 beschriebenen klaren Ableitung und Definition der Ziele für den eigenen Bereich. Wenn Sie diese strategischen Vorbereitungen abgeschlossen und Ihre Ziele definiert haben, stehen Sie als Nächstes vor der Herausforderung, diese an Ihre Mitarbeiter zu kommunizieren. Wenn Sie das Führen mit Zielen zum ersten Mal durchführen möchten, müssen Sie darüber hinaus Ihre Mitarbeiter für dieses grundsätzliche Anliegen gewinnen.

### 3.2.1 Schritt 1: Informieren und überzeugen Sie Ihre Mitarbeiter

Um sich mit der Methode der systematischen Ableitung und Definition der Ziele identifizieren zu können, muss man zunächst einmal der Grundannahme zustimmen, dass ein wesentlicher Faktor in einem Unternehmen und in der Führungsarbeit die erreichten Ergebnisse sind. Mitarbeiter und Führungskräfte, die eher der Philosophie folgen „Der Weg ist das Ziel.", tun sich hier selbstverständlich schwer. Natürlich muss man auch akzeptieren, dass es sich hierbei um eine geplante und systematische Art der Steuerung und Beurteilung handelt, die sich stärker an der Effektivität (Welche Ergebnisse haben wir erreicht?) als an der Effizienz (Mit wie viel Einsatz haben wir welches Ergebnis erreicht?) orientiert.

## Vorteile des Führens mit Zielen

Führen mit Zielen bietet eine Vielzahl von Chancen für die Mitarbeiter und das Unternehmen. Grundsätzlich fördern Sie durch das Führen mit Zielen maßgeblich das wesentliche Ziel einer effektiven Personalwirtschaft: den richtigen Mitarbeiter in der richtigen Qualifikation zur richtigen Zeit am richtigen Ort rational einzusetzen.

Die wesentlichen Vorteile erfolgreicher Führung mit Zielen sind:

- Alle Mitarbeiter kennen ihre persönlichen Ziele und die des Unternehmens.
- Die Ressourcen Ihres Verantwortungsbereiches werden dadurch zielorientiert auf erfolgsentscheidende Aspekte hin ausgerichtet.
- Die Eigenverantwortung und Eigeninitiative Ihrer Mitarbeiter wird gefördert, weil diese Spielräume haben, die Ziele auf ihre eigene Art und Weise zu erreichen.
- Sie erhalten Klarheit zwischen Ihnen und Ihren Mitarbeitern über die gegenseitigen Erwartungen an die Arbeitsergebnisse, indem Sie regelmäßig über Ziele und die Zielerreichung sprechen.
- Schlüssig aus übergeordneten Zielen und Ihrer eigenen Strategie abgeleitete Ziele vermitteln Ihren Mitarbeitern den Sinn ihrer Tätigkeit, was wiederum zu einer höheren Selbstverpflichtung und Motivation führt.
- Die Beurteilung von Arbeitsergebnissen in einem Zielerreichungsgespräch erfolgt auf Basis klarer Vereinbarungen, sodass unnötige Diskussionen vermieden werden.
- Sie können bei einer konsequenten Anwendung des Führens mit Zielen mit einer größeren Anzahl von Mitarbeitern koordiniert arbeiten, weil individuelle Ziele aus übergeordneten Notwendigkeiten abgeleitet und untereinander abgestimmt sind.
- Sie persönlich sind als Führungskraft besser in der Lage, sich von alltäglichen Aufgaben zu entlasten und sich Spielräume für wesentliche strategische Aufgaben und Ihre Führungsaufgabe selbst zu schaffen.

Um Ihre Mitarbeiter zu informieren und sie zu überzeugen, empfiehlt es sich, vor Ihren Mitarbeitern eine Präsentation zu halten, in der Sie verdeutlichen, warum Sie das Instrument Führen mit Zielen einführen möchten, wie der Prozess ablaufen soll und welche Konsequenzen das für die Mitarbeiter hat. Fragen Sie sich zur Vorbereitung Ihrer Präsentation, was die relevanten Fragen Ihrer Mitarbeiter sein werden. Sie können sich im Aufbau Ihrer Präsentation an den Fragen der folgenden Checkliste orientieren. Selbstverständlich müssen Sie diese Fragen vor dem Hintergrund Ihrer persönlichen Zielsetzung und Ihrer individuellen Situation beantworten.

## 3.2.2    Checkliste: So informieren Sie Ihre Mitarbeiter

**Was ist der Grundgedanke des Instrumentes „Führen mit Zielen"?**

Gezielter Einsatz der Ressourcen und Kapazitäten.

Zielvereinbarung ist ein Steuerungsinstrument, das den Mitarbeitern Orientierung geben soll.

In einem regelmäßigen Turnus, z. B. jährlich, wird darüber gesprochen, wo das Team oder der einzelne Mitarbeiter hinsichtlich der besprochenen Ziele steht und welche wesentlichen Dinge über die allgemeine Stellenbeschreibung hinaus umgesetzt und erreicht werden sollen.

**Was erwartet sich unser Unternehmen davon?**

Vereinfachung der Steuerungsarbeit durch regelmäßiges klares Ausrichten der Mitarbeiter auf Basis der Unternehmensziele.

Verbesserter Einsatz der vorhandenen Ressourcen durch Fokussierung auf besonders relevante und wichtige Themen.

Objektivierte Leistungseinschätzung und -beurteilung des einzelnen Mitarbeiters, was zu mehr Fairness und Motivation beitragen soll.

Erzielung eines höheren Eigenengagements (Commitment) durch die Freiheiten, die auf dem Weg zur Zielerreichung gegeben werden.

**Welchen Vorteil haben die Führungskräfte? Welche Vorteile ergeben sich für die Mitarbeiter?**

(Zu diesen Aspekten erfolgt im nächsten Abschnitt eine ausführlichere Darstellung, weil es sich hierbei um eine für die Mitarbeiter besonders relevante Frage handelt.)

**Wie soll der Prozess ablaufen?**

## Was ist der Grundgedanke des Instrumentes „Führen mit Zielen"?

Nach Definition der Unternehmensziele werden in einzelnen Stufen, Kaskaden, die Ziele für die jeweils zugeordneten Unterbereiche abgeleitet und definiert.

Der Prozess der Zieldefinition erfolgt in der Regel jährlich.

Zum Ende eines Geschäfts- oder Kalenderjahres erfolgt die Zielplanung und Besprechung der Ziele für das darauf folgende Jahr, spätestens bis Ende Januar sollte jeder Mitarbeiter seine Ziele für dieses Jahr kennen.

Die Zielgespräche werden einerseits aus Zielsetzungen bestehen, weil sich bestimmte Ziele unmittelbar für einzelne Mitarbeiter ableiten lassen, die nicht verhandelbar sind. Andererseits bestehen die Zielgespräche auch aus Zielvereinbarungen bei Themen, die verhandelt werden können.

Im Vorfeld zu individuellen Zielgesprächen werden alle Mitarbeiter über die Ziele ihres Bereiches/Teams informiert, um sich Gedanken über eigene mögliche Ziele machen zu können.

Alle besprochenen Ziele werden schriftlich dokumentiert, unterjährig wird die Zielerreichung besprochen und zum Abschluss des Jahres ein Zielerreichungsgrad festgehalten.

## In welchem Turnus sollen Zielgespräche stattfinden?

## Mithilfe welcher Formulare, Dokumente oder Software sollen die Gespräche dokumentiert werden? Wer bekommt Einsicht in die Unterlagen?

## Was wird von mir als Mitarbeiter in diesem Prozess erwartet? Was ist mein Beitrag?

Verständnis für die übergeordneten Unternehmens- und Bereichsziele entwickeln.

Sich in Bezug auf die Zielvereinbarung Gedanken machen: Welcher persönliche Beitrag am besten zur Gesamtzielerreichung des Teams führen würde.

Akzeptieren bestehender, von oben „gesetzter" Ziele, die zwar gerne begründet werden, letztlich aber nicht im Grundsatz und in der Zielhöhe diskutierbar und verhandelbar sind.

**In welchem Turnus sollen Zielgespräche stattfinden?**

Starkes persönliches Engagement bei der Verfolgung der Ziele während des Jahres.

Verpflichtende Rückmeldung an die Führungskraft, sobald Sie als Mitarbeiter merken, dass die Zielerreichung gefährdet ist, damit frühzeitig Gegenmaßnahmen besprochen und ergriffen werden können.

**Welche möglichen Konsequenzen ergeben sich aus Zielerfüllung oder Zielverfehlung eines Mitarbeiters?**

Gibt es ein Bonussystem oder eine variable Vergütungskomponente, die mit der Zielerreichung verknüpft ist?

Es besteht selbstverständlich das normale Spektrum an Möglichkeiten, wenn bestimmte erwartete Leistungen von Seiten des Mitarbeiters nicht erbracht oder aber erfüllt oder gar übertroffen werden.

Eine Beziehung zur persönlichen Vergütung und der Zielerreichung besteht insofern, als dass … (Schilderung der geplanten variablen Vergütungskomponenten, die mit der Zielvereinbarung verknüpft sind).

Ein wesentlicher Aspekt der ersten Informationsveranstaltung für die Mitarbeiter zum Thema Führen mit Zielen stellt sicherlich die Frage dar, welche Vorteile das Führen mit Zielen den Mitarbeitern bringt.

**So stellen Sie Ihren Mitarbeitern den Nutzen des Führens mit Zielen dar**

Zunächst sollten Sie deutlich machen, dass die oben beschriebenen Vorteile für das Unternehmen durch einen entsprechenden Unternehmenserfolg letztlich auch zu Vorteilen für den Mitarbeiter führen. Daneben bietet das Thema Führen mit Zielen noch einige ganz individuelle Vorteile für die beteiligten Mitarbeiter, die Sie in der folgenden Checkliste finden.

**Checkliste: Welche Vorteile haben Ihre Mitarbeiter beim Führen mit Zielen?** ✓

Stärkere Transparenz der Unternehmensstrategie und übergeordneten Ziele, um seine eigenen Handlungen in einen größeren Rahmen stellen zu können.

---

**Checkliste: Welche Vorteile haben Ihre Mitarbeiter beim Führen mit Zielen?** ✓

Besseres Verständnis und klare Kenntnis von Zielen anderer Bereiche und Abteilungen, was zu einem besseren Verständnis und Miteinander zwischen Kollegen und Bereichen beiträgt.

Klare Definition der Handlungsnotwendigkeiten und Fokussierung auf die wesentlichen Themen durch die eigene Führungskraft.

Transparente und faire Beurteilung der gezeigten Leistungen.

Chance für Leistungsträger, die entsprechende Anerkennung und Wertschätzung zu bekommen.

Für Mitarbeiter mit Entwicklungsbedarf: Gelegenheit, die Leistung zu messen und Entwicklungsnotwendigkeiten klarer definieren zu können.

Auch die teilweise gesetzten und vordefinierten Ziele lassen auf dem Weg zur Zielerreichung ein hohes Maß an Eigenverantwortung und Freiraum zu, das jeder individuell nutzen kann und soll.

Mögliche widersprüchliche Ausrichtung einzelner Bereiche und Zielkonflikte werden frühzeitig in der Planung identifiziert und bearbeitet.

---

In Summe stehen als Vorteil für den Mitarbeiter vor allem die Faktoren Transparenz, Fairness und bessere Abgestimmtheit der einzelnen Ziele zwischen verschiedenen Bereichen im Vordergrund.

### Offene und kritische Mitarbeiter

Bei der Betrachtung der unterschiedlichen Argumente für die Mitarbeiter wird deutlich, dass es Mitarbeiter gibt, denen das Prinzip Führen mit Zielen sehr entgegenkommt und möglicherweise auch andere, die eher skeptisch sind.

### Drei Ursachen für eine ablehnende Haltung des Mitarbeiters

- Kritisch und entsprechend skeptisch werden erstens vor allem die Mitarbeiter sein, die sich nicht dem Leistungsprinzip unterordnen möchten, sondern Anerkennung für bereits in der Vergangenheit geleistete Dienste und erworbene Anrechte erhalten möchten.
- Zweitens werden sich die Mitarbeiter mit Zielgesprächen schwer tun, die ein entsprechendes Maß an Eigenverantwortung ablehnen und entsprechende Freiheiten gar nicht wollen. Solche Mitarbeiter haben vielleicht einerseits in der Vergangenheit nicht die Erfahrung gemacht, Verantwor-

tung übernehmen zu müssen, andererseits haben sie möglicherweise einfach Angst aufgrund von mangelnder Kompetenz.

- Eine dritte mögliche Ursache für eine ablehnende Haltung gegenüber dem Führen mit Zielen stellt ein mangelndes Vertrauensverhältnis zum eigenen Vorgesetzten dar. Aufgrund der unterjährigen Unwägbarkeiten bei den Zielen ist es selbstverständlich, dass es äußere Umstände geben kann, die eine Zielerreichung entweder sehr leicht oder aber auch nahezu unmöglich werden lassen.

**Vertrauensdefizit**
Sollten die Mitarbeiter in der Vergangenheit die Erfahrung gemacht haben, dass bestimmte Ergebnisse und Leistungen nicht angemessen besprochen wurden, sondern auch unter schwierigsten Bedingungen einmal gestellte Forderungen hart durchgesetzt und sanktioniert worden sind, so werden diese Mitarbeiter nur ungern konkrete Zielvereinbarungen ausformulieren und unterschreiben.

Hier kristallisiert sich am Instrument Zielgespräch ein generelles Vertrauens- oder Kompetenzdefizit, das zweifellos bearbeitet werden muss. Diese Handlungsnotwendigkeit ergibt sich selbstverständlich unabhängig vom Thema Führen mit Zielen, sie wird nur an diesem Punkt besonders offenbar.

## 3.2.3 Schritt 2: Bereiten Sie die Mitarbeiter auf die Zielgespräche vor

Am besten informieren Sie Ihre Mitarbeiter über die aktuelle Situation, zukünftige Pläne und die daraus resultierenden Ziele in Form einer Präsentation. Wenn Sie Ihr gesamtes Team gemeinsam informiert haben, werden Sie besser in der Lage sein, effiziente Zielgespräche zu führen. Die nachfolgende Checkliste gibt einige Inhalte und die exemplarische Gliederung einer Präsentation vor Ihren Mitarbeitern wieder.

| Checkliste: Inhalte einer Zielpräsentation | |
| --- | --- |
| **Inhalte** | **Notizen** |
| Ihre langfristige Vision und die Ihres Unternehmens. (Wo wollen Sie mit Ihrem Team in den nächsten Jahren stehen?) | |
| Rückblick auf den vergangenen Zeitraum, z. B. das letzte Jahr. (Welche Ziele hatten Sie geplant, was wurde erreicht, wo ist noch Verbesserungsbedarf.) | |
| Der aktuelle Status quo aus Ihrer Sicht. (Z. B. in Bezug auf die drei Wertebereiche: Wirtschaftlichkeit, Leistung und Zusammenarbeit, vgl. Kapitel 3.1.2) | |
| Die groben Ziele z. B. für das nächste Jahr für Ihren Verantwortungsbereich. (Welche Ziele leiten sich aus der Unternehmensvorgabe ab, welche Ziele möchten Sie persönlich ergänzen?) | |
| Klare Kommunikation und Begründung der bereits durch Vorgaben für alle Mitarbeiter definierten Ziele. (Z. B. im Vertrieb definierte Umsatzziele pro Außendienstmitarbeiter oder definierte Produktivitätskennziffern in der Produktion.) | |
| Diskussionen mit Ihren Mitarbeitern über die gesetzten Ziele. (Dabei geht es weniger darum, die Zielhöhe kritisch zu diskutieren, sondern mehr darum, sicherzustellen, dass alle Mitarbeiter ein klares Bild von den Unternehmenszielen haben und wissen, was von Ihrem Team erwartet wird.) | |
| Appell an Ihre Mitarbeiter, sich in der Vorbereitung auf die individuellen Zielgespräche Gedanken zu machen, worin ihr persönlicher Beitrag im nächsten Jahr in Form individueller Ziele bestehen kann. | |

Neben dieser inhaltlichen Vorbereitung ist es selbstverständlich wichtig, im ersten Jahr der Durchführung den Mitarbeitern auch die entsprechenden Instrumente, wie z. B. Formulare, auszuhändigen und zu erläutern.

### Richten Sie einen Appell an Ihre Mitarbeiter

Appellieren Sie an Ihre Mitarbeiter, sich Vorschläge für eigene Ziele zu überlegen, und zeigen Sie, welche Chancen daraus für sie resultieren. So können Sie z. B. darauf verweisen, dass so eine größere Chance besteht, sich selber mit den eigenen Vorstellungen einzubringen und die Ziele gemeinsam zu gestalten. Außerdem werden die Gespräche durch eine bessere Vorbereitung effizienter verlaufen und qualitativ bessere Ergebnisse bringen.

Es kommt weniger darauf an, in Ihrer Zielpräsentation eine besonders begeisternde Rede zu halten, als vielmehr inhaltlich und argumentativ den Sinn der Ziele überzeugend zu vermitteln. Mitarbeiter können sich nur mit Zielen, die sie auch verstanden haben, identifizieren.

**Verständlichkeit**
Achten Sie je nach Vorbildung und intellektuellem Niveau Ihrer Mitarbeiter darauf, die z. B. übergeordneten Unternehmensziele entsprechend verständlich darzustellen. Kaum ein Mitarbeiter in der Produktion kann mit Unternehmenszielen wie Ebit, Kapitalverzinsung oder Cash flow etwas anfangen. Suchen Sie dazu ggf. entsprechend einfache Vergleiche und bildhafte Darstellungen.

Beachten Sie auch, dass für die Mitarbeiter die Information, dass ein Ertrag von z. B. 20 Millionen Euro erwirtschaftet werden soll, wenig anschaulich ist. Der Vergleich zum Vorjahr verbunden mit der Zielsetzung „20 % mehr Wachstum!" zeigt dagegen deutlich, was erwartet wird.

Auf diese Präsentation folgen individuelle Zielgespräche, in denen es darum geht, Ziele entweder möglichst motivierend zu setzen oder in Fällen, wo Verhandlungsspielräume bestehen, diese gemeinsam mit Ihrem Mitarbeiter im Gespräch zu vereinbaren. Selbstverständlich ist es notwendig, dass sich nicht nur Ihre Mitarbeiter vorbereiten, sondern auch Sie.

## 3.2.4 Schritt 3: Die eigene Vorbereitung auf die Zielgespräche

Ihre eigene Vorbereitung auf die individuellen Zielgespräche können Sie mithilfe der folgenden Checkliste gestalten:

| Checkliste: Eigene Vorbereitung auf die Zielgespräche | ✓ |
|---|---|
| Sind mir die übergeordneten Unternehmensziele und die meines mir übergeordneten Bereiches hinlänglich bekannt und verständlich? | |
| Sind die Mitarbeiter über den Prozess und die Hintergründe des Führens mit Zielen informiert? | |

| Checkliste: Eigene Vorbereitung auf die Zielgespräche | ✓ |
|---|---|

Habe ich eine klare Vorstellung meiner eigenen Ziele für meinen Verantwortungsbereich, z. B. in Bezug auf die nächsten 12 Monate?

Sind diese Ziele realistisch?

Habe ich mir vor der Durchführung individueller Zielgespräche Gedanken gemacht, welcher Mitarbeiter zu welchem Ziel welchen Beitrag leisten könnte?

Habe ich für mich klar definiert, welche Ziele gesetzt sind und entsprechend begründet aber nicht inhaltlich diskutiert oder verhandelt werden?

Sind die Ziele, die ich bereit bin zu verhandeln, dem Reifegrad meiner Mitarbeiter angemessen?

Sind mit allen Mitarbeitern im Vorfeld Termine für individuelle Zielgespräche vereinbart und haben diese genug Zeit, um sich selber Gedanken über ihren Zielbeitrag machen zu können?

Welche persönlichen Erfahrungen habe ich mit den unterschiedlichen Charakteren in der Vergangenheit gemacht?

Welcher meiner Mitarbeiter wird sich vielleicht zu viel zumuten, bei wem müsste ich meine eigenen Erwartungen vielleicht mit mehr Nachdruck zum Ausdruck bringen?

Falls schon erfolgt: Wie beurteile ich die Zielerreichung des einzelnen Mitarbeiters aus dem Vorjahr? Wie begründe ich dies?

Welche möglichen Konsequenzen kann ich für Zielerreichungen oder bei Zielverfehlungen aufzeigen?

Wenn Sie sich zu allen oben genannten Aspekten Gedanken gemacht haben, dann sind Sie auf die individuellen Zielgespräche mit Ihrem Team bestens vorbereitet.

## 3.3 Wie Sie das Zielgespräch effektiv führen

### 3.3.1 Typische Fehler im Zielgespräch und wie Sie sie vermeiden

Die praktische Erfahrung zeigt, dass auch Zielvereinbarungen scheitern können. Scheitern bedeutet hier, dass Ressourcen verschwendet und Mitarbeiter und Führungskräfte stark frustriert werden. Im Wesentlichen werden folgende Fehler gemacht:

- Fehler 1: „Nice-to-have"-Ziele
  Es werden „Nice-to-have"- oder so genannte „Micky-Maus"-Ziele vereinbart, die strategisch irrelevant sind und keinen direkten Bezug zum Unternehmenserfolg haben. Das passiert z. B., wenn Mitarbeiter und Führungskräfte sich mehr oder weniger spontan und unvorbereitet zusammensetzen und überlegen, was mögliche Ziele sein können. Als Ziele werden dann eher Themen vereinbart, um die „man sich schon lange mal" kümmern wollte.
- Fehler 2: Vage Zieldefinition
  Zielvereinbarungen werden teilweise zu vage oder zu umfangreich getroffen. Es findet häufig eine Stellenbeschreibung mit anderen Worten statt, die letztendlich dem Mitarbeiter keine Orientierung mehr gibt.
- Fehler 3: Zu wenig Spielraum
  In der alltäglichen Führung verharren einige Führungskräfte in der Führung per Anweisung und geben keinen oder zu geringen Spielraum auf dem Weg zum Ziel. Dies kann zum einen damit zu tun haben, dass Führungskräfte ihren Mitarbeitern nicht vertrauen, diesen nicht genug zutrauen oder aber ein sehr ausgeprägtes Kontrollbedürfnis haben. Eine große Rolle spielt dabei oft, wie auch bei der Delegation von Aufgaben, dass Führungskräfte sich nicht damit abfinden wollen, dass Mitarbeiter einfach Ergebnisse erreichen, sondern dass es ihnen wichtig ist, dass die Mitarbeiter zwingend genau den Weg beschreiten, den sie selber beschritten hätten.
- Fehler 4: Alle Ziele stehen zur Diskussion
  Führungskräfte denken zum Teil, sie müssten alle Ziele „basisdemokratisch" vereinbaren. Dadurch wird der Eindruck erweckt, dass alle Ziele tatsächlich mit dem Mitarbeiter vereinbart werden müssen und keinesfalls

gesetzt werden dürfen. In der Konsequenz feilschen die Führungskräfte dann in den Zielvereinbarungsgesprächen solange, bis ihre bestehende Vorgabe scheinbar akzeptiert wird.

- Fehler 5: Keine Nachverfolgung
Ziele werden zwar vereinbart, aber im Weiteren nicht konsequent nachgehalten und überprüft. Dies ist zum Teil darauf zurückzuführen, dass nicht die tatsächlich strategisch und erfolgsrelevanten Dinge vereinbart werden oder aber, dass bei einer deutlichen Veränderung der Rahmenbedingungen oder strategischen Orientierung des Unternehmens keine Veränderungen an den Zielen vorgenommen werden. In der Konsequenz werden Zielerfolge dann oft auch nicht gefeiert oder angemessen gewürdigt.

- Fehler 6: Keine Ziele „von oben"
Die Unternehmensführung möchte zwar grundsätzlich das Führen mit Zielen durchsetzen, lebt dieses Führungskonzept allerdings selbst nicht vor, indem z. B. keine klare Unternehmensstrategie kommuniziert wird. So wird den untergeordneten Führungskräften und letztlich den Mitarbeitern die Chance genommen, für sich selbst tatsächlich strategisch relevante Ziele abzuleiten und konsequent zu verfolgen.

Weil in einigen Unternehmen oben genannte Fehler gemacht werden, kommen mittlerweile einige Autoren, Berater und Trainer zu der Schlussfolgerung, Führen mit Zielen gänzlich abzuschaffen. Beachten Sie deshalb beim Führen mit Zielen besonders

## 3.3.2 Die vier Erfolgsfaktoren des Zielgesprächs

1. Die Unternehmensstrategie und ihre bereichsbezogenen, wertschöpfenden Ziele sollten eindeutig kommuniziert sein.
2. Entwickeln Sie eine klare Vision und Zielfeststellung für Ihren eigenen Verantwortungsbereich, aus der Sie Ihre mittelfristigen, zu vereinbarenden Ziele ableiten können.
3. Definieren Sie bereits während der Zielsetzung oder Vereinbarung einen Prozess, wie die Ziele konsequent verfolgt und überprüft werden können. Dies kann z. B. heißen, bereits bei der Besprechung der Ziele Zwischentermine oder regelmäßige Reviews zu vereinbaren.

4. Belohnen bzw. sanktionieren Sie konsequent Erfolge oder Misserfolge bei der Zielverfolgung und -erreichung.

Auch die Erreichung vereinbarter Ziele zum vereinbarten Endzeitpunkt kann letztendlich nur auf Basis aller bis dahin gegebenen Bedingungen und Ereignisse bewertet werden. Dazu bedarf es immer eines vernünftigen Gesprächs unter Menschen, die etwas von ihrer Arbeitsaufgabe verstehen. Das kann in der Konsequenz in einem Zielerreichungsgespräch z. B. bedeuten, dass Sie zwar feststellen müssen, dass ein Mitarbeiter seine definierten Ziele zu z. B. 70 % erreicht hat, Sie ihn aber trotzdem dafür ausdrücklich loben, weil vielleicht die Rahmenbedingungen extrem schwierig waren und unter den gegebenen Bedingungen sein Ergebnis ein wirklich herausragendes Ergebnis darstellt. In der Konsequenz heißt dies: Verknüpfen Sie den Grad der Zielerreichung nicht 1 : 1 direkt linear mit der Bewertung der Mitarbeiterleistung (siehe auch Exkurs in Kapitel 3.3).

## 3.3.3 Schritt 1: Bauen Sie das Gespräch strukturiert auf

Sollten Sie im Unternehmen über keinen vordefinierten Gesprächsleitfaden verfügen, können Sie einfach den „Leitfaden: Zielvereinbarungsgespräch" benutzen, den Sie am Ende von Kapitel 3.3 finden. Durch ihn sind weite Teile der Gesprächsstrukturierung bereits vorgegeben. Grundsätzlich sollten Sie bei der Gestaltung Ihres Zielgesprächs folgende Struktur berücksichtigen, um auf der einen Seite sinnvoll und systematisch vorzugehen, auf der anderen Seite keine wesentlichen Aspekte zu vergessen oder zu vernachlässigen:

| Struktur eines Zielgesprächs | |
| --- | --- |
| 1. Einleitung und Warming up | |
| 2. Zielerreichung (Rückblick auf die vorangegangene Periode und Selbsteinschätzung des Mitarbeiters) | |
| 3. Verhandlung neuer Ziele: Zielvereinbarungs- bzw. Zielsetzungsgespräch | |
| 4. Vereinbarung von unterjährigen Zielreviewgesprächen (Sicherstellen der Zielverfolgung und —erreichung) | |

### 3.3.4 Schritt 2: Schaffen Sie einen positiven Gesprächseinstieg

Ebenso wie in Beurteilungsgesprächen dient der Einstieg in das Zielgespräch einerseits der Gestaltung einer positiven Atmosphäre, andererseits sollte hier der Gesprächsablauf klar vorgestellt werden. Vor allem, wenn Sie zum ersten Mal mit Mitarbeitern ein Zielgespräch führen, sollten Sie die Grundidee des Instruments „Führen mit Zielen" darlegen sowie die Einleitung des Gespräches dafür nutzen, Fragen zu klären und Transparenz herzustellen.

Für den gelungenen Einstieg in das Zielgespräch können Sie sich auch an dem Leitfaden „Ablauf des Gesprächseinstiegs" aus Kapitel 1.3 orientieren, den sie auch auf www.haufe.de/arbeitshilfen finden.

### 3.3.5 Schritt 3: Rückblick auf die vorangegangene Periode

Idealerweise führen Sie im Verlauf der Zielverfolgungsperiode, z. B. unterjährig, ein gesondertes Gespräch über die individuelle Zielerreichung eines einzelnen Mitarbeiters. Sie können das Zielgespräch aber auch mit einem Rückblick auf die vorangegangene Zielverfolgungsperiode beginnen, bevor Sie im nächsten Schritt neue Ziele vereinbaren bzw. setzen. Für diesen Abschnitt des Zielgesprächs, die Zielerreichung, empfiehlt sich die Orientierung an folgendem Ablauf. An den Formulierungen sehen Sie, dass Sie dieses Gespräch vor allem durch Fragen führen sollten.

| Checkliste: Fragen im Zielerreichungsgespräch | ✓ |
| --- | --- |
| Wie geht es Ihnen zurzeit mit Ihrer Arbeit insgesamt? | |
| Welche besonderen Themen beschäftigen Sie aktuell? | |
| Gibt es besondere Schwierigkeiten, die Ihnen zur Zeit zu schaffen machen? | |
| Wo stehen Sie im Hinblick auf Ihre Zielerreichung? | |
| Wenn es Abweichungen gab: Wie kam es zu den Abweichungen? (Hier geht es nicht um die Suche eines Schuldigen, sondern um das Verständnis der Faktoren, die zur Zielabweichung geführt haben.) | |

| Checkliste: Fragen im Zielerreichungsgespräch |  |
| --- | --- |

Welche weiteren Entwicklungen sind aus Ihrer Sicht zu erwarten?
(Lassen Sie sich hier die Sicht Ihres Mitarbeiters schildern, sagen Sie jedoch
auch klar, welche weiteren Entwicklungen Sie persönlich vermuten oder
erwarten.)

Wie gehen Sie in Bezug auf die einzelnen Ziele weiter vor?
(Beachten Sie, dass Sie konkrete Entscheidungen treffen, welche Ziele wei-
terverfolgt werden bzw. ob Veränderungen an den Zielen ratsam sind.)

Wann sprechen wir wieder über Ihre Ziele?
(Neuer Termin oder Ereignis, wann es Sinn macht, wieder zu sprechen.)

Wenn Sie ein gesondertes Jahresabschlussgespräch führen, um die Zielerreichung Ihres Mitarbeiters zu thematisieren, würde ergänzend auch über mögliche Konsequenzen gesprochen, die sich in positiver oder negativer Weise für
die Zielerreichung oder -verfehlung Ihres Mitarbeiters ergeben.

**Verantwortlichkeit mit Fragen stärken!**
Wenn Sie die Eigenverantwortlichkeit Ihrer Mitarbeiter dauerhaft stärken wollen, empfiehlt es sich, alle Themen zur Zielerreichung als Frage zu formulieren, um zunächst die Sicht Ihres Mitarbeiters ausreichend zu klären. Wenn Sie
nachvollziehen können, welche Sicht Ihr Mitarbeiter auf seine Zielerreichung
hat, erlangen Sie ein vertieftes Verständnis seiner Sichtweisen, noch bevor
Sie mit Ihrem eigenen Feedback und Ihrer Meinung seine Reaktion beeinflussen. Besonders bei der Definition des weiteren Vorgehens führen die eigenen
Ideen und Vorschläge des Mitarbeiters erfahrungsgemäß zu einer höheren
Selbstverpflichtung, als wenn Sie diese vorgeben.

**Diskussion von Maßnahmen kann von der Zielverantwortung ablenken**
Beachten Sie bei der Diskussion der weiteren Vorgehensweise vor allem, dass
Sie nicht beginnen, eine Vielzahl von Maßnahmen zu vereinbaren oder vorzugeben und damit vom Prinzip Führen mit Zielen abzuweichen. Kommunizieren
Sie deutlich an Ihre Mitarbeiter, dass die erfolgreiche Umsetzung einzelner
besprochener Maßnahmen sie nicht von der Verantwortung für die Zielerreichung entbindet.

So darf es kein Argument im Zielerreichungsgespräch sein, dass ein Mitarbeiter sagt: „Aber ich habe doch alle Dinge gemacht, über die wir gesprochen

haben. Es ist doch nicht meine Schuld, dass das nicht zu den gewünschten Ergebnissen geführt hat."

## 3.3.6 Schritt 4: Ziele setzen – oder vereinbaren

Der wichtigste Abschnitt eines Zielgespräches ist die Vereinbarung von neuen Zielen. Bevor Sie in die Verhandlung über Zielvereinbarungen eintreten, sollten Sie aber zunächst für sich klären, bei welchen Zielen und Bereichen Sie eine definitive Zielsetzung bevorzugen und vornehmen möchten und bei welchen Aspekten Sie tatsächlich eine Zielvereinbarung, die mit Ihrem Mitarbeiter ausgehandelt wird, anstreben.

**Gesetzte Ziele nicht pseudoverhandeln!**
Wenn kein Verhandlungsspielraum besteht, nehmen Sie eine klare Zielsetzung vor. Vereinbaren Sie nur da Ziele, wo Ihnen tatsächlich eine gewisse Flexibilität bei der Zielhöhe oder anderen Aspekten bleibt. In den meisten individuellen Zielgesprächen macht man eine Mischung aus Zielvorgabe und Zielvereinbarung. Allerdings ist zu beachten, dass beiden Aspekten unterschiedliche Prinzipien zugrunde liegen, darum werden im Folgenden beide Teile eines solchen Gespräches zunächst wie zwei einzelne Gespräche behandelt. Je nachdem, ob Sie eine Zielsetzung oder Zielvereinbarung vornehmen wollen, empfehlen sich unterschiedliche Vorgehensweisen.

**Vorgegebene Ziele setzen**
Wenn Ziele aus übergeordneten Vorgaben gesetzt sind, ist es wichtig, dass Sie Ihrem Mitarbeiter die Sinnhaftigkeit und Notwendigkeit aufzeigen und transparent machen. Nur, wenn Ihr Mitarbeiter tatsächlich versteht, warum dieses Ziel notwendig ist, hat er die Möglichkeit, sich mit diesem Ziel zu identifizieren. Auf diesem Weg werden Ziele zumindest akzeptabel, sodass eine Bereitschaft besteht, sich dafür persönlich zu engagieren. Das bedeutet, dass die Qualität der Begründung bei gesetzten Zielen letztlich über die Identifikation und Motivation Ihrer Mitarbeiter entscheidet.

▶ **EXEMPLARISCHE BEGRÜNDUNGEN**

Exemplarische Begründungen auch für ehrgeizige übergeordnete Unternehmensziele sind z. B.:

- Andere Unternehmensbereiche oder Wettbewerber erreichen bereits diese Ziele, z. B. in Bezug auf Produktivität oder Rentabilität.
- Die verstärkte Wettbewerbssituation, verbunden mit entsprechenden Angeboten an Kunden durch Wettbewerber führen dazu, dass z. B. Preisnachlässe an anderer Stelle wieder aufgefangen werden müssen.
- Um Investitionen in die Zukunft des Unternehmens tätigen zu können (wie z. B. neue Maschinen oder Marketingmaßnahmen), ist es notwendig, die Kosten zu senken.
- Durch die technische Verbesserung XY (z. B. bessere Arbeitsmittel, neuere Maschinen o. Ä.) besteht nun die Erwartung seitens der Geschäftsführung, entsprechend produktiver zu arbeiten.
- Kundenbefragungen haben ergeben, dass diese Wert auf eine Erreichbarkeit auch nach 18.00 Uhr legen, wodurch ein ehrgeiziges Ziel in Bezug auf die Servicezeiten oder Erreichbarkeit begründet wird.
- Expansionschancen, die sich zur Zeit im Thema XY bieten, sollen genutzt werden, bevor Wettbewerber reagieren oder sich bestimmte politische Rahmenbedingungen verändern.

Für die erfolgreiche Durchführung eines Zielsetzungsgespräches können Sie sich an folgender Checkliste orientieren:

| Checkliste: Ablauf eines Zielsetzungsgespräches | ✓ |
| --- | --- |
| 1. Schaffung einer offenen Gesprächsatmosphäre | |
| 2. Kurze Wiederholung der bereits in Ihrer Präsentation dargestellten Grobziele für Ihren Verantwortungsbereich | |
| 3. Benennung der einzelnen individuellen Ziele für Ihren Mitarbeiter | |
| 4. Begründung der einzelnen Ziele. (Woraus leiten diese sich ab, warum genau diese Zielhöhe, zu welchen übergeordneten Zielen trägt dieses individuelle Ziel bei, welche Bedeutung hat es für Ihren Bereich oder das gesamte Unternehmen?) | |

---

**Checkliste: Ablauf eines Zielsetzungsgespräches** ✓

5. Definition von Indikatoren und Messverfahren, mit denen Sie die Zielerreichung beurteilen werden

6. Bestehen Verständnisfragen seitens Ihres Mitarbeiters? Klärung bestehender Fragen

7. Aushändigen einer schriftlichen Darstellung der Ziele und Indikatoren

8. Definition des nächsten Gesprächstermins oder eines Prozesses, wie regelmäßig über die Zielerreichung gesprochen wird

---

Die Erfahrung zeigt, dass einige Führungskräfte versuchen, auch eigentlich bereits gesetzte Ziele (wie z. B. klassisch bestimmte Umsatzvorgaben im Vertrieb) anscheinend zu vereinbaren, anstatt diese klar als Setzungen zu kommunizieren. Dies führt zum Teil dazu, dass lange über etwas „verhandelt" wird, was eigentlich ohnehin gesetzt ist. In der Konsequenz resultieren hier entsprechend frustrierende Gespräche für die Mitarbeiter, wenn diese nach einer längeren Diskussion merken, dass das Ziel eigentlich gar nicht zur Diskussion steht, sondern ohnehin in einer Zielsetzung mündet.

Häufig unterschätzt wird auch, dass auch anspruchsvolle Vorgaben durchaus anspornende und motivierende Wirkung haben können. Sagen Sie Ihren Mitarbeitern lieber direkt und ehrlich, an welcher Stelle tatsächlich Verhandlungsspielraum besteht und an welcher Stelle nicht.

Diese Empfehlung gilt auch, wenn Sie im ERA-TV, dem Tarifvertrag über das Entgelt-Rahmenabkommen der Metall- und Elektroindustrie, Ziele als Bestandteil der Leistungsbeurteilung vereinbaren oder setzen möchten. Vor allem von Seiten der Gewerkschaften wird hier oft darauf gedrängt, Ziele in jedem Fall „basisdemokratisch" zu vereinbaren, was nicht in jedem Fall sinnvoll und möglich erscheint. Achten Sie hier besonders darauf, dass gesetzte Ziele plausibel und realistisch definiert sind, sodass diese die Akzeptanz der Mitarbeiter finden.

### Zuerst Ziele setzen, dann Ziele vereinbaren

In Bezug auf die Reihenfolge empfiehlt es sich, in einem Gespräch, bei dem sowohl Ziele gesetzt als auch vereinbart werden sollen, zunächst einmal die gesetzten Ziele zu kommunizieren und zu besprechen. Erst, wenn dieser gesetzte Teil klar definiert ist, sind Sie und Ihr Mitarbeiter in der Lage, klar zu sehen, wie viel Raum und Kapazität überhaupt noch besteht für weitere aushandelbare persönliche Zielvereinbarungen.

## Ziele mit dem Mitarbeiter vereinbaren

Ein Vorteil der Vereinbarung von Zielen ist, dass Sie bei Ihren Mitarbeitern zumeist einen hohen Grad an Einbeziehung und Identifikation erreichen. Schwieriger kann es dabei sein, wirklich Ziele zu besprechen, die substantiell zur definierten Strategie und den übergeordneten Zielen Ihres Bereiches beitragen. Die folgende Checkliste gibt wesentliche Punkte eines Zielvereinbarungsgespräches wieder:

| Checkliste: Ablauf einer echten Zielvereinbarung | ✓ |
|---|---|

1. Schaffung einer offenen Gesprächsatmosphäre

2. Kurze Wiederholung der bereits in Ihrer Präsentation dargestellten Grobziele für Ihren Verantwortungsbereich

3. Zielsammlung: Abfragen der Zielvorschläge Ihres Mitarbeiters

4. Zielsichtung, Zielergänzung, Zielbereinigung
5. (Gespräch darüber, welche Ziele außerhalb der bereits durch den Mitarbeiter vorgeschlagenen Ziele aus Ihrer Sicht noch in die Vereinbarung aufgenommen werden sollten bzw. welche Zielvorschläge Ihres Erachtens zu weit reichen oder weniger erfolgsrelevant sind)

6. Gemeinsame Definition der Zielindikatoren
7. (Woran werden Sie bei den einzelnen Zielen feststellen, ob diese erreicht wurden?)

8. Verabredung zu einem ersten Zielerreichungsgespräch oder zu einer regelmäßigen Berichterstattung

9. Gemeinsames Überlegen, welche positiven Konsequenzen sich für Ihren Bereich insgesamt und für Ihren Mitarbeiter individuell ergeben könnten, wenn die vereinbarten Ziele erreicht werden

### Zielvereinbarung ist kein „Wunschkonzert"

Lassen Sie in der Kommunikation gegenüber Ihren Mitarbeitern, z. B. in der Zielpräsentation, keinen Zweifel darüber aufkommen, dass zwar einerseits jeder Mitarbeiter eigene Zielvorschläge einbringen kann und soll, dass dies jedoch nicht zu einem „Wunschkonzert" führt. Es handelt sich lediglich um eine Gesprächsbasis, die Ziele werden mit Ihnen im Dialog abgestimmt und letztendlich sind Sie als Führungskraft für die Ergebnisse und die Steuerung Ihres Bereiches verantwortlich.

## 3.3.7 Schritt 5: Vereinbaren Sie unterjährige Zielreviewgespräche

Wenn alle Ziele definiert und gegenüber den Mitarbeitern kommuniziert, gesetzt oder vereinbart sind, geht es darum, unterjährig eine konsequente Zielverfolgung und -erreichung sicherzustellen. Da es nicht ausreicht, erst gegen Ende des Jahres festzustellen, dass vielleicht einzelne Bereiche nicht ausreichend angegangen oder Ergebnisse nicht in gewünschter Qualität erreicht wurden, ist es wichtig, die Zielerreichung auch unterjährig zu thematisieren. Eine häufig gestellte Frage von Führungskräften lautet: „Soll ich mich jetzt etwa noch jeden Monat mit jedem Mitarbeiter eine Stunde hinsetzen und über seine Zielerreichung sprechen?" Aus dieser Frage spricht die Sorge nach dem damit verbundenen Aufwand in Relation zum gewünschten Ergebnis.

**Unterjährig die Zielerreichung gesondert thematisieren**
Um die Zielerreichung mit Ihren Mitarbeitern während des Jahres möglichst effizient thematisieren zu können, besteht eine Vielzahl von Möglichkeiten, die Sie für sich in Bezug auf ihre Durchführbarkeit und Effizienz bewerten müssen. Die folgende Übersicht zeigt verschiedene Möglichkeiten, wie Sie die Zielerreichung unterjährig thematisieren können.

| Möglichkeiten, die Zielerreichung unterjährig zu thematisieren |
| --- |
| Monatliche Besprechung der generellen Teamziele im Rahmen eines Meetings |
| Zusendung einer monatlichen Auswertung der Team- oder individuellen Ergebnisse, die dann im Meeting besprochen werden |
| Regelmäßiger, individueller Status-quo-Report zur Zielerreichung aller Mitarbeiter, z. B. in einem kurzen Blitzlicht zu Beginn eines Meetings |
| Vereinbarung expliziter, individueller Zielerreichungsgespräche im Turnus von ein bis drei Durchführungen pro Jahr |
| Aufforderung an die Mitarbeiter, z. B. per E-Mail, alle 2 Monate kurz den Status quo ihrer individuellen Zielerreichung zu reporten |

| Möglichkeiten, die Zielerreichung unterjährig zu thematisieren |
| --- |
| Durchführung eines unterjährigen Zielerreichungs-Workshops, z. B. zur Mitte des Jahres, bei dem alle Mitarbeiter den Stand ihrer Ziele reporten und sie gemeinsam im Team Lösungen und Wege erarbeiten, um gefährdete Ziele zu retten |
| Definition von Zwischenterminen zu einzelnen Zielen, direkt bei der Setzung oder Vereinbarung der Ziele |
| Im Rahmen eines „normalen" regelmäßigen Mitarbeitergespräches kann nach vorheriger Ankündigung ebenfalls eine kurze Besprechung der aktuellen Zielerreichung des Mitarbeiters erfolgen |
| Regelmäßiger öffentlicher Aushang der Zielerreichung im Team (z. B. von Quantitätszielen oder Qualitätskennziffern) |

Ganz gleich, welche Wege für Sie am effizientesten und ökonomischsten erscheinen, durch regelmäßiges Feedback unterstreichen Sie auf jeden Fall die Bedeutung der Ziele und geben Ihren Mitarbeitern kontinuierlich Orientierung.

## Strategisch wichtige Ziele führen zu automatischer unterjähriger Zielverfolgung und Transparenz

Die wichtigste Voraussetzung für einen effizienten Reviewprozess besteht darin, dass inhaltlich in den vereinbarten Zielen Dinge stehen, die tatsächlich von wesentlicher Bedeutung für den Erfolg der Mitarbeiter und ihres Verantwortungsbereiches sind. Das bedeutet in der Konsequenz für viele strategisch relevante Ziele, dass diese ohnehin auch unterjährig thematisiert werden und ein permanenter Abgleich zwischen den Vorstellungen und den Ergebnissen erfolgt.

**STRATEGISCH WICHTIGES ZIEL FÜHRT ZU AUTOMATISCHEN REVIEW**

Haben Sie z. B. als verantwortliche Führungskraft mit einem Ihrer Mitarbeiter vereinbart, dass er die Einführung von SAP in Ihrer Abteilung sicherstellen soll, und handelt es sich dabei um ein strategisches Projekt mit entsprechender Sichtbarkeit bei der Geschäftsleitung, so wird die unterjährige Zielerreichung und vor allen Dingen auch Zwischenziele und Zwischenergebnisse selbstverständlich in der „alltäglichen" Arbeit diskutiert. Sie werden bei diesem Thema selbstverständlich automatisch regelmäßig nachfragen bzw. initiativ von Ihrem Mitarbeiter informiert werden, wie der Stand der Dinge ist. Außerdem besteht vermutlich ein definierter Projektplan und entsprechende Milestones oder Gates, die zu einem bestimmten Zeitpunkt erreicht und an obere Führungsebenen reported werden müssen. Entsprechend ist sowohl sichergestellt, dass es aufgrund der Projektplanung klare Indikatoren für die Erreichung von Zwischenzielen gibt, als auch, dass diese Erreichung von Zwischenzielen kontinuierlich gemessen und thematisiert wird.

Selbstverständlich werden nicht alle Ziele, die Sie mit Mitarbeitern vereinbart haben, von großer strategischer Relevanz sein und einen entsprechend definierten Reviewprozess automatisch nach sich ziehen. Generell ist zu beachten, dass es für das Funktionieren des Prinzips Führen mit Zielen ein wesentlicher Faktor ist, dass die Mitarbeiter die Verpflichtung haben, sich sofort bei Ihnen zu melden, wenn Sie merken, dass die Zielerreichung bedroht ist.

**Eine wichtige Regel: Unverzügliche Rückmeldung, wenn die Zielerreichung bedroht ist**

Die Regel, dass Ihre Mitarbeiter sich unmittelbar mit Ihnen in Verbindung setzen müssen, sobald diese merken, dass einzelne Ziele vermutlich nicht erreicht werden können, muss grundsätzlich gelten, um erfolgreich mit Zielen führen zu können. Bei vielen Zielen werden Sie kein systematisches oder automatisiertes Controlling haben, um sich z. B. mithilfe einer Datenbankauswertung kontinuierlich und leicht einen Überblick über den Grad der Zielerreichung zu verschaffen. Gerade, wenn Sie Freiräume bei dem Weg zur Zielerreichung geben, müssen Sie sich darauf verlassen können, dass die Mitarbeiter mit Ihnen Rücksprache halten, sobald eine Zielerreichung unwahrscheinlich wird.

Es ist wichtig, dass Sie für Ihre Mitarbeiter im Prozess der Zielverfolgung diese Verpflichtung klar definieren und eindeutig einfordern.

**Zu viel Kontrolle gefährdet Effizienz**

Sollten Sie die Verantwortung dafür übernehmen, permanent selber alle Ziele aller Ihrer Mitarbeiter zu kontrollieren, werden Sie vermutlich für sich selber nicht mehr effektiv arbeiten können. Dieser Weg macht im Einzelfall da Sinn, wo Sie aus der Vergangenheit wissen, dass Mitarbeiter dazu neigen, Zielerreichungen sehr kritisch zu diskutieren.

Die Regel, unmittelbar Rückmeldung zu geben, sobald die Zielerreichung bedroht erscheint, gilt generell bei jeder delegierten Aufgabe. Ihrem Mitarbeiter muss klar sein, dass er verpflichtet ist, sich sofort zu melden, wenn die termingerechte Umsetzung delegierter Aufgaben bedroht erscheint.

Die Bedeutung dieser Regel können Sie gegenüber Ihren Mitarbeitern noch dadurch unterstreichen, dass für den Fall, dass Sie Hinweise darauf bekommen, dass bestimmte Ziele bedroht sind, Sie unmittelbar auf den Mitarbeiter zugehen und zunächst fragen, wie er den derzeitigen Zielerreichungsgrad bei diesem Thema sieht. Sollte er Ihnen dann zurückmelden, dass er Zweifel an der Zielerreichung hat, sollten Sie zunächst die Frage klären, warum er mit diesem Thema noch nicht zu Ihnen gekommen ist, bevor Sie inhaltlich über Möglichkeiten reden, die Zielerreichung doch noch sicherzustellen.

**Sollte eine Zielübererfüllung erwünscht oder erlaubt sein?**
Die Frage, ob eine Zielübererfüllung erlaubt sein soll, erscheint zunächst wenig relevant, weil alle Führungskräfte sich wünschen, dass ihre Mitarbeiter ihre Ziele vielleicht nicht nur erfüllen, sondern sogar übererfüllen. Auf der anderen Seite muss man sich darüber im Klaren sein, dass durch eine Zielübererfüllung unter Umständen auch die Verschwendung von Ressourcen erfolgt.

▶ **ZIEL ÜBERERFÜLLT UND ZUSÄTZLICHE KOSTEN VERURSACHT**

Was nützt es Ihnen, wenn einer Ihrer Produktionsleiter seine Produktivität in Bezug auf einzelne Produktkomponenten um 10 % übererfüllt hat, wenn andere Bereiche nicht nachkommen, die weiteren benötigten Komponenten für ein ganzes Produkt zu liefern. In diesem Fall entstehen durch Zielübererfüllung lediglich Lagerkosten und ggf. Liquiditätsnachteile.

Beachten Sie, dass, wenn ein Mitarbeiter ein bestimmtes Ziel übererfüllt, er vermutlich die dafür benötigten Ressourcen genauso gut in andere Themen hätte investieren können, bei denen vielleicht eine höhere Priorität oder Dringlichkeit besteht.

Entsprechend sollten Sie z. B. eine Zielübererfüllung nur dann begrüßen, wenn es sich bei den Zielen auch tatsächlich um Wirtschaftlichkeitsziele handelt, die einen direkten Einfluss auf das Ergebnis Ihres Unternehmens oder Unternehmensbereiches haben.

Beachten Sie auch, dass nicht alle Mitarbeiter bei ihren Zielen überhaupt die technische Möglichkeit haben werden, diese über zu erfüllen, bzw. dass es Ziele gibt, wo eine Übererfüllung keine Nutzen bringt. Dann stellt sich selbstverständlich die Frage nach der Fairness und Vergleichbarkeit, die ggf. auch Ihre Mitbestimmungsgremien stellen werden. Dies gilt vor allem, wenn mit einer Übererfüllung von Zielen auch eine höhere variable Vergütung verknüpft ist.

## 3.3.8 Gesprächsleitfaden: Zielvereinbarungsgespräch

### Ablauf eines Zielvereinbarungsgesprächs

#### 1. Vorbereitung

Halten Sie im Vorfeld der individuellen Zielgespräche eine Zielpräsentation, um Ihre Mitarbeiter optimal zu informieren. (vgl. Kap. 3.2)

Informieren Sie Ihren Mitarbeiter frühzeitig über den Gesprächstermin und die ungefähre Dauer.

Bereiten Sie das Gespräch gründlich vor — bitten Sie auch den Mitarbeiter im Vorfeld um eine Vorbereitung (Selbsteinschätzung hinsichtlich seiner Zielerreichung im vergangenen Jahr und Erarbeitung von Zielvorschlägen für das nächste Jahr).

Planen Sie ausreichend Zeit ein und stellen Sie sicher, dass Sie sich ungestört unterhalten können.

Sorgen Sie für eine angenehme Atmosphäre und verschieben Sie ggf. das Gespräch, wenn Sie unter Zeitdruck stehen oder das Gefühl haben, sich aus anderen Gründen nicht 100%ig auf das Gespräch einlassen zu können.

#### 2. Einleitung und Warming up

Höflichkeit und Freundlichkeit sind — unabhängig vom Gesprächsanlass — Grundvoraussetzungen eines jeden Gesprächs.

Gehen Sie auf den Mitarbeiter zu, begrüßen Sie ihn und danken Sie ihm für sein Kommen.

## Ablauf eines Zielvereinbarungsgesprächs

### 1. Vorbereitung

Setzen Sie sich mit ihm an einen geeigneten Tisch und unterstreichen Sie so die Bedeutung des Gesprächs.

Stellen Sie einen persönlichen Kontakt her und tragen Sie so zu einem positiven und offenen Gesprächsklima bei.

Geben Sie Ihrem Mitarbeiter noch einmal Sicherheit bezüglich des weiteren Vorgehens, indem Sie die Struktur und den Zeitrahmen des Gespräches darstellen.

Fassen Sie noch einmal kurz die Grundidee des Instruments „Führen mit Zielen" zusammen und was das Ziel dieses Gespräches sein soll.

### 3. Zielerreichung
### (Rückblick auf die vorangegangene Periode)

| Vorgesetzter: | Mitarbeiter: |
| --- | --- |
| Hört zu und stellt Verständnisfragen. | Selbsteinschätzung hinsichtlich der erreichten Ziele in der vorangegangenen Periode. |
| Gibt Erläuterungen, Ergänzungen sowie seine eigene Einschätzung der Faktoren. | Beschreibung der fördernden und hemmenden Faktoren sowie möglicher Schwierigkeiten, die sich im Hinblick auf die Zielerreichung ergeben haben. |
| Gibt seine eigene Einschätzung bzgl. des Zielerreichungsgrades. | Hört zu, stellt Fragen und vergleicht die Einschätzung des Vorgesetzten mit seiner eigenen Einschätzung. |

Entwicklung einer für beide Seiten tragfähigen Einschätzung bezüglich des Zielerreichungsgrades und wie diese zu bewerten ist.

ggf. Festsetzung der Prämie oder anderer Konsequenzen

ggf. Einholen von Feedback über die Führungsqualitäten des Vorgesetzten und die Arbeitsbedingungen des Mitarbeiters im Hinblick auf Verbesserungspotenzial

### 4. Zielvereinbarung bzw. Zielsetzung

| Vorgesetzter: | Mitarbeiter: |
| --- | --- |

## Ablauf eines Zielvereinbarungsgesprächs

### 1. Vorbereitung

| | |
|---|---|
| Informiert über Unternehmensziele, Bereichsziele und Abteilungsziele und begründet sorgfältig, in welchen Bereichen eine nicht verhandelbare Zielsetzung vorgenommen werden muss. Darstellung zukünftiger Anforderungen an den Arbeitsplatz und daraus resultierende Aufgaben. | Hört zu und stellt Verständnisfragen. |
| Hört zu und stellt Verständnisfragen. | Formulierung eigener Ziele. Vorschläge für Zielvereinbarungen. |
| Vorgesetzter: | Mitarbeiter: |
| Stellt Verständnisfragen und gibt Erläuterungen, Ergänzungen sowie seine eigene Einschätzung der Faktoren. | Beschreibung von fördernden und hemmenden Faktoren. |
| Stellt seine Sicht in Bezug auf die Zieldefinition dar. | Hört zu, stellt Fragen und vergleicht die Einschätzung des Vorgesetzten mit seiner eigenen Einschätzung. |

### 5. Gemeinsame Vereinbarung

Entwicklung von für beide Seiten tragfähigen Zielgrößen.

Schriftliche Formulierung mit Festlegung von Kriterien der Zielerreichung. (Quantität, Qualität, Kosten, Zeitraum; Termine für Zwischenbilanzierung).

Überprüfung der notwendigen Ressourcen, Fertigkeiten und Kenntnisse des Mitarbeiters.

ggf. Definition von Entwicklungsmaßnahmen.

Festlegung von Aktivitäten des Vorgesetzten zur Unterstützung des Mitarbeiters bei der Zielverfolgung.

### 6. Gesprächsabschluss

Vereinbarung von unterjährigen Zielreviewgesprächen bzw. weiterer Möglichkeiten, die Zielerreichung unterjährig zu thematisieren (vgl. Kap. 3.3).

### 3.3.9 Formular: Dokumentation der Zielgespräche

| Mitarbeiter: _____ Führungskraft: _____ |
| --- |

Zielzeitraum von _____ bis _____

| Gewich-tung (in %) | Ziel | Indikatoren | Termin | Ziel-erreichung | Kommentar |
| --- | --- | --- | --- | --- | --- |
|  |  |  |  |  |  |
|  |  |  |  |  |  |
|  |  |  |  |  |  |
|  |  |  |  |  |  |
|  |  |  |  |  |  |
|  |  |  |  |  |  |

Datum: _____ Unterschriften: _____

Zielreviewgespräch

Datum: _____ Unterschriften: _____

Dieses Formular können Sie Ihrem Mitarbeiter auch zur Vorbereitung auf das Zielgespräch aushändigen. Nach dem Gespräch dient es als Dokumentation der gesetzten und vereinbarten Ziele. Auf Wunsch können Sie die einzelnen Zeilen dieses Formulars noch nach bestimmten Themen aufgliedern, wie z. B. Wirtschaftlichkeitsziele, Ziele zur Zusammenarbeit oder persönliche Entwicklungsziele. So werden die Mitarbeiter bei ihrer Vorbereitung einerseits dazu angeregt, Ziele zu unterschiedlichen Themenbereichen zu formulieren, andererseits können so auch Teile der Zielvereinbarung, wie z. B. die Wirtschaftlichkeitsziele, für sich genommen bonusrelevant werden.

In vielen Unternehmen werden Zielprozesse und Instrumente in einer entsprechenden Software abgebildet bzw. durch diese unterstützt. Dies häufig als Bestandteil eines HR- oder Employee Self Service Systems. Dabei ist neben der Beherrschung der entsprechenden Funktionalitäten besonders darauf zu achten, dass die technische Dokumentation und der geteilte Zugriff auf diese Daten das persönliche Gespräch keinesfalls ersetzt. Zumindest sollte per Telefon oder Video- bzw. Webkonferenz ein persönlicher Dialog erfolgen, anstatt nur elektronisch Daten auszutauschen.

## 3.3.10 FAQ: Einfluss der Mitarbeiter auf die Zieldefinition

Welchen Einfluss Sie Ihren Mitarbeitern im Team, als auch individuell in Bezug auf die Zieldefinition geben können, richtet sich nach dem Reifegrad Ihrer Mitarbeiter. Je besser Ihre Mitarbeiter die übergeordneten Notwendigkeiten selber kennen und die Situation Ihres Teams einschätzen können, umso eher haben Sie die Möglichkeit, Ihre Mitarbeiter z. B. auch bei der Definition Ihrer Bereichsziele einzubeziehen. Je stärker es Ihnen gelingt, Ihre Mitarbeiter z. B. auch bei der Einschätzung der aktuellen Situation aktiv einzubeziehen und gemeinsam eine Einschätzung zu erarbeiten, umso leichter fällt es Ihnen, im Weiteren über notwendige Maßnahmen und Konsequenzen zu sprechen.

Auch in Bezug auf die individuellen Ziele ist man als Führungskraft selbstverständlich bereit, mit zunehmendem Reifegrad und Kenntnisstand der Mitarbeiter, diese bei der Zieldefinition stärker einzubinden. Besonders bei erfahrenen, kompetenten und verantwortungsbewussten Mitarbeitern ist die Qualität der Ziele auf Basis einer Zielvereinbarung oft höher, als wenn Führungskräfte sich im Vorfeld mögliche Ziele überlegen und diese im Gespräch setzen.

### Bleiben Sie fair zwischen Mitarbeitern

Wenn Sie sich dafür entscheiden, Ihren Mitarbeitern einen relativ großen Spielraum bei der Definition der Ziele einzuräumen, müssen Sie darauf achten, dass im Endeffekt trotzdem ein zwischen den Mitarbeitern vergleichbarer Anspruch in den Zielen aufrechterhalten wird. Die Einbeziehung der Mitarbeiter darf nicht die Konsequenz haben, dass der Mitarbeiter, der argumentativ stärker ist, letztlich in der Lage ist, sich vor ambitionierten Zielen zu drücken, während ruhigere Mitarbeiter dann vielleicht sehr ehrgeizige Ziele einfach akzeptieren.

Im Endeffekt geht es bei der Frage nach dem Einfluss, den Sie Ihren Mitarbeitern bei den Zieldefinitionen einräumen, auch darum, im Laufe der Zeit persönliche Erfahrungen mit unterschiedlichen Mitarbeitern zu machen und sich entsprechend darauf einzustellen.

## 3.3.11   FAQ: Mitarbeiter schätzt die Zielerreichung anders ein

Im Wesentlichen gibt es bei kritischen Diskussionen um die Zielerreichung zwei mögliche Ursachen für einen Konflikt und Meinungsverschiedenheit. Es kann einerseits Dissens über den Zielerreichungsgrad und andererseits Dissens über die Bewertung der Leistung geben.

**Konflikt 1: Dissens über den Grad der Zielerreichung**
Die erste mögliche Ursache besteht darin, dass man sich bei dem Grad der Zielerreichung uneins ist, was oft darauf zurückzuführen ist, dass nur mangelhaft eindeutige Indikatoren oder Messverfahren besprochen wurden. Hierbei kann es sein, dass das Gespräch letztendlich in eine Diskussion darüber mündet, welches Messverfahren oder welche Art von Auswertung tatsächlich eine genaue Aussage über z. B. bestimmte Qualitätskennziffern erlaubt.

Grundsätzlich ist hierbei zu beachten, dass es meist wenig zielführend ist, mit einem Mitarbeiter über Detailaspekte zu diskutieren. Überlegen Sie sich bei kritischen Diskussionen immer, welche Konsequenz eigentlich an den unterschiedlichen Einschätzungen hängt.

▶ **UNNÖTIGE DISKUSSIONEN BEI DER ZIELBEWERTUNG VERMEIDEN**

Ein Mitarbeiter im Vertrieb hat ein Umsatzziel von 500.000 Euro gehabt. Jetzt erreicht er lediglich 400.000 Euro und hat damit eine 80 %ige Zielerreichung. Wenn jetzt dieses Umsatzziel wiederum vielleicht 30 % vom gesamten Zielpaket ausmacht, ergeben sich bei einem Bonus von z. B. maximal 10.000 Euro folgende Vergleichsrechnungen:

Von maximal 10.000 Euro Bonus entfallen 3.000 Euro (30 %) auf das Umsatzziel. Wenn Sie als Führungskraft nach Ihrer Einschätzung nun behaupten, Ihr Mitarbeiter habe das Ziel nur zu 80 % = 400.000 Euro erreicht, so ergibt sich in Bezug auf dieses Ziel ein Teilbonus von 2.400 Euro. Sollte jetzt Ihr Mitarbeiter der Ansicht sein, dass Ihr Controllingsystem fehlerhaft ist und er eigentlich eine Zielerreichung von 85 % hat, so fordert er in Bezug auf dieses Ziel einen Bonus von 2.550 Euro.

Jetzt liegt es in Ihrer Verantwortung als Führungskraft, sich zu überlegen, ob seine Argumente in Bezug auf das fehlerhafte Controllingsystem einigermaßen plausibel sind oder ob Sie über diese 150 Euro im Zweifelsfall mit Ihrem Mitarbeiter streiten möchten.

## Konflikt 2: Konsens über den Grad der Zielerreichung — Dissens bei der Leistungsbewertung

Eine zweite Möglichkeit in Bezug auf eine Diskussion über eine unterschiedliche Einschätzung der Zielerreichung kann darin bestehen, dass Sie zwar Konsens beim Zielerreichungsgrad haben, jedoch unterschiedlicher Ansicht sind in Bezug auf die Bewertung und die Konsequenzen.

▶ **ZIELERREICHUNG WÄRE MÖGLICH GEWESEN**

Ihr Mitarbeiter sagt, dass die Rahmenbedingungen extrem schwierig waren. Sie sind jedoch der Ansicht, dass die Zielerreichung trotzdem möglich gewesen wäre.

In diesem Fall bleibt Ihnen keine andere Alternative, als tatsächlich bestimmte Rahmenbedingungen zu diskutieren, für die allerdings die Bedingung gelten muss, dass Sie einen wirklich maßgeblichen Einfluss auf den Schwierigkeitsgrad des Ziels hatten. Im Zweifelsfall kann es Ihnen argumentativ vielleicht gelingen, einzelne Einflussfaktoren zu gewichten und so die Zielerreichung relativ klar zu bewerten.

Letztendlich ist es trotzdem möglich, dass Sie als Führungskraft sich an dieser Stelle durchsetzen müssen und nach einer längeren Diskussion vielleicht zu der Aussage kommen müssen: „Ich bin mir sehr wohl im Klaren darüber, dass die von Ihnen genannten Einflussfaktoren die Zielerreichung eher erschwert haben, nichtsdestotrotz bin ich aufgrund von Vergleichen mit anderen Kollegen (oder z. B. Wettbewerbern) der Ansicht, dass das Ziel erreichbar gewesen wäre. Entsprechend werde ich diesen 70 %-igen Zielerreichungsgrad in Bezug auf dieses Ziel auch negativ werten."

**Betriebsvereinbarung**
Eventuell sind hier Mitbestimmungsrechte betroffen und es kann sein, dass für das Führen mit Zielen eine Betriebsvereinbarung besteht, in der ein konkreter Eskalationsweg vorgeschrieben ist.

Üblicherweise besteht der erste Eskalationsweg darin, dass der übergeordnete Vorgesetzte versucht, eine Schlichtung herbeizuführen, und sollte dies auch fruchtlos verlaufen, zumindest der Betriebsrat als weitere Instanz einbezogen wird.

## 3.4 So managen Sie den Entwicklungsbedarf Ihrer Mitarbeiter mit Zielen

In den Überlegungen in Kapitel 3.1 wurde dargestellt, wie Sie die Leistungsziele für Ihren Verantwortungsbereich auf die nächste Ebene, Ihre Mitarbeiter, herunterbrechen können. Dabei ging es in erster Linie um Leistungsziele, bei denen Wirtschaftlichkeits-, Produktivitäts- oder Innovationsaspekte im Vordergrund stehen.

Darüber hinaus ist es sinnvoll, sich im Sinne eines strategischen Talentmanagements für den eigenen Bereich Gedanken über das Management der Human Ressourcen zu machen und auch die Mitarbeiterentwicklung strategisch zu betrachten und sorgfältig individuelle Entwicklungsziele zu definieren.

### 3.4.1 Schritt 1: Bedarf mit der Qualifikationsmatrix planen

Welcher Entwicklungsbedarf überhaupt besteht, können Sie mithilfe einer Qualifikationsmatrix feststellen. Dazu eröffnen Sie eine Tabelle, in der Sie in der linken Spalte die wesentlichen relevanten Qualifikationen in Ihrem Team auflisten, sowohl fachlicher als auch überfachlicher Art. Rechts davon eröffnen Sie nun für jeden Mitarbeiter eine weitere Spalte. Dann schätzen Sie die jeweilige Kompetenz des einzelnen Mitarbeiters in Bezug auf den einzelnen Anforderungsbereich ein, indem Sie z. B. ein Noten- oder Beurteilungssystem zugrunde legen. Dabei können Sie für Ihre eigene Übersicht und zu Ihrer eigenen internen Planung z. B. mit Schulnoten arbeiten. Nutzen Sie für die Erstellung der linken Spalten mit den relevanten fachlichen und überfachlichen Kompetenzen z. B. die Stellenbeschreibung Ihrer Mitarbeiter oder Ihr hausinternes Kompetenzmodell, wenn Sie z. B. ein Beurteilungssystem haben. Wenn Sie die einzelnen Kompetenzen Ihrer einzelnen Mitarbeiter in dieser Tabelle grob eingeschätzt haben, sehen Sie im Überblick, wie das Qualifikationsniveau Ihres Teams insgesamt ist. Die nachfolgende Tabelle gibt einen Überblick über eine mögliche Qualifikationsmatrix.

**Auszug aus einer Qualifikationsmatrix**

| Kompetenz | Mitarbeiter 1 | Mitarbeiter 2 | Mitarbeiter 3 |
| --- | --- | --- | --- |
| Beherrschung der Software XY | | | |
| Produktkenntnis, Produkt Y | | | |
| Produktkenntnis, Produkt Z | | | |
| Verhandlungsgespräche erfolgreich führen | | | |
| Selbstständig Verträge ausarbeiten können | | | |
| Freundlichkeit im Umgang mit Kunden | | | |
| Fehlerfreiheit bei der Auftragsbearbeitung | | | |

| Englisch-kenntnisse | | |
| --- | --- | --- |
| ... | | |

## 3.4.2 Schritt 2: Qualifikationsprofil für Mitarbeiter entwickeln

Im nächsten Schritt geht es darum, strategische Überlegungen anzustellen, wie dieses Qualifikationsprofil in Zukunft eigentlich sein sollte. Dabei gibt es im Wesentlichen drei Überlegungen:

- Welche individuellen Kompetenzdefizite müssten im nächsten Jahr bewältigt werden?
- Welche individuellen Stärken und Talente sollten weiter ausgebaut werden?
- Welche Kompetenzen müssen in Zukunft weiter ausgebaut werden, weil ihre strategische Bedeutung zunimmt?

So könnten Sie z. B. neben einer Zahl für die Einschätzung des Ist-Zustandes jeweils eine Zahl für den zum Ende des Jahres erhofften Soll-Zustand, vermerken. Auf Basis der individuellen Abweichungen zwischen dem Ist und dem Soll sehen Sie die dringendsten Qualifizierungsnotwendigkeiten. Das wiederum kann bedeuten, dass es z. B. für alle Mitarbeiter gleichermaßen einen Qualifizierungsbedarf gibt, weil z. B. für alle eine neue Technologie eingeführt wird, oder dass individuell sehr unterschiedliche Handlungsnotwendigkeiten entstehen.

**Betrachten Sie Qualifikationsziele wie Leistungsziele**
Gehen Sie bei der Definition der Qualifikationsziele dabei genauso vor wie bei der generellen Definition Ihrer Bereichsziele, indem Sie vor allem auf wesentliche Erfolgsfaktoren und maßgebliche Handlungsfelder fokussieren.

So kann es selbstverständlich sein, dass z. B. ein neuer oder stark unterqualifizierter Mitarbeiter deutlichen Entwicklungsbedarf in den unterschiedlichsten Bereichen hat. In diesem Fall müssten Sie allerdings trotzdem entscheiden, auf welche Entwicklungsfelder Sie sich zunächst konzentrieren wollen, und dann entsprechende Ziele setzen oder vereinbaren.

Fragen Sie sich weniger, welches Qualifikationsniveau „nice to have" wäre, sondern welches tatsächlich notwendig ist.

**Beachten Sie eine mögliche Überqualifizierung**
Bedenken Sie, dass es problematisch sein kann, Mitarbeiter für ihre Tätigkeit überzuqualifizieren, weil überqualifizierte Mitarbeiter erfahrungsgemäß nicht lange zufrieden in ihrer Tätigkeit bleiben, sondern nach einer Erweiterung ihres Aufgaben- und Verantwortungsspektrums streben, die Sie vielleicht gar nicht bieten können.

Letztlich hängt die individuelle Qualifikationszielstellung des einzelnen Mitarbeiters auch von dessen Entwicklungswünschen und Karriereplänen ab. Berücksichtigen Sie bei Ihren Planungen z. B. auch, welcher Mitarbeiter eine Stellvertreterposition für Sie übernehmen könnte oder in der Lage wäre, Ihre gegenwärtige Position zu erben, wenn Sie sich in einer anderen Position weiterentwickeln wollen.

**Verknüpfen Sie Entwicklungsziele**
Oft ist es hilfreich, die Qualifikationsziele für einzelne Mitarbeiter durch gegenseitige Schulungen oder Einarbeitungen zu erreichen. Das kann bedeuten, dass sich für zwei Mitarbeiter ergänzende Ziele ergeben. So könnte Mitarbeiter A ein Qualifikationsziel in Bezug auf sich selbst bekommen und Mitarbeiter B ein Ziel zur Zusammenarbeit und Qualifikation von A verfolgen. Dies kann natürlich für B wiederum bedeuten, dass er sich persönlich darin weiterentwickelt, andere Mitarbeiter anzuleiten, einzuarbeiten und sein Wissen weiterzugeben. Ein möglicher Ansatzpunkt, um erste Führungsqualifikationen aufzubauen.

Gehen Sie bei der Erstellung einer solchen Qualifikationsmatrix nicht zu detailliert vor. In der Regel sollten etwa 20 wesentliche fachliche und überfachliche Kompetenzen reichen, um die Anforderungen an Ihre Mitarbeiter umfassend zu beschreiben, sonst besteht die Gefahr, dass Ihr System schnell unübersichtlich wird und zuviel Zeit bei der Erstellung in Anspruch nimmt.

Selbstverständlich ist der Aufwand zur Erstellung einer solchen Tabelle bei der ersten Durchführung am höchsten und kann dann in den Folgejahren problemlos mit wenig Aufwand den jeweiligen Notwendigkeiten angepasst und überarbeitet werden.

**Nutzen Sie vorhandene Beurteilungssysteme**
Vorteilhaft ist dabei selbstverständlich, wenn Sie bereits ein Mitarbeiterbeurteilungssystem mit einigen klar definierten überfachlichen Kompetenzen haben, das Sie nur noch um fachliche Anforderungen ergänzen müssen.

Neben der individuellen Einzelbetrachtung von Entwicklungsnotwendigkeiten haben Sie mithilfe einer solchen Matrix auch die Möglichkeit, das durchschnittliche Qualifikationsniveau oder den Qualifikationsstand Ihres Teams insgesamt schnell und übersichtlich einzuschätzen. So können Sie z. B. durch einfache Mittelwertberechnungen sehen, in welchem Bereich Sie im Durchschnitt ein besonders hohes oder niedriges Qualifikationsniveau haben.

Auch Häufigkeitsbetrachtungen können Sinn machen, wenn Sie z. B. die Entscheidung treffen, dass mindestens drei Ihrer Mitarbeiter im Fachthema A einen sehr guten Kompetenzstand haben müssen. Auch wenn Urlaubszeit sein sollte oder jemand krankheitsbedingt ausfällt, ist so sichergestellt, dass zu jeder Zeit ein entsprechend kompetenter Ansprechpartner in der Abteilung zur Verfügung steht.

Darüber hinaus können Sie anhand der Qualifikationsmatrix überlegen, welcher Mitarbeiter welchen anderen wohl am besten vertreten könnte. So können Stellvertreterregelungen klar definiert und einfache Entwicklungsnotwendigkeiten abgeleitet werden.

### 3.4.3 Schritt 3: Formulieren Sie präzise Entwicklungsziele (mit Beispielen)

Generell kann man den Entwicklungsbedarf eines Mitarbeiters in drei Kategorien fassen, die sich im so genannten Pestalozzi-Dreieck (vgl. Abb. 1 in Kapitel 1.6) widerspiegeln.

**Die drei Ebenen des Entwicklungsbedarfs bei Mitarbeitern**
Im Pestalozzi-Dreieck wird deutlich, dass sich der Entwicklungsbedarf der Mitarbeiter auf die Ebenen des Wissens, Könnens oder Wollens bezieht. Die Entwicklungsnotwendigkeiten eines Mitarbeiters liegen immer auf einer dieser drei Ebenen:

- Wissen (fachliches Know-how, Kenntnis von Arbeitsabläufen, Arbeitsinstrumenten oder interner Strukturen, Regelungen und Vorgaben aber auch Kenntnis der Unternehmensziele, Richtlinien und Philosophie)
- Können (Verhaltenskompetenz im Sinne von Beherrschung bestimmter Techniken, Ausführen können von bestimmten Aufgaben, praktische Anwendung von bestimmten Methoden, wie z. B. Beherrschung von Einwandbehandlung, Präsentationen erfolgreich halten können o.ä.)
- Wollen (motiviert sein, etwas zu tun, z. B. eine bestimmte Arbeitsweise zu akzeptieren, bereit sein, bestimmte Vorgaben umzusetzen, oder Spaß haben an der Übernahme bestimmter Verantwortlichkeiten)

**Die richtige Ebene finden**
Klären Sie mit Ihrem Mitarbeiter, auf welcher Ebene der Entwicklungsbedarf liegt. Wenn Sie feststellen, dass ein Mitarbeiter Defizite im Kundengespräch hat, macht es einen großen Unterschied, ob das Defizit durch fehlendes Wissen oder fehlendes Können verursacht ist. Im ersten Fall bestünde das Entwicklungsziel darin, die entsprechenden Informationsunterlagen zu studieren. Wenn er jedoch das Produkt gut kennt aber dennoch nicht in der Lage ist, für den Nutzen zu argumentieren, wäre es angeraten, ein Ziel in Bezug auf das Können (die Verhaltenskompetenz) des Mitarbeiters zu vereinbaren.

▶ **ENTWICKLUNGSZIELE AUF DER EBENE DES WISSENS UND DES KÖNNENS**

**Entwicklungsziele auf der Ebene des Wissens**
- Detaillierte Kenntnis der Produktmerkmale des Produktes X, vor allem in Bezug auf die Nutzenargumente für den Kunden, und Kenntnis der Sonderregelungen Y und Z bis zum 30.06. diesen Jahres.
- Kenntnis der Arbeitsrichtlinie Y, sodass bei Anfragen von Kollegen entsprechend korrekte Auskunft gegeben werden kann, bis zum 31.03. diesen Jahres.

- Aneignung der wesentlichen Produkte der Wettbewerber A, B und C und Kenntnis von jeweils mindestens drei Argumenten gegen die einzelnen Konkurrenzangebote bis zum 30.09. diesen Jahres.
- Kennen von mindestens zwei internen Ansprechpartnern bei dem Geschäftsbereich A, dem internen Bereich B und dem Dienstleister C, um dort bei Fragen direkt Ansprechpartner zu haben, bis zum 30.06. diesen Jahres.
- Kenntnis der Informationsunterlagen X und Y, um ohne nachzuschlagen bei internen Anfragen Zuständigkeiten korrekt zuweisen zu können, bis zum 30.05. diesen Jahres.

Persönliche Entwicklungsziele auf der Ebene des Könnens
- Beherrschung der Software XY, um selbstständig AB-Auswertungen durchführen zu können, bis zum 30.06. diesen Jahres.
- Bis Ende März diesen Jahres in der Lage sein, in Kundengesprächen für das Produkt A und B jeweils fünf treffende Nutzenargumente zu nennen und anschaulich zu machen.
- Bis 30.06. Beherrschung der neuen Rechtschreibregeln, um Geschäftsbriefe korrekt verfassen zu können.
- Sichere Führung der Maschine X, um auch bei Y-Werkstücken eine auftragsgerechte Fertigung der definierten Qualität ausführen zu können.
- Aneignung von grundlegenden Techniken der Gesprächsführung, um z. B. mit dem Einsatz von Fragetechniken Mitarbeitergespräche gezielter führen zu können, bis zum 30.06. diesen Jahres.
- Bis zum 31.03. diesen Jahres können XY-Fehler an den Z-Geräten selbstständig behoben werden.
- Verbesserung der eigenen Arbeitsorganisation bis zum 31.03. diesen Jahres durch konsequenten Einsatz einer Monats- und Tagesplanung mit Beherrschung der entsprechenden Terminplanungs- und Arbeitsorganisationssoftware.
- Sicherer Umgang mit MS-Project, um z. B. XY-Projekte vollständig dokumentieren, planen und nachverfolgen zu können, bis zum 30.06 des nächsten Jahres.

Wie Sie sehen, können Wissen- oder Können-Ziele zu unterschiedlichen Themenbereichen vereinbart werden, bei denen es darum geht, das eigene

Know-how oder die persönliche Verhaltenskompetenz zu erweitern. Letztlich können hier Ziele zu allen Anforderungen und Kriterien definiert werden.

**Motivationsziele für Führungskräfte in Bezug auf ihre Mitarbeiter**
Schwieriger erscheint die Definition von Zielen auf der Ebene der Motivation. Es leuchtet ein, dass die Zielformulierung: „Bis zum 30.06. sind Sie bereit, die neue Arbeitszeitregelung zu akzeptieren und umzusetzen." wenig Sinn macht. Entweder es gelingt Ihnen als Führungskraft, den Mitarbeiter jetzt zu überzeugen und ihn zu einer bestimmten Sache zu motivieren, oder Sie müssen als Führungskraft noch daran arbeiten. Ein Ziel zu vereinbaren, bei dem der Mitarbeiter sich quasi „selber überzeugen" oder motivieren soll, macht wenig Sinn. Entsprechend können Motivationsziele lediglich als Ziele für Führungskräfte in Bezug auf deren Mitarbeiter vereinbart werden.

▶ **MOTIVATIONSZIEL**

Ein Motivationsziel für das oben genannte Beispiel könnte lauten: „Bis zum 30.06. haben alle Ihre Mitarbeiter das neue Arbeitszeitmodell akzeptiert, was wir daran festmachen, dass alle definierten Dienstzeiten mit der Mindestbesetzung abgedeckt sind, ohne dass Einzelgespräche geführt werden müssen."

In diesem Fall wäre dann der Mitarbeiter in seiner Rolle als Führungskraft in der Pflicht, seine eigenen Mitarbeiter dazu zu motivieren, eine neue Regelung zu akzeptieren oder ein neues Produkt gut zu finden usw.

▶ **MOTIVATIONSZIELE FÜR FÜHRUNGSKRÄFTE**

- Bis zum 30.06. haben alle Mitarbeiter das neue Schichtsystem akzeptiert.
- Bis zum 30.03. sind alle Mitarbeiter über das neue Produkt X informiert und bereit, dieses beim Kunden anzubieten.
- Bis zum 30.09. haben Sie alle Mitarbeiter in Ihrem Team dafür gewonnen, die Arbeitsrichtlinie XY umzusetzen.
- Bis drei Monate nach Eintritt in unserem Unternehmen haben alle Ihre neuen Teammitglieder unsere Unternehmensleitwerte verstanden und identifizieren sich mit ihnen.

- Bis 30.06. sind alle Mitarbeiter im Team bereit, nur noch bei A-Kunden die XY-Unterstützung zu bieten und D-Kunden an unser Call-Center weiterzuleiten.

Im Fall der Motivationsziele handelt es sich dann nicht um direkte persönliche Entwicklungsziele, sondern um Ziele für Führungskräfte in Bezug auf die Motivation und Entwicklung ihrer Mitarbeiter.

**Sollten individuelle Entwicklungsziele bonusrelevant sein?**
Die Entscheidung, ob Sie die individuellen Leistungsziele durch individuelle Entwicklungsziele ergänzen, hängt nicht zuletzt davon ab, inwieweit die Zielerreichung vergütungs- oder bonusrelevant ist. Sollten Sie z. B. einen hohen variablen Vergütungsanteil an die Zielvereinbarung knüpfen, empfiehlt es sich, stärker auf Leistungs- und Ergebnisziele zu fokussieren, als auf die persönlichen Entwicklungsziele Ihrer Mitarbeiter. Sonst kann es passieren, dass Sie trotz einer sehr schlechten faktischen Leistung des Mitarbeiters einen gewissen Bonus auszahlen müssen, „nur" weil dieser ein persönliches Entwicklungsziel, wie z. B. die Entwicklung seiner Sprachkenntnisse, erfüllt hat. Dies kann betriebswirtschaftlich gesehen zu einer Fehlleitung von Ressourcen führen.

Auf der anderen Seite besteht natürlich die Chance, dass die Mitarbeiter noch stärker motiviert sind, wenn persönliche Entwicklungsziele auch mit einem Vergütungsanteil verknüpft sind.

Am Ende steht die grundsätzliche Frage, wie fair es angesichts unterschiedlich qualifizierter Mitarbeiter ist, dem einen für die Entwicklung einer Kompetenz einen Bonus zu zahlen, die der andere schon in der relevanten Ausprägung mitbringt.

## 3.5 Textbausteine für Ziele und Zielerreichungsindikatoren

Im Folgenden finden Sie 294 Musterziele und Indikatoren für verschiedene Positionsgruppen im Unternehmen. Diese Textbausteine geben Ihnen Anregungen und erleichtern Ihre Arbeit, wenn Sie Ziele setzen oder mit Ihren Mitarbeitern vereinbaren wollen.

Die Positionsgruppen sind aufgeteilt nach verschiedenen fachlichen Aufgaben und Stellenbezeichnungen, wie sie sich in vielen Unternehmen finden. Selbstverständlich gibt es zwischen Unternehmen und Branchen zum Teil deutliche Unterschiede in Bezug auf die Positionsbezeichnungen und Ausgestaltung der jeweiligen Verantwortlichkeit.

Innerhalb der einzelnen Positionen werden jeweils Ziele nach den drei Wertebereichen Wirtschaftlichkeit, Leistung und Integration formuliert (vgl. Abb. 3).

Diese Formulierungen können Ihnen eine Hilfestellung geben und erübrigen selbstverständlich nicht Ihre strategische Arbeit, wie in Kapitel 3.1 beschrieben.

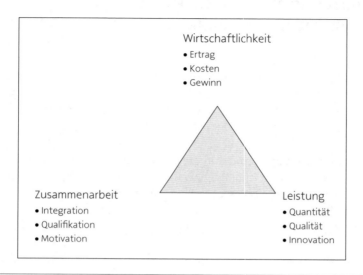

**Abb. 3: Wertesystem für organisatorische Ziele (nach Erich Dihsmaier)**

Bei Wirtschaftlichkeitszielen für Mitarbeiter handelt es sich häufig lediglich um Kostenspar- oder Budgeteinhaltungsziele, da nur selten eine unmittelbare Verantwortlichkeit für bestimmte Erträge besteht. Beachten Sie bitte auch, dass einige Ziele als Teamziele gesetzt oder vereinbart werden, weil eine individuelle Leistungsmessung nicht möglich oder zielführend erscheint. Ziele ohne eine explizite Terminangabe sind immer Jahresziele.

## 3.5.1 Musterziele für Mitarbeiter

## 3.5.2 Sekretärin/Assistentin

### Wirtschaftlichkeit

| Ziel | Indikator |
| --- | --- |
| ▪ Am Ende des Jahres wurde das Budget für Büromaterialien eingehalten. | ▪ Einhaltung des Büromittelbudgets von X T EUR. |

| Ziel | Indikator |
|---|---|
| ▪ Am Ende des Jahres sind die Kosten für Kopierpapier um mindestens 4 % gesenkt worden. | ▪ Senkung des durchschnittlichen Einkaufspreises für 10.000 Blatt, von derzeit X EUR auf Y EUR. |

**Leistung**

| Ziel | Indikator |
|---|---|
| ▪ Bearbeitung aller eingereichten Diktate innerhalb von 24 Std. | ▪ Erfassung des Eingangs der einzelnen Diktate und Dokumentation des Absendedatums, im Jahresmittel müssen 95 % aller Schriftstücke innerhalb von 24 Std. versandt sein. |
| ▪ Selbständige Erstellung der Reiseplanung. | ▪ Jeden Mittwoch Abgabe der Reiseplanung für die darauf folgende Woche gemäß der gesetzten Terminplanung.<br>▪ Selbständige Buchung von Flügen, Mietwagen, Bahntickets und Hotels. |
| ▪ Reduktion der Fehlerquote in Briefen. | ▪ Keine Rechtschreib- oder Zeichensetzungsfehler mehr in der Geschäftskorrespondenz, Überprüfung durch sporadische Prüfung der unmittelbaren Führungskraft.<br>▪ Reduktion auf einen Fehler alle zehn Schriftstücke. |
| ▪ Selbstständige Bewertung und Vorselektion der eingehenden E-Mails. | ▪ Es unterbleibt die Weiterleitung von Werbe-Mails und weniger wichtigen Informationen.<br>▪ Als begleitende Maßnahme erfolgt in den ersten Wochen des Jahres an mindestens drei Tagen eine morgendliche gemeinsame Sichtung der E-Mails, mit der Definition der irrelevanten E-Mails durch den Vorgesetzten. |
| ▪ Als Teamziel mit den Kolleginnen: Sicherstellen einer täglichen Erreichbarkeit von 8.00 bis 18.00 Uhr, durch selbstständige Einteilung des Dienstplans. | ▪ Das Telefon ist an jedem Tag von 8.00 bis 18.00 Uhr besetzt. |

| Ziel | Indikator |
| --- | --- |
| ■ Die Eingangspost ist täglich bis 14.00 Uhr bearbeitet. | ■ Weiterleitung der Post an die entsprechenden Mitarbeiter oder Führungskräfte bis 14.00 Uhr, Vorlage der Postmappe täglich bis 15.00 Uhr. |
| ■ Selbstständige Dokumentation und Weiterleitung der Krankmeldungen an den Personalbereich (wöchentlich bis jeweils Dienstagmittag der Folgewoche). | ■ Versendung einer entsprechenden E-Mail an den Personalbereich bis Dienstagmittag, Dokumentation der E-Mail im Verzeichnis XY. |
| ■ Bis Ende Juni ist ein Konzept erarbeitet, aus dem hervorgeht, wie X- und Y-Fälle im Büro übersichtlich und schnell zugreifbar dokumentiert und abgelegt werden können. | ■ Bis Ende Juni liegt ein schriftliches Konzept vor, in dem auf 3 bis 5 Seiten übersichtlich dargestellt wird, wie ein neues Ablage- und Dokumentationssystems für X und Y-Fälle aussehen könnte, und welche Kosten damit verbunden wären.<br><br>■ Der Budgetrahmen, in dem sich dieses Konzept bewegen muss, beträgt X T EUR. |

**Integration**

| Ziel | Indikator |
| --- | --- |
| ■ Bis 31.03. des nächsten Jahres ist Kollegin Frau X im IT-System XY eingearbeitet. | ■ Am 31.03. kann Frau X selbstständig Y- und Z-Auswertungen vornehmen und alleine ABC-Fälle bearbeiten. |
| ■ Verbesserung der Zusammenarbeit mit den internen Kunden der Abteilung A und B durch engere Abstimmung und mehr Freundlichkeit im Umgang. | ■ Die Abteilung A und B werden regelmäßig (mindestens wöchentlich oder monatlich) über X- und Y-Fälle informiert.<br><br>■ Anfragen der Abteilung A und B werden am Telefon freundlich und zuvorkommend entgegengenommen. Über das Maß der Freundlichkeit verschafft sich die Führungskraft einen Eindruck durch unmittelbare Beobachtung einzelner Telefonate und Befragung der Abteilungsleiter A und B. |

| Ziel | Indikator |
|---|---|
| ■ Verbesserung der Powerpoint-Kenntnisse bis zum 31.03., um in der Lage zu sein, selbstständig animierte Präsentationen zu erstellen und standardisierte Formatvorlagen zu verwenden. | ■ Selbstständige Erstellung animierter Präsentationen ab dem 31.03.<br>■ Präsentationen nach diesem Datum wurden auf Basis einer Formatvorlage erstellt und Aufzählungen, oder z. B. Grafiken, werden nicht mehr aus einzelnen Elementen „zusammengebastelt". |
| ■ Bis zum Ende des Jahres sind die eigenen Englisch-Kenntnisse so weit ausgebaut, dass Terminvereinbarungen und Gespräche mit englischsprachigen Kunden und Kollegen selbstständig angenommen, bearbeitet und weitergeleitet werden können. | ■ Im Sprachtest X Erreichung eines Punktwertes von Y.<br>■ Erfolgreiche, selbstständige Terminkoordination mit den englischen und kanadischen Kollegen. |

## 3.5.3 Projektleiter

### Wirtschaftlichkeit

| Ziel | Indikator |
|---|---|
| ■ Einhaltung des Projektbudgets für X in Höhe von Y T EUR, zum Abschluss des Projektes am 31.10. des nächsten Jahres. | ■ Überprüfung der Budgeteinhaltung anhand der Controlling-Auswertung. |
| ■ Reduktion der Entwicklungskosten im Bereich X, um 10 % durch den erfolgreichen Abschluss des Projektes Y. | ■ Nach Abschluss des Projektes Y sind wir in der Lage, Produktentwicklungen im Durchschnitt 10 % günstiger abzuschließen. Erhoben wird dieser Indikator in Bezug auf die nach Abschluss des Projektes durchgeführten Entwicklungen, bis Ende des Jahres. |
| ■ Reduktion der Personalkosten im Projekt X um Y %, durch Einsparung eines Mitarbeiters. | ■ Ab 30.06. besteht das Projektteam nur noch aus 5 Vollzeitmitarbeitern. |

## Leistung

| Ziel | Indikator |
| --- | --- |
| ■ Erfolgreicher Abschluss der im Projektplan Z definierten Milestones A, B und C bis Ende des Jahres. | ■ Am Ende des Jahres wurden die Milestones A, B und C termingetreu erreicht. |
| ■ Erstellung eines aussagekräftigen Projektplanes für das Projekt XY bis zum 15.04. des Folgejahres. | ■ Am 16.04. liegt ein umfassendes Konzept vor, in dem die Budgetplanung, die Zeitplanung und eine Risikobewertung dokumentiert ist. |
| ■ Am Ende des Jahres sind die Projektziele A, B und C erreicht. | ■ Erreichung der Projektziele A, B und C gemäß der in der Projektplanung dokumentierten Indikatoren. |
| ■ Bis 31.03. hat die Projektgruppe 5 Vorschläge erarbeitet, wie die X-Qualität verbessert werden kann. | ■ Zum angegebenen Termin liegen 5 klare Vorschläge vor, die so dokumentiert sind, dass diese intern anderen Abteilungen präsentiert werden können. Von 5 Vorschlägen müssen mindestens 2 auf Akzeptanz der anderen Abteilungsleiter stoßen und umsetzbar sein. |
| ■ Am 30.06. ist die Software XY unternehmensweit erfolgreich eingeführt. | ■ Zum angegebenen Termin verfügen mindestens 80 % aller Mitarbeiter über Zugriff auf die Software XY und mindestens 70 % aller Mitarbeiter sind bereits geschult. |
| ■ Erfolgreicher Abschluss des Projektes Z bis zum 30.10., sodass der Prototyp X in Serie gehen kann. | ■ Spätestens zum 30.10. erfolgt die Produktionsfreigabe des Prototypen X. |

## Integration

| Ziel | Indikator |
|---|---|
| ■ Verbesserung der Zusammenarbeit im Team. | ■ Die Zusammenarbeit im Team ist so weit verbessert, dass keine Notwendigkeit besteht, mehr Dreiergespräche zu führen.<br>■ Die Mitarbeiter beschreiben die Zusammenarbeit auf Nachfrage als zumindest zufrieden stellend.<br>■ Es wurden mindestens alle 14 Tage regelmäßige Meetings abgehalten. |
| ■ Verbesserung der Zusammenarbeit mit der Schnittstelle Abteilung A. | ■ Die Abteilung A erhält mindestens einmal wöchentlich einen Status-Report über den Fortgang des Projektes. |
| ■ Bis 30.06. sind alle Mitarbeiter in der X-Abteilung bereit, den im Projekt neu definierten Prozess Y umzusetzen. | ■ Ab dem vereinbarten Termin setzen mindestens 95 % aller Mitarbeiter den Prozess Y systematisch ein. |
| ■ Ausbau der eigenen Kompetenzen im Projektmanagement. | ■ Verbesserte Dokumentation der Projektplanung, z. B. durch Einsatz des Softwaretools X und Aneignung von Kompetenzen im Bereich A und F. |
| ■ Verbesserung der Zusammenarbeit mit den Kollegen in den USA. | ■ Es erfolgt ein intensiverer Informationsaustausch, durch mindestens monatliche Netmeetings.<br>■ Persönliches Kennenlernen der Kollegen auf dem Z-Kongress. |
| ■ Verbesserung der eigenen Kompetenzen in Bezug auf die Präsentation des Projektes. | ■ Projektpräsentationen werden schlüssig und gemäß der Standards X und Y ausgearbeitet und eigenständig vor dem Steuerungsgremium gehalten.<br>■ Das Steuerungsgremium fühlt sich über den Projektstatus angemessen informiert, was wir am Feedback an die direkte Führungskraft messen. |

## 3.5.4 Mitarbeiter im Vertriebsinnendienst

### Wirtschaftlichkeit

| Ziel | Indikator |
|---|---|
| • Am Ende des Jahres wurde das Budget für XY-Materialien eingehalten. | • Einhaltung des Budgets von X T EUR. |
| • Gemeinsam mit Außendienst: Einhaltung des individuellen Werbekostenbudgets von 20 T EUR, im nächsten Jahr. | • Das Werbekostenbudget in Höhe von 20 T EUR wurde nicht überschritten.<br>• Erfolgreiche Durchführung der im Werbeaktionsplan beschriebenen Maßnahmen. |
| • Am Ende des Jahres sind die Kosten für Z um mindestens 4 % gesenkt worden. | • Senkung der Z-Kosten, von derzeit X EUR auf Y EUR jährlich. |

### Leistung

| Ziel | Indikator |
|---|---|
| • Erfolgreiche Bearbeitung von durchschnittlich 12 Aufträgen pro Tag bis Ende des Jahres. | • Monatliche Berechnung der abgeschlossenen Aufträge pro Arbeitstag. |
| • Fehlerfreie Weiterbearbeitung von Ordern/Kaufaufträgen. | • Auswertung der Fehler-/Beschwerdestatistik von Kunden und Aufträgen. |
| • Erfolgreiche organisatorische Vorbereitung der Außendienstkonferenz im Mai. | • Auswertung der Feedback-Bögen der Teilnehmer, Feedback im Durchschnitt besser als Note 2,0. |
| • Verbesserung der Erreichbarkeit im Vertriebsinnendienst durch erweiterte Servicezeiten von 8.00 bis 18.00 Uhr (Teamziel). | • Mindestbesetzung von drei Mitarbeitern im Innendienst zwischen 8.00 und 18.00 Uhr wird täglich gewährleistet, Überprüfung anhand der absolvierten Dienstpläne.<br>• Selbstständige Sicherstellung von Vertretungsregelungen während Urlaubs- und Krankheitszeiten. |

| Ziel | Indikator |
|---|---|
| ▪ Serviceorientierter und freundlicher Umgang mit den internen und externen Kunden (Teamziel). | ▪ Direktes Feedback an den eigenen Vorgesetzten aus dem Vertriebsaußendienst.<br><br>▪ Auswertung der Kundenbefragungsbögen hinsichtlich der Kriterien „Innendienst Servicequalität" und „Innendienst Freundlichkeit", beide Kriterien mit Durchschnittsnote besser als 2,0. |
| ▪ Bis zum 30.06. des nächsten Jahres liegt ein Konzept vor, aus dem hervorgeht, wie die interne Teamzuordnung zu den Außendienstregionen so optimiert werden kann, dass in jedem Team die notwendigen Einzelkompetenzen und das benötigte Spezialisten-Know-how vorhanden sind. | ▪ Am 30.06. liegt ein ausgearbeitetes Konzept vor (3 bis 6 Seiten), aus dem hervorgeht, wie eine neue Struktur aussehen könnte, die den genannten Kriterien genügt. |
| ▪ Erfolgreiche Durchführung der Mailing-Aktion zum Thema X bis zum 30.09. nächsten Jahres. | ▪ Alle relevanten Kunden, die die Kriterien A, B und C erfüllen, wurden selektiert, angeschrieben und nachtelefoniert.<br><br>▪ Systematsiche, EDV-basierte Dokumentation und Auswertung der Ordererfolge, Mindest-Responsrate von 10 %. |

**Integration**

| Ziel | Indikator |
|---|---|
| ▪ Optimierung der Zusammenarbeit mit dem Außendienstmitarbeitern Herr Muster und Herr Meister, vor allem in Bezug auf den Informationsfluss. | ▪ Auf Nachfragen der eigenen Führungskraft jederzeit informiert sein über geplante Vertriebsaktionen der beiden Außendienstmitarbeiter und Kenntnis der aktuellen Großaufträge.<br><br>▪ Mindestens dreimal pro Woche aktives Anrufen der beiden Außendienstmitarbeiter, um Informationen zu geplanten Aktionen, aktuellen Kunden und Auftragsnachverfolgungen einzuholen. |

| Ziel | Indikator |
|------|-----------|
| ■ Frühzeitigere Information der Produktion in Bezug auf avisierte Großaufträge, dadurch Sicherstellung der entsprechenden Produktverfügbarkeit. | ■ Vor der Versendung von Angeboten zu Großaufträgen (ab einer Summe von X T EUR) vorab Abstimmung mit der Produktion, welche Verfügbarkeit bestünde.<br>■ Am Ende des Jahres ist kein Großauftrag wegen mangelnder Produktverfügbarkeit gescheitert. |
| ■ Ausbau der eigenen Kenntnisse im Kundeninformationssystem XY, sodass selbstständig A- und B-Auswertungen durchgeführt werden können (bis Ende des Jahres). | ■ Am Ende des Jahres werden A- und B-Auswertungen im Vertriebsinformationssystem selbstständig ausgeführt, Überprüfung durch die eigene Führungskraft. |
| ■ Erfolgreiche Integration des neuen Kollegen Muster in das Team bis zum 30.03. | ■ Befragung von Herrn Muster im April, ob er sich in das Team integriert fühlt.<br>■ Herr Muster nimmt ab April regelmäßig an Team-Meetings und freiwilligen Informationsveranstaltungen teil. |
| ■ Verbesserung der spanischen Sprachkenntnisse, um Angebote für die spanische Niederlassung selbstständig verfassen und nachverfolgen zu können (bis Ende des Jahres). | ■ Spätestens ab Ende des Jahres werden Anfragen der spanischen Niederlassung selbstständig bearbeitet und in Angebote umgesetzt.<br>■ Die eigenen Sprachkenntnisse wurden so verbessert, dass im Sprachtest X ein Punktwert von mindestens 120 erreicht wurde. |

## 3.5.5 Mitarbeiter im Vertriebsaußendienst

**Wirtschaftlichkeit**

| Ziel | Indikator |
|------|-----------|
| ■ Bis Ende des Jahres ist ein Ertrag von 250 T EUR erwirtschaftet worden. | ■ Im EDV-System Z ist ein Ertrag von 250 T EUR dokumentiert. |

| Ziel | Indikator |
|---|---|
| ▪ Einhaltung des individuellen Werbekostenbudgets von 20 T EUR, im nächsten Jahr. | ▪ Das Werbekostenbudget in Höhe von 20 T EUR wurde nicht überschritten.<br>▪ Erfolgreiche Durchführung der im Werbeaktionsplan beschriebenen Maßnahmen. |
| ▪ Reduktion der Hotel- und Bewirtungskosten bei Kundenveranstaltungen um 10 % (im Jahresvergleich). | ▪ Die Kosten für Hotel und Bewirtung bei den Kundenveranstaltungen liegen 10 % unter Vorjahr. |

## Leistung

| Ziel | Indikator |
|---|---|
| ▪ Bis zum 30.06. nächsten Jahres wurden 150 Stck. des Produktes X verkauft. | ▪ Auswertung der Verkaufszahlen aus dem X-System. |
| ▪ Am Ende des Jahres wurde ein Umsatz von 500 T EUR erreicht. | ▪ Auswertung aus dem Controlling (alle bis zum 20.12. verbuchten Aufträge). |
| ▪ Gewinnung von mindestens 5 neuen Kunden im Kundensegment XY bis zum 30.09. | ▪ Am 01.10. wurden 5 neue Kunden aus dem Kundensegment XY gewonnen, es liegen konkrete Aufträge der jeweiligen Kunden vor. |
| ▪ Erfolgreiche Umsetzung der neuen, priorisierten Kundenbetreuungsstrategie, gemäß des Vertriebskonzeptes XY. | ▪ Bis zum 30.03. wurden alle Kunden in A-, B- und C-Kunden priorisiert.<br>▪ Erste Umsetzung des neuen Betreuungskonzeptes für A-Kunden bis zum 30.06., d. h. alle A-Kunden wurden im April, Mai und Juni mindestens einmal besucht.<br>▪ Keine persönlichen Besuche mehr bei C-Kunden ab dem 30.06. erfolgt. |
| ▪ Erfolgreiche Durchführung von zwei Kundenveranstaltungen bis Ende August. | ▪ Es wurden bis Ende August zwei Kundenveranstaltungen mit jeweils mindestens 15 Teilnehmern durchgeführt.<br>▪ Feedback der durchschnittlichen Veranstaltungsbeurteilungen besser als Note 2,0. |

| Ziel | Indikator |
|---|---|
| ■ Sicherstellung einer durchschnittlichen Marge über das Jahr von 4,5 %. | ■ Auswertung aus dem Vertriebssystem X, es wurde in Bezug auf das gesamte Umsatzvolumen des Jahres mindestens eine Marge von 4,5 % erzielt. |
| ■ Verbesserung der Kundenzufriedenheit im A-Kunden-Segment, von der Note 2,6 (aktuelles Jahr) auf durchschnittliche 2,0. | ■ Auswertung der systematischen Kundenbefragungsbögen, durchschnittliche Beurteilung besser als Note 2,0 bei A-Kunden. |
| ■ Verbesserte Ausschöpfung des Marktpotenzials bei B-Kunden. | ■ Mit allen B-Kunden wurde bis Endes des Jahres zumindest ein Volumen von X T EUR Umsatz gemacht. |
| ■ Entwicklung einer Mailing-Aktion, um Interessenten für das Produkt Z zu gewinnen, bis zum 30.06. | ■ Am 01.07. liegt ein klares Konzept und ein klarer Projektplan vor, aus dem hervorgeht, wie mit einer Mailing-Aktion Interessenten für das Produkt Z gewonnen werden könnten.<br>■ Das Konzept wurde vom Marketing für gut befunden und befürwortet. |
| ■ Erfolgreiche Umsetzung der Mailing-Aktion zu Produkt Z. | ■ Gewinnung von mindestens 20 neuen Interessenten für das Produkt Z, bis 3 Monate nach Durchführung der Mailing-Aktion. |

**Integration**

| Ziel | Indikator |
|---|---|
| ■ Verbesserung der Kommunikation mit dem Vertriebsinnendienst, vor allem in Bezug auf die Geschwindigkeit des Informationsflusses. | ■ Die zugeordneten Mitarbeiter im Vertriebsinnendienst sind tag-aktuell informiert über geplante Maßnahmen, Werbeaktionen und Großaufträge.<br>■ Mindestens dreimal pro Woche aktiver Anruf im Vertriebsinnendienst und Reporting über wesentliche Neuigkeiten, wie oben genannt.<br>■ Befragung des Vertriebsinnendienstes inwieweit diese sich durch den Außendienst informiert fühlen. |

| Ziel | Indikator |
|------|-----------|
| • Bis zum 30.06. akzeptieren die C-Kunden das neue Online-Vertriebstool. | • Bis zum 30.06. nutzen 90 % der C-Kunden das neue Online-Tool (haben mindestens eine Bestellung darüber aufgegeben). <br> • Erzieltes Bestellvolumen über das neue Online-Tool > X Stck. |
| • Verbesserung der eigenen Argumentation bei Produkt X. | • Bis zum 30.03. können 10 Produktvorteile des Produktes X anschaulich verargumentiert werden. <br> • Sicherer Umgang mit typischen Einwänden (wie z. B. „Das gibt es bei Wettbewerbern günstiger", oder „Bei diesem Produkt habe ich mit Ihnen schon einmal Probleme gehabt"). <br> • Überprüfung der angeeigneten Kenntnisse und Vorgehensweisen durch die eigene Führungskraft, Begleitung von Kundenterminen. |
| • Aufbau erster Führungsqualifikationen durch die Einarbeitung neuer Mitarbeiter, bis Ende des Jahres. | • Am Ende des Jahres wurden 3 neue Mitarbeiter systematisch eingearbeitet. <br> • Positives Feedback durch die neu eingearbeiteten Mitarbeiter gegenüber der eigenen Führungskraft. <br> • Umsetzung systematischer Coaching-Pläne und Begleitungsgespräche (mindestens 5 Termine pro neuem Mitarbeiter). |

## 3.5.6   Mitarbeiter in der Instandhaltung

### Wirtschaftlichkeit

| Ziel | Indikator |
|------|-----------|
| • Reduktion der Wartungskosten für die Maschinen X und Y um 3 % im Vergleich zum Vorjahr. | • Vergleich der zugeschlüsselten Kosten im Kostenstellensystem (Jahresvergleich). |

| Ziel | Indikator |
| --- | --- |
| ▪ Reduzierung des Schmierstoffverbrauches an Maschine X um 10 % (Jahresvergleich). | ▪ Vergleich der verbrauchten Schmierstoffe an Maschine X.<br>▪ Durch regelmäßige Nachjustierung konnten die erforderlichen Nachfüllmengen reduziert werden. |
| ▪ Reduktion des Einsatzes externer Unterstützung bei der Wartung der Maschine Z um 25 % im Vergleich zum Vorjahr. | ▪ Reduzierte Inanspruchnahme externer Unterstützung um 25 % (das bedeutet statt 100 angeforderte Arbeitsstunden lediglich 75). |

**Leistung**

| Ziel | Indikator |
| --- | --- |
| ▪ Erfolgreiche Umsetzung des Wartungsplanes X für die Maschine Y. | ▪ Bis Ende des Jahres wurde der vorgegebene Plan konsequent umgesetzt. |
| ▪ Verkürzung der Stillstandszeiten durch Instandhaltungsarbeiten bei der Maschinenstraße A um 8 % (Monatsvergleich zum jeweiligen Monat im Vorjahr). | ▪ Der dokumentierte, durch die Instandhaltung verursachte Stillstand der Maschinenstraße A wurde um 8 % im Monatsvergleich reduziert. |
| ▪ Schnelle Reaktion bei Instandhaltungsanfragen der Sanitäranlagen und Sozialeinrichtungen. | ▪ Alle Anfragen werden persönlich oder per E-Mail innerhalb von spätestens 3 Std. beantwortet, mit Zusage eines Umsetzungstermins. |
| ▪ Erstellung eines guten Wartungskonzeptes für die neue Produktionsstraße XY, das die Bedürfnisse der Produktion und die technischen Notwendigkeiten berücksichtigt, bis zum 30.03. | ▪ Am 01.04. liegt ein ausgearbeitetes Wartungskonzept gemäß unserer internen Standards vor, das bereits mit der Produktion abgestimmt und für umsetzbar erklärt wurde. |
| ▪ Reduktion der technisch bedingten Ausfallzeiten bei Maschine X um 20 % (bis 30.03.). | ▪ Die Instandhaltung und Wartung an der Maschine X erfolgte so, dass die technisch bedingte Ausfallzeit um 20 % reduziert werden konnte. |

## Integration

| Ziel | Indikator |
| --- | --- |
| ▪ Verbesserung der Zusammenarbeit mit den Mitarbeitern der Produktionslinie X, sodass keine moderierten Gespräche mit dem Produktionsleiter mehr notwendig werden (bis Ende des Jahres). | ▪ Im Verlauf des Jahres gab es keine eskalierten Konfliktgespräche mehr, die der Moderation durch Führungskräfte bedurften.<br>▪ Frühzeitige Einbindung und Information der Mitarbeiter in der Produktionslinie X in Bezug auf veränderte Instandsetzungsarbeiten und Wartungsintervalle (mindestens Vorlauf von 3 Tagen, um entsprechend die Schichtplanung vornehmen zu können). |
| ▪ Eigene fachliche Qualifikation, um die notwendigen Instandsetzungsarbeiten an X und Y selbstständig und ohne externe Hilfe vornehmen zu können. | ▪ Am Ende des Jahres wurde für die Instandhaltung der Maschinen X und Y keine externe Hilfe mehr in Anspruch genommen. |

## 3.5.7 Mitarbeiter in der Produktion

### Wirtschaftlichkeit

| Ziel | Indikator |
| --- | --- |
| ▪ Reduktion der Materialkosten in der Produktlinie X um 5 %, durch sorgfältigeres Arbeiten und weniger Ausschuss. | ▪ Am Ende des Jahres wurden die Materialkosten im Vergleich zum Vorjahr um 5 % bei Produkt X gesenkt. |

### Leistung

In der Produktion werden Leistungsziele häufig als Teamziele gesetzt oder vereinbart, da oft mehrere Mitarbeiter in einem Team an einer Maschine oder in einem Produktionsschritt arbeiten. Entsprechend sind auch die folgenden Ziele grundsätzlich als Teamziele zu verstehen.

| Ziel | Indikator |
| --- | --- |
| ▪ Erhöhung der produzierten Menge bei Produkt X auf Y Tonnen pro Monat. | ▪ Messung der produzierten Menge im Controlling-System X. |
| ▪ Erhöhung der Produktivität an der Maschine Z um 8 %. | ▪ Steigerung der monatlichen Ausstoßmenge im Vergleich zum Vorjahr um 8 %, bei gleichem Personaleinsatz. |
| ▪ Reduktion der meldepflichtigen Arbeitsunfälle im Team von 3 (Vorjahr) auf 0. | ▪ Bis Ende des Jahres lag kein meldepflichtiger Arbeitsunfall vor. |
| ▪ Reduktion des Ausschusses von 300 ppm auf 200 ppm (bis zum 30.06.). | ▪ Verringerung der ppm-Zahlen um 100, bis zum 30.06., gemäß Controlling-Auswertung. |
| ▪ Sicherstellung der Besetzung bei der Maschine A mit mindestens 2 Mitarbeitern, kontinuierlich innerhalb der Schicht. | ▪ Die Führungskraft überprüft die Anwesenheit von mindestens 2 Arbeitern an der Maschine während der Schichtzeit.<br>▪ Keine Stillstandzeiten an der Maschine durch personelle Unterbesetzung. |

## Integration

| Ziel | Indikator |
| --- | --- |
| ▪ Verbesserte Abstimmung im Team, sodass Lehrlaufzeiten an der Maschine A vermieden werden können. | ▪ Keine abstimmungsbedingten Lehrlaufzeiten an der Maschine A (gemäß Dokumentation im F-System). |
| ▪ Gegenseitige Einarbeitung und Qualifikation im Team, sodass bis zum 30.06. alle Mitarbeiter mindestens zwei Stationen an der Produktionsstraße A beherrschen. | ▪ Am 30.06. sind alle Mitarbeiter in der Lage, selbstständig zwei verschiedene Positionen an der Maschinenstraße fehlerfrei und gemäß der Vorgaben zu bedienen. |

## 3.5.8 Mitarbeiter Buchhaltung/Controlling

### Wirtschaftlichkeit

| Ziel | Indikator |
|---|---|
| ▪ Teamziel mit den Mitarbeitern im Bereich A: Einhaltung des Z-Budgets bis Ende des Jahres. | ▪ Am Ende des Jahres wurde durch Team B das Z-Budget eingehalten, unterstützt durch regelmäßige Auswertung und Feedback des Controllings.<br>▪ Selbstständige Entwicklung und Kommunikation von Ideen zur Budgeteinhaltung an das Team B. |

### Leistung

| Ziel | Indikator |
|---|---|
| ▪ Monatliche Erstellung der Auswertung X bis zum 4. Arbeitstag des Folgemonats. | ▪ Spätestens am 4. Arbeitstag des Folgemonats liegt die Auswertung X beim Abteilungsleiter A. |
| ▪ Zeitnahe Erfassung aller Buchungsvorgänge A und B. | ▪ Alle Buchungsvorgänge A und B sind spätestens 2 Tage nach Eingang verbucht (Berechnung eines Quartalsdurchschnittswertes alle 3 Monate). |
| ▪ Fehlerfreie Erstellung der Auswertungen A, F und G. | ▪ Keine Reklamationen und Korrekturen in Bezug auf die Auswertungen A, F und G. |
| ▪ Selbstständige Entwicklung einer anschaulicheren und leichter verständlichen Auswertung zum Thema Y, bis 30.03. | ▪ Am 1. April liegen zwei Vorschläge für alternative Darstellungs- und Aufbereitungsweisen vor, bei denen auf einen Blick zu erkennen ist, wie sich die X-Anteile und die Y-Werte im Vorjahresvergleich entwickelt haben. |
| ▪ Gemeinsam mit dem internen Bereich X: Entwicklung eines Kennwertes für die Z-Verteilung, bis zum 30.06. | ▪ Am 30.06. liegt ein schlüssiger Kennwert für die Z-Verteilung vor, der im System abgebildet wird. |

**Integration**

| Ziel | Indikator |
|------|-----------|
| ▪ Intensivierung der Zusammenarbeit mit dem Team A. | ▪ Regelmäßige, z. B. monatliche, Abstimmungsmeetings mit dem Teamleiter A, um die Anforderungen an unseren Bereich systematisch zu erfassen.<br>▪ Zeitnahe Rückmeldung an den Teamleiter A (spätestens 3 Tage nach Einreichen der Zahlen), wenn weitere Informationen benötigt werden. |
| ▪ Weiterentwicklung der eigenen Fachkompetenz um Y- und Z-Fälle selbstständig bearbeiten zu können. | ▪ Ab dem 30.06. werden Y- und Z-Fälle selbstständig bearbeitet.<br>▪ Alle Fragen zu Standard-X-Fällen können selbstständig beantwortet werden. |
| ▪ Aneignung der neuen rechtlichen Grundlagen A und B zum 30.03. des nächsten Jahres. | ▪ Am 30.03. Kenntnis der wichtigsten neuen Regelungen bei A und B.<br>▪ Ansprechpartner sein können für alle Kollegen bei Fragen zu neuen Regelungen für A und B. |

## 3.5.9 Mitarbeiter im Kundenservice

Da in Servicebereichen oft Teams von Mitarbeitern zusammenarbeiten, werden teilweise weniger die individuellen Leistungen, sondern mehr die Leistungen des Teams gemessen. Entsprechend handelt es sich bei den meisten Zielen für Mitarbeiter im Kundenservice auch um Teamziele.

Wirtschaftlichkeitsziele werden hier in der Regel nicht definiert, weil die Mitarbeiter im Kundenservice nicht direkt für bestimmte Erträge oder Kosten verantwortlich sind.

## Leistung

| Ziel | Indikator |
|---|---|
| ■ Am Ende des Jahres ist im Monatsdurchschnitt eine tägliche Produktivität von 15 X-Vorgängen pro Mitarbeiter erreicht worden. | ■ Auswertung der monatlichen Bearbeitungsstatistik. |
| ■ Verbesserung der Erreichbarkeit von derzeit 80 % auf 90 %, bis Ende des Jahres. | ■ Am Jahresende ist im Monatsdurchschnitt eine Erreichbarkeit von 90 % sichergestellt worden, d. h. 90 % aller Anrufer haben innerhalb von 2 Min. einen Kundenberater gesprochen. |
| ■ Verbesserung der Servicequalität bis zum 30.06. auf die Durchschnittsnote 1,8. | ■ Die Kundenbefragung Ende Juni ergibt eine Servicenote von durchschnittlich 1,8 oder besser. |
| ■ Erledigungsquote im ersten Kundenkontakt liegt im Jahresdurchschnitt bei 80 %. | ■ Bis zum Ende des Jahres wurden im Durchschnitt 80 % aller Kundenanliegen im ersten Telefonat abschließend erledigt (Auswertung des X-Systems). |
| ■ Spätestens ab dem 31.03. taggleiche Reklamationsbearbeitung. | ■ Ab dem 31.03. bis zum Ende des Jahres wurden alle Reklamationen taggleich bearbeitet (Auswertung des Reklamationsmangagements). |
| ■ Identifikation und Kommunikation der wesentlichen Reklamationsursachen (monatlich). | ■ Zum Ende eines jeden Monats erfolgte eine übersichtliche Auswertung und Zusammenstellung der wesentlichen 5 Reklamationsgründe.<br>■ Die wesentlichen Reklamationsgründe sind an die entsprechenden Fachabteilungen auf Abteilungsleiterebene weitergeleitet. |
| ■ Umsetzung der vereinbarten Prozessveränderungen, laut Plan D (bis zum 30.06.). | ■ Am 30.06. läuft der Prozess F konstant gemäß den Abläufen aus Plan D. |

**Integration**

| Ziel | Indikator |
|------|-----------|
| ▪ Integration des neuen Teams G in die Arbeitsprozesse. | ▪ Bis zum 30.06. können alle Mitarbeiter des neuen Teams G, A-, B- und C-Fälle selbstständig bearbeiten.<br>▪ Ab dem 01. Februar hat jeder Mitarbeiter des neuen Teams einen Paten aus der alten Abteilung. |
| ▪ Erfolgreiche Einarbeitung des Kollegen Muster in das Thema F bis zum 31.09. | ▪ Am 31.09. beherrscht Herr Muster das Thema F so, dass er selbstständig entsprechende Anfragen bearbeiten und Verträge ausstellen kann. |
| ▪ Aufbau von Kenntnissen im Bereich F, sodass ab dem 30.09. alle Fälle selbstständig bearbeitet werden können. | ▪ Ab dem 30.09. können alle F-Fälle selbstständig entgegengenommen, bearbeitet und die Verträge erstellt werden. |
| ▪ Qualifizierter und serviceorientierter Ansprechpartner für die interne Projektgruppe X sein (ab dem 01.04. bis zum Abschluss des Projektes). | ▪ Sicherstellung einer regelmäßigen Teilnahme an den Projektmeetings.<br>▪ Positives Feedback des Projektleiters an den direkten Vorgesetzten in Bezug auf die Zusammenarbeit. |

## 3.5.10 Mitarbeiter im Lager/Logistik

**Wirtschaftlichkeit**

| Ziel | Indikator |
|------|-----------|
| ▪ Reduktion der Kosten durch Produktbeschädigungen und Bruch um 15 %, bis Ende des Jahres. | ▪ Am Ende des Jahres sind die Bruchschäden von derzeit X T EUR auf -15 % = Y T EUR reduziert. |
| ▪ Reduktion der Inventurdifferenzen von 1,0 % auf 0,7 % ab dem 30.03., bis Jahresende. | ▪ Die ab dem 30.03. gemessene monatliche Inventurdifferenz sinkt im Vergleich zum Vorjahr um X T EUR, auf 0,7 % des Lagerumsatzes. |

## Leistung

| Ziel | Indikator |
|---|---|
| ▪ Reduktion des Reklamationsvolumens von derzeit 2,5 % auf 1,0 % bis Jahresende. | ▪ Im Jahresdurchschnitt wurde lediglich 1 % aller Versandeinheiten reklamiert. |
| ▪ Reduktion der durchschnittlichen Einlagerungsdauer für X-Produkte um 0,5 Tage. | ▪ Im Jahresdurchschnitt sind X-Produkte nur noch max. 1,5 Tage eingelagert gewesen. |
| ▪ Im Wochendurchschnitt wurden im Verlauf des Jahres mindestens 15 Positionen pro Mitarbeiter pro Stunde bearbeitet. | ▪ Auf Basis der wöchentlichen Auswertung im X-System wurden durchschnittlich 15 Positionen pro Mitarbeiter pro Stunde bearbeitet. |
| ▪ Taggleiche Bearbeitung aller Aufträge, die bis 16.00 Uhr eingehen. | ▪ Am Ende des Jahres sind mindestens 95 % aller Aufträge, die bis 16.00 Uhr eingegangen sind, taggleich kommissioniert und frachtbereit gestellt. |
| ▪ Erfolgreiche Absolvierung der Qualitätszertifizierung ISO XXX, bis 30.06. | ▪ Die zu absolvierende Zertifizierung im Juni erfolgt erfolgreich, sodass die Zertifizierung erteilt wird (Kriterien siehe Plan A). |
| ▪ Verbesserung der Sauberkeit an den Arbeitsplätzen. | ▪ Bis zum Ende des Jahres gab es pro Mitarbeiter höchstens einmal eine Beanstandung.<br>▪ Zum Schichtende sind alle Arbeitsplätze aufgeräumt, alle Unterlagen abgeheftet und es liegt kein Müll herum. |
| ▪ Entwicklung eines Optimierungskonzeptes für den Prozess Z, um die Durchlaufdauer bei F-Produkten um 30 % zu reduzieren (bis 01.10.). | ▪ Am 01.10. liegt ein Konzept vor, aus dem klar hervorgeht, wie durch einen optimierten Prozess die Durchlaufzeiten um 30 % reduziert werden können.<br>▪ Das Konzept ist mit Team A abgestimmt und findet die Zustimmung von Abteilungsleiter B. |

**Integration**

| Ziel | Indikator |
|------|-----------|
| ▪ Verbesserung der Zusammenarbeit mit Team A, sodass selbstständig eine gegenseitige Vertretung und Aushilfe erfolgt. | ▪ Bis Ende des Jahres waren durch gegenseitige Vertretung von Team A und B die Kernpositionen A, B und C jederzeit voll besetzt. |
| ▪ Aneignung umfangreicher Kenntnisse zur Zertifizierung nach DIN ISO XXX bis 28.02. | ▪ Ab dem 28.02. sind ausreichende Fachkenntnisse vorhanden, um die interne Projektleitung für die Zertifizierung im Lager zu übernehmen. |
|  | ▪ Alle wesentlichen Schritte und Reglementierungen sind bekannt. |
|  | ▪ Es kann selbstständig ein Projektplan zur Zertifizierung erarbeitet werden. |

## 3.5.11 Mitarbeiter Personal

**Wirtschaftlichkeit**

| Ziel | Indikator |
|------|-----------|
| ▪ Gemeinsam mit den Hauptabteilungsleitern: Reduktion der Personalkosten um 5 %. | ▪ Am Ende des Jahres sind im Vergleich zum Vorjahr die Personalkosten um 5 % reduziert worden. |
|  | ▪ Alle Hauptabteilungsleiter haben monatliche Auswertungen bekommen, es wurden gemeinsame Planungen zur Kostenreduktion durchgeführt und verabschiedet. |
| ▪ Reduktion der Personal-Marketing-Kosten um 10 %, bis Ende des Jahres. | ▪ Am Ende des Jahres wurde das Budget von X T EUR eingehalten, was eine Reduktion zum Vorjahr von 10 % entspricht. |

## Leistung

| Ziel | Indikator |
|------|-----------|
| ▪ Optimierung der Bewerberauswahl, vor allem Beschleunigung des Prozesses (bis Ende des Jahres). | ▪ Bis zum 28.02. ist ein neuer Prozess definiert, der die Durchlaufzeiten von Stellenausschreibungen bis zur Durchführung von Gesprächen um mindestens 20 % reduziert.<br>▪ Der bereits definierte Teilprozess XY ist implementiert. |
| ▪ Gemeinsam mit den Abteilungsleitern Erarbeitung von Entwicklungsplänen für die Mitarbeiter im Bereich A und B, um diese auf die neuen Herausforderungen vorzubereiten (bis Mitte März). | ▪ Bis Mitte März liegen klar definierte Entwicklungspläne mit Zeitachsen vor (für jeden Mitarbeiter). |
| ▪ Einführung der Datenbank XY (bis 31.04.). | ▪ Ab dem 01.05. wird das System von allen entsprechenden Mitarbeitern genutzt. |
| ▪ Bis zum 30.06. sind für die neuen Positionen A, B und F klare Stellenbeschreibungen vorhanden (gemäß Zertifizierungsvorgabe). | ▪ Am 30.06. liegen qualitativ hochwertige Stellenbeschreibungen für A, B und F vor (gemäß der Zertifizierungsvorschriften). |
| ▪ Ausarbeitung eines Weiterbildungsprogramms für das Folgejahr, bis zum 01.11. dieses Jahres. | ▪ Am 01.11. steht das neue Weiterbildungsprogramm für das Folgejahr im Intranet allen Mitarbeitern zur Verfügung.<br>▪ Es wurde ein attraktives Angebot erstellt, sodass die durchschnittliche Buchungsquote bei 80 % liegt. |
| ▪ Erfolgreiche Organisation der Mitarbeiterveranstaltung X. | ▪ Die Mitarbeiterveranstaltung X am 30.06. wurde erfolgreich durchgeführt.<br>▪ Das Budget Z wurde eingehalten.<br>▪ Die durchschnittliche Beurteilung der Organisation laut Feedback-Bogen bekommt die Note 2,0 oder besser.<br>▪ Positives Feedback von der Geschäftsführung. |

| Ziel | Indikator |
|---|---|
| ■ Verbesserung der Qualität interner Trainer (Jahresziel). | ■ Im Jahresdurchschnitt war die durchschnittliche Seminarbewertung der internen Trainer nicht schlechter als 1,9. |
| ■ Sicherstellung einer zeitnahen Positionsbesetzung bei Vakanzen (Durchschnittswert < 4 Wochen). | ■ Bei freien Stellen vergeht von der Meldung eines Bedarfs bis zur Unterschrift eines Vertrags mit einem neuen Mitarbeiter im Durchschnitt nicht mehr als 4 Wochen (Dokumentation im Z-System). |
| ■ Bis zum 31.03. Erstellung eines Konzeptes, wie die neue Software X zum Ende des Jahres erfolgreich im Personalbereich eingeführt werden kann. | ■ Am 31.03. liegt ein Konzept vor, aus dem hervorgeht, wie bis Ende des Jahres die Software X im Personalbereich eingeführt werden kann, es liegt eine Zeit-, Arbeitsschritt- und Budgetplanung vor. |

**Integration**

| Ziel | Indikator |
|---|---|
| ■ Verbesserung der Zusammenarbeit mit den internen Kunden, Ausfüllen der Rolle als interner HR-Business Partner (bis Ende des Jahres). | ■ Am Ende des Jahres verbessert sich das Feedback der Führungskräfte in Bezug auf die Beratungsleistungen des Personalbereiches (Befragung des Vorgesetzten).<br>■ Zeitnahe Reaktion bei Anfragen (Reaktion erfolgt spätestens nach 24 Stunden). |

| Ziel | Indikator |
|------|-----------|
| ▪ Bis zum 30.09. akzeptieren alle Mitarbeiter das neue Arbeitszeiterfassungssystem. | ▪ Bis 01.06. sind alle Führungskräfte über das neue Zeiterfassungssystem informiert und verfügen über Informationsmaterialien, um ihre Mitarbeiter zu informieren.<br><br>▪ Das neue Arbeitszeiterfassungssystem wird so kommuniziert, dass es insgesamt auf positive Resonanz trifft, diese messen wir am unmittelbaren Feedback und einer konsequenten Nutzung des neuen Systems ab dem 01.09. (Nutzung 95 %). |
| ▪ Ausbau der eigenen Kenntnisse in der Personalsoftware XY, sodass alle A- und B-Fälle selbstständig ausgewertet werden können. | ▪ Am 30.06. können mit der Software XY alle A- und B-Fälle selbstständig ohne Rückfragen ausgewertet werden. |

## 3.5.12 Mitarbeiter im Einkauf

### Wirtschaftlichkeit

| Ziel | Indikator |
|------|-----------|
| ▪ Reduktion der Materialkosten bei Stoff X um 5 % im Jahresdurchschnitt. | ▪ Im Jahresdurchschnitt wurden die Materialkosten für Produkt X zum Vorjahresvergleich um 5 % gesenkt. |
| ▪ Einhaltung des X-Budgets bis Ende des Jahres. | ▪ Am Ende des Jahres wurde das X-Budget (X T EUR) eingehalten. |
| ▪ Reduktion der durchschnittlichen Arbeitskosten für externe Handwerker um 10 % (in Bezug auf Stundenlohn und Materialkosten). | ▪ Am Ende des Jahres wurde der durchschnittliche Stundenlohn für externe Handwerker von X EUR auf Y EUR gesenkt, die durchschnittlichen Materialpreise im Vergleich zum Vorjahr um 10 % gesenkt. |

## Leistung

| Ziel | Indikator |
|------|-----------|
| • Abschluss eines neuen Vertrages mit dem externen Dienstleister X zu gleichen Konditionen wie im Vorjahr (28.02.). | • Bis zum 28.02. ist mit dem Zulieferer X ein neuer Rahmenvertrag zu unveränderten Konditionen geschlossen worden. |
| • Erhöhung der Reaktionsgeschwindigkeit bei Ausschreibungen und Angeboten. Im Durchschnitt wurden alle internen Anfragen und Angebote innerhalb von 3 Tagen bearbeitet (Jahresziel). | • Alle Anfragen interner Kunden wurden innerhalb von 3 Tagen fundiert und qualifiziert beantwortet, es wurde innerhalb von 3 Tagen auf schriftlich angeforderte Angebote reagiert und Verhandlungsgespräche terminiert.<br>• Feedback der internen Kunden entwickelt sich positiv. |
| • Entwicklung eines neuen Einkaufskonzeptes für X und Y-Materialien, aus dem hervorgeht, wie eine erhöhte Zulieferer-Sicherheit durch Multisourcing erzielt werden kann (30.06.). | • Am 30.06. liegt ein Konzept vor, aus dem hervorgeht, durch welche Vorgehensweisen und Nutzung welcher Zulieferer eine jederzeitige Versorgungssicherheit mit den Rohstoffen X und Y sichergestellt werden kann. |

## Integration

| Ziel | Indikator |
|------|-----------|
| • Verbesserung der Zusammenarbeit mit dem Controlling (bis zum 30.03.). | • Ab Anfang April stehen Sie in einem engeren Informationsaustausch mit dem Controlling, z. B. durch regelmäßige Meetings oder Telefonate.<br>• Für jeden Themenbereich ist ein verantwortlicher Mitarbeiter im Einkauf benannt und kommuniziert. |
| • Intensivierung der Zusammenarbeit mit den internen Kunden A und B, vor allem durch frühzeitige Einbindung in der Produktentwicklung (Jahresziel). | • Es ist sichergestellt, dass der Einkauf bereits in der 2. Phase der Produktentwicklung einbezogen wird und entsprechende Anregungen bei der Produktgestaltung gibt. |

| Ziel | Indikator |
|------|-----------|
| ▪ Verbesserung der Kenntnisse im Bereich Z, bis zum 30.09. | ▪ Spätestens ab dem 01.10. Inanspruchnahme zum Thema Z als interner Fachmann.<br>▪ Ansprechpartner sein für alle internen Anfragen zum Thema Z, diese selbstständig bearbeiten können. |

## 3.5.13 Mitarbeiter in der IT

### Wirtschaftlichkeit

| Ziel | Indikator |
|------|-----------|
| ▪ Reduktion der Kosten durch den Einsatz von freien Mitarbeitern und externen Beratern im Projekt X um 20 % (bis 30.09.). | ▪ Bis zum 30.09. wurden die Kosten im Vergleich zum Vorjahr zum 20 % gesenkt. |

### Leistung

| Ziel | Indikator |
|------|-----------|
| ▪ Erstellung der Programmierung X bis zum 30.06. | ▪ Am 01.07. kann das Modul X getestet werden und entspricht den definierten Spezifikationen. |
| ▪ Sicherstellung der Verfügbarkeit des Y-Systems (> 95 %). | ▪ Die Verfügbarkeit lag im Jahresdurchschnitt bei mindestens 95 %. |
| ▪ Versorgung des neuen Teams A mit der entsprechenden IT-Infrastruktur, bis zum 30.06. | ▪ Am 01.07. verfügt das Team A über die entsprechenden PCs und Software, gemäß Plan B.<br>▪ Positives Feedback aus dem A-Bereich. |
| ▪ Ausrollen der neuen Software F in zwei Stufen, bis zum 30.06. und 30.09. | ▪ Am 30.06. verfügen 50 % der Mitarbeiter im Werk A über die Software F und ab dem 30.09. besteht 100 % Verfügbarkeit. |
| ▪ Entwurf einer Software-Architektur für Projekt Z bis zum 30.06. | ▪ Am 30.06. liegt ein Konzept vor, das den Spezifikationen aus Plan G genügt. |

| Ziel | Indikator |
|------|-----------|
| • Bis Ende des Jahres wurden 90 % aller Anfragen an der IT-Hotline direkt zufrieden stellend beantwortet/die Probleme gelöst. | • Positives Feedback der internen Bereiche.<br>• Dokumentation der 10 % weitergehenden Fälle im System F, Zählung der Hotline-Anfragen im Ticket-System (qualifiziert nach den Hauptthemen). |
| • Auswertung der Fragen und Beschwerden im Bereich „Remote Access", um die wesentlichen Problemfelder zu identifizieren (30.06). | • Bis Mitte des Jahres liegt eine differenzierte Auswertung der Problembereiche beim „Remote Access" vor und ein Konzept, aus dem erste Lösungsideen und -ansätze hervorgehen, um diese Probleme zu beheben. |

**Integration**

| Ziel | Indikator |
|------|-----------|
| • Verbesserung der strategischen Zusammenarbeit mit dem Bereich X, Entwicklung eines positiveren Image der IT als Dienstleister. | • Regelmäßige Abstimmung mit dem Bereich X.<br>• Positives Feedback des Hauptabteilungsleiters X.<br>• Jederzeit informiert sein über die wesentlichen Anforderungen in Bezug auf F. |
| • Ausbau der eigenen Kenntnisse zum Betriebssystem XY, erfolgreiche Zertifizierung im Juni. | • Im Juni liegt das Zertifikat als zertifizierter XY vor. |

## 3.5.14 Mitarbeiter in der Forschung und Entwicklung

**Wirtschaftlichkeit**

| Ziel | Indikator |
|------|-----------|
| • Am Ende des Jahres wurde das Projektbudget für die Produktentwicklung X in Höhe von 100.000 EUR eingehalten. | • Die Entwicklungskosten für X gemäß Controllingauswertung Y in Höhe von 100.000 EUR wurden nicht überschritten.<br>• Erfolgreiche Entwicklung des Produktes X gemäß Projektplan. |

| Ziel | Indikator |
|---|---|
| ■ Reduktion der Kosten für externe Dienstleister, die bei der Ausarbeitung von Z-Skizzen unterstützen, um 10 %, im Vergleich zum Vorjahr. | ■ Die Kosten für externe Dienstleister, die bei der Ausarbeitung von Skizzen unterstützen, bleiben unter 50.000 EUR.<br>■ Alle notwendigen Skizzen für die eigenen Projekte werden nach wie vor termintreu und qualitätsgerecht erstellt. |
| ■ Reduktion der Entwicklungskosten für die laufende Entwicklungen XY, gegenüber Vorjahresplanung um 8 %. | ■ Die im Projektbudget für dieses Jahr ursprünglich vorgesehenen Entwicklungskosten werden um 8 % unterschritten (< 125.000 EUR) für dieses Jahr.<br>■ Alle Projekt-Milestones für das Entwicklungsprojekt XY wurden erreicht. |

**Leistung**

| Ziel | Indikator |
|---|---|
| ■ Erfolgreiche Fertigstellung der Entwicklung Y bis zur Marktreife, bis Ende des Jahres. | ■ Am Ende des Jahres liegt ein marktreifes Produkt X vor, das die ersten Kundentests erfolgreich bestanden hat (durchschnittliches Feedback besser als Note 3). |
| ■ Erfolgreiche Anmeldung eines Patents im Verlauf des Jahres. | ■ Am Ende des Jahres wurde mindestens ein neues Patent anerkannt und angemeldet. |
| ■ Am Ende des Jahres wurden alle Machbarkeitsanfragen aus der Produktion und dem Marketing zeitnah beantwortet (erstes Feedback nach spätestens 10 Tagen, abschließende Bewertung aus F & E-Sicht nach spätestens 20 Tagen). | ■ Bei allen vom Steuerungskreis abgesegneten Anfragen zu Machbarkeitsstudien erfolgt innerhalb von 10 Tagen eine erste Rückmeldung mit Einschätzung und nach 20 Tagen eine abschließende Stellungnahme, die im Steuerungskomitee akzeptiert wird. |
| ■ Erfolgreiche Reduktion des Gewichtes bei Bauteil Z um 25 %, bis Ende des Jahres. | ■ Ab 01.01. nächsten Jahres sind die technischen Möglichkeiten geschaffen, das Bauteil X zu gleichen Kosten mit 25 % weniger Gewicht herzustellen. |

| Ziel | Indikator |
|------|-----------|
| • Bis 30.09. sind die Fehler in XY-Berechnungen auf Null reduziert. | • Ab dem 30.09. sind alle XY-Berechnungen fehlerfrei mit dem entsprechenden Feedback der Produktion. Keine Nacharbeitungen mehr an XY-Berechnungen. |
| • Erfolgreiche Entwicklung eines XY-Konzeptes für das Produkt Alpha bis zum 30.06. | • Am 30.06. liegen die Entwürfe für Alpha vor, aus denen vor allem hervorgeht, wie das Problem X und das Thema Y zu lösen sind. Darüber hinaus sind alle notwendigen Pläne erstellt und die Qualität entspricht den Vorgaben des definierten F & E-Prozesses in unserem Unternehmen. |

## Integration

| Ziel | Indikator |
|------|-----------|
| • Optimierung der Zusammenarbeit mit dem Einkauf bei Produkt X, um bei der Auswahl von Materialien bereits Sourcing-Aspekte berücksichtigen zu können. | • Integration des jeweils verantwortlichen Mitarbeiters des Einkaufs in die eigene Produktentwicklung, regelmäßige Informationen an den Einkauf über den Stand der Entwicklungen und entsprechender Sourcing-Notwendigkeiten.<br>• Positives Feedback des Einkaufsleiters über den Leiter F & E zu diesen Prozessen. |
| • Einarbeitung des neuen Mitarbeiters, Herrn Muster, sodass dieser ab dem 30.06. selbstständig arbeiten kann (inklusive Beherrschung unserer Standard-Software-Anwendungen und der internen Richtlinien und QS-Prozesse). | • Am 30.06. ist Herr Muster in der Lage, selbstständig Entwicklungsaufträge anzunehmen und unter Nutzung unserer Standard-Software und -instrumente fehlerfrei zu bearbeiten. |
| • Verbesserte Abstimmung im Entwicklungsteam, sodass Lehrlaufzeiten an den Messinstrumenten X und Y vermieden werden. | • Keine abstimmungsbedingten Lehrlaufzeiten an den Messgeräten A und B (gemäß Dokumentation im Z-System). |

| Ziel | Indikator |
| --- | --- |
| • Aneignung und Nutzung neuer Erkenntnisse auf dem Material-Stoffgebiet XY bis zum 30.09. | • Ab dem 30.09. sind ausreichende Fachkenntnisse vorhanden, um bei neuen Entwicklungen die Anwendungen des XY-Materials fundiert beurteilen zu können. |
| | • Bis zum 31.12. wurde das Material XY mindestens in einem Projekt eingesetzt. |
| | • Als Ansprechpartner für Kollegen fungieren können, um Fragen zur Werkstoffgruppe XY zu beantworten. |

## 3.5.15 Musterziele für Führungskräfte und leitende Angestellte

Im Folgenden werden einige Musterziele für Führungskräfte oder Leiter des jeweiligen Bereiches beschrieben. Selbstverständlich unterscheiden sich die Verantwortungsbereiche der jeweiligen Positionsbezeichnungen in den unterschiedlichen Branchen und Unternehmen zum Teil deutlich. Entsprechend können hier, wie bei den Mitarbeiterzielen, nur Anregungen und Ideen gegeben werden.

Vor allem in Bezug auf die Wirtschaftlichkeitsziele ist zu beachten, dass die jeweiligen Leiter der einzelnen Bereiche oft zum Management oder der erweiterten Geschäftsführung des Unternehmens gehören. Aus diesem Grund werden im Bereich der Wirtschaftlichkeitsziele oft die wirtschaftlichen Unternehmensziele aufgeführt.

Auf diese Art und Weise wird die gesamte erweiterte Geschäftsführung oder das Management auf wesentliche, gemeinsame unternehmerische Ziele fokussiert. Aus diesem Grund bleibt oft weniger Raum für weitergehende individuelle Ziele.

## 3.5.16 Führungskraft im Personalbereich

### Wirtschaftlichkeit

| Ziel | Indikator |
|---|---|
| ▪ Reduktion der Personalkosten im Jahresdurchschnitt um 5 % (= X T EUR). | ▪ Am Ende des Jahres sind die Personalkosten um Y T EUR gesenkt, im Vergleich zum Vorjahr. |
| ▪ Einhaltung des Budgets für externe Berater in Höhe von X T EUR. | ▪ Am Ende des Jahres ist das Budget für externe Berater eingehalten (X T EUR). |
| ▪ Reduktion der Personal-Marketing-Kosten um 15 % im Vergleich zum Vorjahr. | ▪ Am Ende des Jahres sind die Personal-Marketing-Kosten um 15 % (= X T EUR) gesunken. |

### Leistung

| Ziel | Indikator |
|---|---|
| ▪ Schnelle Besetzung vakanter Positionen. Durchschnittliche Dauer von der internen Bedarfsmeldung bis Vertragsunterschrift eines Bewerbers nicht länger als 6 Wochen. | ▪ 90 % aller als frei gemeldeten Positionen sind innerhalb von 6 Wochen qualifiziert besetzt.<br>▪ Feedback aus der internen Kundenbefragung zum Bereich Personal. |
| ▪ Erarbeitung eines Konzeptes zur Ausgliederung der Mitarbeiter des Bereiches F, bis zum 30.06. | ▪ Am 30.06. liegt ein Konzept vor, in dem dargestellt wird, wie die Ausgliederung der Mitarbeiter F arbeitsrechtlich gemäß der Vorschriften erfolgen kann. Es liegen Entwürfe für die neuen Verträge vor. |
| ▪ Umsetzung der im Plan X beschriebenen Weiterbildungsstrategie im Verlaufe des Jahres. | ▪ Alle im Plan X dargestellten Projektschritte wurden erfolgreich umgesetzt. |

| Ziel | Indikator |
|---|---|
| ▪ Schaffung von individuellen HR-Business Partners für die einzelnen Werke im Personalbereich, bis 30.09. | ▪ Ab dem 30.09. ist pro Werk ein Hauptverantwortlicher des Personalbereiches als Ansprechpartner benannt und im jeweiligen Werk eingeführt.<br>▪ Die Werksleiter und Führungskräfte im Werk kennen ab dem 01.10. ihren Ansprechpartner.<br>▪ Die definierten HR-Business Partner verfügen über die notwendigen Kompetenzen, um die Werke in Bezug auf Personalplanung, -auswahl und -entwicklung umfassend beraten zu können. |
| ▪ Etablierung eines gemeinsamen Führungsverständnisses, Implementierung des Führungsleitbildes, bis 30.06. | ▪ Bis zum 30.06. kennen alle Führungskräfte das neue Führungsleitbild.<br>▪ Die Anforderungen im Führungsleitbild sind in den Anforderungsprofilen der anderen Personal-Instrumente umgesetzt. |

## Integration

| Ziel | Indikator |
|---|---|
| ▪ Verbesserung der Zusammenarbeit im Managementteam, vor allem durch regelmäßige Information über die eigenen Aktivitäten. | ▪ Ab 30.03. fühlen sich alle anderen internen Bereiche gut über die Aktivitäten des Personalbereichs informiert.<br>▪ Es erfolgten monatlich eine kurze Präsentation im Management-Meeting in Bezug auf die Aktionen und Zielerreichungen des Personalbereiches. |
| ▪ Bis Ende des Jahres haben alle Mitarbeiter das neue Arbeitszeiterfassungssystem akzeptiert. | ▪ Ab dem 30.09. bis Ende des Jahres wurden alle Arbeitszeiten korrekt erfasst.<br>▪ Feedback der Führungskräfte und Mitarbeiter durch eine kurze Online-Befragung, im Juni. |

| Ziel | Indikator |
|------|-----------|
| ■ Ausbau der eigenen Englisch-Kenntnisse bis zum Level „verhandlungssicher" (bis 30.06.). | ■ Selbstständige Führung von Verhandlungsgesprächen mit dem amerikanischen Dienstleister X. <br> ■ Erreichung eines Punktwertes von mindestens 140 im Sprachtest XY. |
| ■ Bis Mitte des Jahres sind mindestens 4 Mitarbeiter im Personalbereich qualifiziert, selbstständig mit dem neuen IT-System XY arbeiten zu können. | ■ Ab dem 01.07. können mindestens 4 Mitarbeiter selbstständig das XY-System bedienen und Z-Auswertungen durchführen. |

## 3.5.17 Führungskraft im Vertrieb

### Wirtschaftlichkeit

| Ziel | Indikator |
|------|-----------|
| ■ Sicherstellung eines Ertrages von X T EUR in allen Produktbereichen bis Ende des Jahres. | ■ Am Ende des Jahres steht ein Ertrag von X T EUR für alle Produkte. |
| ■ Reduktion der Personalkosten im Vertrieb um 5 % (= X T EUR) auf das ganze Jahr gesehen. | ■ Am Ende des Jahres sind die Personalkosten im Vergleich zum Vorjahr um X T EUR reduziert. |

### Leistung

| Ziel | Indikator |
|------|-----------|
| ■ Am Ende des Jahres sind von Produkt X 50.000 Stck., von Produkt Y 30.000 Stck. und von Produkt Z 5.000 Stck. verkauft. | ■ Zielerreichung gemäß Auswertung aus dem Controlling. |

| Ziel | Indikator |
|---|---|
| • Erfolgreicher Aufbau einer neuen Vertriebsniederlassung in X, bis zum 01.07. | • Am 01.07. besteht eine vollständig besetzte neue Vertriebsniederlassung in X.<br>• Bestehende Kunden in der Region sind zum 01.05. über die neue Niederlassung informiert.<br>• Das Team der neuen Niederlassung besteht zu mindestens 40 % aus erfahrenen Mitarbeitern und Mitarbeiterinnen. |
| • Erreichung eines Umsatzziels von X Mio. EUR mit der neuen Niederlassung in X. | • Bis Jahresende hat die neue Niederlassung in X X Mio. EUR Umsatz gemacht. |
| • Gemeinsam mit Marketing: Ausweitung des Marktanteils bei Produkt Y auf 10,5 % (deutschlandweit). | • Bis Ende des Jahres beträgt der durch die Agentur Z ermittelte Marktanteil von Y 10,5 %. |
| • Erfolgreiche Umsetzung der neuen Vertriebsstrategie gemäß des Konzeptes XY, bis zum 30.08. | • Bis zum 30.08. sind die im Plan XY dargestellten Meilensteine erfolgreich umgesetzt.<br>• Alle Vertriebsmitarbeiter arbeiten in den neu aufgeteilten Regionen. |
| • Sicherstellung der Nachfolgeplanung und Vertretungsregelung, bis zum 31.03. | • Bis zum 31.03. sind für sämtliche Führungspositionen im Vertrieb Stellvertreter und potenzielle Nachfolger benannt. |
| • Erhöhung der durchschnittlichen Kundenzufriedenheit im Vertrieb auf die Note 1,7 (bis zum 30.06). | • Die Anfang Juli und Anfang November durchgeführten Kundenbefragungen ergeben einen durchschnittlichen Zufriedenheitswert der Kunden mit dem Vertrieb von 1,7 oder besser. |

## Integration

| Ziel | Indikator |
|---|---|
| ■ Verbesserung der Zusammenarbeit innerhalb der Vertriebsniederlassungen zwischen Innendienst und Außendienst bis Ende des Jahres. | ■ Verringerung der Fluktuation in der Niederlassung um 10 %.<br>■ Erfolgreiche Umsetzung regelmäßiger Meetings mit Innendienst und Außendienst.<br>■ Keine Konfliktgespräche mehr, die bis zum Betriebsrat eskalieren. |
| ■ Bis zum 30.06. sind alle Vertriebsmitarbeiter gewillt, in der neuen regionalen Zuordnung zu arbeiten und kennen die Vorteile des neuen Vertriebskonzeptes. | ■ Am 30.06. werden einzelne Vertriebsmitarbeiter nach den Vorteilen des neuen Konzeptes befragt.<br>■ Ab 01.07. halten sich alle Außendienstmitarbeiter an die neue Struktur.<br>■ Keine Schlichtungsfälle wegen regionaler Streitigkeiten und Kundenzuordnungen. |
| ■ Erfolgreiche Positionierung in der Zielgruppenbranche X bis zum 30.09. | ■ Bis zum 30.09. wurde mit Kunden in der Branche X ein Umsatz von mindestens 20.000 Stck. oder X Mio. EUR erzielt. |
| ■ Bis zum 30.09. sind alle neuen Innendienstleiter auf ihre neue Führungsaufgabe vorbereitet und entsprechend dafür qualifiziert. | ■ Alle neuen Innendienstleiter haben an einer entsprechenden Trainingsmaßnahme teilgenommen.<br>■ Alle Innendienstleiter geben das Feedback, sich gut vorbereitet zu fühlen.<br>■ Die Mitarbeiter akzeptieren spätestens ab 01. November die neuen Innendienstleiter als ihre Führungskraft und wenden sich bei Problemen direkt an diese. |

## 3.5.18 Führungskraft im Marketing

### Wirtschaftlichkeit

| Ziel | Indikator |
|------|-----------|
| ▪ Gemeinsam mit Vertrieb: Erzielen einer durchschnittlichen Marge von 4,2 % über alle Produkte hinweg. | ▪ Am Ende des Jahres beträgt die durchschnittliche Marge bei allen Produkten 4,2 %. |
| ▪ Reduktion der Personalkosten im Marketing um 10 %. | ▪ Am Ende des Jahres betrugen die durchschnittlichen Personalkosten 10 % weniger als im Vorjahr (= X T EUR). |
| ▪ Gemeinsam im gesamten Managementteam: Sicherstellung eines Ertrages von X Mio. EUR für das Gesamtjahr. | ▪ Am Ende des Jahres wird ein Ertrag von X Mio. EUR ausgewiesen. |
| ▪ Reduktion der Marketing-Kosten um 15 %, bei zumindest konstanten Umsätzen (Ziel gemeinsam mit dem Vertrieb). | ▪ Am Ende des Jahres sind die Marketing-Kosten 15 % geringer als im Vorjahr (= X T EUR) bei konstanter Umsatzmenge (gemessen am Umsatzvolumen). |

### Leistung

| Ziel | Indikator |
|------|-----------|
| ▪ Erhöhung des Marktanteils bei Produkt X auf 15 % (europaweit). | ▪ Am Ende des Jahres beträgt der Marktanteil, über die Methode X ermittelt, für Produkt X 15 %. |
| ▪ Erfolgreiche Bindung bestehender Kunden (gemeinsam mit Kundenservice und Vertrieb). | ▪ Am Ende des Jahres besteht eine durchschnittliche Wiederkaufquote von 95 % über alle Kunden hinweg.<br>▪ Mindestens 60 % unserer Kunden haben im Gesamtjahr 15 oder mehr Aufträge mit uns abgewickelt. |
| ▪ Entwicklung einer neuen Vertriebsstrategie für Produkt Y (gemeinsam mit Vertrieb), die ab 30.06. erfolgreich implementiert wird. | ▪ Nach dem 30.06. wurde die neue Vertriebsstrategie für XY-Produkte erfolgreich implementiert.<br>▪ Sicherstellung eines Umsatzes mit dem Produkt XY von X Mio. EUR für die 2. Jahreshälfte. |

| Ziel | Indikator |
|------|-----------|
| ▪ Erfolgreiche Entwicklung und Durchführung einer Marketing-Kampagne für das neu einzuführende Produkt Y, bis zum 30.09. | ▪ Am 30.09. wurde das neue Produkt Y erfolgreich gelauncht.<br>▪ Mindestens 1.500 Kundenanfragen infolge der Marketing-Aktion.<br>▪ Mindestumsatz für das 4. Quartal in diesem Produkt = X Mio. EUR (Ziel gemeinsam mit Vertrieb). |
| ▪ Verbesserung der Bekanntheit der Marke X um 15 % in den relevanten Zielgruppen, bis Ende des Jahres. | ▪ Am Ende des Jahres ergibt die Befragung der Agentur Y eine gesteigerte Markenbekanntheit der Marke X bei den relevanten Zielgruppen um 15 % im Vergleich zum Vorjahr. |
| ▪ Optimierung der internen Prozesse im Marketing, vor allem um Marketing-Kampagnen schneller umsetzen zu können (bis Ende des Jahres). | ▪ Bis Ende des Jahres beträgt die durchschnittliche Entwicklungszeit von Entwicklung des ersten Konzeptes bis zur Bereitschaft der Markteinführung weniger als 4 Monate. |

**Integration**

| Ziel | Indikator |
|------|-----------|
| ▪ Verbesserte Zusammenarbeit in den Projektgruppen mit dem Vertrieb, z. B. durch frühzeitigere Abstimmung der Konzepte mit den Vertriebsleitern (ab 01.03. bis Ende des Jahres). | ▪ Die Vertriebsleiter geben das Feedback, ausreichend und frühzeitig informiert zu sein.<br>▪ Weniger kritische Diskussionen bei der Geschäftsführung, um verpasste Abstimmungen aufzuholen.<br>▪ Regelmäßige Präsenz der Marketing-Mitarbeiter in den entsprechenden Projekten zur Produktentwicklung, zeitnahe Informationen der Vertriebsleiter über den jeweiligen Stand der Kampagnen-Entwicklung. |

## Integration

| Ziel | Indikator |
|------|-----------|
| ▪ Bis zum 30.06. sind alle Vertriebsmitarbeiter bereit, das neue Produkt XY konsequent anzubieten (Ziel gemeinsam mit Vertrieb) und fühlen sich gut über das neue Produkt informiert. | ▪ Auf Nachfragen geben die Vertriebsmitarbeiter an, gut informiert zu sein.<br>▪ Ab 30.06. werden bis Ende des Jahres X Mio. EUR Umsatz mit dem neuen Produkt erwirtschaftet.<br>▪ Befragung der Vertriebsmitarbeiter zum neuen Produkt XY ergeben eine positive Einstellung diesem gegenüber. |
| ▪ Benennung und Einarbeitung eines Stellvertreters und potenziellen Nachfolgers für die Marketing-Leitung bis zum 30.09. | ▪ Am 01.06. ist ein potenzieller Nachfolger benannt.<br>▪ Bis zum 30.09. erfolgt eine konsequente Einarbeitung eines Stellvertreters gemäß eines erstellten Einarbeitungsplans.<br>▪ Ab 30.09. sind alle relevanten Schnittstellen über die Person des neuen Stellvertreters informiert. |

## 3.5.19  Führungskraft in der IT

### Wirtschaftlichkeit

| Ziel | Indikator |
|------|-----------|
| ▪ Reduktion der externen Beratungs- und Dienstleistungskosten um 25 % (= X T EUR) im Vergleich zum Vorjahr. | ▪ Bis Ende des Jahres sind die Kosten für externe Berater und Dienstleister um X T EUR, im Vergleich zum Vorjahr gesenkt. |
| ▪ Reduktion der Kosten für Datentransfer und Standleitungen um 8 %. | ▪ Bis Ende des Jahres sind die Kosten für Datentransfer und Standleitungen der IT-Infrastruktur um 8 %, gegenüber dem Vorjahr gesunken. |
| ▪ Reduktion der Hardwarekosten um 5 % (gemeinsam mit Einkauf). | ▪ Bis Ende des Jahres sind die Hardwarekosten im Vergleich zum Vorjahr um 5 % gesunken. |

## Leistung

| Ziel | Indikator |
| --- | --- |
| ▪ Sicherstellung einer Verfügbarkeit der Datenbanksysteme X und Y von 95 % (europaweit) im Monatsdurchschnitt. | ▪ Am Ende des Jahres wurde monatlich ein Schnitt von 95 % Verfügbarkeit für die Datenbanksysteme erreicht. |
| ▪ Erfolgreicher Roll-out der Software XY in allen Werken bis zum 30.06. | ▪ Am 30.06. sind mindestens 85 % aller betroffenen Mitarbeiter in der Lage, auf die Software XY zuzugreifen. |
| ▪ Erfolgreiche Durchführung des Softwareprojektes X gemäß Projektplan. | ▪ Bis zum 30.10. ist die Projektplanung des Softwareprojektes X konsequent und erfolgreich, gemäß Plan umgesetzt.<br>▪ Alle XY-Mitarbeiter haben Zugriff auf die Software X und hatten die Gelegenheit, im Vorfeld an einer entsprechenden Schulung teilzunehmen. |
| ▪ Erstellung des Softwaremoduls Z, bis zum 30.06. | ▪ Am 30.06. liegt die erste Version der Software X vor und erfüllt die Spezifikation gemäß Produkt-Handbuch.<br>▪ Am 01.05. ist eine erste Testversion der neuen Software X dem Bereich A und B vorgestellt worden und entsprechende Überarbeitungsnotwendigkeiten wurden definiert und dokumentiert. |
| ▪ Erfolgreiche Einführung der Konzern-Software J bis Ende des Jahres. | ▪ Bis Ende des Jahres verfügen mindestens 95 % aller Mitarbeiter über die Software J.<br>▪ Bis 30.06. sind mindestens 70 % aller Mitarbeiter in der Software J geschult.<br>▪ Bis zum Ende des Jahres beträgt der Nutzungsgrad der Software J bei den angeschlossenen Mitarbeitern 95 %. |
| ▪ Sicherstellung der IT-Infrastruktur in der neuen Vertriebsniederlassung Alpha bis 30.07. | ▪ Ab dem 01.08. können die neuen Mitarbeiter in der neuen Vertriebsniederlassung Alpha auf alle notwendigen Systeme stabil zugreifen. |

| Ziel | Indikator |
|------|-----------|
| ▪ IT-Unterstützung der neuen Produktgruppe Z bis Ende des Jahres. | ▪ Die Produktgruppe Z gibt das Feedback, sich durch die IT unterstützt zu fühlen. <br> ▪ Am Ende des Jahres verfügt die Produktgruppe J über die notwendige Soft- und Hardware für ihre Arbeit. <br> ▪ Das IT-Budget für die Projektgruppe J wurde eingehalten (X T EUR). |
| ▪ Erfolgreiche Entwicklung und Implementierung des Softwaremoduls Beta bis 30.06. | ▪ Am 30.06. steht das neue Softwaremodul Beta den Mitarbeitern zur Verfügung (Verfügbarkeit > 95 %). <br> ▪ Einhaltung des Budgets für Beta in Höhe von X T EUR. |

## Integration

| Ziel | Indikator |
|------|-----------|
| ▪ Verbesserung des internen Images als Serviceleister, bis 30.06. und 01.12. | ▪ Die am 30.06. und 01.12. durchgeführten Befragungen der internen Kunden ergeben eine Zufriedenheitsnote von durchschnittlich 2,0 oder besser. |
| ▪ Verbesserte Zusammenarbeit mit den Niederlassungen, durch z. B. Dokumentation und dokumentierte Nachverfolgung aller Hotline-Anfragen und IT-Probleme (ab 01.02. bis Ende des Jahres). | ▪ Ab 01.02. werden alle Hotline-Serviceanfragen im neuen Ticket-System XY dokumentiert und getrackt. <br> ▪ Dokumentierte Responsezeiten bei Hotline-Anfragen < 3 Std. <br> ▪ Monatliches Reporting über die Anzahl der Anfragen und Dokumentation der häufigsten Problemfelder. |
| ▪ Bis zum 30.08. beherrschen alle X-Mitarbeiter die Software Y. | ▪ Bis 30.08. können alle X-Mitarbeiter selbstständig mit der Software Y arbeiten und A- und B-Abfragen und -Berechnungen selbstständig ausführen. <br> ▪ Positives Feedback der Bereichsleiter X und Y. <br> ▪ Erfolgreiche Schulung aller Mitarbeiter bis 30.06. durch ein Kaskadensystem. |

| Ziel | Indikator |
|---|---|
| ▪ Weiterbildung aller XY-Experten auf das System Z, bis zum 01.10. | ▪ Bis spätestens 01.10. sind alle XY-Experten in der Lage, das System Z zu betreuen und Anfragen selbstständig zu beantworten.<br>▪ Es liegt ein dokumentierter und gegengezeichneter Entwicklungsplan für jeden Mitarbeiter vor. |

## 3.5.20 Führungskraft in der Logistik/im Lager

**Wirtschaftlichkeit**

| Ziel | Indikator |
|---|---|
| ▪ Reduktion der Lagerkosten im Gesamtjahr um X T EUR. | ▪ Am Ende des Jahres sind die Lagerkosten insgesamt um X T EUR gesunken. |
| ▪ Reduktion der Frachtkosten bei Produkt A und B um durchschnittlich 15 %. | ▪ Bis Ende des Jahres sind die Frachtkosten für die Produkte A und B durchschnittlich um 15 % im Vergleich zum Vorjahr gesunken. |
| ▪ Reduktion der Personalkosten in der Logistik um 7 %. | ▪ Im Jahresdurchschnitt sind die Personalkosten in der Logistik um 7 % im Vergleich zum Vorjahr gesunken. |
| ▪ Reduktion der Inventurdifferenzen von 1,8 auf 1,4 %. | ▪ Am Ende des Jahres sind die durchschnittlichen Inventurdifferenzen auf 1,4 % gesunken (gemäß Dokumentation im Controlling-System). |

**Leistung**

| Ziel | Indikator |
|---|---|
| ▪ Erhöhung der Umschlagshäufigkeit pro qm um 15 % im Lager (monatlich, gemessen im Vergleich zum Vorjahr). | ▪ Im Vergleich zum Vorjahr sind auf monatlicher Basis die Umschlagshäufigkeiten der Produkte um 15 % gestiegen. |

| Ziel | Indikator |
| --- | --- |
| ■ Sicherstellung der Tagfertigkeit bei Bestellungen. | ■ Alle Bestellungen, die bis 15.30 Uhr eingehen und im System erfasst werden, werden noch am gleichen Tag fertig gestellt und mit der 19.00 Uhr-Fracht versendet. |
| ■ Erfolgreiche Zertifizierung der Logistik nach DIN ISO XXX bis zum 30.08. | ■ Am 01.09. liegt die erfolgreiche Zertifizierung der Logistik nach DIN ISO XXX vor. |
| ■ Ab dem 30.06. erfolgreiche Inbetriebnahme des neuen Frachtzentrums X. | ■ Ab dem 30.06. kann das Frachtzentrum 50 % seiner Maximalkapazität ausschöpfen. <br> ■ Ab 01.12. ist das Frachtzentrum in der Lage, 100 % seiner Umschlagsleistung zu erbringen. |
| ■ Entwicklung eines neuen Logistik-Konzeptes für F-Produkte bei A-Kunden, bis 30.06. | ■ Am 30.06. liegt ein Konzept vor, aus dem hervorgeht, wie A-Kunden mit F-Produkten innerhalb von 24 Std. beliefert werden können. |
| ■ Erfolgreiche Absolvierung des Kunden-Audits XY im Sommer des nächsten Jahres. | ■ Das Kunden-Audit XY wird im Sommer beanstandungsfrei absolviert, die Gesamtnote liegt bei 3,0 oder besser. |

**Integration**

| Ziel | Indikator |
| --- | --- |
| ■ Verbesserte Abstimmung zwischen den einzelnen Frachtzentren (ab dem 01.03. bis Ende des Jahres). | ■ Keine unterschiedlichen Arbeitsprozesse in Bezug auf Y-Produkte in den einzelnen Frachtzentren mehr. <br> ■ Durchführung regelmäßiger Abstimmungs-Meetings mit den Leitern der Frachtzentren. <br> ■ Durchführung einer Teambuilding-Maßnahme mit den Leitern der Frachtzentren im Frühjahr des nächsten Jahres. |

| Ziel | Indikator |
| --- | --- |
| ▪ Bis zum 30.06. haben alle Mitarbeiter in der Logistik das neue Schichtsystem akzeptiert. | ▪ Ab dem 30.06. arbeiten alle Mitarbeiter erfolgreich im neuen Schichtsystem und innerhalb der Teams wird freiwillig eine Zuteilung zu den Schichten vorgenommen, ohne dass Lücken im Besetzungsplan entstehen. |
| ▪ Qualifikation der beiden Supply Chain Manager bis zum 30.06. | ▪ Ab dem 01.07. fühlen beide Supply Chain Manager sich gut eingearbeitet.<br>▪ Erfolgreiche Absolvierung der im Einarbeitungsplan dokumentierten Schulungsmaßnahmen der beiden Supply Chain Manager.<br>▪ Erfolgreiches Ausfüllen der Supply Chain Manager-Position ab dem 01.07. |

## 3.5.21 Führungskraft im Qualitätsmanagement

### Wirtschaftlichkeit

| Ziel | Indikator |
| --- | --- |
| ▪ Reduktion der Kosten durch Ausschuss um 5 % (= X T EUR). | ▪ Reduktion der Ausschusskosten um 5 % im Vergleich zum Vorjahr, über alle Produkte hinweg. |
| ▪ Reduktion der ppm bei Produkt Alpha um 10 %, dadurch Einsparung von Kosten in Höhe von X T EUR. | ▪ Bezogen auf das Gesamtjahr wurden die ppm bei Produkt X um 10 % gesenkt und entsprechend X T EUR eingespart. |
| ▪ Stabilisierung der Personalkosten im Vergleich zum Vorjahr (= X T EUR). | ▪ Am Ende des Jahres wurde das Personalkostenbudget eingehalten. |
| ▪ Reduktion der Weiterbildungs- und Beratungskosten im Qualitätsbereich um 8 %. | ▪ Im Vergleich zum Vorjahr wurden 8 % weniger für Weiterbildung und externe Beratung ausgegeben. |

## Leistung

| Ziel | Indikator |
| --- | --- |
| ▪ Implementierung des neuen Qualitätsprozesses XY im Z-Bereich bis 30.06. | ▪ Am 30.06. wurde der neue Qualitätsprozess XY gemäß Qualitätshandbuch erfolgreich implementiert. |
| ▪ Gemeinsam mit der Produktion: Reduktion der Ausschussquote bei Alpha- und Beta-Teile um jeweils 3 %, ab 01.03. im Vergleich zum Vorjahr. | ▪ Ab dem 01.03. erfolgt eine monatliche Messung der Ausschussquote, die eine Reduktion um 3 % für die Produkte Alpha und Beta ergibt. |
| ▪ Erfolgreiche Zertifizierung nach DIN ISO XXX bis 01.10. | ▪ Bis zum 01.10. ist die Produktion nach DIN ISO XXX erfolgreich zertifiziert. |
| ▪ Erfolgreiche Implementierung von Six Sigma im Werk A, bis Ende des Jahres. | ▪ Bis Ende des Jahres ist in Werk A ein Six Sigma-Prozess erfolgreich durchlaufen worden.<br>▪ Es wurden 3 Mitarbeiter im Qualitätsbereich entsprechend qualifiziert, Aufbau eines Six Sigma-Pilots. |
| ▪ Optimierung der Wareneingangskontrolle bis 30.06. | ▪ Ab dem 30.06. sinkt die Reklamationsquote der Produktion in Bezug auf die zur Verfügung gestellten Rohmaterialien um 8 % im Vergleich zum Vorjahr. |

## Integration

| Ziel | Indikator |
|---|---|
| ▪ Verbesserung der Zusammenarbeit mit dem Qualitätsmanager in Frankreich und der dortigen Produktion ab dem 01.02. | ▪ Ab dem 01.02. findet eine regelmäßige Abstimmung zwischen den Qualitätsmanager und dem Produktionsleiter in Frankreich statt.<br>▪ Ab dem 01.02. erfolgt keine Konflikteskalation in der Zentrale mehr.<br>▪ Erfolgreiche Durchführung eines Workshops zur Zusammenarbeit zwischen den Produktionsleitern und dem Qualitätsmanagement im Mai, bei dem konkrete Maßnahmen zur Verbesserung der Zusammenarbeit definiert und im weiteren Jahr umgesetzt werden. |
| ▪ Ab dem 01.07. dokumentieren alle Mitarbeiter in der Produktion die Entwicklung der Qualitätskennziffern X und Y bei Z-Produkten. | ▪ Ab 01.07. werden alle Qualitätskennziffern bei Z-Produkten im System erfasst und können systematisch ausgewertet werden. |
| ▪ Ausbildung von 2 Qualitätsmanagern in Six Sigma, zu einem Projekt-Pilot und einem Black Belt, bis 30.09. | ▪ Am 30.09. ist ein Six Sigma-Projekt Pilot und ein Black Belt-Mitarbeiter einsatzbereit. |
| ▪ Erfolgreiche Schulung aller Mitarbeiter in Bezug auf die Sicherheitsstandards Alpha und Beta bis Ende des Jahres. | ▪ Am Ende des Jahres kennen alle Mitarbeiter in der Produktion die Sicherheitsstandards Alpha und Beta und können diese auf Nachfragen benennen. |

## 3.5.22 Führungskraft in der Forschung und Entwicklung

### Wirtschaftlichkeit

| Ziel | Indikator |
|---|---|
| ▪ Einhaltung des Entwicklungsbudgets für Produkt X in Höhe von Y T EUR. | ▪ Am Ende des Jahres wurde das Budget eingehalten. |

| Ziel | Indikator |
| --- | --- |
| ▪ Reduktion der Entwicklungskosten für Produkt Y gegenüber Plan um 10 %. | ▪ Bis zur fertigen Entwicklung des Produktes Y wurden die Entwicklungskosten gegenüber dem Plan um 10 % unterschritten. |

## Leistung

| Ziel | Indikator |
| --- | --- |
| ▪ Erfolgreiche Fertigstellung der Entwicklung Y bis zur Marktreife, bis Ende des Jahres. | ▪ Am Ende des Jahres liegt ein marktreifes Produkt Y vor, dass erste Kundentests erfolgreich bestanden hat. |
| ▪ Gemeinsam mit Produktion und Qualität: Optimierung des Produktes Z, um die Herstellkosten um 8 % zu reduzieren. | ▪ Am 30.06. können die Produkte X um 8 % gegenüber vorher günstiger produziert werden. |
| ▪ Erfolgreicher Aufbau der neuen Entwicklungsgruppe für die Produktfamilie Z bis 30.09. | ▪ Am 30.09. ist eines neue Projektgruppe mit 3 Mitgliedern für die Produktfamilie Z implementiert und arbeitsfähig (Vorhandensein der benötigten IT-Infrastruktur, Arbeitsmittel, usw.). |
| ▪ Erfolgreiche Anmeldung von mindestens 5 Patenten im Verlauf des Jahres. | ▪ Am Ende des Jahres wurden mindestens 5 neue Patente anerkannt und angemeldet. |
| ▪ Erfolgreiche Implementierung des neuen Qualitätsmanagementsystems XYZ im F- und E-Bereich, bis 30.08. | ▪ Ab 01. September ist das neue Qualitätsmanagementsystem XYZ erfolgreich implementiert und alle Mitarbeiter arbeiten danach. |
| ▪ Erfolgreiche Reduktion des Gewichtes des Produktes Y um 20 %, bis Ende des Jahres. | ▪ Ab 01.12. wird das Produkt Y mit einem 20 % geringeren Gewicht produziert. |

## Integration

| Ziel | Indikator |
|---|---|
| • Optimierung der Zusammenarbeit mit dem Einkauf, um bei der Auswahl von Materialien bereits Sourcing-Aspekte berücksichtigen zu können. | • Die jeweils verantwortlichen Mitarbeiter des Einkaufs werden in die Entwicklungsprojektgruppen integriert und regelmäßig über den Stand der Entwicklungen informiert.<br>• Regelmäßiges Feedback des Einkaufsleiters über den Stand der Integration. |
| • Bis Mitte des Jahres haben sich 2 erfahrene Mitarbeiter bereit erklärt, mindestens ein Jahr in das neue Entwicklungszentrum in China zu gehen, um den dortigen Aufbau zu begleiten. | • Spätestens bis zum 01.08. haben 2 Mitarbeiter einen entsprechenden Entsendungsvertrag unterschrieben. |
| • Qualifikationen eines Mitarbeiters in der FX-Technologie bis zum 30.09. | • Ab dem 01.10. steht ein Mitarbeiter als Experte in der FX-Technologie bereit. |

## 3.5.23 Führungskraft im Kundenservice

### Wirtschaftlichkeit

| Ziel | Indikator |
|---|---|
| • Reduktion der Personalkosten im Call-Center um 15 %, bis Ende des Jahres. | • Ab dem 30.06. bis zum Ende des Jahres sind die monatlichen Personalkosten im Call-Center um 15 % im Vergleich zum Vorjahresdurchschnitt gesunken. |
| • Bis Ende des Jahres wurden X T EUR durch externe Aufträge an das Call-Center erwirtschaftet. | • Bis Ende des Jahres liegt ein Ertrag von X T EUR durch Drittaufträge als Dienstleister vor. |
| • Gemeinsam mit dem Vertrieb: Reduktion der Zahlungsausfälle durch konsequentes Forderungs-Management um 15 % im Jahresdurchschnitt. | • Im Vergleich zum Vorjahr wurden im Jahresdurchschnitt die Zahlungsausfälle um 15 % gesenkt. |

## Leistung

| Ziel | Indikator |
| --- | --- |
| • Sicherstellung einer Erreichbarkeit von 95 % im Zeitraum von 8.00 bis 18.00 Uhr (monatlich). | • Die monatlichen Auswertungen ergeben, dass eine Erreichbarkeit von mindestens 95 % im Verlauf eines Monats nicht unterschritten wurde. |
| • Erhöhung der Kundenzufriedenheit mit dem internen Service (von der Note 1,8 in diesem Jahr auf 1,5 im nächsten Jahr). | • Zum Abschluss des Jahres erfolgt eine Kundenbefragung, bei der die Note der Zufriedenheit mit dem Kundenservice besser oder gleich 1,5 ist. |
| • Erfolgreiche Einführung der neuen Berechnungssoftware Alpha (gemeinsam mit IT) bis zum 30.06. | • Am 30.06. sind alle Mitarbeiter in der Lage, die neue Berechnungssoftware Alpha zu bedienen. |
| • Reduktion der Fehler bei A- und B-Verträgen um 10 %. | • Bis Ende des Jahres wurden die Reklamationen in Bezug auf Fehler bei A- und B-Verträgen von Kunden oder aus dem Vertrieb um mindestens 10 % gesenkt (im Vergleich zum Vorjahr). |
| • Erledigung von Kundenanfragen im ersten Gespräch in 85 % aller Fälle, ab dem 30.06. bis Endes des Jahres. | • Ab dem 01.07. werden 85 % aller Kundenanfragen im ersten Anruf erfolgreich geklärt (gemäß Dokumentation im Systems X). |
| • Reduktion der Bearbeitungsrückstände bei F-Vorgängen auf 0, bis zum 31.03. | • Am 01.04. sind keine Rückstände bei F-Fällen mehr vorhanden. |

## Integration

| Ziel | Indikator |
| --- | --- |
| • Verbesserte Zusammenarbeit mit dem Vertriebsinnen- und -außendienst, Verbesserung der internen Befragungsnote von 2,5 auf durchschnittlich 2,0. | • Im Frühjahr und Sommer des Jahres erfolgt eine Befragung der internen Kunden. Dabei ist die Bewertung des Kundenservices als interner Dienstleister besser oder gleich 2,0. |
| • Bis 31.03. des Jahres sind alle Mitarbeiter bereit, sowohl X- als auch Y-Fälle selbstständig zu bearbeiten. | • Ab 31.03. bearbeiten alle Mitarbeiter freiwillig sowohl X-, als auch Y-Fälle. |

| Ziel | Indikator |
|------|-----------|
| • Bis 28.02. beherrschen alle Mitarbeiter die Bearbeitung von X- und Y-Fällen. | • Ab 01.03. fühlen sich alle Mitarbeiter in der Lage, sowohl X-, als auch Y-Fälle selbstständig zu bearbeiten.<br>• Erfolgreiche Implementierung eines Patensystems ab 01.01. |
| • Bis 30.07. haben alle Mitarbeiter das WBT zum Thema XY erfolgreich absolviert. | • Zum 30.07. ist bei allen Mitarbeitern dokumentiert, dass sie das WBT zum Thema XY erfolgreich abgeschlossen haben (gemäß Auswertung der IT). |

## 3.5.24 Führungskraft in der Produktion

### Wirtschaftlichkeit

| Ziel | Indikator |
|------|-----------|
| • Reduktion des Ausschusses bei Produkt X um Y %, dadurch Einsparung von mindestens X T EUR. | • Am Ende des Jahres ist der Ausschuss bei Produkt X um Y % reduziert, mit einer Einsparung von X T EUR. |
| • Reduktion der Personalkosten in der Produktlinie X um Y %. | • Auf das Jahr gesehen ist der Personalaufwand in der Produktionslinie X um Y % gesenkt. |
| • Gemeinsam mit F&E: Reduktion der Herstellkosten bei Produkt Z um 8 % ab 30.06. | • Ab 30.06. sind die Herstellkosten für Produkt X um 8 % gesenkt im Vergleich zum Vorjahr. |
| • Reduktion des Krankenstandes von im Jahresdurchschnitt 4,5 auf 3,5 %, dadurch Einsparung von X T EUR. | • Am Ende des Jahres beträgt die durchschnittliche Krankenquote 3,5 %. |

### Leistung

| Ziel | Indikator |
|------|-----------|
| • Erhöhung der Produktivität in der Produktlinie Z um 5 % bei konstantem Personaleinsatz. | • Im Jahresdurchschnitt wurde die Produktivität bei konstantem Personaleinsatz um 5 % erhöht. |
| • Verbesserung der Qualität bei Produkt Z. Reduktion der ppm-Rate auf 100 (im Wochendurchschnitt). | • Im Wochendurchschnitt wurde die ppm-Rate für Produkt Z auf 100 gesenkt. |

| Ziel | Indikator |
|---|---|
| ▪ Aufbau der neuen Produktlinie Alpha bis 30.06., bis 30.09. Produktion von mindestens 2.000 Stck. | ▪ Am 30.06. ist die Produktionslinie Alpha produktiv.<br>▪ Bis 30.09. sind mindestens 2.000 Stck. produziert. |
| ▪ Gemeinsam mit Logistik und Vertrieb: Sicherstellung der Verfügbarkeit von X- und Y-Produkten innerhalb von 7 Tagen nach Bestellung (ab 01.03.). | ▪ Ab 01.03. können alle Bestellungen für X- und Y-Produkte innerhalb einer Woche ausgeliefert werden. |
| ▪ Reduktion der durchschnittlichen Stillstandszeiten in Werk A und B um 10 % (Jahresdurchschnitt). | ▪ Im Vergleich zum Vorjahr wurden die Stillstandszeiten in Werk A und B um 10 % reduziert. |
| ▪ Gemeinsam mit F&E: Verringerung des Gewichts bei Produkt A um 20 % (bis 30.06.). | ▪ Ab 01.07. kann Produkt A mit 20 % weniger Gewicht produziert werden und erfüllt die Qualitätsspezifikation. |
| ▪ Optimierung des Fertigungsprozesses Y, sodass eine 10 % geringere Durchlaufzeit für X-Teile erfolgt (bis 30.09.). | ▪ Ab 01.10. beträgt die Durchlaufzeit für X-Teile 10 % weniger als im Vorjahr. |

**Integration**

| Ziel | Indikator |
|---|---|
| ▪ Verbesserung des Informationsflusses mit den Werksleitern, sodass diese über die aktuelle wirtschaftliche Situation und Zielrichtung des Unternehmens zeitnah informiert sind. | ▪ Feedback von den Werksleitern, ob diese sich informiert fühlen.<br>▪ Durchführung regelmäßiger Meetings mit allen Werksleitern, die werksrelevanten Informationen der Managementrunde werden innerhalb von zwei Tagen weitergegeben. |
| ▪ Bis zum 30.06. haben alle Teamleiter das neue Schichtmodell akzeptiert und nehmen selbstständig eine Schichtplanung vor. | ▪ Ab dem 30.06. sind alle Teamleiter bereit, eine eigene Schichtplanung zu machen, alle Positionen sind ausreichend besetzt.<br>▪ Keine Beschwerden über Unstimmigkeiten von Seiten des Betriebsrates. |
| ▪ Ab 01.03. akzeptierten die Mitarbeiter in Werk Beta, dass auch samstags gearbeitet wird. | ▪ Ab März findet sich eine freiwillige Mindestbesetzung für die Samstags-Schichten. |

| Ziel | Indikator |
| --- | --- |
| ▪ Bis 30.06. wurde mit jedem Mitarbeiter durch die direkt zugeordnete Führungskraft ein Mitarbeiterbeurteilungsgespräch geführt und entsprechende Entwicklungsmaßnahmen gemeinsam definiert und an den Personalbereich weitergeleitet. | ▪ Am 01.07. liegen die Beurteilungsgespräche vor und entsprechend geplante Maßnahmen der Personalentwicklung sind im Personalbereich erfasst. |
| ▪ Bis zum 30.06. sind alle Mitarbeiter in Werk A in der Lage, das neue Material XY zu verarbeiten. | ▪ Bis 30.06. sind alle Mitarbeiter im Umgang mit dem neuen Material geschult und konnten im Probebetrieb erste persönliche Erfahrungen damit sammeln. |

## 3.5.25 Führungskraft im Controlling/im Rechnungswesen

### Wirtschaftlichkeit

| Ziel | Indikator |
| --- | --- |
| ▪ Gemeinsam mit Produktion: Reduktion der Personalkosten im Werk Alpha und Beta um jeweils 10 %. | ▪ Im Vergleich zum Vorjahr sind die Personalkosten im Werk Alpha und Beta um 10 % gesunken. |
| ▪ Gemeinsam mit dem Managementteam: Sicherstellung eines Ertrags von X Mio. EUR bis Ende des Jahres. | ▪ Am Ende des Jahres ist ein Ertrag von X Mio. EUR erwirtschaftet.<br>▪ Alle relevanten Kennziffern werden 14-tägig dem Managementteam zur Verfügung gestellt. |
| ▪ Stabilisierung der Personalkosten auf Vorjahresniveau. | ▪ Im Vergleich zum Vorjahr bleiben die Personalkosten im Bereich Controlling stabil. |

### Leistung

| Ziel | Indikator |
| --- | --- |
| ▪ Ab 30.06. werden die Kennziffern X und Y dem Vertrieb auf Wochenbasis zur Verfügung gestellt. | ▪ Ab 30.06. liegt wöchentlich die entsprechende Auswertung vor (Fehlerabweichungen < 2 %). |

| Ziel | Indikator |
|------|-----------|
| ▪ Verbesserung der Genauigkeit der Indikatoren X und Y, Reduktion der Messungenauigkeit auf +/- 1 %. | ▪ Verbesserung der Verlässlichkeit der Werte X und Y, sodass eine nachträgliche Korrektur von nicht mehr als 1 % erfolgen muss (gemessen auf monatlicher Basis). |
| ▪ Einstellung und Einarbeitung von 2 neuen Mitarbeitern, die das Thema X und Y beherrschen bis zum 30.09. | ▪ Am 01.10. sind 2 neue Mitarbeiter für die Themen X und Y eingestellt und bereits eingearbeitet. |
| ▪ Gemeinsam mit der Produktion: Entwicklung eines verlässlichen Indikators für den Wert Z, bis 30.03. | ▪ Am 30.03. haben wir eine verlässliche Kennziffer für den Wert Z ermittelt.<br>▪ Diese Kennziffer kann auf monatlicher Basis ermittelt werden. |
| ▪ Bis zum 30.03. sind alle Jahresabschlüsse für die Tochterfirmen prüfungssicher erstellt. | ▪ Am 30.03. liegen alle Jahresabschlüsse vor.<br>▪ Es erfolgt das Attestat durch die Wirtschaftsprüfung. |

## Integration

| Ziel | Indikator |
|------|-----------|
| ▪ Gemeinsam mit Vertrieb: Bis 30.06. sind alle Vertriebsmitarbeiter willens und in der Lage, die X-Daten im System Z wöchentlich einzupflegen. | ▪ Ab 01.07. werden mindestens 85 % aller X-Daten im Z-System erfasst.<br>▪ Alle Vertriebsmitarbeiter kennen die Bedeutung der X-Daten und wissen, wie diese im System Z einzupflegen sind. |
| ▪ Qualifikation der Mitarbeiter, sodass eine Bilanzierung nach US-GAAP vorgenommen werden kann (ab 30.09.). | ▪ Mitarbeiter beherrschen die Bilanzierungsregeln nach US-GAAP und sind in der Lage, einen entsprechenden prüfungssicheren Jahresabschluss zu erstellen. |
| ▪ Einarbeitung des neuen Leiters Rechnungswesen in die internen Prozesse und Systeme bis 30.06. | ▪ Am 01.07. beherrscht der neue Leiter Rechnungswesen alle internen Systeme und kennt die Standard-Prozesse gemäß unseres Qualitätshandbuches XY. |

| Ziel | Indikator |
|---|---|
| ■ Bis Ende August ist die Zusammenarbeit im Team F so verbessert, dass jeder Mitarbeiter in Frieden arbeiten kann und keine Schlichtungsgespräche notwendig werden. | ■ Erfolgreiche Durchführung einer Teambuilding-Veranstaltung im Sommer.<br>■ Spätestens ab Ende August keine Schlichtungsgespräche mehr.<br>■ Keine Beschwerden von Seiten des Betriebsrates mehr. |
| ■ Die grundsätzliche Motivation und Identifikation der Mitarbeiter im Bereich Controlling beträgt gemäß der Mitarbeiterumfrage Ende Juni mindestens 2,0. | ■ In der Mitarbeiterbefragung Ende Juni beschreiben die befragten Mitarbeiter im Controlling ihre Zufriedenheit und Identifikation mit dem Unternehmen mindestens mit der Note „Gut". |
| ■ Bis zum 30.06. sind die aus dem Workshop nach der Mitarbeiterbefragung definierten Aktivitäten erfolgreich umgesetzt. | ■ Alle im Workshop definierten Aktivitäten wurden bis zum 30.06. umgesetzt. |

## 3.5.26 Führungskraft im Einkauf

### Wirtschaftlichkeit

| Ziel | Indikator |
|---|---|
| ■ Bis zum 01.09. wurde gemeinsam mit dem IT-Bereich die Dienstleistung Alpha und Beta outgesourced, mit einer Einsparung von mindestens 20 %. | ■ Am 01.09. arbeitet ein externer Dienstleister für die Dienstleistung Alpha und Beta, mit 20 % geringeren Kosten. |
| ■ Reduktion der Materialkosten für die Materialien A und B, um 5 %, im Vergleich zum Vorjahr. | ■ Bis Ende des Jahres sind im Jahresdurchschnitt die Kosten für die Materialien A und B um 5 % reduziert, im Vergleich zum Vorjahr. |
| ■ Gemeinsam mit F&E, Personal und Produktion: Reduktion der Beratungskosten um 25 % im Vergleich zum Vorjahr. | ■ Die Beratungskosten sind im Vergleich zum Vorjahr um 25 % gesunken (auf X T EUR). |

| Ziel | Indikator |
|------|-----------|
| ▪ Gemeinsam mit F&E und Produktion: Reduktion der Herstellkosten für Produkt Z um mindestens 7 %, ab 30.06. | ▪ Ab 01.07. sind wir in der Lage, Produkt Z zu um 7 % reduzierten Herstellkosten zu produzieren. |

## Leistung

| Ziel | Indikator |
|------|-----------|
| ▪ Sicherstellung des Versorgungsbedarfes bei X- und Y-Materialien zum jeweils benötigten Zeitpunkt. | ▪ Bis zum Ende des Jahres sind keine Produktionsengpässe bei X und Y durch Materialengpässe entstanden. |
| ▪ Entwicklung eines Sourcing-Konzeptes für die neue Produktlinie Alpha bis zum 31.03. | ▪ Am 01.04 liegt ein Sourcing-Konzept für die neue Produktlinie Alpha vor, aus der hervorgeht, welche Zulieferer in Frage kommen und wie die Beschaffung der benötigten Materialien erfolgen könnte, gemäß der Anforderungen aus der Produktion. |
| ▪ Bearbeitung von Bestellungen bei Standard-Materialien (z. B. X und Y) innerhalb von 12 Std. | ▪ Ab 01.01. werden Bestellungen von Standard-Materialien innerhalb von 12 Std. an die entsprechenden Zulieferer weitergeleitet. |
| ▪ Gemeinsam mit F&E: Frühzeitigere Einbindung von Einkaufsmitarbeitern in der Produktentwicklung, um frühzeitig mögliche Kosteneinsparungen bei Material-Entscheidungen bewirken zu können. | ▪ In den jeweiligen F- und E-Teams ist ein Projektmitglied aus dem Einkauf präsent.<br>▪ Bereits im Entwicklungsprozess werden durch den Einkauf unterschiedliche Alternativen vorgelegt, zu welchen Konditionen entsprechende Rohstoffe erworben werden können. |

**Integration**

| Ziel | Indikator |
| --- | --- |
| ▪ Integration der Einkaufsaktivitäten für Z-Materialien aus den Tochterfirmen A und B in den strategischen Zentraleinkauf ab dem 01.06. | ▪ Ab dem 01.06. werden die Materialien A und B generell über den zentralen Einkauf beschafft.<br>▪ Die Einkäufer in den Tochterfirmen A und B sind im zentralen Einkauf für A- und B-Materialien eingebunden (Feedback der dortigen Einkäufer). |
| ▪ Verbesserte Positionierung als interner Dienstleister, sodass alle Abteilungsleiter bereit sind, Bestellungen über einen Wert von X T EUR konsequent über den Einkauf abzuwickeln. | ▪ Ab 01.07. werden mindestens 90 % aller Bestellungen über X T EUR über den Einkauf abgewickelt.<br>▪ Positives Feedback der Abteilungsleiter zur Serviceleistung des Einkaufsbereiches. |
| ▪ Qualifikation der Mitarbeiter A, B, C und D für die Bereiche Alpha, Beta und Gamma, um eine Rotation der Einkäufer zur Mitte des Jahres zu ermöglichen. | ▪ Alle benannten Personen beherrschen die Themen Alpha, Beta, Gamma so, dass sie zur Mitte des Jahres das Aufgabenfeld eines Kollegen übernehmen können.<br>▪ Spätestens bis zum 30.08. sind die betreffenden Mitarbeiter in ihren Positionen rotiert und wechseln in ihren Zulieferer-Kontakten. |
| ▪ Erfolgreiche Durchführung von individuellen Zielgesprächen bis zum 20. Dezember. | ▪ Bis zum 20. Dezember sind mit allen Mitarbeitern individuelle Zielerreichungs- und Zieldefinitionsgespräche geführt und die Ziele im Personalbereich dokumentiert worden. |

# 3.6 Zielvereinbarung und schnelle Veränderungsprozesse

Spätestens mit dem überraschenden Zusammenbruch von Banken und dem plötzlichen Einsetzen einer Rezession Ende 2008 oder der Euro-Krise ab 2011 ist es jedem klar geworden: Wir leben in einer Zeit, in der dramatische Veränderungen quasi „über Nacht" über uns hereinbrechen und Führungskräfte und Mitarbeiter deutlich flexibler und schneller reagieren müssen als in früheren Zeiten. Genauso, wie plötzlich ungeahnte Krisen und Herausforderungen auftauchen, bieten sich aber auch kurzfristige Chancen und Gelegenheiten, die es gilt, zu nutzen. Wie kann aber in einem derart dynamischen Umfeld ein strategisches und planerisches Instrument wie das Führen mit Zielen erfolgreich umgesetzt werden?

Im Wesentlichen gibt es darauf zwei Antworten:

- Sie berücksichtigen schon bei der Definition der Ziele, dass sich mögliche Veränderungen einstellen können, und formulieren sie so, dass sie gegenüber Veränderungen möglichst unempfindlich sind, und/oder
- Sie berücksichtigen im Zielvereinbarungsprozess dramatisch veränderte Rahmenbedingungen, in dem Sie unterjährige Anpassungen oder veränderte Bewertungen vornehmen.

### 3.6.1 Ziele definieren, die in einer dynamischen Umwelt von Dauer sind

In den meisten Unternehmen werden Zielvereinbarungen einmal jährlich getroffen. Dies hängt nicht zuletzt damit zusammen, dass die Unternehmensergebnisse in Form von Bilanzen und Geschäftsberichten ebenfalls im Zeitraum von einem Jahr abschließend dokumentiert werden. Allerdings befinden sich viele Unternehmen und Märkte in einem schnellen und zum Teil dramatischen Wandel, dass Zielvereinbarungen, die vielleicht zu Beginn eines Jahres getroffen wurden, im Verlauf der folgenden 12 Monate oft hinfällig werden. Es gibt einen Wechsel in der Strategie, neue Produkte werden relevant oder bestimmte Märkte oder Kundensegmente verändern sich zum Teil massiv. Macht es da überhaupt noch Sinn, Ziele im Rahmen eines alljährlichen Zielgespräches zu vereinbaren und rückblickend für den Zeitraum eines Jahres zu beurteilen?

Zunächst einmal muss man zur Beantwortung dieser Frage festhalten, dass besonders, wenn Sie sich in einem sehr dynamischen Markt oder Unternehmensumfeld befinden, ein besonders hoher Bedarf darin besteht, Ihre Mitarbeiter gezielt zu steuern. Wenn ohnehin durch die Erfahrung mehrerer Jahre allen Mitarbeitern genau klar ist, was von ihnen erwartet wird, und alle Mitarbeiter sich auch entsprechend verhalten, besteht eigentlich gar keine Notwendigkeit, überhaupt über Ziele zu sprechen.

Auf der anderen Seite macht eben gerade ein dynamisches Umfeld eine längerfristig gültige Zielvereinbarung nicht gerade leicht.

### Relationale Ziele definieren

Eine Antwort auf sehr dynamische Märkte und Umfelder besteht darin, dass man relationale Ziele vereinbart. Das bedeutet, dass man Ziele in Abhängigkeit von anderen Variablen, die man als sehr veränderbar betrachtet, definiert. Diese relative Definition kann sich einerseits sowohl auf bestimmte Termine als auch auf bestimmte Ziele beziehen.

Zum Beispiel kann es Sinn machen, ein Ziel in Bezug auf die erfolgreiche Einführung eines bestimmten IT-Systems oder einer bestimmten Arbeitsweise in Relation zu einem bestimmten vorherigen Ereignis oder Ergebnis zu definieren.

▶ **RELATIONALES ZIEL IM PROJEKTABLAUF**

Dies kann z. B. bedeuten, ein Ziel zu vereinbaren, wie: „Spätestens drei Monate, nachdem die Software X zur Verfügung gestellt wurde, können alle Teammitglieder Y-Anfragen selbstständig bearbeiten." Entsprechend kann dieses Ziel auch dann aufrechterhalten werden, wenn sich vorbereitende Arbeiten, wie z. B. die Implementierung dieser Software durch den IT-Bereich, unterjährig verzögert.

Dies ist ein Weg, um sicherzustellen, dass Ziele trotz veränderter Rahmenbedingungen und anderer vielleicht nicht beeinflussbarer externer Variablen aufrechterhalten werden können.

Ebenso gut kann es Sinn machen, Ziele auch in ihrer absoluten Höhe in Relation zu anderen Ereignissen und Vergleichswerten zu setzen. Dies kann z. B. bedeuten, im Vertrieb nicht mehr ein absolutes Umsatzziel zu vereinbaren, sondern lediglich einen bestimmten Marktanteil von X %: „Am Ende des Jahres ist der Marktanteil für unser Produkt X im Vergleich zu Wettbewerbern auf 17 % gestiegen." Aus dieser relativen Definition ergibt sich, dass verschiedene

Einflussfaktoren, wie z. B. eine gesamtkonjunkturelle Entwicklung, neutralisiert sind, weil diese selbstverständlich auch für alle Wettbewerber gelten. Entsprechend kann es gelingen, mit einigen relationalen Zielen größere und vorhersehbare Einflussfaktoren zu neutralisieren.

**Vorsicht bei relationalen Zielen und variabler Vergütung**
Die einzige Einschränkung, die sich hierbei ergibt, besteht darin, dass in Bezug auf die Erreichung bestimmter Wirtschaftlichkeitsziele relational formulierte Ziele zum Teil nicht zu einem entsprechenden finanziellen Bonus führen können.

Dies kann z. B. dann der Fall sein, wenn ein bestimmter Bonus erst dann ausgezahlt werden kann, wenn tatsächlich eine bestimmte Umsatzhöhe und eine bestimmte Rendite erwirtschaftet wurde, unabhängig davon, ob trotz widriger externer Bedingungen oder konjunktureller Einflüsse der eigene Marktanteil vergrößert wurde oder nicht.

Selbstverständlich würde kaum ein Unternehmer bereit sein, einen sehr relevanten variablen Bonusanteil alleine an relationale Ziele zu knüpfen, ohne den absoluten wirtschaftlichen Erfolg des Unternehmens oder des jeweiligen Verantwortungsbereiches zu berücksichtigen. Dies ist ein Faktor, der besonders dann schmerzlich zum Tragen kommt, wenn bestimmte Kostenfaktoren sich z. B. bei Umsatzsteigerungen degressiv, bei Umsatzverminderungen allerdings progressiv darstellen. So kann es z. B. sein, dass eine relative Steigerung des Marktanteils um 3 % bei gleichzeitiger Reduktion des Gesamtumsatzes um 8 % dazu führt, dass bestimmte Deckungsbeiträge nicht mehr erwirtschaftet werden können, sodass sich die Ertragssituation des Unternehmens deutlich schlechter als um 8 % vermindert darstellt.

## 3.6.2 Jährliche Zielgespräche? Was ist der richtige Turnus?

Trotz der Möglichkeit, einige Ziele relativ zu anderen Ereignissen und Faktoren zu formulieren, stellt sich in vielen Unternehmensbereichen mittlerweile die Frage, wie sinnvoll eine jährliche Zielvereinbarung überhaupt noch ist.

So kann es durchaus sein, dass Sie für Ihren eigenen Verantwortungsbereich feststellen, dass es besser wäre, sich vom alljährlichen Beurteilungszyklus eines Geschäftsjahres zu trennen und stattdessen z. B. alle sechs Monate neue Ziele zu definieren und zu vereinbaren.

Dabei zeigt die Erfahrung, dass viele Führungskräfte den damit verbundenen Aufwand, zweimal im Jahr über eine neue Ausrichtung und damit verbundene Veränderungen der Ziele zu sprechen, scheuen. Auf der anderen Seite wird unmittelbar klar, dass gerade durch einen schnelllebigen Markt und dramatische Veränderungen ein höherer Aufwand für die Mitarbeitersteuerung und Kommunikation nicht nur gerechtfertigt, sondern geradezu geboten erscheint.

**Schaffen Sie einen Routine-Prozess zur Zieldefinition und -kommunikation**
Wichtig ist dabei, dass Sie je nach Größe Ihrer Führungsspanne einen routinierten und effizienten Prozess zur Zieldefinition und Zielvereinbarung haben, der Sie möglichst wenig Ressourcen in der Durchführung kostet. Dazu empfiehlt es sich z. B., Veränderungsnotwendigkeiten nicht im Einzelgespräch aufzuzeigen, sondern im Rahmen einer Präsentation bei einem Team-Meeting. Auf diesem Weg erreichen Sie alle Mitarbeiter gleichzeitig, um diese z. B. in Bezug auf veränderte Strategien und Vorgehensweisen zu informieren.

Ebenso können Sie dann gemeinsam mit den Mitarbeitern darüber sprechen, welche Veränderungen sich in Bezug auf die aktuell definierten Ziele ergeben. Bedenken Sie bei der Beurteilung des damit verbundenen Aufwands, wie viel Ressourcen Sie verschwenden würden, wenn einzelne Mitarbeiter in Bezug auf einzelne Themen nicht klar orientiert sind und Ihre persönliche Arbeitszeit oder andere Ressourcen in die falschen Wege leiten.

Sollten Sie aufgrund einer Unternehmensvorgabe eine jährliche Beurteilung der Zielerreichung durchführen müssen, können Sie z. B. so verfahren, dass Sie zunächst nur 50 % der Ziele bis zur Mitte des Jahres vereinbaren und die zweiten 50 % ab 01.07.

Beachten Sie unbedingt, dass, sollten Sie Ziele nur für vier oder sechs Monate vereinbaren, dann die Anzahl Ihrer Ziele auf maximal zwei bis drei für einen solchen Zeitraum reduziert werden sollte. Nur so können diese Ziele ihre volle Steuerungswirkung entfalten und zur Klarheit und Orientierung bei Ihren Mitarbeitern beitragen.

Auch wenn Sie durch relationale Ziele und kürzere Zeitperioden bei der Zielvereinbarung schon versuchen, einer bestehenden Dynamik Rechnung zu tragen, so bleiben Sie nicht davor gefeit, dass überraschend Entwicklungen eintreten und sich die Rahmenbedingungen für Ihre Zielvereinbarungen dramatisch verändern können.

## 3.6.3 Die Rahmenbedingungen haben sich dramatisch verändert – Was tun?

Selbstverständlich kann es im Laufe einer z. B. unterjährigen Zielverfolgung durchaus passieren, dass sich bestimmte Rahmenbedingungen oder übergeordnete Ziele maßgeblich ändern. Entsprechend stellt sich dann für Sie die Frage, inwieweit die bereits definierten Ziele überhaupt noch haltbar sind bzw. entsprechende Relevanz behalten.

Grundsätzlich lautet die Empfehlung in Bezug auf veränderte Rahmenbedingungen, dass zunächst einmal die definierten Ziele bestehen bleiben, weil das ja genau das Grundprinzip des Führens mit Zielen berührt. Gerade weil Sie damit rechnen, dass sich bestimmte Rahmenbedingungen verändern und Probleme auftauchen, die vorher nicht absehbar sind, sprechen Sie ja über Ziele, anstatt Ihrem Mitarbeiter Anweisungen bezüglich einzelner Arbeitsschritte zu geben.

Entsprechend liegt es zunächst in der alleinigen Verantwortung Ihrer Mitarbeiter, bei veränderten Rahmenbedingungen die entsprechenden Maßnahmen selbstständig einzuleiten, um trotzdem die Zielerreichung sicherzustellen.

Sollten sich die Rahmenbedingungen allerdings derart verändern, dass z. B. die zur Zielerreichung absolut notwendigen Ressourcen und Mittel nicht mehr zur Verfügung stehen, stellt sich sehr wohl die Frage, ob die definierten Ziele aufrecht erhalten werden können. Grundsätzlich gibt es dabei drei mögliche Wege, mit diesen Veränderungen umzugehen.

## Weg 1: Die Zieldefinitionen anpassen

Der eine Weg besteht darin, die Zielvereinbarung tatsächlich anzupassen und entsprechend auch die Dokumentation z. B. im Employee Self Service System zu verändern. Dies kann selbstverständlich je nach Grad von Veränderung und Ausmaß der entsprechenden Änderungsnotwendigkeiten zu einem relativ hohen organisatorischen und administrativen Aufwand führen. So können z. B. definierte Termine verändert oder Zielhöhen angepasst werden.

## Weg 2: Vollkommen neue Ziele definieren

Sollten sich die übergeordneten Ziele, so z. B. die Strategie Ihres Unternehmens, maßgeblich ändern, kann dies dazu führen, dass Ihre einmal vereinbarten Ziele nicht mehr relevant oder einfach unerreichbar sind. In diesem Fall besteht in der Tat die Notwendigkeit, mit Ihren Mitarbeitern neue Ziele zu definieren. Obwohl hier auf den ersten Blick ein großer Aufwand auf Sie zuzukommen scheint, müssen Sie sich an dieser Stelle darüber im Klaren sein, dass es eben ein großer Kommunikationsaufwand ist, wenn die Unternehmensstrategie sich verändert — mit und ohne Ziele. Gerade dann besteht ein deutlicher Steuerungsbedarf und das Instrument Führen mit Zielen kann Ihnen helfen, diesen Steuerungsbedarf effizient umzusetzen.

Sollte die strategische Änderung nur einzelne Bereiche und Teilziele betreffen, dann besteht selbstverständlich die Möglichkeit, unterjährig auch einzelne Ziele fallen zu lassen, wenn diese unhaltbar erscheinen.

Selbstverständlich darf dieser Vorgang der Zielanpassung nicht dazu führen, dass sich bei allen Mitarbeitern im Laufe des Jahres die Zielvereinbarung sukzessive einfach den tatsächlichen Realitäten anpasst.

## Weg 3: Zieldefinition beibehalten, aber die Bewertung verändern

Die dritte Variante in der Situation stark veränderter Rahmenbedingungen besteht darin, zwar einerseits die definierten Ziele beizubehalten, auf der anderen Seite jedoch klar darauf zu verweisen, dass Sie die entsprechend deutlich verschärften Rahmenbedingungen selbstverständlich bei der Beurteilung der Zielerreichung berücksichtigen werden. Dazu ist es wichtig, dass Sie am Abschluss der Zielperiode einerseits darüber sprechen, wie der Grad der Zielerreichung ist, und andererseits darüber sprechen, wie Sie diesen Grad der Zielerreichung in Anbetracht der entstandenen Rahmenbedingungen beurteilen und werten.

Es kann sein, dass es je nach Rahmenbedingungen, die sich unterjährig ergeben haben, einen deutlichen Unterschied gibt zwischen dem Grad der Zielerreichung und Ihrer Bewertung und der sich daraus ergebenden Konsequenzen.

▶ **ZIELERREICHUNG 70 % — FEEDBACK TROTZDEM POSITIV**

So kann es z. B. sein, dass Sie mit einem Sachbearbeiter vereinbart haben, dass die Fehlerquote in seinen Berechnungen im Jahresdurchschnitt unterhalb von 1 % liegen soll. Allerdings hat es sich dann im Laufe des Jahres ergeben, dass, bedingt durch Krankheit oder Kündigung, dieser Mitarbeiter etwa 60 % mehr Fälle bearbeiten musste, als im Vorjahr. Entsprechend haben sich Ihre Prioritäten verschoben und der Mitarbeiter war nicht in der Lage, aufgrund der sehr hohen Arbeitsbelastung, seine Fehlerquote unterhalb von 2 % zu halten.

Auf der einen Seite ist der Grad der Zielerreichung zweifellos klar unterhalb von 100 % und das Ziel gilt eigentlich als verfehlt. Auf der anderen Seite sehen Sie die dramatisch veränderten Rahmenbedingungen, sodass das Feedback an Ihren Mitarbeiter z. B. sein könnte: „Ja, leider hat sich Ihre Fehlerquote nur unwesentlich verbessert im Vergleich zum Vorjahr. Auf der anderen Seite bin ich mir im Klaren darüber, dass Sie deutlich schneller arbeiten mussten, um der enorm gestiegenen Arbeitsmenge gerecht werden zu können. Aus diesem Grund bin ich mit Ihrer Fehlerquote von 2 % in Anbetracht Ihrer gezeigten quantitativen Leistungen absolut zufrieden."

Aber nicht nur der Fall einer Zielverfehlung mit gleichzeitiger Belobigung ist denkbar, sondern auch der umgekehrte Fall.

▶ **ZIELERREICHUNGSGRAD 150 % — FEEDBACK KRITISCH**

Herr Muster (Außendienstmitarbeiter) hatte ein Jahresumsatzziel von 500.000 Euro. Aufgrund dramatischer Wettbewerbsveränderungen und dem Konkurs zweier maßgeblicher Wettbewerber haben sich seine Marktbedingungen derart verbessert, dass er problemlos einen Umsatz von 750.000 Euro erreicht hat, ohne seine Verkaufsanstrengungen im Vergleich zum Vorjahr auch nur im Geringsten erhöhen zu müssen.

Stattdessen hatte er im Gegenteil offensichtlich mehr Freizeit, weil es ihm gelungen war, einige Arbeit bei Standardanfragen an den Vertriebsinnendienst zu delegieren. Hinzu kommt noch, dass, während Herr Müller sein Ziel um 50 % übererfüllt hat, seine vergleichbaren Kollegen ihre Umsatzziele im Schnitt um 70 % übertroffen haben.

Entsprechend würde das Feedback in diesem Fall lauten: „Herr Muster, Ihr Umsatzergebnis liegt zweifellos deutlich über unserer getroffenen Zielvereinbarung, allerdings muss ich Ihnen sagen, dass, aufgrund der dramatischen Verbesserung der Marktsituation, andere Kollegen in der Lage waren, ihre Umsätze noch deutlicher zu steigern. Worauf führen Sie dies zurück?

Sie sehen, dass trotz objektiver Indikatoren und Kriterien bei der Zieldefinition bestimmte, sich deutlich veränderte Rahmenbedingungen immer dafür sorgen können, dass Ziele leicht oder eben gar nicht erreichbar sind. Entsprechend bleibt trotz aller Messbarkeit und Objektivität immer der Anspruch an ein Zielerreichungsgespräch, dass die Führungskraft und der Mitarbeiter mit Vernunft über die Ergebnisse sprechen und diese bewerten.

▶ **ZIEL VERFEHLT: FEEDBACK POSITIV — TROTZDEM KEIN BONUS**

Sollten Sie z. B. als Unternehmen einen variablen Bonus in Bezug auf die Erreichung von Wirtschaftlichkeitszielen definiert haben, so werden Sie diesen Bonus selbstverständlich nicht vollständig ausschütten, wenn die entsprechende Erreichung der Wirtschaftlichkeitsziele nicht mit 100 % beurteilt werden konnte. Dies gilt selbst dann, wenn Sie die tatsächlich gezeigte Leistung überdurchschnittlich bewerten und in Relation zu den Bedingungen sogar als sehr gut.

Gerade weil es sich eben um verfehlte Wirtschaftlichkeitsziele handelt, wie z. B. das Ziel, einen Ertrag von 10 Millionen Euro zu erwirtschaften, verfügen Sie eben vielleicht nicht über die finanziellen Mittel, um einen vollen Bonus auszuschütten und eine vielleicht starke Leistung bei nicht voller Zielerreichung entsprechend zu honorieren.

## Probleme bei Entkopplung

Wenn Sie den Zielerreichungsgrad und die Bewertung der Zielerreichung entkoppeln, können in Bezug auf eine variable Vergütung Probleme entstehen. So kann es sein, dass zwar eine Zielverfehlung eingetreten ist, diese aber — wie im oben stehenden Beispiel — immer noch als sehr gute Leistung zu beurteilen ist.

Sollten Sie im umgekehrten Fall mit einem Mitarbeiter vereinbart haben, dass eine Zielübererfüllung möglich ist und entsprechend prozentual vergütet wird, können Sie auch hier am Ende des Jahres kaum argumentieren, dass es für den Mitarbeiter aufgrund der verbesserten Rahmenbedingungen sehr leicht gewesen sei, eine 150 %ige Zielerreichung zu erlangen, und Sie ihm deshalb seinen 150 %igen Bonus verweigern.

Abschließend bleibt festzuhalten, dass gerade bei dramatischen Veränderungen ein hoher Bedarf besteht, Mitarbeiter effektiv zu steuern und über die klare Kommunikation und Besprechung von Zielen in Veränderungsprozessen mitzunehmen.

Gerade für ein erfolgreiches Change Management hat es sich bewährt, wie in Kapitel 4.1 beschrieben, Ziele-Workshops durchzuführen, in denen Sie als Führungskraft gemeinsam mit Ihrem gesamten Team über die übergeordneten, neuen Ziele sprechen und gemeinsam ausarbeiten, welche individuellen neuen Ziele sich daraus ergeben. Auf diesem Weg erhalten Ihre Mitarbeiter absolute Klarheit über Veränderungsnotwendigkeiten und gesetzte neue Ausrichtungen und sie werden als Betroffene zu Beteiligten gemacht, indem man gemeinsam ausarbeitet, wie diese Veränderungsnotwendigkeiten im eigenen Bereich nun umsetzbar sind.

# 4 Implementierung eines Zielvereinbarungssystems

Wenn Sie ein Zielvereinbarungssystem in Ihrem Unternehmen einführen möchten, müssen Sie zunächst einige grundsätzliche Fragen geklärt haben. Dazu dient Ihnen diese Checkliste.

| Checkliste: Grundlegende Fragen zur Implementierung eines Zielvereinbarungssystems |  |
|---|---|

1. Wie gestalte ich den Prozess der Einführung und gewinne alle relevanten internen Interessengruppen?

2. Welche Instrumente muss ich zur Verfügung stellen? (z. B. Zielformulare, Informationsunterlagen, Medien zur Dokumentation, usw.)

3. Für welche Hierarchieebenen und Bereiche möchte ich Führen mit Zielen einführen?

4. Wie stelle ich sicher, dass relevante Ziele gesetzt und vereinbart werden, die maßgeblich zur Umsetzung der Unternehmensstrategie beitragen?

5. Wie bereite ich die Führungskräfte und Mitarbeiter unseres Unternehmens vor?

6. Wie soll der Grad der Zielerreichung gemessen werden und inwiefern soll die Zielerreichung bonus- oder vergütungsrelevant sein?

7. Wie stelle ich sicher, dass die Qualität der definierten Ziele und die Qualität des Prozesses kontinuierlich aufrechterhalten werden?

In den folgenden Abschnitten dieses Kapitels finden Sie zu diesen Fragen viele Anregungen und Ideen, die Ihnen Ihre Arbeit erleichtern.

# 4.1 Wie läuft die Implementierung ab?

## 4.1.1 Schritt 1: Gründung eines Projektteams

Für die erfolgreiche Einführung des Instrumentes Führen mit Zielen empfiehlt sich die Gründung eines Projektteams, das den gesamten Prozess definiert und steuert. Um von Anbeginn die Interessen und Meinungen aller Interessengruppen berücksichtigen zu können, sollten Sie entsprechend aus unterschiedlichen Bereichen relevante Vertreter für Ihr Projektteam gewinnen. Dieses Projektteam könnte z. B. bestehen aus:

- einer Führungskraft aus dem Personalbereich
- ein bis drei Linien-Führungskräften aus unterschiedlichen Geschäftsbereichen
- einem Vertreter des Betriebsrates
- ggf. einem externen Berater

Durch die Mitarbeit eines erfahrenen externen Beraters können mögliche Fehlerquellen im Vorfeld bereits ausgeschlossen werden, und das Projektteam hat einen Sparringspartner, um Ideen zu diskutieren und mögliche Auswirkungen vorher zu reflektieren.

**Betriebsrat einbeziehen**
Beziehen Sie gleich zu Beginn des Prozesses den Betriebsrat oder andere Mitbestimmungsgremien ein. Sobald Sie Führen mit Zielen oder bestimmte Formulare und Systematiken konsequent im Unternehmen einführen möchten, ist dies als Grundlage einer Mitarbeiterbeurteilung selbstverständlich mitbestimmungspflichtig. Dies wird besonders relevant, wenn zu einem späteren Zeitpunkt die Verknüpfung mit variablen Gehaltsbestandteilen geplant sein sollte. Im besten Fall befindet sich in Ihrem Projektteam auch ein Mitglied der Geschäftsführung oder Unternehmensleitung, um die Interessen der Unternehmensführung zu repräsentieren.

**Das Commitment der Unternehmensleitung sichern**
Schon vor Beginn der Arbeit des Projektteams sollten Sie sich der vollen Unterstützung der Unternehmensleitung vergewissern. Nur wenn im höchsten

Gremium Ihres Unternehmens absolute Übereinstimmung darin besteht, das Instrument „Führen mit Zielen" konsequent einzuführen, haben weitere Aktivitäten Sinn. Wichtig ist dabei auch, dass die Unternehmensführung sich dazu verpflichtet, auch selbst konsequent Ziele zu definieren und mit Zielen zu führen. Dazu gehört auch, frühzeitig eine klare eigene Unternehmensstrategie und übergeordnete Unternehmensziele vorzulegen und transparent zu machen.

Berücksichtigen Sie vor der Konzeption und Einführung Ihres Zielvereinbarungssystems, welche anderen Führungsinstrumente es bereits in Ihrem Unternehmen gibt und ob diese nicht gegebenenfalls mit der Zielvereinbarung verknüpft werden können oder sollen. Ebenfalls sollten Sie frühzeitig mit der Unternehmensleitung klären, ob die Zielvereinbarungen an variable Vergütungsbestandteile gekoppelt werden sollen. Welche Varianten Ihnen hierbei zur Verfügung stehen, erfahren Sie in Kapitel 5.

**Nicht zu viele Führungsgespräche fordern**
Beachten Sie, dass Sie Ihre Führungskräfte unter Umständen überfordern, wenn Sie aufgrund einer Vielzahl von Führungsinstrumenten vier oder sechs Mal pro Jahr ein entsprechend getrenntes Gespräch mit Ihren Mitarbeitern führen sollen. Gerade Führungskräfte mit großen Führungsspannen werden sich massiv beschweren, wenn mehrmals pro Jahr ein Zielgespräch, ein Mitarbeiterfördergespräch, ein Mitarbeiterbeurteilungsgespräch und vielleicht noch verschiedene Coaching- oder Mentorengespräche geführt werden sollen.

Wenn diese Vorbereitungen abgeschlossen sind, können Sie das Instrument „Führen mit Zielen" in weiteren sieben Schritten einführen.

## 4.1.2  Schritt 2: Definieren Sie die Unternehmensziele

Stellen Sie zunächst sicher, dass die Ziele für das gesamte Unternehmen definiert sind, bzw. dass es ein klares Commitment der Unternehmensleitung gibt, die Jahresziele zu einem entsprechend frühen Zeitpunkt zu definieren. Wenn die Unternehmensziele frühzeitig definiert sind, haben Sie ausreichend Zeit, entsprechende Ziele für die einzelnen Bereiche innerhalb der unterschiedlichen hierarchischen Stufen abzuleiten.

Vor dem individuellen Zielvereinbarungsgespräch zwischen Mitarbeiter und Führungskraft sollten die Unternehmensstrategie und die Unternehmensziele für die nächste Zeitperiode auf jeden Fall eindeutig geklärt sein. Die vereinbarten Ziele können nur dann einen optimalen Beitrag zum Erfolg des Unternehmens leisten, wenn sie sich auch aus den strategisch bedeutsamen Unternehmenszielen ableiten.

## 4.1.3 Schritt 3: Führen Sie Kick-off-Workshops mit Ihren Führungskräften durch

Veranstalten Sie Informationstreffen mit Workshop-Charakter, um bei allen Führungskräften die Akzeptanz und Selbstverpflichtung zum Thema Führen mit Zielen sicherzustellen. Stellen Sie dabei das Prinzip und den Nutzen von Führen mit Zielen für das Unternehmen, die Mitarbeiter und die Führungskräfte dar. Informieren Sie bei dieser Gelegenheit auch über geplante weitere Instrumente, wie z. B. ein Zielformular, und diskutieren Sie diese mit den Führungskräften. Schaffen Sie Raum für, damit Ihre Führungskräfte Anmerkungen und Meinungen zu den vorgestellten Inhalten und Vorgehensweisen darlegen und Sie ggf. Veränderungsnotwendigkeiten aufnehmen können. Präsentieren Sie auch einen Zeitplan, aus dem hervorgeht, bis wann die Unternehmensziele definiert sein sollen und wie diese dann im weiteren Verlauf in den einzelnen Unternehmensbereichen definiert und heruntergebrochen werden.

Um den Führungskräften klar zu signalisieren, dass die Kommunikation der übergeordneten Ziele und die Definition eigener Ziele Priorität besitzt, sollten Sie einen klaren Endtermin mit der Unternehmensleitung definieren, bis wann alle Zielgespräche definitiv geführt sein müssen.

## 4.1.4 Schritt 4: Informieren Sie alle Mitarbeiter

Nutzen Sie die unterschiedlichen, Ihnen zur Verfügung stehenden Kanäle und Medien, um nun alle Mitarbeiter in Ihrem Unternehmen zu informieren.

Informieren Sie Ihre Mitarbeiter mindestens über drei unterschiedliche Kanäle, wie z. B. die Mitarbeiterzeitung, das Intranet oder über den direkten eigenen Vorgesetzten. Wenn Sie sicherstellen wollen, dass das Prinzip Führen mit Zielen und die geplante Maßnahme insgesamt bei den meisten Mitarbeitern ankommt, reicht es erfahrungsgemäß nicht aus, diese Informationen lediglich in einem Medium oder nur bei einer Gelegenheit bekanntzumachen.

Sollten Sie den Weg wählen, Ihre Führungskraft zur Information der jeweiligen Mitarbeiter zu verpflichten, so ist es sinnvoll, dieser eine aussagekräftige, vorbereitete Präsentation zur Verfügung zu stellen. Sie können so sicher sein, dass tatsächlich einheitliche Sprachregelungen und Vorstellungen kommuniziert werden.

## 4.1.5 Schritt 5: Trainieren Sie Ihre Führungskräfte

Wenn Sie sicherstellen wollen, dass Ihre Führungskräfte qualitativ hochwertige Ziele definieren und verfolgen, empfiehlt es sich, diese vorab zu schulen. Beachten Sie dabei, dass es sich beim Führen mit Zielen vor allem um eine strategische Kompetenz handelt und weniger um eine Gesprächsführungskompetenz. Es geht vor allem darum, die Führungskräfte in die Lage zu versetzen, qualitativ hochwertige und schlüssige Ziele zu definieren, als sie in ihrer Gesprächsführung so auszubilden, dass sie Ziele geschickt „verkaufen" oder argumentativ durchdrücken.

Wichtig ist z. B., dass die Führungskräfte wissen, wie sie gute Ziele ableiten und formulieren können und wie Zielvereinbarungs- und Zielsetzungsgespräche ablaufen können.

Je nach Vorkenntnissen Ihrer Führungskräfte kann es sein, dass Sie neben den strategischen Kompetenzen auch die Kompetenzen im Bereich der Gesprächsführung und Kommunikation noch entwickeln möchten. Dann empfiehlt sich ein zweitägiges Training, um beiden Aspekten ausreichend Raum geben zu können. Erst bei diesem zeitlichen Umfang können die Führungskräfte auch auf besonders kritische Mitarbeiter oder schwierige Situationen vorbereitet werden.

### 4.1.6 Schritt 6: Führen Sie Ziel-Workshops durch

Um sicherzustellen, dass tatsächlich auf allen Ebenen unternehmerisch relevante Ziele definiert werden, empfiehlt es sich, so genannte Ziel-Workshops durchzuführen. Innerhalb dieser Workshops wird nach dem Prinzip der Kaskade aus den unterschiedlichen Ebenen in jedem Führungsbereich gemeinsam mit der Führungskraft und den relevanten Mitarbeitern eine Zieldefinition für den eigenen Bereich vorgenommen. Diese Ziele leiten sich gemäß der Kaskadenlogik aus übergeordneten Zielen und eigenen strategischen Zielen für diese Abteilung oder diesen Bereich ab.

**Die Prozessqualität im ersten Jahr sicherstellen**
Im ersten Jahr der Durchführung kann es Sinn machen, diese Workshops durch einen externen Berater begleiten zu lassen, um die Führungskräfte dabei zu unterstützen, eine qualitativ hochwertige Zielentwicklung zu schaffen. Wenn alle Führungskräfte und Mitarbeiter erst einmal in einem Jahr vernünftige, klar nachvollziehbare und messbare Ziele definiert haben, fällt es ihnen erfahrungsgemäß leicht, im zweiten Jahr selbstständiger tätig zu werden.

### 4.1.7 Schritt 7: Führen Sie individuelle Zielgespräche

Wenn in den einzelnen Bereichen z. B. auf Basis von Ziel-Workshops die Ziele für den jeweiligen Unternehmensbereich, bzw. die jeweilige Führungskraft oder den Mitarbeiter definiert sind, lassen Sie alle Führungskräfte unternehmensweit individuelle Zielgespräche führen, um in diesen Vieraugengesprächen die individuellen Entwicklungsziele der einzelnen Mitarbeiter gesondert zu besprechen. Einzelne Leistungsziele für einzelne Mitarbeiter haben sich möglicherweise bereits aus den jeweiligen Ziel-Workshops ergeben.

### 4.1.8 Schritt 8: Überprüfen Sie die Wirksamkeit Ihres Systems

Um sicher sein zu können, dass Sie mit dem Instrument Führen mit Zielen auch Ihre eigenen Ziele erreicht haben, empfiehlt es sich, die Wirksamkeit des Prozesses nach einem Zeitraum von etwa drei bis sechs Monaten zu erfragen. Durch eine Kurzbefragung der Mitarbeiter, z. B. online per Inter- oder Intranet, bekommen Sie ein klares Feedback, ob Ihr Zielprozess erfolgreich verläuft oder Nachsteuerungsbedarf besteht. Für diese Kurzbefragung können Sie sich an den folgenden Fragen bzw. Aussagen orientieren:

- Ich kenne die übergeordneten Unternehmensziele und weiß, welchen Anteil meine Ziele an diesen Zielen haben.
- Die mit mir vereinbarten Ziele sind für unser Unternehmen bedeutsam und erfolgsrelevant.
- Ich bin motiviert, meine Ziele mit Einsatz zu verfolgen und zu erreichen.
- Ich verfüge über die notwendigen Mittel und Freiheiten, um meine Ziele zu erreichen.
- Meine Führungskraft und ich haben bereits über den Fortschritt meiner Ziele gesprochen.
- Ich glaube, dass das Zielvereinbarungssystem die Leistungen unseres Unternehmens verbessern wird.

Befragen Sie Ihre Mitarbeiter, z. B. mithilfe eines Online-Tools, nach ihrer Einschätzung des Führens mit Zielen in Ihrem Haus und leiten Sie entsprechende Handlungsnotwendigkeiten ab.

Die folgende Übersicht informiert Sie, welche Arbeitsmittel für die erfolgreiche Einführung des Instruments „Führen mit Zielen" hilfreich sind.

## 4.1.9 Übersicht: Arbeitsmittel zur Einführung eines Zielvereinbarungssystems

| Was? | Warum? | Wie? |
| --- | --- | --- |
| Informationsunterlagen für die Mitarbeiter | Wichtig bei Neueinführung, aber auch für neu in das Unternehmen gekommene Führungskräfte. | Entweder ein Word-Dokument oder eine kurze, gedruckte Informationsbroschüre. Im besten Falle einen Bereich im Intranet, wo die wesentliche Ziele und Abläufe zum Führen mit Zielen dokumentiert sind und ggf. weitere Instrumente, wie z. B. ein Zielformular oder ein WBT, hinterlegt sind. |
| Betriebsvereinbarung | Um ein mitbestimmungspflichtiges Instrumentarium, wie Führen mit Zielen, erfolgreich zu gestalten, ist es wichtig, mit den entsprechenden Mitbestimmungsgremien Vorgehensweisen und Regelungen abzustimmen und zu vereinbaren. Dies gilt vor allem für Sonderfälle und Regelungen von Konfliktsituationen. | Mit dem Mitbestimmungsgremium aushandeln, wie andere Betriebsvereinbarungen auch. |
| Zielformular zur Dokumentation | Ein einheitliches Formular erleichtert die effiziente Vorgehensweise bei der Besprechung der Ziele und bei der Diskussion der Zielerreichung. | Am besten in Form einer Tabelle, mit den Spalten Ziel, Indikatoren, Termin, prozentuale Gewichtung und Zielerreichung. |

| Was? | Warum? | Wie? |
|---|---|---|
| Instrument zur Gesamtdokumentation der definierten Ziele, z. B. in Form einer Datenbank | Es empfiehlt sich, alle Zielvereinbarungen zentral zu dokumentieren oder abzulegen. So kann die vollständige Durchführung von Zielgesprächen dokumentiert und überprüft werden und mithilfe eines einfachen IT-Tools kann ggf. die Kaskade der Zieldefinition unterstützt werden. | Entweder Sammlung einer Kopie sämtlicher Zieldokumente im Personalbereich oder Erstellung einer Datenbank oder Einsatz einer entsprechenden Software, in der die individuellen Ziele vermerkt werden. Der Einsatz einer entsprechenden Software hat den Vorteil, dass z. B. Erinnerungen in Bezug auf Termine automatisch per E-Mail erfolgen können. |
| Instrument zur Evaluation und Erfolgsmessung | Um die Qualität der Zielvereinbarung systematisch zu messen und entsprechend zu managen. | Erstellen Sie am besten eine einfache, kurze Online-Befragung, wie in Kapitel 4.2 dargestellt, um z. B. eine repräsentative Stichprobe von Mitarbeitern und Führungskräften jährlich zu befragen. |

### Für welche Funktionen und Hierarchieebenen eignet sich das Führen mit Zielen?

Prinzipiell ist es in allen Bereichen möglich, mit Zielen zu führen. Allerdings stellt sich die Frage, wie sich in unterschiedlichen Positionen und auf unterschiedlichen Hierarchieebenen der Nutzen in Relation zum Aufwand darstellt. Grundsätzlich gilt: Je komplexer die Aufgabe und je mehr Einfluss und Verantwortung die Mitarbeiter haben, desto besser eignet sich das Führen mit Zielen.

Das bedeutet auch, dass es dort als Steuerungsinstrument besonders interessant ist, wo über die normale Stellenbeschreibung hinaus einige zusätzliche wichtige Aufgaben oder Projekte anstehen, oder die Stellenbeschreibung noch wenig über die erwartete Leistungsqualität oder -höhe aussagt.

Daneben eignet sich Führen mit Zielen generell in den Leistungsbereichen, wo eine variable Vergütungskomponente entweder schon üblich oder gewünscht ist. Durch das Führen mit Zielen wird hier ein größeres Maß an Transparenz und Objektivität erreicht, als bei anderen Vorgehensweisen.

Einen besonderen Bereich stellt dabei ein Leistungslohn bei einfachen Tätigkeiten, wie z. B. in der Akkordarbeit, dar. Einerseits kann man hier argumentieren, dass der Akkord oder die Prämienregelung an sich eine Art von Zielsetzung darstellt, auf der anderen Seite wird deutlich, dass diese Ziele eben für alle Mitarbeiter gleich gesetzt werden und keine echte umfassende Zieldefinition darstellen, die im Rahmen eines turnusmäßigen Dialogs besprochen wird.

**Beginnen Sie bei der Einführung oben in der Hierarchie**
Es empfiehlt sich, bei der Einführung des Instruments „Führen mit Zielen" von oben nach unten vorzugehen und zunächst z. B. mit der ersten und zweiten Ebene des Unternehmens zu beginnen. Für diese Ebenen ist es in der Regel üblich, sich an anspruchsvollen Leistungskriterien messen zu lassen und ggf. auch entsprechend variabel vergütet zu werden. Außerdem erhalten so die oberen Führungsebenen die Gelegenheit, Erfahrungen zu sammeln, die sie dann wiederum in der späteren Zieldefinition mit ihren untergeordneten Ebenen nutzen können. Letztlich entsteht dadurch auch eine Vorbildwirkung, die gerade bei variablen Vergütungsbestandteilen manchmal dazu führt, dass weitere Hierarchieebenen ein solches System für sich einfordern.

## 4.1.10  FAQ 1: Wie viele Ziele sollen vereinbart oder gesetzt werden?

Wie viele Ziele für einen einzelnen Mitarbeiter oder Führungsbereich definiert werden sollen, hängt natürlich maßgeblich davon ab, welche Projekte oder relevante Zielgrößen adressiert werden sollen.

### Hohe Komplexität steigert Pflegeaufwand
Beachten Sie, dass mit einem zunehmenden Maß an Komplexität, Differenziertheit und Umfang der individuellen Zieldefinition auch der Pflegeaufwand steigt. Umso mehr unterschiedliche Ziele Sie relativ kleinteilig definiert und vereinbart haben, desto höher ist die Wahrscheinlichkeit, dass Sie unterjährig häufiger Anpassungen vornehmen müssen.

Konzentrieren Sie sich lieber auf die wesentlichen vier bis sechs Ziele pro Mitarbeiter. Unter Umständen ist die Anzahl der Ziele auch davon abhängig, mit welcher Fristigkeit einzelne Ziele umgesetzt werden sollen. So kann es sein, dass z. B. acht Ziele definiert werden, allerdings drei davon ihren Endtermin bereits nach Ablauf von vier Monaten haben.

Bedenken Sie, dass es Ihnen bei der Definition der Ziele letztendlich um den Steuerungseffekt geht. Dazu kann es sinnvoll sein, z. B. im ersten Jahr der Zieldefinition noch etwas umfassender und umfangreicher vorzugehen, um dann in den weiteren Jahren stärker auf die wesentlichen Ziele zu fokussieren.

## 4.1.11  FAQ 2: Wie kann die Vereinbarung von guten Zielen sichergestellt werden?

Die erste, wesentliche Voraussetzung für die Definition qualitativ hochwertiger und relevanter Ziele stellt die systematische Ableitung von der Unternehmensstrategie über alle Unternehmensebenen hinweg dar. Wenn auf allen Ebenen klare Vorstellungen darüber herrschen, welcher Beitrag durch die individuellen Ziele zur übergeordneten Strategie geleistet werden soll, ist eine wesentliche Grundvoraussetzung für ein qualitativ hochwertiges Zielgespräch schon geschaffen. Darüber hinaus muss sichergestellt werden, dass alle Führungskräfte in der Lage sind, gute Ziele zu definieren (wie in Kap. 3 dargestellt).

## 4.1.12  FAQ 3: Was ist bei der Schulung der Führungskräfte zu beachten?

Es empfiehlt sich, die Mitarbeiter und Führungskräfte über die Prinzipien einer guten Zieldefinition zu informieren, wie z. B. das SMART-Konzept (vgl. Kapitel 3.1). Um die Führungskräfte in die Lage zu versetzen, qualitativ hochwertige Ziele zu definieren und zu besprechen, empfiehlt sich ein Training der Führungskräfte, das sich an folgenden Inhalten und Zielen orientieren kann:

- Qualitativ hochwertige Ableitung von Zielen aus den übergeordneten Zielen
- Sichere Formulierung sinnvoller und wertschöpfender Ziele für den eigenen Bereich

- Ideen für motivierende Ziele für den eigenen Arbeitsbereich gewinnen
- Ziele im Gespräch vereinbaren und/oder setzen können
- Ziele messbar definieren und formulieren können
- Im Umgang mit dem Zielformular sicher sein

In Bezug auf die Inhalte für ein Training „Führen mit Zielen" können Sie auf folgende Themen fokussieren:

- Was ist die Philosophie des Zielsystems in unserem Unternehmen?
- Was sind die Kriterien für gute Ziele und welche praktische Bedeutung haben sie?
- Wie kann ich meine Mitarbeiter für Ziele gewinnen und motivieren?
- Wie kann ich die Zielgespräche vorbereiten und führen?
- Wie verfolge ich die Zielerreichung unterjährig möglichst effizient?
- Wie verhalte ich mich bei kritischen Zielerreichungsgesprächen?
- Wie sehen die Instrumente und der Prozess in unserem Unternehmen aus?

**Trainieren Sie vor allem die strategische Kompetenz**
Beachten Sie bei der Schulung Ihrer Führungskräfte, dass Führen mit Zielen vor allem ein hohes Maß an strategischer Kompetenz erfordert. Das A und O einer erfolgreichen Zielvereinbarung liegt in der qualitativ hochwertigen Definition von Zielen. Dazu braucht es strategische Kompetenz, um eigene Ziele aus übergeordneten Vorgaben abzuleiten und eine eigene klare Strategie zu entwickeln. Diese inhaltliche Kompetenz erweist sich oft als viel relevanter, als die Führungskräfte darin zu schulen, Mitarbeiter z. B. zu anspruchsvollen Zielen „zu überreden" oder diese SMART zu formulieren.

Um einen effizienten Prozess im ersten Jahr der Einführung starten zu können, können Sie z. B. eine kurze Schulung der Führungskräfte auf den unterschiedlichen Ebenen jeweils mit einem Ziel-Workshop für den jeweiligen Bereich verknüpfen. So können z. B. ein Hauptabteilungsleiter und seine Abteilungsleiter im Rahmen eines eintägigen Ziel-Workshops individuelle Ziele für die einzelnen Abteilungen erarbeiten und definieren und am zweiten Tag werden die Führungskräfte unmittelbar darin geschult, wie Sie als Abteilungsleiter diese Ziele wiederum an ihre Mitarbeiter weitergeben und kommunizieren können.

## 4.1.13 FAQ 4: Welche Bewertungsstufen der Zielerreichung sind sinnvoll?

Als Basis einer sinnvollen Bewertung unterschiedlicher Zielerreichungsgrade sollten die Führungskräfte zunächst darauf fokussieren, eine prozentuale Gewichtung der Ziele vorzunehmen, die eher in 10 %-, als in 5 %-Schritten als kleinste Einheit gegliedert ist, um eine klare Priorisierung zu erreichen.

Entsprechend bietet es sich häufig an, auch einen prozentualen Grad an Zielerreichung der einzelnen Ziele zu definieren. Die Arbeit mit Prozenten hat den Vorteil, dass relativ leicht ein Gesamt-Prozentwert für die gesamte Zielerreichung bestimmt werden kann. Das bedeutet z. B., dass die 50%ige Erreichung eines Ziels, das eine 20%ige Gewichtung hat, am Ende in eine Gesamt-Zielerreichung von 10 % für dieses Ziel mündet. Wenn Sie alle Ziele so durchgehen, erhalten Sie in der Summe ein Maß für die Zielerreichung insgesamt. In der folgenden Tabelle wird dies beispielhaft deutlich:

| Gewichtung (in %) | Ziel | Zielerreichung | Absoluter Anteil der Zielerreichung |
|---|---|---|---|
| 50 | Ziel A | 100 % (voll erreicht) | 50 |
| 20 | Ziel B | 50 % | 10 |
| 10 | Ziel C | 25 % | 2,5 |
| 20 | Ziel D | 50 % | 10 |
| Summe (Zielerreichungsgrad) | | | 72,5 % |

Sollten Sie in Ihrem System eine lineare Verknüpfung zwischen z. B. wirtschaftlichen Zielen und einem Bonus haben, dann kann auch in einzelnen Prozentschritten gerechnet und gearbeitet werden. Bei Wirtschaftlichkeitszielen ist es selbstverständlich relativ einfach, einen entsprechenden Zielerreichungsgrad bis auf mehrere Stellen hinter dem Komma genau zu berechnen und mit einer entsprechend präzisen relevanten Vergütungskomponente zu verknüpfen.

## Definieren Sie die Stufen der Zielerreichung vorher

Besonders wenn Sie die Übererfüllung von Zielen zulassen, empfiehlt sich eine klare Definition, wann und woran eine Übererfüllung positiv gewertet wird.

Sollten Sie z. B. den erfolgreichen Abschluss eines Projektes als Ziel definiert haben, kann eine Art der Übererfüllung darin bestehen, dass das Projekt früher als geplant abgeschlossen wird. Eine andere Art der Übererfüllung kann gegeben sein, wenn z. B. das Budget nicht ganz benötigt wurde oder qualitativ bessere Ergebnisse als erwartet erreicht wurden. Wichtig ist, dass Sie hier vorher deutlich machen welche Übererfüllung von Ihnen gewünscht wäre.

## Zielerreichung in Form von (Blech-)Kuchenvierteln

Den Grad der Zielerreichung können Sie in einem Formular sehr übersichtlich darstellen mittels einer Viererskala, bei der z. B. durch ein gevierteltes Quadrat (oder einen Kreis) symbolisiert wird, ob das Ziel zu einem, zwei, drei oder vier Vierteln erreicht wurde.

Im folgenden Beispiel sind die Ziele A bis D als geviertelte Quadrate dargestellt. Auf eine genauere Feststellung des Zielerreichungsgrades wurde verzichtet.

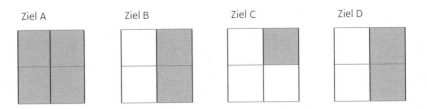

Ziel A　　　Ziel B　　　Ziel C　　　Ziel D

| Gewichtung (in %) | Ziel | Zielerreichung | Absoluter Anteil der Zielerreichung |
|---|---|---|---|
| 50 | Ziel A | 100 % | 50 |
| 20 | Ziel B | 50 % | 10 |
| 10 | Ziel C | 25 % | 2,5 |
| 20 | Ziel D | 50 % | 10 |
| Summe (Zielerreichungsgrad) | | | 72,5 % |

# 5 Variable Vergütung und Zielerreichung

Bei der Einführung eines Zielvereinbarungssystems sollten Sie mit der Unternehmensleitung frühzeitig klären, ob eine Verknüpfung der Ziele mit variablen Gehaltsbestandteilen möglich oder geplant ist. Selbstverständlich kann ein finanzieller Bonus, der mit einer individuellen Zielerreichung verknüpft ist, bei den Mitarbeitern und Führungskräften zusätzliche Motivation auslösen. In diesem Kapitel lernen Sie verschiedene Varianten kennen, Zielvereinbarungen an variable Vergütungsformen zu koppeln.

Grundsätzlich legen dabei immer mehr Unternehmen Wert darauf, feststehende Gehaltsbestandteile in variable Anteile zu verwandeln, um stärker die individuelle Leistung zu vergüten und nicht etwa Anwesenheit oder Jahre der Betriebszugehörigkeit. Gerade eine zunehmende Dynamisierung unserer Arbeitswelt mit entsprechend größeren Schwankungen im Arbeitsanfall und Erfolg der einzelnen Unternehmen und Bereiche macht diesen Trend verständlich.

Dieser Trend manifestiert sich in Deutschland nicht zuletzt im so genannten ERA-TV, dem Tarifvertrag über das Entgelt-Rahmenabkommen der Metall- und Elektroindustrie. Hier wurde erstmalig die Möglichkeit geschaffen, Ziele als Bestandteil der Leistungsbeurteilung bei tariflichen Beschäftigten zu vereinbaren und die Zielerreichung individuell oder auch als Teamleistung variabel zu vergüten.

Beachten Sie bei der variablen Vergütung von Zielen neben inhaltlichen Aspekten auch organisatorische und prozessuale Konsequenzen. Achten Sie darauf, ein möglichst einfaches System zu entwickeln, das Sie problemlos in Ihre üblichen Gehaltsberechnungssysteme und Vergütungsroutinen integrieren können. In vielen Unternehmen führt das Ziel, eine möglichst einfache Administration der Zielerreichung und Bonusberechnungen sicherzustellen, dazu, dass einzelne Bonussummen oder -anteile pro Ziel definiert werden. Es wird also weniger die gesamte Zielerreichung aus verschiedenen Zielen zusammen berechnet, sondern es erfolgt z. B. eine Verteilung einer Bonussumme auf einzelne Ziele. Dadurch können z. B. einzelne Ziele auch unterjährig einfacher abgerechnet werden.

## Variable Vergütung erst im zweiten Jahr einsetzen

Eine grundsätzliche Empfehlung zur Einführung einer variablen Vergütung bei Zielvereinbarungen lautet: Führen Sie die variablen Boni erst im zweiten Jahr ein. Geben Sie im ersten Jahr der Durchführung Ihren Führungskräften und Mitarbeitern Gelegenheit, Erfahrungen mit dem neuen System zu sammeln und so Sicherheit zu gewinnen. Alle Beteiligten sind im ersten Jahr deutlich entspannter und toleranter bei der Zieldefinition und Diskussion der Zielerreichung, wenn noch keine relevante Vergütung damit verknüpft ist.

Bei der unmittelbaren Verknüpfung von Zielen mit relevanten finanziellen Bonuszahlungen steigt die Konfliktwahrscheinlichkeit in der ersten Durchführung enorm.

## Drei Vorschläge, die Zielerreichung mit Prämien zu forcieren

Grundsätzlich bestehen drei Möglichkeiten, Ziele mit variablen Gehaltsbestandteilen und Bonifikationen zu verbinden:

- Definition einer festen, individuell erreichbaren Prämie
- lineare direkte Verknüpfung des Zielerreichungsgrades mit bestimmten Boni
- Verteilung individueller Zielprämien am Ende des Jahres auf Basis eines „großen Topfes", der je nach Unternehmensergebnis definiert wird

## Eingriff in das Vergütungsgefüge

Beachten Sie, dass Sie durch die Kopplung der variablen Vergütung an Ziele auch immer grundsätzlich in Ihr Gehalts- und Vergütungsgefüge eingreifen. Dabei sind eine Vielzahl von Faktoren steuerlicher, betriebswirtschaftlicher und juristischer Art zu berücksichtigen. Entsprechend empfiehlt es sich, einzelne Ideen intensiv mit einem erfahrenen und kompetenten Vergütungsberater zu diskutieren, um mögliche Risiken auszuschließen.

Beachten Sie, dass vor allem ungedeckte Prämien, die linear an eine bestimmte wirtschaftliche Entwicklung geknüpft sind, das Potenzial haben, zu einer „Prämienexplosion" zu führen.

## 5.1.1 Vorschlag 1: Auslobung einer fest definierten Prämie

Ein Weg besteht darin, für Ihren Mitarbeiter eine klar definierte Prämie aus-
zuloben, die vom Grad der Zielerreichung abhängig gemacht wird und bei der
der individuelle Vorgesetzte über den Grad der Zielerreichung am Ende des
Jahres entscheidet.

▶ **EINE FESTE INDIVIDUELLE PRÄMIE**

Eine feste Prämie kann für unterschiedliche hierarchische Ebenen eine
unterschiedliche Höhe haben, um auf jeder Ebene entsprechende Anreiz-
wirkung entfalten zu können. Dies bedeutet konkret, dass z. B. für die
Ebene der Hauptabteilungsleiter mit den Zielen eine maximale individuelle Prämie von z. B. 6.000 EUR verbunden ist, für Abteilungsleiter z. B.
eine individuelle Prämie von maximal 4.000 EUR und Teamleiter z. B. eine
Prämie von 2.000 EUR in der Spitze erreichen können.

Entsprechend bekäme ein Abteilungsleiter bei 75%iger Zielerreichung eine
Prämie in Höhe von 3000 EUR.

Die individuelle Zielerreichung bestimmt hier den prozentualen Anteil der
ausgeschütteten Prämie.

Eine Alternative zu dieser Vorgehensweise besteht darin, einen Bonus als
prozentuellen Anteil vom normalen Jahresgehalt zu definieren. Auch hier
sollte der prozentuale, variable Anteil je nach Hierarchieebene variieren. Es
ist z. B. einem Geschäftsführer relativ leicht verständlich zu machen, warum
30 % seiner Vergütung an wirtschaftlichen Erfolgskriterien des Unternehmens
hängen sollen, aber es ist z. B. einem Kommissionierer auf dem Lager nur
schwer zumutbar, sich auf 30 % seines Einkommens nicht verlassen zu können. Abgesehen davon verfügt ein Geschäftsführer zweifellos über größere
Handlungsspielräume und stärkeren Möglichkeiten zur Einflussnahme, als ein
Kommissionierer im Lager.

Der Vorteil dieses Bonussystems liegt darin, dass es einfach verständlich und
individuell relativ leicht zu administrieren ist. Es muss lediglich eine Meldung
der Führungskraft über den Zielerreichungsgrad an die Personalabteilung erfolgen und eine entsprechende Prämie kann ausgeschüttet werden.

Der wesentliche Nachteil dieses Systems wird deutlich, wenn sich das Unternehmen in einer wirtschaftlich schwierigen Lage befindet und die Unternehmensziele nicht erreicht wurden. Trotzdem wird dann in einigen Bereichen eine Verpflichtung zur Prämienzahlung bestehen, die die Situation noch weiter verschlechtern kann.

## 5.1.2 Vorschlag 2: Lineare Verknüpfung von Zielerreichung und Bonus

Wenn es allein um definierte Wirtschaftlichkeits- und Leistungsziele geht, besteht die Möglichkeit, auch eine lineare, nach oben nicht begrenzte Verknüpfung von bestimmten Zielerreichungen und variablen Gehaltskomponenten zu vereinbaren.

▶ **LINEAR VERKNÜPFTE VERGÜTUNG**

Ein Außendienstmitarbeiter bekommt einen individuellen Anteil an seinem durch seine Verkaufsleistung erzielten Ertrag. Sein Ziel lautet „Erreichung eines Rohertrages von 200 T EUR bis zum Ende des Jahres". Für dieses Ziel stellt man ihm eine zusätzliche variable, linear verknüpfte Vergütung von 20 T EUR in Aussicht. Erreicht er sein Ziel zu 100 % erhält er eben diese 20 T EUR, bei einer Zielerreichung von 50 % bekommt er 10 T EUR und bei einem Rohertrag von 300 T EUR (= Zielerreichung von 150 %) erhält er 30 T EUR Prämie.

Der Vorteil dieser Vorgehensweise besteht darin, dass ein klarer, leicht verständlicher Zusammenhang zwischen Zielerreichung und Prämie besteht und ein klarer Anreiz zur Übererfüllung gesetzt wird.

Allerdings ist diese Möglichkeit nur begrenzt auf wirtschaftliche Ziele einsetzbar, weil bei anderen Zielen eine Zielerreichung oft nicht so präzise, linear gemessen werden kann und eine Übererfüllung keine proportional steigende Prämie rechtfertigt.

**Unerwünschte Kompensationseffekte**

Eine unbegrenzte Verknüpfung von Zielerreichung und variabler Vergütung kann zu unerwünschten Kompensationseffekten führen.

So kann z. B. ein Mitarbeiter der zwei gleichgewichtete Ziele hat ein Ziel zu 120 % übererfüllen und ein anderes lediglich zu 80 % erreichen, er bekommt aber trotzdem 100 % Bonus. Im extrem Fall kann sogar ein Ziel 150%ig und das zweite gar nicht erfüllt worden sein. Trotzdem würde ein Zielerreichungsgrad und ein entsprechender Bonus von 75 % resultieren.

## 5.1.3 Vorschlag 3: Definition eines „großen Topfes"

Als dritter Weg einer variablen Vergütung besteht die Möglichkeit, dass die Unternehmensleitung jeweils am Ende des Jahres definiert, wie viel Geld aufgrund der aktuellen Wirtschaftlichkeitssituation in einem „Bonustopf" enthalten ist, der nach einem definierten Schlüssel auf unterschiedliche Bereiche und Mitarbeiter, in Abhängigkeit von deren Zielerreichung, verteilt wird.

▶ **VERGÜTUNG GEMÄSS ANTEILE AN EINEM „ERFOLGSTOPF"**

Mit der Ebene der erweiterten Geschäftsführung wird vereinbart, dass eine variable Vergütung der Zielerreichung direkt abhängig von der Ertragsentwicklung des Unternehmens erfolgt. Es sollen z. B. 3 % der Erträge des Unternehmens unmittelbar an den erweiterten Geschäftsführungskreis ausgeschüttet werden. Dies kann nach unterschiedlicher Position gestaffelt oder für alle Teilnehmer einheitlich erfolgen.
Sollten also z. B. 10 Personen teilnehmen und ein Ertrag von 4 Mio. EUR erwirtschaftet werden, gingen in diesen Topf 120 T EUR ein. Sollten alle 10 ihre Ziele zu 100 % erreicht haben, bekommt bei gleicher Verteilung jeder der 10 Teilnehmer 12 T EUR Bonus. Hat ein Teilnehmer seine Ziele nur zu 50 % erreicht, bekommt er lediglich 6 T EUR, und seine 9 Kollegen erhalten jeweils 12.666 EUR.

Der Vorteil dieser Methode ist, dass sich auch Ziele, die nicht unmittelbar an der wirtschaftlichen Entwicklung des Unternehmens hängen, variabel vergüten lassen, ohne dass die Gefahr besteht, dass in einem Jahr umfangreiche

Boni auszuschütten sind, obwohl die wirtschaftliche Entwicklung des Unternehmens eher schlecht ist.

Der wesentliche Nachteil ist, dass die Administration deutlich aufwendiger ist und die Mitarbeiter unterjährig kaum die Möglichkeit haben ihre Prämie zu planen.

### Sollten individuelle Entwicklungsziele variabel vergütet werden?

Grundsätzlich stellt sich die Frage, inwieweit auch Ziele, die keinen unmittelbaren Einfluss auf das wirtschaftliche Ergebnis des Unternehmens haben, vergütungsrelevant sein sollen. Die Beantwortung dieser Frage hängt davon ab, ob Sie bzw. Ihr Unternehmen die Entwicklung und die Kompetenzen Ihrer Mitarbeiter als wesentlichen Vermögenswert ansehen und entsprechend auch hier Verbesserungen vergüten wollen. Schwierig ist die Beantwortung der Frage, was es einem Unternehmen in Form eines Bonus eigentlich wert ist, wenn ein Mitarbeiter z. B. seine Sprachkenntnisse verbessert oder die Zusammenarbeit mit einem anderen Bereich. Entsprechend schwer fällt es, die Gewichtung und Bedeutung dieser Ziele klar zu fassen.

### Vergüten Sie keine Maßnahmen!

Wenn Sie zu dem Schluss kommen sollten, dass auch die Entwicklung der individuellen Kompetenzen Ihnen ein Bonus wert sein sollte, dann legen Sie an dieser Stelle besonderen Wert darauf, dass Ziele nicht mit Maßnahmen verwechselt werden.

Es kann nicht sein, dass ein Mitarbeiter einen finanziellen Bonus bekommt, weil er die Maßnahme „Absolvierung eines anspruchsvollen Englisch-Kurses in Form von Einzelunterricht in Großbritannien bis zum 30.06." erfolgreich bewältigt hat, ohne den Nachweis zu führen, dass seine tatsächlichen Kompetenzen sich verbessert haben.

Achten Sie entsprechend besonders bei der variablen Vergütung von Entwicklungszielen darauf, dass Ergebnisse messbar gemacht und nachgewiesen werden. Das entsprechende Ziel in Bezug auf die Sprachkenntnisse könnte z. B. lauten „Verhandlungssichere Beherrschung der Sprache X bis zum 30.06. Als Indikator gilt die Erreichung von mindestens 120 Punkten im Sprachtest XY".

# 6 Rechtliche Fragen

Die bisherigen Empfehlungen und Anleitungen dieses Buches beziehen sich vor allem auf die Effektivität und Praktikabilität Ihres Beurteilungs- oder Zielvereinbarungssystems. Neben diesen Überlegungen sind jedoch auch rechtliche Rahmenbedingungen zu berücksichtigen, denn Leistungsbeurteilung ist im deutschen Rechtssystem vor allem im Rahmen des Betriebsverfassungsgesetzes (BetrVG) geregelt. Die wichtigsten Gesetze, die Sie bei der Einführung und Anwendung eines Leistungsbeurteilungssystems berücksichtigen müssen, sind daher in den folgenden Abschnitten in wesentlichen Zügen dargestellt.

Allerdings ist zu beachten, dass die hier genannten Grundlagen keine rechtsverbindliche Auskunft für den Einzelfall darstellen können. Im Einzelfall müssen neben der allgemeinen arbeitsrechtlichen Grundlage auch die besonderen Vereinbarungen und Rahmenbedingungen des jeweiligen Unternehmens, wie z. B. Betriebsvereinbarungen, Arbeitsverträge oder definierte Prozesse, berücksichtigt werden.

Vor allem wenn vergütungsrelevante Beurteilungen oder Zielvereinbarungen eingeführt werden sollen, ist eine umfassende juristische Bewertung der arbeitsvertraglichen Situation unabdingbar. Hier muss dann geklärt werden, ob in diesem bestehenden Rechtsverhältnis entsprechende Regelungen vereinbart werden können oder müssen.

## 6.1 Unterrichtungs- und Erörterungspflicht des Arbeitgebers

Nach dem Betriebsverfassungsgesetz bestehen für den Arbeitgeber auch unabhängig von der standardisierten Leistungsbeurteilung Pflichten, denen er mithilfe der beiden Führungsinstrumente professionell gerecht werden kann. Hierzu gehört z. B. die Unterrichtungs- und Erörterungspflicht des Arbeitgebers.

## Unterrichtungspflicht des Arbeitgebers

Nach § 81 Abs. 1 BetrVG hat der Arbeitgeber den Arbeitnehmer über dessen Aufgabe und Verantwortung sowie die Art seiner Tätigkeit zu informieren. Diese Information findet sowohl im Rahmen des Beurteilungsgespräches als auch in Form der Zieldefinition im Rahmen der Zielvereinbarung statt.

## Erörterungspflicht des Arbeitgebers

Ferner wird in Abs. 4 des gleichen Paragraphen festgelegt, dass der Arbeitgeber mit dem Arbeitnehmer erörtern muss, wie dessen Kenntnisse und Fähigkeiten im Rahmen der betrieblichen Möglichkeiten den künftigen Anforderungen angepasst werden können, sobald feststeht, dass sich die Tätigkeit des Mitarbeiters ändern wird und seine Kenntnisse und Fähigkeiten zur Erfüllung der Aufgabe nicht ausreichen.

Darüber hinaus kann der Mitarbeiter nach § 82 Abs. 2 BetrVG ohnehin verlangen, dass ihm folgende Aspekte erläutert werden:

- Berechnung und Zusammensetzung seines Arbeitsentgelts
- Beurteilung seiner Leistungen
- Möglichkeiten seiner beruflichen Entwicklung im Betrieb
- Zu einer solchen Erläuterung kann der Mitarbeiter auf Wunsch auch ein Betriebsratsmitglied hinzuziehen.

Schließlich ist der Mitarbeiter nach Abs. 1 des gleichen Paragraphen auch berechtigt, zu Maßnahmen des Arbeitgebers, die ihn betreffen, Stellung zu nehmen sowie Vorschläge für die Gestaltung des Arbeitsplatzes und des Arbeitsablaufes zu machen. Vor allem das Beurteilungsgespräch bietet eine gute Plattform für einen solchen Austausch zwischen Mitarbeiter und Führungskraft.

## 6.2 Informations- und Mitbestimmungsrecht des Betriebsrates

Im Vordergrund der rechtlichen Überlegungen zur Einführung von Leistungs-beurteilungssystemen stehen die Informations- und Mitbestimmungsrechte des Betriebsrates. Abgesehen davon, dass von Anfang an möglichst umfang-reich und frühzeitig sowohl mit dem Betriebsrat als auch mit anderen Interes-sengruppen im Unternehmen kommuniziert werden sollte, hat der Betriebs-rat auch einen gesetzlichen Anspruch auf Information bzw. Mitbestimmung.

**Informieren Sie den Betriebsrat rechtzeitig und umfassend**

In § 80 Abs. 2 BetrVG ist geregelt, dass der Betriebsrat zur Durchführung seiner Aufgaben rechtzeitig und umfassend vom Arbeitgeber zu unterrichten ist. Da es nach Abs. 1 des gleichen Paragraphen zu den Aufgaben des Betriebsrates gehört, darüber zu wachen, dass geltende Gesetze, Verordnungen, Tarifver-träge und Betriebsvereinbarungen durchgeführt werden und z. B. auch die Gleichstellung von Frauen und Männern zu fördern ist, muss dieser bei Fragen der Leistungsbeurteilung automatisch informiert werden.

**Beachten Sie die Mitbestimmungsrechte des Betriebsrates**

Es besteht jedoch nicht nur ein Informations-, sondern darüber hinaus auch ein Mitbestimmungsrecht des Betriebsrates. Personalfragebogen, zu denen auch Beurteilungs- und Zielbogen gehören, bedürfen nach § 94 Abs. 1 der Zustimmung des Betriebsrates. In Abs. 2 des Paragraphen wird darüber hinaus explizit darauf hingewiesen, dass die Aufstellung allgemeiner Beurteilungs-grundsätze ebenso der Mitbestimmung unterliegen. Dies bedeutet, dass Sie nicht nur rechtzeitig und umfassend über die geplante Vorgehensweise, die Zielsetzungen und die Beurteilungsinstrumente informieren müssen. Sie müssen darüber hinaus auch die Zustimmung des Betriebsrates erhalten. Dies erklärt auch die Wichtigkeit einer möglichst frühzeitigen Einbeziehung von Betriebsratsmitgliedern, sodass Möglichkeiten der Gestaltung der Systeme diskutiert und gemeinsam getragene Entscheidungen getroffen werden kön-nen.

## Schließen Sie Betriebsvereinbarungen

Diese Entscheidungen werden in Form von Betriebsvereinbarungen festgehalten. Eine solche Betriebsvereinbarung, in der Sie z. B. Zielsetzung, Prozess, verwendete Instrumente und Verwendung der Ergebnisse festhalten, gilt unmittelbar und zwingend sowohl für den Arbeitgeber als auch den Arbeitnehmer. Sie muss gemäß § 77 Abs. 2 BetrVG von Betriebsrat und Arbeitgeber gemeinsam beschlossen und schriftlich niedergelegt sowie von beiden Seiten unterzeichnet werden. Darüber hinaus hat der Arbeitgeber hiernach die Pflicht, die Betriebsvereinbarung an geeigneter Stelle im Betrieb auszulegen. Im Rahmen der Betriebsvereinbarung muss auch geregelt sein, für welche Mitarbeitergruppen die Vereinbarung gilt, also wer nach Maßgabe der entsprechenden Vereinbarungen beurteilt bzw. mit Zielen geführt wird.

## Ihr Mitarbeiter hat ein Beschwerderecht

Bei der Durchführung von Mitarbeiterbeurteilungen bzw. der Zielvereinbarung und Beurteilung der Zielerreichung spielen vor allem dann gesetzliche Regelungen eine Rolle, wenn Ihr Mitarbeiter sich nicht mit der Beurteilung seiner Leistung oder mit anderen Aspekten der beiden Systeme, wie z. B. den Zielsetzungen, einverstanden erklärt. Nach § 84 Abs. 1 BetrVG hat jeder Arbeitnehmer das Recht, sich bei den zuständigen Stellen des Betriebs zu beschweren, wenn er sich benachteiligt, ungerecht behandelt oder in sonstiger Weise beeinträchtigt fühlt. Dabei kann er ein Mitglied des Betriebsrats zur Unterstützung oder Vermittlung hinzuziehen.

Die Einbeziehung des Betriebsrates ergibt sich auch aus den Grundsätzen für die Behandlung der Betriebsangehörigen laut § 75 Abs. 1 BetrVG, nach dem Arbeitgeber und Betriebsrat darüber zu wachen haben, dass alle im Betrieb tätigen Personen nach den Grundsätzen von Recht und Billigkeit behandelt werden. Hierzu gehört insbesondere der Grundsatz der Gleichbehandlung aller Arbeitnehmer.

Für den Fall, dass die Einigung scheitert, sind weitere Eskalationsschritte zwischen Betriebsrat und Arbeitgeber rechtlich geregelt. Gemäß § 85 Abs. 2 kann der Betriebsrat in diesem Fall die Einigungsstelle anrufen.

## 6.3   Weitere Mitbestimmungsrechte des Betriebsrates

### Mitbestimmung des Betriebsrates in Fragen der Vergütung

Weitere Mitbestimmungsrechte des Betriebsrates ergeben sich, wenn die Leistungsbeurteilung mit dem Entlohnungssystem verknüpft wird, sei es aufgrund von vereinbarten Zielen oder einer umfassenden Mitarbeiterbeurteilung. Nach § 87 Abs. 10 BetrVG hat der Betriebsrat in Fragen der betrieblichen Lohngestaltung mitzubestimmen. Dies gilt insbesondere für die Aufstellung von Entlohnungsgrundsätzen und die Einführung und Anwendung von neuen Entlohnungsmethoden.

### Mitbestimmung des Betriebsrates bei der Personalauswahl

Wollen Sie die Ergebnisse der Mitarbeiterbeurteilung für die Bestimmung von Potenzialträgern zur mittelfristigen Personalplanung oder gar für die kurzfristige interne Personalauswahl nutzen, so ergeben sich hierdurch weitere Informations- bzw. Mitbestimmungsrechte des Betriebsrates.

Nach § 92 Abs. 1 hat der Arbeitgeber den Betriebsrat über die Personalplanung und sich daraus ergebende personelle Maßnahmen und Maßnahmen der Berufsbildung rechtzeitig und umfassend zu unterrichten. Er muss sich mit dem Betriebsrat über Art und Umfang der erforderlichen Maßnahmen und über die Vermeidung von Härten beraten.

Gemäß der Auswahlrichtlinien in § 95 Abs. 1 BetrVG erfordern Richtlinien, die sich aus dem Prozedere der Leistungsbeurteilung ergeben könnten und die die Auswahl bei Einstellungen, Versetzungen, Umgruppierungen und Kündigungen regeln, die Zustimmung des Betriebsrates. Sollten Sie Ihr Beurteilungs- oder Zielvereinbarungssystem regulär zur Auswahl oder Stellenbesetzung nutzen, so müssen Sie auf jeden Fall den Betriebsrat in die Verabschiedung der entsprechenden Richtlinien mit einbeziehen.

# 6.4 Die Führungsinstrumente im Einklang mit dem AGG

In diesem Kapitel erfahren Sie, worauf Sie im Umgang mit den Führungsinstrumenten Mitarbeiterbeurteilung und Führen mit Zielen angesichts des Allgemeinen Gleichbehandlungsgesetzes (AGG) achten müssen. Zuvor stellen wir Ihnen kurz die Grundlagen des AGG vor.

## 6.4.1 Die Grundlagen des AGG

**Was ist das Ziel des AGG?**

Ziel des Gesetzes ist, gemäß § 1 AGG, Benachteiligungen

- aus Gründen der Rasse oder wegen der ethnischen Herkunft,
- wegen des Geschlechtes,
- wegen der sexuellen Identität,
- wegen der Religion oder Weltanschauung,
- wegen einer Behinderung oder
- wegen des Alters

zu verhindern bzw. zu beseitigen.

Dies bedeutet nicht, dass jede unterschiedliche Behandlung am Arbeitsplatz verboten ist. Es geht lediglich darum, unzulässige Diskriminierungen wegen eines der oben beschriebenen Merkmale zu verhindern.

**Für welche Bereiche gilt das AGG?**

Im Allgemeinen Gleichbehandlungsgesetz werden acht Bereiche bestimmt, zu denen z. B. der Zugang zu unselbstständiger und selbstständiger Erwerbstätigkeit, die Beschäftigungs- und Arbeitsbedingungen, Berufsberatung, Berufsbildung, Berufsausbildung und auch die Versorgung mit Gütern und Dienstleistungen zählt.

## Welche Formen von Benachteiligung kennt das AGG?

§ 3 AGG enthält Begriffsbestimmungen für die unmittelbare und mittelbare Benachteiligung wegen eines der in § 1 AGG genannten Tatbestände. Eine Benachteiligung kann danach gemäß § 7 und § 19 AGG sein:

- eine unmittelbare Benachteiligung
- eine mittelbare Benachteiligung
- eine Belästigung
- eine sexuelle Belästigung
- die Anweisung zur Benachteiligung

### Rechte der Mitarbeiter

Das Gesetz gibt Mitarbeitern die Möglichkeit auf Ungleichbehandlung zu reagieren.

- Die Mitarbeiter haben das Recht, sich zu beschweren,
- die Leistung zu verweigern und
- Schadensersatz zu fordern.

Der Arbeitgeber ist dabei verpflichtet, einer Beschwerde von Mitarbeitern nachzugehen und Diskriminierungen zu verhindern bzw. diesen vorzubeugen.

### Schutzpflichten des Arbeitgebers

Der Arbeitgeber ist verpflichtet, die notwendigen Maßnahmen zum Schutz der Beschäftigten vor Benachteiligung wegen der oben genannten Gründe zu treffen. Das bedeutet, der Arbeitgeber muss vorbeugend konkrete und geeignete Maßnahmen zum Schutz der Beschäftigten vor Benachteiligung durch Arbeitskollegen oder auch Dritte, z. B. Kunden, ergreifen.

### Hinweis- und Hinwirkungspflicht des Arbeitgebers

Der Arbeitgeber ist gehalten, in geeigneter Art und Weise, insbesondere im Rahmen der beruflichen Aus- und Fortbildung, auf die Unzulässigkeit von Benachteiligungen hinzuweisen und darauf hinzuwirken, dass diese unterbleiben. Dieser Pflicht kann der Arbeitgeber z. B. dadurch nachkommen, dass er seine Arbeitnehmer in geeigneter Weise schult.

## 6.4.2 Sind die Führungsinstrumente AGG-konform?

Sowohl das Instrument Führen mit Zielen als auch das Mitarbeiterbeurtei-lungsgespräch stehen in ihren Grundprinzipien im Einklang mit dem AGG. Denn Ziel beider Führungsinstrumente ist es, die Leistung des Mitarbeiters möglichst objektiv einzuschätzen und zu steuern.

- In dem Mitarbeiterbeurteilungsgespräch werden die Mitarbeiter auf Basis der konkreten, arbeitsbezogenen Verhaltensweisen und Kompetenzen beurteilt. Personenbezogene Merkmale wie Geschlecht, Alter, Herkunft usw. oder andere subjektive Aspekte stellen keine Bewertungsgrundlage dar.
- Das Instrument Führen mit Zielen setzt allein in der Leistung Maßstäbe und nicht aufgrund personenbezogener Umstände des Mitarbeiters.

**Nutzen Sie die Arbeitsmittel auf www.haufe.de/arbeitshilfen**
Mit dem Arbeitsmittel „Allgemeingültiger Beurteilungsbogen" laufen Sie nicht Gefahr, Mitarbeiter in Ihrem Unternehmen zu diskriminieren. Denn das Ziel dieses Beurteilungsbogens ist das sachgerechte Vorgehen und das fordert auch das Allgemeine Gleichbehandlungsgesetz. Darüber hinaus beinhaltet der Beurteilungsbogen auch Kriterien, wie z. B. Diversity Management, die gerade darauf abzielen, dass Mitarbeiter auch daran gemessen werden, in-wieweit sie konstruktiv und fair mit Unterschiede zwischen Kollegen, z. B. kul-turell oder altersbedingten etc., umgehen.

**Weisen Sie auf die Übereinstimmung mit dem AGG in Ihren Arbeitsmate-rialien und Verfahren hin**
Es empfiehlt sich, in der Anleitung oder der Präambel zu den Führungsinstru-menten besonders auf die Bedeutung der Gleichbehandlung der Mitarbeiter in diesem Verfahren und die Übereinstimmung mit den im AGG genannten Kriterien hinzuweisen.

▶ **HINWEIS IN DER ANLEITUNG ZU DEN FÜHRUNGSINSTRUMENTEN**

„...Neben den oben genannten Zielen, trägt dieses Instrument auch dazu bei, Mitarbeiterinnen und Mitarbeiter fair und sachgerecht zu behandeln. Wir legen bei der Muster AG nach wie vor größten Wert darauf, dass bei uns alle nach ihrer Leistung und ihren Kompetenzen beurteilt und gefördert werden. Unterschiede aufgrund der Rasse, der ethnischen Herkunft, des Geschlechtes, der sexuellen Identität, der Religion oder Weltanschauung, einer Behinderung oder wegen des Alters spielen dabei für uns keine Rolle ..."

Wenn Sie z. B. den Beurteilungsbogen (siehe S. 23) in Teilen überarbeiten, an Ihre betriebsspezifischen Bedürfnisse anpassen oder ergänzen, achten Sie darauf, dass Ihre neuen Kriterien zu keiner Unterscheidung wegen Rasse, ethnischer Herkunft, Religion oder Weltanschauung, Alters, Geschlechts, Behinderung oder bestimmter sexueller Identitäten führt.

**Informieren Sie Ihre Mitarbeiter über das AGG**
Als Arbeitgeber sind Sie durch das AGG verpflichtet, Ihre Mitarbeiter in Sachen AGG zu schulen. Jedoch stoßen diese Schulungen häufig nur auf geringes Interesse der Führungskräfte. Anders ist es, wenn Sie Führungskräfte zu den beiden Themen dieses Buches schulen. Denn hier handelt es sich um konkrete Instrumente, die von Ihren Führungskräften eingesetzt werden müssen. In dieser Schulungssituation wird die Motivation, auf das AGG einzugehen, vermutlich größer sein. Insbesondere, wenn Sie Beispiele nutzen, wie wir sie im Folgenden darstellen.

**Tipp: Beispiele stellen das abstrakte Gesetz plastisch dar**
Verwenden Sie anschauliche Beispiele, um verständlich zu machen, wie eine Mitarbeiterbeurteilung bzw. eine Zielvereinbarung nicht vorgenommen werden soll.

## 6.4.3    Typische AGG-Fehler

Fehler, die im Umgang mit den beiden Führungsinstrumenten gemacht werden, können zwei Ursachen haben:

- Entweder liegen sie in den Prozessen, den Unterlagen, die eingesetzt werden und dazu führen, dass nicht für alle der gleiche Maßstab angelegt wird.

- Oder es sind Fehler in der Beurteilung oder Zielvorgabe durch eine Führungskraft, die – unbemerkt oder absichtlich – Ihre Mitarbeiter und Mitarbeiterinnen unterschiedlich beurteilt bzw. durch Zielvorgaben führt.

Im ersten Fall sind es strukturelle Fehlerquellen und im zweiten Fall personenbedingte.

**Fall 1: Unmittelbare Benachteiligung durch falsche Ausgestaltung der Führungsinstrumente**

Fehler in den Abläufen und Arbeitsmaterialien können zu Benachteiligungen führen. Das AGG nennt diese Form der Benachteiligung „unmittelbare" also direkte Benachteiligung. Sie liegt dann vor, wenn ein Mitarbeiter wegen einer der im AGG genannten Benachteiligungsgründe eine weniger günstige Behandlung erfährt, als ein anderer Mitarbeiter in einer vergleichbaren Situation erfährt, erfahren hat oder erfahren würde.

Diese unmittelbare Benachteiligung kann einmal durch die inhaltliche Ausgestaltung der beiden Führungsinstrumente Mitarbeiterbeurteilung und Zielvereinbarung erfolgen oder zum anderen durch die Durchführung der jeweiligen Führungskräfte.

▶ **FALSCHE AUSGESTALTUNG DER FÜHRUNGSINSTRUMENTE**

Keine Boni für Teilzeitkräfte
Eine Führungskraft vereinbart mit den weiblichen Teilzeitkräften grundsätzlich keine bonusrelevanten Ziele mit der Begründung, dass Frauen in Teilzeit ja sowieso nur Aushilfen seien. In diesem Fall läge eine unmittelbare Benachteiligung wegen des Geschlechts vor.
Kritischere Mitarbeiterbeurteilung
Jüngere Mitarbeiter werden in einer vergleichbaren Position von einer Führungskraft grundsätzlich kritischer beurteilt als ältere Mitarbeiter, „von denen man ja nicht mehr 100% Leistung erwarten kann". In diesem Fall läge eine unmittelbare Benachteiligung wegen des Alters vor.
Diskriminierende Anforderungen
In einem Unternehmen wird ein Beurteilungsbogen eingesetzt, der als Kriterium ein „junges, dynamisches Auftreten" nennt. In diesem Fall läge eine unmittelbare Benachteiligung wegen des Alters vor.

Anspruchsvollere Ziele
Ein Mitarbeiter oder eine Mitarbeiterin erhält wegen der im AGG genannten Kriterien (z. B. Alter, Ethnie ...) anspruchsvollere Ziele als andere Kollegen.

Geringerer Bonus
Ein Mitarbeiter oder eine Mitarbeiterin erhält wegen der im AGG genannten Kriterien (z. B. Alter, Ethnie, ) für die gleiche Zielerreichung in einer vergleichbaren Position einen geringeren Bonus als andere Kollegen.

### Fall 2: Mittelbare Benachteiligung nach dem AGG

Eine mittelbare Benachteiligung liegt gemäß § 3 Abs. 2 AGG vor, wenn dem Anschein nach neutrale Vorschriften, Kriterien oder Verfahren faktisch Personen wegen einer der im AGG genannten Gründe in besonderer Weise benachteiligen können. Eine solche mittelbare Benachteiligung im Vorfeld zu beurteilen und zu vermeiden, ist besonders schwierig.

▶ **MITTELBARE BENACHTEILIGUNG**

Ein eigentlich neutrales Kriterium, wie z. B. Teilzeitkräfte von der Beteiligung an einem Führen-mit-Zielen-System auszuschließen, kann mittelbar zu einer Benachteiligung führen. Dies wäre dann der Fall, wenn in ihrem Unternehmen Teilzeitkräfte z. B. zu 95 % Frauen sind. Entsprechend läge hier eine mittelbare Benachteiligung wegen des Geschlechtes vor.

Eine erlaubte mittelbare Benachteiligung liegt auch hier (wie im Fall der unmittelbaren Benachteiligung) vor, wenn die Vorschriften, Kriterien oder Verfahren durch ein rechtmäßiges Ziel sachlich gerechtfertigt und die Mittel zur Erreichung dieses Ziels angemessen und erforderlich sind.

## 6.4.4  Sonderfall: Erlaubte Ungleichbehandlung

In einigen Fällen sind Ungleichbehandlungen aufgrund der im AGG genannten Merkmale erlaubt, wenn z. B. nach § 5 eine Ungleichbehandlung erfolgt, um Benachteiligungen zu verhindern oder auszugleichen. Die ungleichbehandelnde Maßnahme muss dabei zur Erreichung des Ziels geeignet und angemessen sein.

▶ **FÖRDERUNG VON FRAUEN**

Zu den erlaubten Ungleichbehandlungen zählen z. B. Maßnahmen, die dazu dienen, dass in Unternehmen, wo Frauen in den oberen Führungsebenen unterproportional repräsentiert sind, diese besonders gefördert werden. Maßnahmen, die ergriffen werden, um die Behindertenquote nach § 71 SGB IX zu erfüllen, zählen ebenso zu den erlaubten Ungleichbehandlungen.

Zulässig ist auch die unterschiedliche Behandlung wegen konkreter beruflicher Anforderungen. Nach § 8 Abs. 1 AGG ist eine unterschiedliche Behandlung bei allen Benachteiligungsmerkmalen zulässig, wenn der Unterscheidungsgrund wegen der Art der auszuübenden Tätigkeit oder der Bedingung ihrer Ausübung eine wesentliche und entscheidende berufliche Anforderung darstellt und der Zweck rechtmäßig und die Anforderung angemessen ist.

▶ **ERLAUBTE UNGLEICHBEHANDLUNG**

Für die Tätigkeit in Ihrem Unternehmen ist eine besondere körperliche Fitness absolut unabdingbar. Dann ist diese auch als Kriterium z. B. in einem Mitarbeiterbeurteilungsbogen erlaubt, auch wenn dadurch ältere oder behinderte Mitarbeiter benachteiligt werden könnten.

Ein ähnlicher Fall liegt vor, wenn z. B. der Zweck einer Vereinigung gerade die Erreichung eines kirchlichen oder von einer Weltanschauungsvereinigung vorgegebenen Ziels ist und diese Organisation entsprechend Mitarbeiter danach beurteilt, wie deutlich diese Weltanschauung oder Religion gelebt wird. Allerdings kann hier eine unrechtmäßige, unterschiedliche Behandlung vorliegen, wenn dieses Kriterium für die ausgeübte Tätigkeit keine wesentliche oder entscheidende Voraussetzung ist. Wenn z. B. in einer kirchlichen Organisation eine Tätigkeit ohne Kontakt zu den Mitgliedern dieser Organisation ausgeübt wird (z. B. in der Verwaltung), ist eine unterschiedliche Behandlung nicht erlaubt, weil die Tätigkeit auch mit einer anderen Weltanschauung oder Religion ausführbar ist.

Insgesamt lässt sich festhalten, dass in den wenigsten bestehenden Beurteilungs- und Zielvereinbarungssystemen eine unmittelbare Benachteiligung konzeptionell angelegt ist. Dieser positive Befund ist schlicht darin begründet, dass es genau das Ziel dieser Instrumente ist, eine faire Behandlung zu erreichen und Mitarbeiter lediglich nach ihren Kompetenzen und Leistungen zu unterscheiden. Dennoch ist es sinnvoll, dass durch entsprechende Schulungen, Anweisungen und schriftliche Instruktionen auch die Führungskräfte dazu angehalten werden, in der Anwendung der Instrumente keine unmittelbare Benachteiligung vorzunehmen.

**Wie erkennen Sie, dass eine mittelbare Diskriminierung vorliegt?**
Nach der Gesetzesbegründung ist zur Feststellung einer mittelbaren Diskriminierung die Bildung von Vergleichsgruppen erforderlich. Um aussagekräftig sein zu können, müssen die Vergleichsgruppen möglichst genau die von dem geprüften Merkmal berührten Personen einbeziehen. Dann ist die Gruppe von Personen, die durch die Verwendung des überprüften Kriteriums belastet wird, mit der Gruppe zu vergleichen, die durch dessen Anwendung begünstigt bzw. nicht belastet wird. Der beschwerdeführende Benachteiligte muss von der unmittelbaren Benachteiligung konkret betroffen sein. Sollte sich dann also herausstellen, dass allein aufgrund eines Beurteilungskriteriums im Mitarbeiterbeurteilungsgespräch jüngere Arbeitnehmer gegenüber älteren oder Frauen gegenüber Männern systematisch und maßgeblich benachteiligt werden, so müssten diese Regelungen oder Kriterien entsprechend verändert werden. Wenn also z. B. ein nach dem AGG geschützter Personenkreis zwar nicht wörtlich, aber doch faktisch im beruflichen Fortkommen ausgeschlossen oder systematisch benachteiligt wird, liegt eine AGG-relevante Benachteiligung vor.

**Im Streitfall reichen zunächst Indizien**
In einem Streitfall muss der Benachteiligte gem. § 22 AGG lediglich Indizien nennen, die eine Benachteiligung wegen der in § 1 genannten Kriterien nahe legen. Da oftmals kaum Möglichkeiten für den Benachteiligten bestehen, die tatsächliche Benachteiligung wirklich zu beweisen, reichen zunächst diese Indizien, um eine Diskriminierung glaubhaft zu machen und z. B. eine Klage vor Gericht zugelassen zu bekommen. Dabei trägt der potenziell Benachteiligte die Darlegungs- und Beweislast, dass ein kausaler Zusammenhang zwischen der Benachteiligung und dem Eintritt eines Schadens für ihn vorliegt. Kann der Anspruchsteller Indizientatsachen für eine Benachteiligung im Sinne des AGG beweisen, muss der in Anspruch Genommene (also das Unternehmen)

hierzu konkret Stellung nehmen und diese Indizien ausreichend bestreiten. Grundsätzlich hat der Arbeitgeber die aus der Verletzung des Benachteiligungsverbotes resultierenden Schäden zu begleichen.

**Das Recht des Betriebsrates**

§ 17 Abs. 2 AGG räumt dem Betriebsrat und einer im Betrieb vertretenen Gewerkschaft eigene Rechte ein, die der Arbeitnehmer geltend machen kann, wenn der Arbeitgeber gegen Vorschriften des AGG verstößt. Dabei muss der Arbeitgeber in grober Weise gegen Regelungen zum Schutz der Beschäftigten vor Diskriminierung verstoßen haben.

# Arbeitsmittel auf einen Blick

Diese Arbeitsmittel stehen Ihnen online als Dateien zum Download zur Verfügung (siehe Seite 1).

# Stichwortverzeichnis

Notizen